백점 국어 무료 스마트러닝

첫째 QR코드 스캔하여 1초 만에 바로 강의 시청

둘째 최적화된 강의 커리큘럼으로 학습 효과 UP!

❶ 교과서 핵심 개념을 짚어 주는 개념 강의

❷ 단원별 중요 어휘와 문법을 쉽게 이해할 수 있는 **어휘·문법** 강의

❸ 다양한 수행 평가에 대비할 수 있는 **수행 평가 문제 풀이** 강의

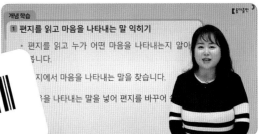

#백점 #초등국어 #무료

백점 초등국어 6학년 강의 목록

단원명	강의명	교재 쪽수	단원명	강의명	교재 쪽수
1. 비유하는 표현	개념 강의	8쪽	연극. 함께 연극을 즐겨요	개념 강의	94쪽
	어휘·문법 강의	9쪽		어휘·문법 강의	95쪽
	수행 평가 문제 풀이 강의	19쪽		수행 평가 문제 풀이 강의	105쪽
2. 이야기를 간추려요	개념 강의	22쪽	6. 내용을 추론해요	개념 강의	108쪽
	어휘·문법 강의	23쪽		어휘·문법 강의	109쪽
	수행 평가 문제 풀이 강의	41쪽		수행 평가 문제 풀이 강의	121쪽
3. 짜임새 있게 구성해요	개념 강의	44쪽	7. 우리말을 가꾸어요	개념 강의	124쪽
	어휘·문법 강의	45쪽		어휘·문법 강의	125쪽
	수행 평가 문제 풀이 강의	57쪽		수행 평가 문제 풀이 강의	135쪽
4. 주장과 근거를 판단해요	개념 강의	60쪽	8. 인물의 삶을 찾아서	개념 강의	138쪽
	어휘·문법 강의	61쪽		어휘·문법 강의	139쪽
	수행 평가 문제 풀이 강의	73쪽		수행 평가 문제 풀이 강의	153쪽
5. 속담을 활용해요	개념 강의	76쪽	9. 마음을 나누는 글을 써요	개념 강의	156쪽
	어휘·문법 강의	77쪽		어휘·문법 강의	157쪽
	수행 평가 문제 풀이 강의	91쪽		수행 평가 문제 풀이 강의	167쪽

백점 국어
초등국어 6학년
학습 계획표

학습 계획표를 따라
차근차근 국어 공부를
시작해 보세요.
백점 국어와 함께라면
국어 공부, 어렵지 않습니다.

단원명	교재 쪽수		학습한 날		단원명	교재 쪽수		학습한 날	
1. 비유하는 표현	8~11쪽	1일차	월	일	5. 연극. 함께 연극을 즐겨요	88~91쪽	19일차	월	일
	12~15쪽	2일차	월	일		94~96쪽	20일차	월	일
	16~19쪽	3일차	월	일		97~101쪽	21일차	월	일
2. 이야기를 간추려요	22~25쪽	4일차	월	일		102~105쪽	22일차	월	일
	26~28쪽	5일차	월	일	6. 내용을 추론해요	108~110쪽	23일차	월	일
	29~32쪽	6일차	월	일		111~113쪽	24일차	월	일
	33~37쪽	7일차	월	일		114~117쪽	25일차	월	일
	38~41쪽	8일차	월	일		118~121쪽	26일차	월	일
3. 짜임새 있게 구성해요	44~46쪽	9일차	월	일	7. 우리말을 가꾸어요	124~127쪽	27일차	월	일
	47~49쪽	10일차	월	일		128~131쪽	28일차	월	일
	50~53쪽	11일차	월	일		132~135쪽	29일차	월	일
	54~57쪽	12일차	월	일	8. 인물의 삶을 찾아서	138~141쪽	30일차	월	일
4. 주장과 근거를 판단해요	60~63쪽	13일차	월	일		142~144쪽	31일차	월	일
	64~67쪽	14일차	월	일		145~149쪽	32일차	월	일
	68~73쪽	15일차	월	일		150~153쪽	33일차	월	일
5. 속담을 활용해요	76~78쪽	16일차	월	일	9. 마음을 나누는 글을 써요	156~159쪽	34일차	월	일
	79~82쪽	17일차	월	일		160~163쪽	35일차	월	일
	83~87쪽	18일차	월	일		164~167쪽	36일차	월	일

백점

BOOK 1 개념북

국어 6·1

구성과 특징

BOOK ❶ 개념북 '개념 + 어휘·문법 + 독해'로 국어 학습을 완벽하게!

1 교과서 개념 학습

단원 학습 목표 익히기

쉽고 빠르게 교과서 핵심 개념을 익히고 개념 확인 문제로 바로 확인할 수 있습니다. QR을 통한 개념 강의로 개념을 탄탄히 하세요.

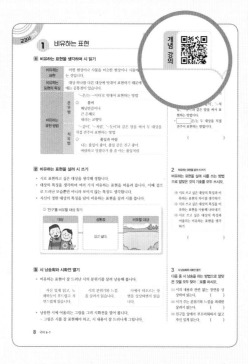

2 교과서 어휘·문법 학습

국어 지식 넓히기

어휘와 문법은 국어의 중요 영역입니다. 핵심 개념 어휘와 작품 속 어휘, 초등 필수 문법으로 국어의 기초를 다집니다. QR을 통한 어휘·문법 강의로 내용을 쉽게 이해할 수 있습니다.

백점 국어는 교과서에 있는 **개념, 어휘, 문법, 읽기, 쓰기, 듣기·말하기** 등 다양한 학습 요소를 정리하여 개념 학습, 어휘·문법 학습, 독해 학습을 쉽고 알차게 할 수 있도록 구성하였습니다.

3 교과서 독해 학습

교과서 지문 완벽 소화하기

교과서 지문과 관련한 다양한 유형의 문제를 풀고, 표 형태로 지문의 내용을 정리하면서 학습 목표 이해는 물론 지문 독해 실력도 향상시킬 수 있습니다.

BOOK ❷ 평가북

4 학교 평가 대비

단원 평가와 수행 평가

단원에서 꼭 나오는 중요한 문제만 엄선한 단원 평가로 수시 단원 평가에 대비하고, 학교에서 제시하는 실제 수행 평가과 유사한 형태의 문제로 수행 평가에 대비합니다.

➕ 단원 평가

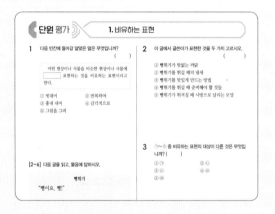

➕ 수행 평가

교과서에 실린 작품 소개

단원	제재 이름	지은이	나온 곳	백점 쪽수
1단원	「뻥튀기」	고일	『뻥튀기』, (주)주니어이서원, 2014.	10쪽
	「봄비」	심후섭	『내 마음의 동시 6학년』, (주)계림북스, 2011.	11쪽
	「풀잎과 바람」	정완영	『가랑비 가랑가랑 가랑파 가랑가랑』, (주)사계절출판사, 2015.	12쪽
2단원	「황금 사과」	송희진 글, 이경혜 옮김	『황금 사과』, 뜨인돌어린이, 2011.	24~25쪽
	「우주 호텔」	유순희	『우주 호텔』, 해와나무, 2012.	29~35쪽
3단원	'2022년 서울 강수량 분석' 도표 자료		기상 자료 개방 포털 누리집 (http://data.kma.go.kr)	48쪽
	100대 기업의 인재상 변화		대한상공회의소, 2018.	50쪽
5단원	「속담 하나 이야기 하나: 독장수구구」	임덕연	『속담 하나 이야기 하나』, 도서출판 산하, 2014.	81~82쪽
	「속담 하나 이야기 하나: 까마귀 고기를 먹었나」	임덕연	『믿거나 말거나 속담 이야기』, 도서출판 산하, 2014.	83~84쪽
연극 단원	「버들잎 편지」	주평	『등대섬 아이들』, 신아출판사, 2016.	94쪽
	「숲이 준 마법 초콜릿」	배봉기	『말대꾸하면 안 돼요?』, (주)창비, 2010.	97~99쪽

단원	제재 이름	지은이	나온 곳	백점 쪽수
6단원	그림(「야묘도추」)	김득신	간송미술문화재단	116쪽
	그림(「씨름」)	김홍도	국립중앙박물관	118쪽
	「수원 화성을 어떻게 만들었을까」	유지현	『조선 왕실의 보물 의궤』, 토토북, 2009.	111～112쪽
7단원	사례 1 (「욕해도 될까요?」)	한국교육 방송공사	「EBS 다큐 프라임」, 한국교육방송공사, 2011.	127쪽
	'초등학생이 가장 많이 사용하는 신조어와 줄임 말' 표		「MBC 경남 뉴스데스크: 초등학생 줄임 말, 신조어 '심각'」, (주)문화방송, 2015. 10. 9.	133쪽
8단원	「제게 12척의 배가 있으니」	이강엽	『불패의 신화가 된 명장 이순신』, (주)웅진씽크빅, 2005.	141쪽
	「버들이를 사랑한 죄」	황선미	『샘마을 몽당깨비』, (주)창비, 2013.	142～144쪽
9단원	「주어라, 또 주어라」 (원제목: 「남을 도울 줄 아는 사람이 되거라」)	정약용 글, 한문희 엮음	『아버지의 편지』, 함께읽는책, 2004.	160～161쪽

차례

1 비유하는 표현

▶ 학습을 완료하면 V표를 하면서 학습 진도를 체크해요.

1 비유하는 표현

개념 강의

● 정답 및 풀이 1쪽

1 비유하는 표현을 생각하며 시 읽기

비유하는 표현	어떤 현상이나 사물을 비슷한 현상이나 사물에 빗대어 표현하는 것입니다.
비유하는 표현의 특징	대상 하나를 다른 대상에 빗대어 표현하기 때문에 두 대상 사이에는 공통점이 있습니다.
비유하는 표현 방법	**은유법** ‘~은/는 ~이다’로 빗대어 표현하는 방법 예 봄비 해님만큼이나 큰 은혜로 내리는 교향악 **직유법** ‘~같이’, ‘~처럼’, ‘~듯이’와 같은 말을 써서 두 대상을 직접 견주어 표현하는 방법 예 풀잎과 바람 나는 풀잎이 좋아, 풀잎 같은 친구 좋아 바람하고 엉켰다가 풀 줄 아는 풀잎처럼

2 비유하는 표현을 살려 시 쓰기

● 시로 표현하고 싶은 대상을 생각해 정합니다.
● 대상의 특징을 생각하며 여러 가지 비유하는 표현을 떠올려 씁니다. 이때 겉으로 드러난 모습뿐만 아니라 보이지 않는 특징도 생각합니다.
● 자신이 정한 대상의 특징을 담아 비유하는 표현을 살려 시를 씁니다.

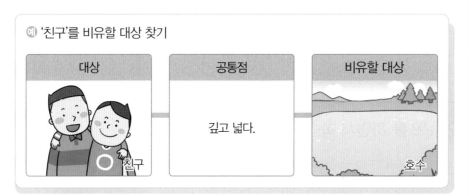

예 '친구'를 비유할 대상 찾기

대상	공통점	비유할 대상
친구	깊고 넓다.	호수

3 시 낭송회와 시화전 열기

● 비유하는 표현이 잘 드러난 시의 분위기를 살려 낭송해 봅니다.

자신 있게 읽고, 노래하듯이 부드럽고 자연스럽게 읽습니다.	시의 분위기와 느낌을 살려서 읽습니다.	시에서 떠오르는 장면을 상상하면서 읽습니다.

● 낭송한 시에 어울리는 그림을 그려 시화전을 열어 봅니다.
  – 그림은 시를 잘 표현해야 하고, 시 내용이 잘 드러나게 그립니다.

개념 확인 문제

1 비유하는 표현을 생각하며 시 읽기

다음 빈칸에 공통으로 들어갈 알맞은 말을 쓰시오.

- ☐☐☐ 은/는 비유하는 표현 방법 중 하나이다.
- ☐☐☐ 은/는 ‘~같이’, ‘~처럼’, ‘~듯이’와 같은 말을 써서 표현하는 방법이다.
- ☐☐☐ 은/는 두 대상을 직접 견주어 표현하는 방법이다.

(   )

2 비유하는 표현을 살려 시 쓰기

비유하는 표현을 살려 시를 쓰는 방법으로 알맞은 것의 기호를 모두 쓰시오.

㉠ 시로 쓰고 싶은 대상의 특징과 비유하는 표현의 차이점 생각하기
㉡ 시로 쓰고 싶은 대상의 특징을 비유하는 표현을 사용해 나타내기
㉢ 시로 쓰고 싶은 대상의 특징과 어울리는 비유하는 표현을 생각하기

(   )

3 시 낭송회와 시화전 열기

다음 중 시 낭송을 하는 방법으로 알맞은 것을 모두 찾아 ○표를 하시오.

⑴ 시의 내용과 관련 없는 장면을 상상하며 읽는다. (   )
⑵ 시가 주는 분위기와 느낌을 최대한 살려서 읽는다. (   )
⑶ 친구들 앞에서 부끄러워하지 않고 자신 있게 읽는다. (   )

1 비유하는 표현

● 정답 및 풀이 1쪽

어휘

1. 핵심 개념 어휘: 비유, 직유, 은유

뜻 어떤 현상이나 사물을 직접 설명하지 않고 다른 비슷한 현상이나 사물에 빗대어 설명하는 일.

直 곧을 직 喩 깨우칠 유
뜻 비슷한 성질이나 모양을 가진 두 사물을 '같이', '처럼', '듯이'와 같은 연결어로 결합하여 직접 비유하는 것.

隱 숨길 은 喩 깨우칠 유
뜻 사물의 상태나 움직임을 암시적으로 나타내는 것.

➡ 시에서 비유하는 표현 방법에는 직유법과 은유법이 있습니다.

2. 작품 속 어휘

낱말	뜻	예시
흩날리다	한데 모였던 것이 따로따로 떨어지거나 사방으로 퍼져 날리다.	바람이 불자 꽃잎이 하얗게 흩날렸습니다.
함박눈	굵고 탐스럽게 내리는 눈.	집 밖으로 나가자 함박눈이 펑펑 내리기 시작했습니다.
나부끼다	천, 종이, 머리카락 따위의 가벼운 물체가 바람을 받아서 가볍게 흔들리다. 또는 그렇게 하다.	높게 걸린 태극기가 팔랑 나부꼈습니다.
얼싸안다	두 팔을 벌리어 껴안다.	우리는 반가워서 서로를 얼싸안았습니다.
오락가락하다	계속해서 왔다 갔다 하다.	봄비가 오락가락하여 우산을 챙겼습니다.

문법 낱말의 상하 관계

◆ 어떤 낱말의 의미가 다른 낱말의 의미를 포함하는 관계를 낱말의 상하 관계라고 합니다. '계절'이나 '음식'과 같이 다른 낱말을 포함하는 낱말이 있고, '봄, 여름, 가을, 겨울'이나 '자장면, 김밥, 비빔밥, 떡볶이'와 같이 다른 낱말에 포함되는 낱말이 있습니다.

어휘·문법 확인 문제

1 핵심 개념 어휘
다음은 '비유'의 뜻입니다. 빈칸에 알맞은 말을 쓰시오.

> 어떤 현상이나 사물을 직접 설명하지 않고 다른 비슷한 현상이나 사물에 [   ] 설명하는 일.

(   )

2 작품 속 어휘
다음 빈칸에 들어갈 알맞은 낱말을 보기 에서 찾아 쓰시오.

> **보기**
> 흩날려   나부끼게   얼싸안고

(1) 모래알이 (   ) 눈에 들어갔다.
(2) 경기에서 이기자 서로 (   ) 기뻐했다.
(3) 바람이 불자 치마가 살랑 (   ) 되었다.

3 작품 속 어휘
다음 뜻을 가진 낱말에 ○표 하시오.

> 굵고 탐스럽게 내리는 눈.

가랑눈   함박눈   눈보라

4 문법
다음 낱말의 상하 관계를 생각하며 빈칸에 알맞은 낱말을 쓰시오.

준비 비유하는 표현 살펴보기

뻥튀기

고일

"뻥이요. 뻥!"
'뻥이오'가 바른 표기임.

봄날 꽃잎이 흩날리는 것처럼 아름답게 보였습니다.

아니야, 아니야, 나비가 날아갑니다.

아니야, 아니야, 함박눈이 내리는 거야.

맞아요, 맞아요, 폭죽입니다.

하얀 연기 고소하고요.

가을날 메밀꽃 냄새가 납니다.

아니야, 아니야, 새우 냄새가 납니다.

아니야, 아니야, 멍멍이 냄새가 납니다.

맞아요, 맞아요, 옥수수 냄새입니다.

- **글의 종류** 이야기(창작 동화)

- **글의 특징** 뻥튀기하는 모습을 보고, 뻥튀기를 다른 사물에 재미있게 빗대어 표현한 글입니다.

- **작품 정리** 빈칸에 알맞은 말을 넣어 비유하는 표현 정리하기

대상	비유하는 표현	비유한 까닭
뻥튀기가 사방으로 날리는 모양	봄날 ❶( )	뻥튀기가 봄날 꽃잎처럼 하늘에 흩날려서
	❷( ) / 함박눈 / 폭죽	다양한 방법으로 움직여서 / 소복하게 내리니까 / 멀리 퍼져서
뻥튀기 냄새	메밀꽃 냄새 / 새우 냄새 / 멍멍이 냄새 / 옥수수 냄새	❸( )이/가 고소하고 달콤하기 때문에

흩날리는 한데 모였던 것이 따로따로 떨어지거나 사방으로 날리는.
함박눈 굵고 탐스럽게 내리는 눈.

---

1 이 글에서 뻥튀기가 사방으로 날리는 모양을 빗대어 표현한 것을 보기 에서 찾아 기호를 쓰시오.

보기

▲ 새우 ▲ 빗방울 ▲ 폭죽

( )

2 다음 대상과 비유하는 표현의 공통점은 무엇입니까?

( )

대상	비유하는 표현
뻥튀기 냄새	옥수수 냄새

① 맵고 짠 맛이다.
② 냄새가 달콤하고 고소하다.
③ 색깔이 밤하늘과 같이 검다.
④ 촉감이 매우 질기고 억세다.
⑤ 혀로 느끼는 맛이 몹시 쓰다.

중요 독해

3 이 글의 내용을 알맞게 이해하여 말한 친구를 모두 찾아 이름을 쓰시오.

혁이: 이 글은 비유하는 표현을 많이 사용해서 장면을 떠올리기가 어려워.

우영: 이 글은 뻥튀기가 튀겨질 때 사방으로 튀는 모습과 뻥튀기를 튀길 때 나오는 고소한 냄새를 표현했어.

서윤: 뻥튀기를 하는 상황을 실감 나게 표현하기 위해 "뻥이요. 뻥!"이라는 글자를 크고 진하게 쓴 것 같아.

( )

서술형

4 '뻥튀기'를 다른 사물에 비유하여 표현해 보고, 그렇게 표현한 까닭을 쓰시오.

(1) 비유하는 표현: _____

(2) 비유한 까닭: _____

_____

봄비

심후섭

❶ 해님만큼이나
큰 은혜로 / 내리는 교향악

❷ 이 세상 / 모든 것이 다
악기가 된다.

❸ 달빛 내리던 지붕은
㉠두둑 두드둑 / 큰북이 되고

❹ 아기 손 씻던
세숫대야 바닥은

❺ ㉡도당도당 도당당
작은북이 된다.

❻ 앞마을 냇가에선 / ㉢풍풍 포웅 풍
뒷마을 연못에선 / 풍풍 푸웅 풍

❼ 외양간 엄마 소도 함께
㉣댕그랑댕그랑

❽ 엄마 치마 주름처럼
산들 나부끼며 / 왈츠
봄의 왈츠 / 하루 종일 연주한다.

- **글의 종류** 시
- **글의 특징** 봄비가 내려 지붕과 세숫대야 등에 부딪혀 나는 소리를 악기 소리에 비유하여 썼습니다.
- **작품 정리** 빈칸에 알맞은 말을 넣어 비유하는 표현 정리하기

대상	비유하는 표현
봄비 내리는 소리	❶( )
이 세상 모든 것	악기
❷( )	큰북
세숫대야 바닥	작은북
봄비 내리는 모습	왈츠

은혜(恩 은혜 은, 惠 은혜 혜) 고맙게 베풀어 주는 신세나 혜택.
산들 시원한 바람이 가볍고 보드랍게 부는 모양.
나부끼며 천, 종이, 머리카락 따위의 가벼운 물체가 바람을 받아서 가볍게 흔들리며. 또는 그렇게 하며.

---

5 이 시에서 봄비를 무엇으로 표현했는지 쓰시오.
(   )

6 ㉠~㉣에 대한 설명으로 알맞은 것을 두 가지 고르시오. (   )

① 운율이 잘 느껴진다.
② 화려한 색깔을 나타낸다.
③ 크고 무거운 소리를 표현한다.
④ 설명하는 글에서 많이 사용하는 표현이다.
⑤ 소리가 비슷한 글자나 일정한 글자 수가 반복된다.

7 이 시에서 세숫대야 바닥을 작은북으로 표현한 까닭은 무엇이겠습니까? (   )

① 환한 빛을 내는 것이 비슷해서
② 가볍게 움직이는 것이 비슷해서
③ 느리게 움직이는 것이 비슷해서
④ 작은 소리가 나는 것이 비슷해서
⑤ 여러 가지 소리가 섞여 있는 것이 비슷해서

어휘

8 다음 밑줄 친 낱말과 바꾸어 쓸 수 있는 낱말은 무엇입니까? (   )

> 머리카락이 바람에 나부끼고 있었다.

① 나서고   ② 나풀대고   ③ 나다니고
④ 나뒹굴고   ⑤ 나누어지고

기본 비유하는 표현을 생각하며 시 읽기

● 국어 40쪽 / 정답 및 풀이 1쪽

풀잎과 바람
정완영

❶ 나는 풀잎이 좋아, ㉠풀잎 같은 친구 좋아

바람하고 엉켰다가 풀 줄 아는 풀잎처럼

풀잎이 바람에 흔들리는 모습
㉮ 헤질 때 또 만나자고 손 흔드는 친구 좋아.

❷ 나는 바람이 좋아, ㉡바람 같은 친구 좋아

풀잎하고 헤졌다가 되찾아 온 바람처럼

만나면 얼싸안는 바람, 바람 같은 친구 좋아.

- **글의 종류** 시

- **글의 특징** 친구를 풀잎과 바람에 비유하고, 1연과 2연의 짜임이 반복되어 운율을 느낄 수 있습니다.

- **작품 정리** 빈칸에 알맞은 말을 넣어 비유하는 표현 정리하기

대상	비유하는 표현	비유한 까닭
친구	바람하고 엉켰다가 풀 줄 아는 풀잎	헤어질 때 또 만나자고 손 흔드는 친구의 모습이 ❶( )와/과 닮아서
	풀잎하고 헤어졌다가 되찾아 온 ❷( )	만나면 얼싸안는 친구의 모습이 풀잎하고 헤어졌다가 되찾아 온 바람과 닮아서

헤질 '헤어질'의 준말. 모여 있던 사람들이 따로따로 흩어질.
얼싸안는 두 팔을 벌리어 껴안는.

중요 독해

9 이 시를 읽고 떠오르는 장면으로 거리가 먼 것은 무엇입니까? ( )

① 친구와 기쁘게 마주보고 있는 장면

② 친구를 오랜만에 만나 얼싸안는 장면

③ 친구와 헤어졌다가 다시 만나는 장면

④ 친구들이 함께 모여 선생님을 찾아가는 장면

⑤ 친구와 헤어질 때 다시 만나자고 약속하는 장면

10 ㉮는 풀잎의 어떤 모습과 닮았습니까? ( )

① 친구가 많은 것

② 바람을 싫어하는 것

③ 바람 소리를 따라 하는 것

④ 혼자 있는 것을 좋아하는 것

⑤ 바람하고 엉켰다가 풀 줄 아는 것

11 이 시에서 친구를 무엇무엇에 비유하였는지 찾아 두 가지를 쓰시오.

( ), ( )

서술형

12 이 시에서 '바람 같은 친구'가 좋다고 한 까닭을 쓰시오.

_____

_____

어휘

13 다음 중 ㉠, ㉡과 같은 방법으로 비유한 문장이 아닌 것은 무엇입니까? ( )

① 꽃처럼 예쁜 언니

② 보름달처럼 둥근 얼굴

③ 길은 하나의 세계이다.

④ 호랑이같이 무서운 아빠

⑤ 전봇대같이 키가 큰 내 친구

비유하는 표현을 사용해 나타내기

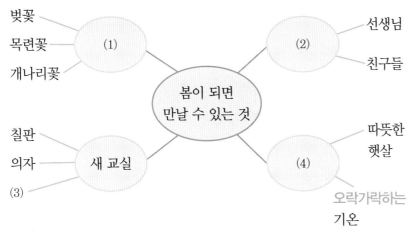

가 봄이 되면 새롭게 만날 수 있는 것 떠올리기

벚꽃
목련꽃
개나리꽃
(1)

선생님
친구들
(2)

봄이 되면
만날 수 있는 것

칠판
의자
(3)
새 교실

따뜻한
햇살
(4)
오락가락하는
기온

나 봄이 되어 새롭게 만난 대상에게 표현하고 싶은 생각이나 마음

봄에 만난 꽃들의 아름다운 모습을 표현하고 싶어.

새롭게 만난 친구들과 앞으로 잘 지내고 싶은 마음을 표현하고 싶어.

• **활동 정리** 빈칸에 알맞은 말을 넣어 비유하는 표현을 살려 시 쓰는 과정 정리하기

시로 표현하고 싶은 ❶( ) 을/를 정해 어떤 생각이나 마음을 표현하고 싶은지 정하기

자신이 정한 대상의 특징을 생각하며 여러 가지 ❷( )하는 표현을 떠올려 생각 그물에 쓰기

대상의 특징을 담아 비유하는 표현을 살려 시 쓰기

오락가락하는 계속해서 왔다 갔다 하는.

---

14 가의 (1)~(4)에 들어갈 알맞은 낱말을 보기 에서 찾아 쓰시오.

보기
꽃, 날씨, 책상, 사람

(1) ( )
(2) ( )
(3) ( )
(4) ( )

서술형

15 나의 친구들처럼 봄이 되어 새롭게 만난 대상을 하나 정해 어떤 생각이나 마음을 표현하고 싶은지 쓰시오.

새롭게 만난 대상	(1)
표현하고 싶은 생각이나 마음	(2)

16 '친구'를 비유할 대상과 공통점을 정리한 것으로 알맞지 않은 것은 무엇입니까? ( )

비유할 대상 　　　　　 공통점
① 바다 　　　　　　　 깊고 넓다.
② 놀부 　　　　　　　 착하고 순박하다.
③ 조각상 　　　　　　 멋있다.
④ 발전소 　　　　　　 내게 힘을 준다.
⑤ 밝은 햇살 　　　　　 환하게 웃는다.

17 시에서 비유하는 표현을 사용하면 좋은 점으로 알맞은 것을 모두 고르시오. ( )

① 시의 내용을 이해하기 쉽다.
② 시 속 상황을 잘 파악할 수 있다.
③ 비유하는 표현을 읽으면 생생한 느낌이 든다.
④ 시에서 같은 낱말을 여러 번 반복하게 만든다.
⑤ 시에서 비유한 두 대상의 다른 점을 알 수 있다.

[1~3] 다음 글을 읽고, 물음에 답하시오.

뻥튀기

"뻥이요. 뻥!"

봄날 꽃잎이 흩날리는 것처럼 아름답게 보였습니다.
아니야, 아니야, 나비가 날아갑니다.
아니야, 아니야, 함박눈이 내리는 거야.

맞아요, 맞아요, 폭죽입니다.

하얀 연기 고소하고요.

가을날 메밀꽃 냄새가 납니다.
아니야, 아니야, 새우 냄새가 납니다.
아니야, 아니야, 멍멍이 냄새가 납니다.

맞아요, 맞아요, 옥수수 냄새입니다.

1 이 글에서 '뻥튀기가 사방으로 날리는 모습'을 표현한 것이 <u>아닌</u> 것은 무엇입니까? (   )

① 폭죽이 터지는 모습
② 나비가 날아가는 모습
③ 함박눈이 내리는 모습
④ 하얀 꽃이 피어나는 모습
⑤ 봄날에 꽃잎이 흩날리는 모습

2 다음은 무엇을 표현한 것인지 알맞은 말을 쓰시오.

> 메밀꽃 냄새, 새우 냄새, 멍멍이 냄새, 옥수수 냄새

(   ) 냄새

3 '뻥튀기'를 다른 사물에 빗대어 표현한 까닭으로 알맞은 것에 모두 ○표 하시오.

(1) 더 생생하게 전달하기 위해서 (○   )

(2) 훨씬 실감 나게 표현하기 위해서 (   )

(3) 어렵고 복잡하게 표현하기 위해서 (   )

[4~6] 다음 시를 읽고, 물음에 답하시오.

봄비

해님만큼이나
큰 은혜로
내리는 교향악

이 세상 / 모든 것이 다
악기가 된다.

달빛 내리던 지붕은
두둑 두드둑 / 큰북이 되고

아기 손 씻던
세숫대야 바닥은

도당도당 도당당
작은북이 된다.

앞마을 냇가에선
풍풍 포옹 풍
뒷마을 연못에선
풍풍 푸웅 풍

외양간 엄마 소도 함께
댕그랑댕그랑

엄마 치마 주름처럼
산들 나부끼며
왈츠
㉠봄의 왈츠
하루 종일 연주한다.

4 다음 대상을 무엇에 비유하여 표현하였는지 찾아 선으로 이으시오.

(1) 봄비 내리는 소리	•	• ㉮ 큰북
(2) 지붕	•	• ㉯ 왈츠
(3) 세숫대야 바닥	•	• ㉰ 작은북
(4) 봄비 내리는 모습	•	• ㉱ 교향악

5 이 시에서 '이 세상 모든 것'을 '악기'로 표현한 까닭은 무엇이겠습니까? (   )

① 소리가 나는 것이 비슷해서
② 크기가 작은 것이 비슷해서
③ 느리고 무겁게 움직이는 것이 비슷해서
④ 경쾌하고 가볍게 움직이는 것이 비슷해서
⑤ 여러 가지 색깔이 섞여 있는 것이 비슷해서

6 ㉠은 어떤 장면을 표현한 것입니까? (   )

① 큰북을 쿵쿵 소리 내는 장면
② 봄비가 하루 종일 내리는 장면
③ 따가운 여름 햇살이 가득한 장면
④ 교향악단이 차분하게 앉아 있는 장면
⑤ 겨울에 아이가 엄마와 함께 왈츠를 추는 장면

7 다음 시에서 '내'가 좋다고 말한 친구의 모습을 두 가지 고르시오. (   )

> **풀잎과 바람**
> 나는 풀잎이 좋아, 풀잎 같은 친구 좋아
> 바람하고 엉켰다가 풀 줄 아는 풀잎처럼
> 헤질 때 또 만나자고 손 흔드는 친구 좋아.
>
> 나는 바람이 좋아, 바람 같은 친구 좋아
> 풀잎하고 헤졌다가 되찾아 온 바람처럼
> 만나면 얼싸안는 바람, 바람 같은 친구 좋아.

① 양보를 잘하는 친구
② 만나면 얼싸안는 친구
③ 항상 밝은 얼굴로 웃는 친구
④ '나'와 비슷한 취미를 가진 친구
⑤ 헤어질 때 또 만나자고 손 흔드는 친구

8 친구가 쓴 다음 시를 읽고 감상 평을 알맞게 말한 것은 무엇입니까? (   )

> 내 친구는 늘 내게 밝은 햇살
> 내 친구는 늘 내게 밝은 가로등
>
> 내 친구는 변하지 않는
> 나의 영원한 발전소

① 장면을 떠올리기 어렵게 쓴 시야.
② 시의 제목으로 '선생님'이 어울려.
③ 흉내 내는 말을 사용해 표현한 부분이 재미있어.
④ 비유하는 표현을 빼고 읽으니 시의 내용이 마음에 더 잘 와닿았어.
⑤ '내 친구'를 '밝은 햇살'과 '밝은 가로등', '발전소'에 빗대어 표현해 실감 나네.

문법

9 다음 보기 의 낱말을 포함하는 낱말과 포함되는 낱말로 나누어 쓰시오.

> 보기
> 감, 사과, 포도, 과일

(1) 포함하는 낱말: (   )
(2) 포함되는 낱말: (   )

문법

10 다음 낱말을 포함하는 낱말은 무엇입니까? (   )

> 피아노, 바이올린, 첼로

① 악보   ② 악기   ③ 연주자
④ 비올라   ⑤ 클라리넷

[1~3] 다음 글을 읽고, 물음에 답하시오.

뻥튀기

"뻥이요. 뻥!"

봄날 꽃잎이 흩날리는 것처럼 아름답게 보였습니다.
아니야, 아니야, ㉠나비가 날아갑니다.
아니야, 아니야, ㉡함박눈이 내리는 거야.

맞아요, 맞아요, ㉢폭죽입니다.

하얀 연기 고소하고요.

가을날 메밀꽃 냄새가 납니다.
아니야, 아니야, 새우 냄새가 납니다.
아니야, 아니야, 멍멍이 냄새가 납니다.

맞아요, 맞아요, ㉣옥수수 냄새입니다.

1 이 글에 가장 잘 어울리는 그림으로 알맞은 것은 무엇입니까? (   )

① 우리나라의 사계절 모습
② 가을 운동회를 하는 모습
③ 함박눈을 맞으며 눈싸움을 하는 모습
④ 친구들이 강아지와 함께 뛰어노는 모습
⑤ 한 소녀가 즐겁고 신난 표정으로 뻥튀기를 바라보는 모습

2 뻥튀기와 봄날 꽃잎의 공통점으로 알맞은 것은 무엇입니까? (   )

① 하늘에 흩날린다.
② 까맣고 조그맣다.
③ 한겨울에만 볼 수 있다.
④ 비가 오는 날에 만질 수 있다.
⑤ 반짝반짝 빛을 내다가 사라진다.

3 ㉠~㉣ 중 뻥튀기의 고소한 냄새를 비유하는 표현을 찾아 기호를 쓰시오.

(   )

서술형

4 다음 대상을 비유하는 표현을 써서 소개하는 문장을 쓰시오.

대상	소개하는 문장
우리 가족	

5 다음 중 비유하는 표현에 대해 알맞게 말한 친구를 모두 찾아 ○표 하시오.

(1) 비유하는 표현 방법에는 은유법과 직유법 등이 있어.
(   )

(2) 비유하는 표현을 사용하려면 두 대상이 모두 사람이어야 해.
(   )

(3) 비유하는 표현은 반드시 반복되는 말을 넣어 써야 해.
(   )

(4) 비유하는 표현이란 어떤 현상이나 사물을 비슷한 현상이나 사물에 빗대어 표현하는 것이야.
(   )

[6~9] 다음 시를 읽고, 물음에 답하시오.

봄비

해님만큼이나
큰 은혜로
내리는 교향악

이 세상
모든 것이 다
악기가 된다.

달빛 내리던 지붕은
두둑 두드둑
큰북이 되고

아기 손 씻던
세숫대야 바닥은

도당도당 도당당
작은북이 된다.

㉠앞마을 냇가에선
퐁퐁 포옹 퐁
뒷마을 연못에선
풍풍 푸웅 풍

외양간 엄마 소도 함께
댕그랑댕그랑

엄마 치마 주름처럼
산들 나부끼며
왈츠
봄의 왈츠
하루 종일 연주한다.

6 이 시에서 '봄비 내리는 소리'와 '교향악'의 공통점은 무엇입니까? ( )

① 새싹의 여린 모습과 닮았다.
② 여러 가지 소리가 섞여 있다.
③ 일 년 내내 한결같은 모습이다.
④ 빛깔의 느낌이 무겁고 침침하다.
⑤ 마음 쓰는 것이 너그럽지 못하다.

7 이 시에서 다음 사물은 어떤 악기가 된다고 했는지 보기 에서 찾아 쓰시오.

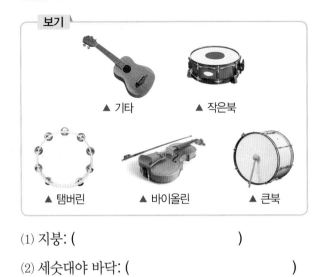

보기

▲ 기타   ▲ 작은북

▲ 탬버린   ▲ 바이올린   ▲ 큰북

⑴ 지붕: ( )
⑵ 세숫대야 바닥: ( )

서술형

8 ㉠은 어떤 장면을 표현한 것인지 쓰시오.

_____

_____

9 이 시에서 '봄비 내리는 모습'을 '왈츠'에 비유한 까닭으로 가장 알맞은 것을 찾아 기호를 쓰시오.

㉮ 사람들이 봄비와 왈츠 소리를 무서워하기 때문이다.
㉯ 왈츠는 봄비와 관련한 내용을 담은 음악이기 때문이다.
㉰ 엄마가 봄비 내리는 모습과 왈츠를 좋아하시기 때문이다.
㉱ 봄비 내리는 모습과 왈츠는 경쾌하고 가볍게 움직이는 것이 비슷하기 때문이다.

( )

[10~13] 다음 시를 읽고, 물음에 답하시오.

풀잎과 바람

나는 풀잎이 좋아, 풀잎 같은 친구 좋아
바람하고 엉켰다가 풀 줄 아는 풀잎처럼
헤질 때 또 만나자고 손 흔드는 친구 좋아.

나는 바람이 좋아, 바람 같은 친구 좋아
풀잎하고 헤졌다가 되찾아 온 바람처럼
〔　　　　　　㉠　　　　　　〕, 바람 같은 친구 좋아.

10 이 시에서 '풀잎'과 '바람'은 무엇을 비유한 것입니까? (　　　)

① 이웃　　② 친척　　③ 친구
④ 부모님　　⑤ 선생님

서술형
11 '풀잎 같은 친구'가 좋다고 한 까닭은 무엇인지 쓰시오.

_____

_____

12 이 시의 내용으로 보아, ㉠에 들어갈 말로 가장 알맞은 것은 무엇입니까? (　　　)

① 만나면 얼싸안는 바람
② 풀꽃이 하얗게 피어난
③ 매일 만나도 새로운 사람
④ 나에게 장난을 많이 치는
⑤ 슬플 때 함께 노래해 주는 풀잎

13 이 시를 읽고 생각하거나 느낀 점을 알맞게 말한 친구를 모두 고르시오. (　　　)

① 우림: 이 시의 주제는 '친구 간의 우정'이야.
② 은정: 다정한 가족의 모습이 생각나 인상적이야.
③ 규진: 비유하는 표현을 사용하니 친구가 더욱 실감 나게 느껴졌어.
④ 혜교: 소리나 모양을 흉내 내는 말을 사용한 부분이 재미를 주는 시야.
⑤ 주아: 평소에 그냥 지나쳤던 친구에 대해 다시 생각해 보는 시간이 되었어.

14 다음 내용을 바탕으로 시에 쓸 비유하는 표현을 알맞게 나타낸 것은 무엇입니까? (　　　)

대상	공통점	비유할 대상
〔아기 그림〕	느리다. 기어 다닌다.	〔거북 그림〕

① 아기처럼 씩씩한 거북
② 거북이 아기보다 빠르다.
③ 아기처럼 느린 사람이 또 있을까?
④ 아기가 느릿느릿하게 기어 다닌다.
⑤ 거북처럼 느릿느릿 기어 다니는 아기

15 시 낭송을 하는 방법으로 알맞은 것을 두 가지 고르시오. (　　　)

① 또박또박 한 글자씩 끊어 읽는다.
② 시의 분위기와 느낌을 살려서 읽는다.
③ 배경 음악 없이 작은 목소리로 읽는다.
④ 친구들 앞에서 부끄러워하지 않고 자신 있게 읽는다.
⑤ 시에서 떠오르는 장면을 상상하며 소리 내지 않고 마음속으로 읽는다.

1. 비유하는 표현

● 정답 및 풀이 2~3쪽

평가 주제	비유하는 표현을 살려 시 쓰기
평가 목표	대상의 특징을 담아 비유하는 표현을 살려 시를 쓸 수 있다.

풀잎과 바람

나는 풀잎이 좋아, 풀잎 같은 친구 좋아
바람하고 엉켰다가 풀 줄 아는 풀잎처럼
헤질 때 또 만나자고 손 흔드는 친구 좋아.

나는 바람이 좋아, 바람 같은 친구 좋아
풀잎하고 헤졌다가 되찾아 온 바람처럼
만나면 얼싸안는 바람, 바람 같은 친구 좋아.

1 이 시를 읽으면 어떤 장면이 떠오르는지 쓰시오.

2 이 시를 읽고 어떤 생각이나 느낌이 들었는지 쓰시오.

3 이 시의 비유하는 표현을 자신만의 표현으로 바꾸어 조건 에 맞게 쓰시오.

> **조건**
> 1. 직유법을 사용하여 시를 바꾸어 쓴다.
> 2. 2연 6행의 형식은 유지하고 시의 내용만 바꾸어 쓴다.

미로를 따라 길을 찾아보세요.

◉ 정답 및 풀이 3쪽

2 이야기를 간추려요

▶ 학습을 완료하면 V표를 하면서 학습 진도를 체크해요.

2 이야기를 간추려요

개념 강의

● 정답 및 풀이 3쪽

1 이야기 속 사건의 흐름 살펴보기

● 이야기 속 사건의 흐름을 생각하며 글을 읽어 봅니다.
● 질문(글에서 답을 찾을 수 있는 질문, 친구들 생각을 알고 싶은 질문)을 만들어 묻고 답해 보면서 글의 내용을 파악합니다.
● 인물에게 일어난 일을 차례대로 정리합니다.
● 인물의 말과 행동에 대한 자신의 생각이나 느낌을 쓰고 이야기합니다.

2 이야기 구조

발단	이야기의 사건이 시작되는 부분
전개	사건이 본격적으로 발생하고 갈등이 일어나는 부분
절정	사건 속의 갈등이 커지면서 긴장감이 가장 높아지는 부분
결말	사건이 해결되는 부분

예 「저승에 있는 곳간」을 이야기 구조에 따라 네 부분으로 나누기

발단	전개	절정	결말
원님이 죽어서 저승에 있는 염라대왕을 만나는 부분	원님이 저승에 있는 자기 곳간을 확인하는 부분	원님이 허름한 모습으로 변장해 덕진을 만나는 부분	덕진이 원님에게 받은 쌀로 강가에 다리를 놓은 부분

3 이야기 구조를 생각하며 요약하기

❶ 이야기 구조를 생각하며 각 부분에서 중요한 사건이 무엇인지 찾습니다.

❷ 이야기 흐름에서 중요하지 않은 내용은 삭제하거나 간단히 씁니다.

❸ 중요한 사건이 일어난 원인과 그에 따른 결과를 찾습니다.

❹ 여러 사건이 관련 있을 때에는 관련 있는 사건을 하나로 묶습니다.

예 「우주 호텔」을 읽고 이야기 구조를 생각하며 요약하기

구조	사건의 중심 내용 간추리기
발단	종이 할머니는 허리를 굽혀 땅만 보며 종이를 주웠음.
전개	종이 할머니는 자신의 빈 상자를 빼앗기지 않으려고 소리치며 눈에 혹이 난 할머니를 밀어 버렸음.
절정	종이 할머니는 메이가 가져다주는 종이를 매일 기다렸는데, 메이가 그린 우주 그림을 보고 어릴 적 꿈을 떠올렸음.
결말	종이 할머니는 눈에 혹이 난 할머니와 친구처럼 지내며 자신이 사는 곳이 바로 우주 호텔이라고 생각했음.

개념 확인 문제

1 이야기 속 사건의 흐름 살펴보기

이야기 속 사건의 흐름을 살펴볼 때에 할 일을 모두 찾아 기호를 쓰시오.

> ㉮ 글의 내용을 파악한다.
> ㉯ 인물에게 일어난 일을 차례대로 정리한다.
> ㉰ 인물의 성격을 바꾸어 이야기의 내용을 새롭게 상상한다.

( )

2 이야기 구조

다음 빈칸에 알맞은 말을 각각 쓰시오.

> 이야기 구조에는 발단, 전개, 절정, (1) 이/가 있는데, 사건이 본격적으로 발생하고 갈등이 일어나는 부분은 (2) (이)다.

(1) ( )
(2) ( )

3 이야기 구조를 생각하며 요약하기

이야기를 요약하는 방법으로 알맞은 것을 모두 찾아 ○표 하시오.

(1) 중요한 사건이 일어난 원인과 결과를 찾는다. ( )

(2) 이야기 구조 중 발단과 전개 부분의 중심 내용만 쓴다. ( )

(3) 이야기 흐름에서 중요하지 않은 내용도 모두 빠짐없이 쓴다. ( )

(4) 여러 사건이 관련 있을 때에는 관련 있는 사건을 하나로 묶는다. ( )

2 이야기를 간추려요

● 정답 및 풀이 3쪽

어휘

1. 핵심 개념 어휘: 구조, 요약

構 얽을 구
造 지을 조
뜻 부분이나 요소가 어떤 전체를 짜 이룸. 또는 그렇게 이루어진 얼개.

要 요긴할 요
約 맺을 약
뜻 말이나 글의 요점을 잡아서 간추림.

➡ 이야기의 구조를 생각하며 내용을 요약합니다.

2. 작품 속 어휘

낱말	뜻	예시
아우성	떠들썩하게 기세를 올려 지르는 소리.	시장에서 물건을 사려고 사람들이 아우성을 쳤습니다.
이승	지금 살고 있는 세상.	며칠 밥을 굶었더니 정신이 저승과 이승을 오락가락하였습니다.
변변히	제대로 갖추어져 충분하게.	나그네는 변변히 인사도 못하고 급히 떠났습니다.
적선하다(積善) 積 쌓을 적 善 착할 선	1. 착한 일을 많이 하다. 2. 구걸하는 사람에게 돈이나 음식, 물건 등을 주다.	1. 앞으로 나쁜 짓 안 하고 적선하며 살겠습니다. 2. 거지에게 음식을 적선하였습니다.
울뚝	성미가 급하여 참지 못하고 말이나 행동이 우악스러운 모양.	동생의 거짓말을 듣고 울뚝 갑자기 화가 났습니다.

문법 — 비슷한 성질에 따라 낱말 분류하기

◆ 낱말을 성질에 따라 분류해 놓은 것을 '품사'라고 합니다. '목마', '돌고래'와 같이 대상의 이름을 나타내는 말인 '명사', '여기'와 같이 사람이나 장소 등의 이름을 대신 나타내는 말인 '대명사', '다섯'과 같이 사물의 수량이나 순서를 나타내는 말인 '수사', '높다', '빠르다'와 같이 사람이나 사물의 상태나 성질을 나타내는 '형용사', '서다', '추다'와 같이 사람이나 사물의 움직임이나 작용을 나타내는 '동사' 등이 있습니다.

어휘·문법 확인 문제

1 [핵심 개념 어휘]

다음은 '구조'와 '요약'의 뜻입니다. 빈칸에 알맞은 말을 쓰시오.

⑴ 구조: 부분이나 요소가 어떤 ( )을/를 짜 이룸. 또는 그렇게 이루어진 얼개.

⑵ 요약: 말이나 글의 ( )을/를 잡아서 간추림.

2 [작품 속 어휘]

다음 낱말의 뜻을 찾아 기호를 쓰시오.

⑦ 떠들썩하게 기세를 올려 지르는 소리.
④ 제대로 갖추어져 충분하게.
⑤ 지금 살고 있는 세상.

⑴ 이승 ( )
⑵ 변변히 ( )
⑶ 아우성 ( )

3 [작품 속 어휘]

다음 ( ) 안의 낱말 중 알맞은 것에 ○표 하시오.

⑴ 그는 갑자기 (울뚝, 우뚝) 화를 냈다.

⑵ 그는 어려운 사람들을 위해 많은 돈을 (적선하였다, 직선하였다).

4 [문법]

다음 밑줄 친 낱말의 품사는 무엇인지 쓰시오.

사과 둘이 있다.

( )

준비 이야기 속 사건의 흐름 살펴보기

황금 사과

송희진

❶ 사람들은 황금 사과를 따려고 마법의 나무 주위로 벌 떼처럼 우르르 몰려들었어.

"이 사과들은 우리 거예요!"

"천만에! 이건 우리 것입니다!"

"이 사과를 처음 본 건 우리라고요."

두 동네 사이에는 툭하면 싸움이 벌어졌어.

다들 황금 사과를 갖겠다고 ㉠아우성이었지.

할 수 없이 사람들은 모여서 의논을 했어.

"이 나무는 우리 두 동네의 한가운데에 있습니다. 그러니 잘 나누기 위해 땅바닥에 금을 그읍시다. 금 오른쪽에 열리는 사과는 윗동네, 금 왼쪽에 열리는 사과는 아랫동네에서 갖도록 말입니다."

그렇게 해서 땅바닥에 금이 생겼지.

중심 내용 | 두 동네 사람들이 황금 사과를 서로 가지겠다고 땅바닥에 금을 그었습니다.

❷ 사람들은 이제 담을 쌓기 시작했어.

사방이 꽉 막힌 높고 단단한 담을.

그런 다음 양쪽에 보초를 세우고 담을 넘는 사람이

있나 잘 감시했지. / 윗동네도 아랫동네도 서로를 의심하는 마음이 차츰차츰 쌓여 갔어.

그러다 나중에는 서로 잡아먹을 듯이 미워하게 되었지.

세월이 흘러갈수록 담은 점점 더 높아졌지.

중심 내용 | 두 동네 사람들은 담까지 쌓고 서로를 미워하게 되었습니다.

❸ 어느 날, 한 꼬마 아이가 물었어.

"엄마, 저 담 너머에는 누가 살아요?"

"쉿! 아가야, 절대로 저 담 옆에 가면 안 돼. 저 담 너머에는 심술궂고 못된, 아주 나쁜 사람들이 산단다."

그 아이가 어른이 되어 다시 딸을 낳았지.

어느 날, 어린 딸이 물었어.

"엄마, 저 담 너머에는 누가 살아요?"

"쉿! 아가야, 절대로 저 담 옆에 가면 안 돼. 저 담 너머에는 무시무시한 괴물들이 산단다."

중심 내용 | 어느 날, 한 꼬마 아이가 엄마께 담 너머에 누가 사느냐고 묻자, 엄마는 괴물이 사니 조심하라고 했습니다.

우르르 사람이나 동물 따위가 한꺼번에 움직이거나 한곳에 몰리는 모양.

보초 부대의 경계선이나 각종 출입문에서 경계와 감시의 임무를 맡은 병사.

중요 독해

1 글 ❶에서 두 동네 사람들이 한 일은 무엇입니까?

( )

① 황금 사과를 맛있게 먹었다.

② 서로 황금 사과를 양보했다.

③ 함께 힘을 모아 황금 사과나무를 심었다.

④ 서로를 미워하는 마음을 버리고 화해했다.

⑤ 황금 사과를 가지려고 땅바닥에 금을 그었다.

어휘

2 ㉠'아우성'의 뜻으로 알맞은 것에 ○표 하시오.

⑴ 기뻐서 큰 소리로 부르짖음. ( )

⑵ 떠들썩하게 기세를 올려 지르는 소리. ( )

⑶ 남의 귀 가까이에 입을 대고 소곤거리는 말.

( )

서술형

3 다음 두 동네 사람들의 행동에 대한 자신의 생각이나 느낌을 쓰시오.

> 황금 사과를 서로 가지겠다고 땅바닥에 금을 긋고 담을 높게 쌓았다.

_____

_____

4 아이가 어른이 되어 엄마가 된 뒤, 딸에게 담 너머에 누가 산다고 하였습니까? ( )

① 또래 친구들 ② 무시무시한 괴물들

③ 즐겁게 노는 아이들 ④ 착하고 다정한 사람들

⑤ 황금 사과를 빼앗으려는 사람들

황금 사과

❹ 그러던 어느 날, 한 꼬마 아이가 공놀이를 하다가 공을 놓치고 말았어. / 공은 떼굴떼굴 담 쪽으로 굴러갔지.

아이는 아무도 살지 않는 으스스한 그곳으로 걸어갔어.

그런데 담 쪽으로 다가가 보니 작은 문이 언뜻 보이는 거야.
지나는 결에 잠깐 나타나는 모양.

몸이 오싹거렸지만 그 아이는 계속 다가갔어.
무섭거나 추워서 자꾸 몸이 움츠러들거나 소름이 끼쳤지만.

열쇠 구멍에서 희미한 빛이 새어 나왔거든.

아이는 무서운 마음을 꾹 누르고 구멍 속을 들여다보았어. / "와, 세상에 이럴 수가!"

아이의 눈에 보인 건 공을 가지고 즐겁게 노는 아이들이었어. / 엄마가 말한 끔찍한 괴물들이 아니라 자기하고 비슷한 또래 친구들 말이야.

끼이이이익– / 아이가 문을 밀자 쓱 열렸어.

문은 낡았고, 자물쇠는 망가져 있었거든.

환한 햇살 때문에 아이는 눈이 부셨지.

아이는 친구들에게 다가가 말했어.

"얘들아, 안녕! 내 이름은 ㉠사과야. 너희 이름은 뭐야?"

중심 내용 | 꼬마가 담 쪽으로 갔다가 담에 있는 문을 열자, 그곳에는 아이들이 즐겁게 놀고 있었습니다.

- **글의 종류**   이야기(창작 동화)
- **글의 특징**   황금 사과 때문에 평화가 깨진 두 마을의 이야기로, 소통의 중요성을 생각하게 합니다.
- **작품 정리**   빈칸에 알맞은 말을 넣어 글의 내용 정리하기

❶ 두 동네 사람들이 황금 ❶(   )을/를 서로 가지겠다고 땅바닥에 금을 그음.

▼

❷ 두 동네 사람들은 ❷(   )까지 쌓으며 서로 미워하는 마음이 생김.

▼

❸ 한 꼬마가 담 너머에 누가 사느냐고 묻자 엄마는 담 너머에 괴물이 사니 조심하라고 함.

▼

❹ 꼬마 아이가 담에 있는 문을 열자, 그곳에는 ❸(   )이/가 즐겁게 놀고 있음.

5 빈칸에 알맞은 말을 넣어 일어난 일을 정리하시오.

꼬마 아이가 ⎡ ⑴ ⎤을/를 주우려고 담에 있는 ⎡ ⑵ ⎤을/를 열자, 그곳에는 아이들이 즐겁게 놀고 있었다.

⑴ (   )   ⑵ (   )

6 아이의 이름이 ㉠'사과'인 까닭에 대해 알맞게 생각한 친구의 이름을 쓰시오.

지혜: 새콤한 사과를 가리키는 거야.
유진: 먹는 사과가 아니라 화해를 의미하는 사과일 거야.
윤호: 과일인 사과가 아니라 질투를 의미하는 사과일 거야.

(   )

서술형

7 두 동네 사람들의 관계는 앞으로 어떻게 될지 상상하여 쓰시오.

_____

_____

중요 독해

8 이 글의 주제로 알맞은 것을 두 가지 고르시오.

(   )

① 책을 많이 읽자.
② 욕심을 부리지 말자.
③ 부지런한 생활을 하자.
④ 서로 대화하고 소통하자.
⑤ 건강한 생활을 위해 운동을 하자.

저승에 있는 곳간

❶ 옛날, 전라남도 영암 땅에서 있던 일이다. / 영암 원님이 죽어서 염라대왕 앞으로 끌려갔다.

"염라대왕님, 소인은 아직 할 일이 많습니다. 그런데 벌써 저를 데려오셨습니까? 이승에서 좀 더 살게 해 주십시오."

원님은 머리를 조아리며 간청했다. 그러자 염라대왕은 수명을 적어 놓은 책을 들여다보고는 아직 원님이 나이가 젊어 딱하다는 생각이 들었다.

"좋다, 내 마음이 변하기 전에 얼른 사라져라."

염라대왕은 원님을 저승사자에게 돌려보냈다.

"이승으로 나가려는데 어떻게 가면 될까요?"

"여기까지 데려왔는데 그냥 보내 줄 수는 없다. 너 때문에 헛걸음을 했으니 수고비를 내놓아라."

"어떡하지요? 지금 저는 빈털터리인데……."

"그러면 저승에 있는 네 곳간에서라도 내놓아라."

중심 내용 | 염라대왕은 죽은 원님을 저승사자에게 돌려보냈고, 저승사자는 원님에게 이승에 가려면 수고비를 내라고 했습니다.

❷ 원님은 그렇게 하기로 하고 자기 곳간으로 갔다. 그런데 그 곳간에는 특별한 재물이랄 게 없었다. 고작 볏짚 한 단만이 있을 뿐이었다.

"이 사람, 남에게 덕을 베푼 일이라곤 없는 모양이네!"

옆에 서 있던 저승사자가 코웃음을 치며 말했다.

"어찌해 제 곳간에는 볏짚 한 단밖에 없습니까?"

"너는 이승에 있을 때 남에게 덕을 베푼 일이 없지 않느냐?"

원님은 순간, 쥐구멍에라도 숨고 싶을 만큼 부끄러웠다. 생각해 보니 자신은 남에게 좋은 일 한 번 변변히 한 적이 없었다.

단 한 번, 몹시 가난한 아낙이 아기를 낳을 때 짚이 없어서 쩔쩔매는 것을 우연히 보고 볏짚 한 단을 구해다 준 게 전부였다. 저승 곳간에 볏짚이나마 있는 것은 그 때문이었다. / "남에게 덕을 베풀려면 어떻게 해야 합니까?"

"배고픈 사람에게는 밥을 주고, 옷이 없는 사람에게는 옷을 주고, 돈이 없는 사람에게는 돈을 주는 것이 다 남에게 덕을 베푸는 일이니라."

중심 내용 | 원님의 저승 곳간에는 볏짚 한 단만이 있었습니다.

염라대왕 저승에서 사람이 지은 생전의 착하고 나쁨을 심판하는 왕.
이승 지금 살고 있는 세상. ⑪ 저승.
간청(懇 간절할 간, 請 청할 청)**했다** 간절히 청하였다.

9 이 글의 내용으로 알맞지 않은 것은 무엇입니까?
( )

① 영암 원님이 죽었다.
② 염라대왕은 원님을 딱하게 생각했다.
③ 원님은 저승사자에게 살려 달라고 간청했다.
④ 염라대왕은 원님을 저승사자에게 돌려보냈다.
⑤ 저승사자는 원님에게 수고비를 달라고 말했다.

10 다음 뜻을 가진 낱말에 ○표 하시오.

> 제대로 갖추어져 충분하게.

고작   변변히   우연히

11 저승사자가 원님에게 수고비를 받기 위해 간 곳은 어디인지 쓰시오.

• 저승에 있는 ( )

12 원님의 곳간에 볏짚이 한 단만 있는 까닭은 무엇입니까? ( )

① 원님과 저승사자가 크게 싸워서
② 저승사자가 저승 곳간을 청소해서
③ 염라대왕이 볏짚을 치우라고 시켜서
④ 원님이 이승에서 저승으로 온 지 얼마 되지 않아서
⑤ 원님이 이승에 있을 때 남에게 덕을 베푼 일이 거의 없어서

저승에 있는 곳간

❸ "덕진이라는 아가씨의 곳간에는 쌀이 수백 석이나 있으니, 일단 거기서 쌀을 꾸어 계산하고 이승에 나가서 갚도록 해라."

저승사자가 원님에게 제안했다. 결국 원님은 덕진의 곳간에서 쌀 삼백 석을 꾸어 셈을 치를 수 있었다.

원님은 저승사자를 쫓아 얼마쯤 갔다. 드디어 이승 문 앞에 이르렀다. / 저승사자는 그 문을 열며

"이 컴컴한 데로만 들어가면 이승으로 나갈 수 있다. 속히 나가거라." / 하면서 원님을 문밖으로 밀쳤다.

중심 내용 | 원님은 덕진의 곳간에서 쌀을 꾸어 셈을 치르고 이승으로 돌아왔습니다.

❹ 원님은 허름한 선비 모습으로 변장하고, 밤에 덕진의 주막을 찾아갔다.

덕진은 따뜻하게 원님을 맞이했다. 술을 달라는 원님에게 덕진은 술상을 정성스럽게 차려서 가지고 왔다. 〔인물 ④〕

"한 잔에 두 푼씩 여섯 푼만 주십시오."

"술값이 무척 싼 편이로군. 무슨 까닭이라도 있소?"

"다른 집에서 두 푼을 받으면 저희 집은 한 푼을 받고, 다른 집에서 서 푼을 받으면 저희 집에서는 두 푼

을 받아 왔습니다."

원님은 며칠 뒤에 다시 덕진의 주막을 찾았다. 원님은 머뭇거리며 말했다.

"저, 돈 열 냥만 빌려줄 수 있소?"

"그렇게 하지요." / 덕진은 선뜻 열 냥을 내주었다.

"아니, 모르는 사람에게 돈을 빌려주었다가 안 갚으면 어쩌려고 그러시오?"

"걱정 마시고 형편이 어렵거든 가져다 쓰시고, 돈이 생기거든 갚으십시오."

덕진은 웃으며 대답했다. 원님은 열 냥을 받아 가지고 나오면서 생각했다.

'이런 것이 만인에게 적선하는 것이로구나. 이런 식으로 덕진은 수많은 사람을 도와주고, 돈 수천 냥을 다른 사람들에게 나누어 주었을 것이다. 그러니 덕진의 저승 곳간에는 곡식이 가득 차 있을 수밖에…….'

중심 내용 | 원님은 만인에게 적선하는 덕진을 보고 덕진의 곳간에 곡식이 가득 찬 까닭을 알게 되었습니다.

만인(萬 일만 만, 人 사람 인) 모든 사람.
적선(積 쌓을 적, 善 착할 선)하는 착한 일을 많이 하는.

---

13 원님이 저승사자에게 줄 수고비를 마련한 방법은 무엇입니까? (   )

① 이승에서 열심히 돈을 벌기로 했다.
② 저승에서 저승사자에게 덕을 베풀었다.
③ 염라대왕에게 쌀을 빌리기로 약속했다.
④ 이승에 있는 친구를 찾아가 돈을 빌리기로 했다.
⑤ 이승에서 덕진에게 갚기로 하고 저승에 있는 덕진의 곳간에서 쌀 삼백 석을 꾸었다.

〔서술형〕

14 글 ❸의 중심 내용을 간추려 쓰시오.

_____

_____

15 글 ❹는 이야기 구조 중 어느 부분에 해당하는지 찾아 ○표 하시오.

| 발단 | 전개 | 절정 | 결말 |

〔중요 독해〕

16 덕진의 저승 곳간에 곡식이 가득 차 있는 까닭으로 알맞은 것에 ○표 하시오.

(1) 많은 사람들이 곡식을 덕진에게 주어서 (   )

(2) 많은 사람들을 도와주고 돈을 나누어 주어서 (   )

(3) 사람들에게 돈을 빌려주고 받은 이자가 많아서 (   )

● 국어 66쪽 / 정답 및 풀이 4쪽

저승에 있는 곳간

❺ 원님은 크게 감명받아 며칠 뒤에 달구지에 쌀 삼백 석을 싣고 덕진의 주막을 찾아갔다.

주모가 호들갑스럽게 원님을 맞이했다.

"주모 딸을 좀 불러 주게."

"아니, 소인의 딸은 무슨 일로⋯⋯."

덕진

"해코지하려는 게 아니니 염려 말게."

잠시 뒤, 덕진은 마당에 나와 원님 앞에 다소곳이 섰다.

"너에게 빚진 쌀 삼백 석을 갚으러 왔느니라."

그러자 덕진은 ㉠어리둥절해하며 원님을 쳐다보았다.

"하여튼 받아 두어라. 먼 훗날, 너도 알게 될 것이니라."

중심 내용 | 원님은 덕진의 주막을 찾아가서 쌀 삼백 석을 갚았습니다.

❻ 그날 밤, 덕진은 이리저리 몸을 뒤척이며 고민하다가 결론을 내렸다.

'어차피 내 쌀이 아니니 ㉡좋은 일에 쓰도록 하자.'

그리하여 덕진은 쌀을 팔아서 마을 앞을 가로지르는 강가에 다리를 놓기로 했다. 마을 사람들 모두가 그곳에 다리가 없어서 불편을 겪던 참이었다. 이렇게 해서 돌다리를 놓자, 사람들은 그 다리를 '덕진 다리'라고 했다.

중심 내용 | 덕진은 원님이 갚은 쌀로 강가에 다리를 놓았습니다.

덕진 다리가 생기게 된 유래

- **글의 종류** 옛이야기

- **글의 특징** 영암 원님이 남을 돕는 덕진에게 감명받은 이야기로, 덕진 다리의 유래를 알 수 있습니다.

- **작품 정리** 빈칸에 알맞은 말을 넣어 이야기 구조 나누기

발단	영암 원님이 죽어서 ❶( )에 있는 염라대왕을 만나는 부분
전개	원님이 저승에 있는 자기 ❷( )을/를 확인하는 부분
절정	원님이 허름한 선비 모습으로 변장해 덕진을 만나는 부분
결말	덕진이 원님에게 받은 쌀로 마을 앞을 가로지르는 강가에 ❸( )을/를 놓은 부분

감명(感 느낄 감, 銘 새길 명)받아 감격하여 마음에 깊이 새겨.

해코지하려는 남을 해치려고 하는.

어휘

17 ㉠과 뜻이 비슷한 낱말을 찾아 ○표 하시오.

| 매섭게 | 멍하게 | 야단스럽게 |

18 글 ❻에 대한 설명으로 알맞은 것은 무엇입니까?

(   )

① 사건이 해결되는 부분이다.

② 이야기의 사건이 시작되는 부분이다.

③ 갈등이 일어나기 시작하는 부분이다.

④ 사건이 본격적으로 일어나는 부분이다.

⑤ 갈등이 커지면서 긴장감이 가장 높아지는 부분이다.

서술형

19 덕진이 말한 ㉡'좋은 일'은 무엇인지 쓰시오.

_____

_____

20 이와 같은 이야기를 요약할 때 가장 먼저 해야 할 일은 무엇입니까? (   )

① 앞으로 일어날 일 상상하기

② 중요한 사건이 일어난 원인과 결과 찾기

③ 이야기 구조를 생각하며 각 부분에서 중요한 사건 찾기

④ 여러 사건이 관련 있을 때에는 관련 있는 사건을 하나로 묶기

⑤ 이야기 흐름에서 중요하지 않은 내용은 삭제하거나 간단히 쓰기

우주 호텔

유순희

❶ 할머니는 손수레를 힘껏 끌었어. 뒤에서 보면 수수깡처럼 마른 할머니가 손수레에 밀려가는 것처럼 보였지. 할머니는 머리를 수그린 채 땅만 보며 걸었어. 할머니는 자신의 나이만큼 늙지 않은 건 눈뿐이라고 생각했어. 웬만한 것은 다 보였지. 껌 종이, 담배꽁초, 빨대, 어딘가에 박혀 있다 떨어져 나온 녹슨 못…….

그리고 갈라진 시멘트 틈도 보였어.

할머니는 이리저리 땅을 살폈어. 종이를 찾는 거야. 무게가 조금도 나가지 않을 것 같은 작은 종이라도, 할머니의 눈에는 무게가 있어 보였거든. 그래서 점점 더 등을 납작하게 구부리고 땅을 뚫어져라 살피게 되었어. 그럴수록 할머니는 하늘을 쳐다보는 일이 줄어들었지. 어느 날부터인가 하늘이 어떻게 생겼는지, 구름이 어떻게 흘러가는지도 까맣게 잊게 되었단다.

그런 할머니를 사람들은 '종이 할머니'라고 불렀어.

중심 내용 | 종이 할머니는 등을 구부리고 땅만 보며 종이를 주웠습니다.

❷ 종이 할머니는 손수레를 끌고 채소 가게로 갔어. 채소 가게 주인은 아침마다 배달되는 채소들을 가게 안에 들이고, 빈 상자를 가게 앞에 쌓아 놓았어. 그 상자는 종이 할머니의 거였어. 이 동네에는 폐지를 주워서 파는 노인이 여럿 있었는데, 노인마다 빈 상자를 거두는 가게가 따로 있었거든. 종이 할머니는 이 채소 가게에서 나오는 상자를 차지하기 위해 일부러 여기에서 반찬거리를 사곤 했어.

그런데 그 가게 앞에 칠이 벗겨진 낡은 유모차가 서 있었어. 그리고 작고 뚱뚱한 할머니가 가게 앞에 쌓인 빈 상자를 유모차에 싣고 있는 게 아니겠어! 종이 할머니는 깜짝 놀랐어. 자기 상자를 처음 보는 노인이 가져가니 놀랄 수밖에. 종이 할머니는 잰걸음으로 다가가 작고 뚱뚱한 할머니의 뒤통수에 대고 소리쳤어.

"이 상자는 내 것이여! 이 가게 주인이 나더러 가져가라고 내놓은 거여."

중심 내용 | 종이 할머니는 작고 뚱뚱한 할머니가 채소 가게의 상자를 싣는 것을 보고 깜짝 놀랐습니다.

잰걸음 앞발 뒤축에서 뒷발 뒤축까지의 거리가 짧고 빠른 걸음.

---

21 종이 할머니는 자신의 나이만큼 늙지 않은 것은 무엇뿐이라고 생각했습니까? (   )

① 코
② 눈
③ 팔
④ 다리
⑤ 허리

중요 독해

22 다음 중 '종이 할머니'에 대한 설명으로 알맞지 <u>않은</u> 것은 무엇입니까? (   )

① 종이를 주우러 다닌다.
② 자주 하늘을 쳐다본다.
③ 손수레를 끌고 다닌다.
④ 등을 납작하게 구부리고 다닌다.
⑤ 구름이 어떻게 흘러가는지 잊고 산다.

23 종이 할머니가 채소 가게에서 반찬거리를 사는 목적은 무엇입니까? (   )

① 채소를 싸게 사려고
② 채소를 아침 일찍 사려고
③ 매일 싱싱한 채소를 먹으려고
④ 채소 가게 주인을 도와주려고
⑤ 채소 가게에서 나오는 상자를 차지하려고

24 다음 질문에 대한 답을 보기 에서 찾아 기호를 쓰시오.

> **질문**
> 어느 부분에서 사건이 본격적으로 발생합니까?

> **보기**
> ㉮ 종이 할머니가 땅만 보고 종이를 줍는 부분
> ㉯ 종이 할머니가 채소 가게 앞에서 자기 상자를 가져가는 작고 뚱뚱한 할머니를 만나는 부분

(   )

우주 호텔

③ 작고 뚱뚱한 할머니는 흠칫 놀라 뒤돌아보았어.

그런데 정작 놀란 건 종이 할머니였어. 작고 뚱뚱한 할머니의 한쪽 눈두덩에 불룩한 혹이 나 있었기 때문이야. 눈동자는 아예 보이지도 않았지. 게다가 다른 한쪽 눈에서 흘러나오는 눈빛은 뿌유스레한 안개 같았어.

"그런 뱁이 어디 있어!"

눈에 혹이 난 할머니가 벌그데데한 낯빛이 되어 쏘아붙였어. 그 소리는 마치 혹이 난 눈에서 나는 것 같았어. 섬뜩하고 소름이 끼쳤지. 하지만 종이 할머니는 빈 상자를 포기할 수 없었어. 한번 포기하면 다른 곳의 상자나 폐지도 흉측하게 생긴 이 노인에게 빼앗길지 모르니까.

"내 거여! 이 동네에서 폐지 줍는 노인네들은 다 아는구먼." / 하지만 눈에 혹이 난 할머니는 아무 대꾸도 없이 상자를 실은 유모차를 끌고 가려고 했어.

　　　㉠　　, 화가 치밀어 오른 종이 할머니는 눈에 혹이 난 할머니의 팔을 잡고는 힘껏 밀어 버렸어. 벌러덩, 눈에 혹이 난 할머니는 힘없이 넘어졌어.

중심 내용 | 종이 할머니는 빈 상자를 빼앗기지 않으려고 눈에 혹이 난 할머니를 밀었습니다.

④ 젊은 여자가 책을 한 아름 안고 할머니한테 다가왔어. / "할머니, 이거요."

젊은 여자 뒤로 골목에서 놀고 있던 아이가 얼굴을 내밀었어. / "엄마, 이거 왜 할머니한테 줘?"

"할머니가 종이를 모으시거든. 너도 다 쓴 종이 있으면 할머니한테 갖다드려."

엄마가 말하자 아이는 신이 난 듯 대답했어. / "으응."

다음 날, 종이 할머니는 집 앞 골목에 쭈그리고 앉아서 폐지를 묶고 있었어. 그때 맞은편 집에서 아이가 쪼르르 달려 나왔어. / "할머니, 이거요."

할머니께 폐지를 가져다줌.

다음 날, 그다음 날도 아이는 다 쓴 공책을 가져왔어. 다 쓴 공책이 없으면 문에 붙여진 광고지라도 떼어 가지고 왔단다. 아이에게는 아주 즐거운 놀이처럼 보였지.

종이 할머니는 아이의 이름이 궁금해졌어.

"이름이 뭐냐?" / "메이요."

중심 내용 | 종이 할머니는 종이가 생길 때마다 종이를 가져오는 아이가 반가웠습니다.

뿌유스레한　선명하지 아니하고 약간 부연.
벌그데데한　산뜻하지 못하고 조금 천박하게 벌그스름한.
섬뜩하고　갑자기 소름이 끼치도록 무섭고 끔찍하고.

서술형

25 종이 할머니가 빈 상자를 포기할 수 없었던 까닭은 무엇인지 쓰시오.

_____

_____

중요 독해

26 글 ③에서 사건의 중심 내용을 가장 알맞게 간추린 것의 기호를 쓰시오.

> ㉮ 종이 할머니는 작고 뚱뚱한 할머니의 한쪽 눈두덩에 혹이 나 있는 것을 보고 깜짝 놀랐다.
> ㉯ 종이 할머니는 자신의 빈 상자를 빼앗기지 않으려고 소리치며 눈에 혹이 난 할머니를 밀었다.

(　　　　　　)

어휘

27 ㉠에 들어갈 낱말의 뜻이 다음과 같을 때 알맞은 낱말은 무엇입니까? (　　　)

> 성미가 급하여 참지 못하고 말이나 행동이 우악스러운 모양.

① 불쑥　　　② 울뚝　　　③ 우뚝
④ 힘껏　　　⑤ 깜짝

28 종이 할머니가 만난 아이에 대한 설명으로 알맞지 않은 것은 무엇입니까? (　　　)

① 이름이 '메이'이다.
② 종이 할머니를 무서워했다.
③ 신이 나서 종이 할머니를 찾아갔다.
④ 종이 할머니에게 다 쓴 종이를 갖다드렸다.
⑤ 엄마에게 왜 할머니께 책을 드리는지 물었다.

우주 호텔

5 종이 할머니는 아이가 폐지 위에 놓고 간 스케치북을 찬찬히 넘겼어. 첫 장에는 아이가 <u>뽀그르르</u> 비누 거품 속에서 노는 모습이 그려져 있었어. 다음 장을 넘기자 알록달록한 꽃밭에서 아이가 친구랑 노는 모습이 그려져 있었지. 또 다음 장을 넘겼어. 그런데 이번에는 친구와 싸운 모양이야. 친구와 따로 떨어져서 고개를 숙이고 있는데, 시커먼 먹구름이 화난 표정으로 비를 퍼붓고 있었어.

'메이가 화가 많이 난 모양이네.'

종이 할머니는 조용히 웃었단다.

그러고는 마지막 장을 넘겼어. / "아!"

종이 할머니는 자신도 모르게 <u>탄성</u>을 질렀어. 지금까지 한 번도 보지 못한 세상이 그려져 있었기 때문이야. 약간 찌그러진 똥그스름한 파란 지구, 아름다운 테를 두른 토성, 몸빛이 황갈색으로 빛나는 불퉁불퉁한 목성, 붉은빛이 뿜어져 나오는 태양……. 그리고 그 주위를 돌고 있는 버섯 모양의 우주선까지.

'그러고 보니 하늘을 본 지 꽤 오래됐구먼.'

하늘을 본 게 언제였더라? 별을 본 건 언제였지? 달을 본 건…….

아주 어릴 적에 달을 올려다보면서 '꼭 한 번 달에 가고 싶다'고 꿈꿨던 기억이 <u>아슴아슴</u> 떠올랐어. 하지만 도무지 이루지 못할 꿈이라 아주 금세 버렸던 기억도 함께 났지.

종이 할머니는 하늘을 품은 듯한, 별을 품은 듯한, 달을 품은 듯한 기분이었단다.

"다 늙어 빠졌는데 품고 싶은 게 생기다니……."

중심 내용 | 종이 할머니는 아이가 그린 우주 그림을 보고 어릴 적 꿈을 떠올렸습니다.

<u>뽀그르르</u> 작은 거품이 잇따라 갑자기 일어날 때 나는 소리. 또는 그 모양.

탄성(歎 탄식할 탄, 聲 소리 성) 몹시 감탄하는 소리.

아슴아슴 정신이 흐릿하고 몽롱한 모양. 예 민지는 아슴아슴 잠이 들었습니다.

---

29 다음 부분에 대한 설명으로 알맞은 것은 무엇입니까? (   )

> 종이 할머니가 아이의 우주 그림을 보고 탄성을 지르는 부분

① 사건이 해결되는 부분이다.
② 이야기가 끝나는 부분이다.
③ 이야기의 사건이 처음으로 시작되는 부분이다.
④ 이야기에서 긴장감이 가장 높아지는 부분이다.
⑤ 이야기에서 여러 번 반복되어 나오는 부분이다.

30 아이가 놓고 간 스케치북에 그려져 있던 그림이 아닌 것은 무엇입니까? (   )

① 지구, 토성, 목성, 태양의 모습
② 가족과 여행을 떠나는 아이의 모습
③ 비누 거품 속에서 노는 아이의 모습
④ 친구와 따로 떨어져 고개를 숙인 아이의 모습
⑤ 알록달록한 꽃밭에서 친구와 노는 아이의 모습

31 아이가 그린 우주 그림을 보고 종이 할머니가 한 생각으로 알맞은 것을 두 가지 고르시오. (   )

① 하늘을 날고 싶다고 생각했다.
② 하늘을 본 지 꽤 오래됐다고 생각했다.
③ 아이의 그림을 따라 그리고 싶다고 생각했다.
④ 꼭 한 번 달에 가고 싶다는 어릴 적 꿈을 떠올렸다.
⑤ 어린 시절 만났던 친구의 변한 모습이 궁금하다고 생각했다.

32 메이가 그린 우주 그림을 보는 종이 할머니의 감정을 알맞게 짐작한 것에 ○표 하시오.

(1) 자신의 작은 방에서 우주 그림을 바라볼 수밖에 없어 화가 났을 것이다.   (   )

(2) 아이가 그린 우주 그림을 보고 자신의 꿈이 떠올라 감동적이었을 것이다.   (   )

우주 호텔

❻ 종이 할머니는 스케치북을 안고 집으로 들어갔어. 햇빛이 잘 들어오지 않아서 단칸방은 늘 어둑했어. 하지만 아늑했지. 종이 할머니는 스케치북에 있는 그림을 한 장 한 장 떼어 내어 벽에 붙였어. 그리고 옆으로 누워서 찬찬히 그림을 보았단다. 가장 마음에 드는 건 마지막 장에 그려진 우주 그림이었어. 종이 할머니는 우주 그림을 자세히 보다가 아까는 보지 못했던 것을 보게 되었어. 바로 찌그러진 파란 지구 맞은편 위에 떠 있는 포도 모양의 성이야. 포도 알갱이들은 하나하나가 작은 방 같았지. 그리고 그 알갱이들은 투명하고 푸른빛을 띠며 빛나고 있었어. 꼭 유리로 만든 바다처럼 보였어.

포도 모양의 성 맨 꼭대기에는 두 아이가 앉아서 차를 마시고 있었어. 그런데 참 이상하지 뭐야. 두 아이 중 하나는 눈이 불룩하게 튀어나오고 입은 개구리처럼 커다랬어. 게다가 팔다리는 길고 머리부터 발끝까지 초록빛이었지. 이런 사람은 한 번도 본 적이 없었어. 할머니는 그게 뭔지 무척 궁금했어.

'희한하다. 다 늙어 빠졌는데 이제 와서 뭐가 궁금하단 말이여.'

중심 내용 | 종이 할머니는 스케치북에 있는 그림을 벽에 붙이고, 우주 그림 속에 그려진 초록색 아이가 누구일지 궁금했습니다.

❼ 그때였어.

"할머니, 이거요!"

아이의 목소리가 들렸어. 종이 할머니는 반가운 마음에 문을 활짝 열었어. / "우리 집에 들어올려?"

아이는 방으로 들어와 벽에 붙은 자신의 그림을 보고는 팔짝팔짝 뛰었지.

"와, 이거 내가 그린 그림이다!"

종이 할머니는 우주 속에 떠 있는 포도 모양의 성을 가리켰어.

"그란디 저건 뭐여?" / "우주 호텔."

"우주 호텔이 뭐여? 우주에도 호텔이 있단 말이여?"

단칸방 한 칸으로 된 방.
아늑했지 포근하게 감싸 안기듯 편안하고 조용한 느낌이 있지.
불룩하게 물체의 거죽이 크게 두드러지거나 쑥 내밀려 있게.
희한하다 매우 드물거나 신기하다.

서술형

33 할머니가 아까 보지 못했던, 아이의 우주 그림 속 모습은 무엇인지 쓰시오.

_____

_____

34 종이 할머니가 아이의 우주 그림을 보고 궁금해한 것은 무엇입니까? (   )

① 성의 모양은 어떠한가?
② 초록색 아이는 누구인가?
③ 아이의 표정이 어떠한가?
④ 성이 그려져 있는 위치는 어디인가?
⑤ 성 맨 꼭대기에서 아이들이 하는 일은 무엇인가?

어휘

35 다음 문장에서 빈칸에 들어갈 알맞은 말을 보기 에서 찾아 쓰시오.

보기
희한하게   아늑하게   불룩하게

⑴ 조명을 켜서 분위기를 (   ) 했다.
⑵ 동전을 가득 넣은 주머니가 (   ) 튀어나와 있다.
⑶ 바닷가에서 (   ) 생긴 물고기를 발견해서 놀라웠다.

36 아이는 그림 속 포도 모양의 성을 무엇이라고 했습니까? (   )

① 우주선   ② 달나라   ③ 포도 숲
④ 우주 호텔   ⑤ 지구인의 집

우주 호텔

"네, 우주는 아주아주 넓은 곳이니까요. 우주 호텔은 우주를 여행하다가 쉬는 곳이에요. 목성에 갔다가 쉬고, 토성에 갔다가 쉬고…… 우주여행은 무척 힘들어요. 그래서 우주 호텔에 들러 잠깐 쉬는 거예요. 외계인 친구를 만나서 차도 마시면서요."

"외계인? 진짜 외계인이 있는 겨?"

㉠종이 할머니의 눈이 커다래졌어. 그러자 아이는 초록색 아이를 가리켰어.

"얘는 뽀뽀나예요. 내가 우주를 여행할 때 만난 외계인 친구예요. 뽀뽀나는 뽀뽀하는 걸 좋아해요. 그래서 입을 개구리처럼 내밀고 다녀요."

아이는 이렇게 말하고는 밖으로 달려 나갔어. / 아이가 나가고, 종이 할머니는 아이의 말을 곰곰이 생각해 보았어.

'그래, 아이의 말이 맞을지도 모르겠군. 하늘도 저렇게 넓은데 저 하늘 밖의 우주는 얼마나 넓을까?'

종이 할머니의 눈에는 우주 호텔이 보이는 것 같았어. 바람개비처럼 돌고 있는 별들 사이에 우뚝 솟아 있는 우주 호텔.

종이 할머니는 그곳으로 비둘기처럼 날아가고 싶었단다.

종이 할머니는 작은 마당으로 나갔어. 그리고 힘겹게 허리를 펴고 천천히 고개를 들었단다. 그러고는 하늘을 올려다보았지. 하늘엔 먹구름이 물러가고 환한 빛이 눈부시게 쏟아지고 있었어. 날이 갬.

"눈은 아직 늙지 않았구먼. 아주 멀리 있는 것도 볼 수 있지."

종이 할머니는 환한 빛 너머, 하늘 너머, 별 너머, 우주 호텔 너머 유리 바다에 둘러싸인 성을 보았지.

종이 할머니는 결심했어. 쉽게 허리를 구부리지 않기로 말이야. 쉽게 허리를 구부리면 다시는 저 우주 호텔을 보지 못할 것 같았거든.

중심 내용 | 종이 할머니는 우주 호텔로 날아가고 싶다는 생각에 하늘을 보았고, 앞으로는 쉽게 허리를 구부리지 않기로 결심했습니다.

곰곰이 여러모로 깊이 생각하는 모양.
우뚝 두드러지게 높이 솟아 있는 모양.
먹구름 몹시 검은 구름.

중요 독해

37 우주 호텔에서 하는 일로 알맞은 것을 두 가지 고르시오. (   )

① 고장 난 우주선을 수리한다.
② 외계인 친구를 만나 차를 마신다.
③ 우주를 여행하다가 들러 잠깐 쉰다.
④ 우주에 여러 가지 용도의 건물을 짓는다.
⑤ 우주에서 예쁜 별들을 골라 전시해 둔다.

38 ㉠의 행동에서 알 수 있는 종이 할머니의 마음은 무엇입니까? (   )

① 놀람.   ② 슬픔.
③ 외로움.   ④ 안심함.
⑤ 느긋함.

39 종이 할머니가 결심한 것은 무엇입니까? (   )

① 지구에 호텔 짓기
② 아이를 다시 만나지 않기
③ 외계인과 만나 사진 찍기
④ 쉽게 허리를 구부리지 않기
⑤ 매일 멀리 있는 곳에 가 보기

서술형

40 종이 할머니의 생각과 생활이 어떻게 달라졌는지 종이 할머니의 처지가 되어 빈칸에 알맞은 말을 쓰시오.

(1) 아이의 그림을 보기 전: "매일 (   ) 을/를 주우려고 땅만 쳐다보며 의미 없이 살았어."

(2) 아이의 그림을 본 뒤: _____

_____

_____

우주 호텔

❽ 다음 날, 종이 할머니는 다른 날과 마찬가지로 손수레를 끌며 동네를 돌아다녔어. 가게마다, 집집마다 버려진 폐지들을 주워서 손수레에 실었지.

도서관 앞을 지날 때였어. 전봇대 앞에 고개를 숙이고 강낭콩을 파는 할머니가 보였어. 며칠 전, 채소 가게 앞에서 본 눈에 혹이 난 할머니였어.

아마 폐지를 줍는 것은 포기한 모양이야. 하긴 앞이 잘 보이지 않으니 폐지 줍기가 쉽지는 않았을 거야. 종이 할머니는 손수레를 멈추고 눈에 혹이 난 할머니에게 다가갔어. / "이 강낭콩, 얼마유?"

> 눈에 혹이 난 할머니가 폐지 줍는 것을 포기한 까닭을 짐작함.

강낭콩이 그릇마다 수북하게 담겨 있었어.

"천 원만 주소."

눈에 혹이 난 할머니가 힘없이 말했어. 얼마 전, 자신과 다투었던 것도 모르는 눈치였어. 잘 볼 수 없으니 자신이 누구인지 알 리가 없겠지. 종이 할머니는 ㉠시치미를 떼며 말했어.

"너무 싸게 파는구면."

종이 할머니가 한마디 던지자, 눈에 혹이 난 할머니가 씁쓸하게 말했단다.

"그래도 잘 안 팔려라."

그때 동네 꼬마들이 지나가며 소리쳤어.

"눈에 혹이 났어!" / "외계인이다! 도망가자."

종이 할머니는 외계인이라는 소리에 깜짝 놀라서 눈에 혹이 난 할머니의 얼굴을 찬찬히 살펴보았지. 그러고 보니 메이가 그린 초록색 외계인 친구하고 닮은 것도 같았어.

"이 동네로 이사 왔수?"

종이 할머니가 넌지시 물었어.

수북하게 쌓이거나 담긴 물건 따위가 불룩하게 많게.
씁쓸하게 달갑지 아니하여 조금 싫거나 언짢게.
넌지시 드러나지 않게 가만히. ⓔ 민지는 잘생긴 은호의 얼굴을 넌지시 바라보았습니다.

---

41 눈에 혹이 난 할머니는 무엇을 하고 있었는지 빈칸에 알맞은 말을 쓰시오.

> 폐지 줍기를 포기하고 [   ]을/를 팔고 있었다.

(   )

어휘

42 ㉠의 뜻으로 알맞은 것을 찾아 기호를 쓰시오.

> ㉮ 무거운 책임을 져서 마음에 부담이 크다.
> ㉯ 눈치 없이 쓸데없는 일에 참견하는 면이 있다.
> ㉰ 자기가 한 일을 하지 않았다고 하거나 알면서 모르는 체하다.
> ㉱ 함께 일을 하는 데에 마음이나 의견, 행동 방식 등을 서로 맞게 하다.

(   )

43 동네 꼬마들이 눈에 혹이 난 할머니를 무엇이라고 불렀는지 쓰시오.

(   )

44 종이 할머니가 눈에 혹이 난 할머니를 보고 어떤 생각을 하였는지 알맞은 것에 ◯표 하시오.

⑴ 그림을 잘 그리는 메이가 떠올랐다. (   )

⑵ 외계인이 있는 포도 모양의 성이 떠올랐다.
(   )

⑶ 메이가 그린 초록색 외계인 친구와 닮았다.
(   )

45 종이 할머니가 눈에 혹이 난 할머니를 다시 만났을 때, 대한 태도로 알맞은 것은 무엇입니까? (   )

① 쌀쌀맞다.   ② 미워한다.   ③ 다정하다.
④ 무시한다.   ⑤ 부러워한다.

우주 호텔

"한 달 조금 됐는디 말 상대가 없어라. 생긴 게 이래서……." / "……."

종이 할머니는 강낭콩을 받아 들고 돈을 내밀었어.

"심심하면…… 놀러 오우. 우리 집은 도서관 뒷골목 세 번째 집이라오. 참, 대문 안쪽에 폐지들이 쌓여 있어서 금방 찾을 수 있다우."

종이 할머니는 손수레를 끌며 고물상으로 향했어. 그리고 이제는 허리를 구부리지 않았어. 더 이상 고개도 수그리지 않았지.

중심 내용 | 종이 할머니는 눈에 혹이 난 할머니를 다시 만났고, 집에 놀러 오라고 하였습니다.

❾ ㉠『여러 계절이 왔다가 가고, 다시 왔다가 갔단다. _{시간이 흐름} 종이 할머니는 여전히 폐지를 모았어. 그렇지만 이제는 혼자가 아니야. 눈에 혹이 난 할머니와 같이 주웠어. 그리고 저녁이 되면 따뜻한 밥도 같이 먹고 생강차도 나누어 마셨지.』 / 종이 할머니는 벽에 붙여 놓은 우주 그림을 보며 잠깐잠깐 이런 생각에 빠졌단다.

'여기가 우주 호텔이 아닌가? 여행을 하다가 잠시 이

렇게 쉬어 가는 곳이니……. 여기가 바로 우주의 한가운데지.'

중심 내용 | 종이 할머니는 눈에 혹이 난 할머니와 친구처럼 지내며 자신이 사는 곳이 바로 우주 호텔이라고 생각했습니다.

- **글의 종류** 이야기(창작 동화)
- **글의 특징** 종이 할머니가 아이의 우주 그림을 통해 삶에 애정을 가지게 되는 변화가 나타나 있습니다.
- **작품 정리** 빈칸에 알맞은 말을 넣어 사건의 중심 내용 간추리기

이야기 구조	사건의 중심 내용 간추리기
발단	❶( )은/는 허리를 굽혀 땅만 보며 종이를 주움.
전개	종이 할머니는 자신의 빈 상자를 빼앗기지 않으려고 소리치며 눈에 혹이 난 할머니를 밀어 버림.
절정	종이 할머니는 ❷( )이/가 가져다주는 종이를 매일 기다렸는데, 메이가 그린 우주 그림을 보고 어릴 적 꿈을 떠올림.
결말	종이 할머니는 눈에 혹이 난 할머니와 친구처럼 지내며 자신이 사는 곳이 바로 ❸( )(이)라고 생각함.

46 ㉠『 』 부분에서 종이 할머니의 감정을 짐작한 것으로 알맞은 것을 찾아 ○표 하시오.

⑴ 힘이 들 것 같다. 눈에 혹이 난 할머니와 폐지를 나누어야 하기 때문이다. (   )

⑵ 행복할 것 같다. 눈에 혹이 난 할머니와 함께 마음을 나누며 살기 때문이다. (   )

⑶ 두려울 것 같다. 눈에 혹이 난 할머니의 겉모습이 외계인과 닮았기 때문이다. (   )

47 종이 할머니가 자신이 사는 곳을 우주 호텔이라고 생각한 까닭은 무엇인지 쓰시오.

_____

_____

48 이 이야기의 결말 내용을 요약한 것입니다. 빈칸에 들어갈 알맞은 말을 쓰시오.

종이 할머니는 눈에 혹이 난 할머니와 친구처럼 지내며 자신이 사는 곳이 바로 [   ](이)라고 생각했다.

(   )

49 이 이야기에서 글쓴이가 전하고 싶은 주제와 거리가 먼 것은 무엇입니까? (   )

① 행복을 꿈꾸기는 어렵다.

② 꿈을 가지면 삶이 변화한다.

③ 이웃과 더불어 살면 행복해진다.

④ 아이의 순수함이 할머니의 굳은 마음을 녹인다.

⑤ 이웃과 마음을 나눌 줄 아는 사람이 되어야 한다.

[1~2] 다음 글을 읽고, 물음에 답하시오.

㉮ 사람들은 곧 약속을 어겼어.

사과를 따려고 금을 넘어가기 시작한 거야.

두 동네 사이에는 다시 싸움이 일어났지.

결국 금보다 더 확실하고 분명한 방법이 있어야 했어.

이런저런 생각 끝에 사람들은 드나들 수 있는 작은 문이 달린 나무 울타리를 세웠지.

그렇지만 나무 울타리도 사람들의 욕심을 막을 수가 없었어.

사람들은 이제 담을 쌓기 시작했어.

㉯ 세월이 흘러갈수록 담은 점점 더 높아졌지.

그러다 어느 때부터인가 아무도 그 담에 관심을 갖기 않게 되었어.

언제 담을 세웠는지, 왜 세웠는지조차 사람들은 까맣게 잊고 만 거야.

담을 넘는 사람들이 없어지자 보초도 사라졌고, 황금 사과까지 사라졌어.

오직 남은 것은 가슴 깊숙이 뿌리박힌 서로 미워하는 마음뿐이었지.

1 두 동네 사이에 싸움이 일어난 까닭은 무엇입니까?

( )

① 담 너머로 쓰레기를 버려서

② 사과를 따려고 금을 넘어서

③ 담을 쌓다가 담이 무너져서

④ 울타리를 세우는 것을 미뤄서

⑤ 울타리를 넘는 아이들을 혼내서

2 이 글의 내용을 정리할 때 빈칸에 들어갈 알맞은 말을 쓰시오.

> 두 동네 사람들은 담까지 높게 쌓았는데 담을 세운 까닭을 잊고 □□□만 남았다.

( )

[3~5] 다음 글을 읽고, 물음에 답하시오.

㉮ "너에게 빚진 쌀 삼백 석을 갚으러 왔느니라."

그러자 덕진은 어리둥절해하며 원님을 쳐다보았다.

"하여튼 받아 두어라. 먼 훗날, 너도 알게 될 것이니라."

덕진이 받을 수 없다고 하자 원님은 강제로 쌀을 떠맡겼다.

㉯ 그날 밤, 덕진은 이리저리 몸을 뒤척이며 고민하다가 결론을 내렸다.

'어차피 내 쌀이 아니니 좋은 일에 쓰도록 하자.'

그리하여 덕진은 쌀을 팔아서 마을 앞을 가로지르는 강가에 다리를 놓기로 했다. 마을 사람들 모두가 그곳에 다리가 없어서 불편을 겪던 참이었다. 이렇게 해서 돌다리를 놓자, 사람들은 그 다리를 '덕진 다리'라고 했다.

3 원님이 덕진을 찾아온 까닭은 무엇입니까? ( )

① 쌀을 빌리기 위해서

② 상을 내리기 위해서

③ 빚진 쌀을 갚기 위해서

④ 다리를 놓는 일을 의논하기 위해서

⑤ 마을 사람들의 불편을 알리기 위해서

4 마을 앞을 가로지르는 강가에 놓게 된 돌다리의 이름은 무엇인지 쓰시오.

( )

5 이 글을 읽고 사건의 중심 내용을 알맞게 간추린 것에 ○표 하시오.

⑴ 덕진은 쌀을 가지고 갑자기 찾아온 원님을 어리둥절하게 쳐다봄. ( )

⑵ 마을 사람들은 마을 앞을 가로지르는 강가에 다리가 없어서 불편함. ( )

⑶ 덕진이 원님에게 받은 쌀로 마을 앞을 가로지르는 강가에 다리를 놓음. ( )

[6~8] 다음 글을 읽고, 물음에 답하시오.

㉮ 그러고는 마지막 장을 넘겼어. / "아!"

종이 할머니는 자신도 모르게 탄성을 질렀어. 지금까지 한 번도 보지 못한 세상이 그려져 있었기 때문이야. 약간 찌그러진 동그스름한 파란 지구, 아름다운 테를 두른 토성, 몸빛이 황갈색으로 빛나는 불퉁불퉁한 목성, 붉은빛이 뿜어져 나오는 태양……. 그리고 그 주위를 돌고 있는 버섯 모양의 우주선까지.

'그러고 보니 하늘을 본 지 꽤 오래됐구먼.'

하늘을 본 게 언제였더라? 별을 본 건 언제였지? 달을 본 건…….

아주 어릴 적에 달을 올려다보면서 '꼭 한 번 달에 가고 싶다'고 꿈꿨던 기억이 아슴아슴 떠올랐어. 하지만 도무지 이루지 못할 꿈이라 아주 금세 버렸던 기억도 함께 났지.

종이 할머니는 하늘을 품은 듯한, 별을 품은 듯한, 달을 품은 듯한 기분이었단다.

"다 늙어 빠졌는데 품고 싶은 게 생기다니……."

종이 할머니는 중얼거리면서 가만히 하늘을 올려다보았어. 허리가 뻐근하게 아팠어. 하늘은 비가 올 듯 회색빛이었지.

㉯ 아이는 방으로 들어와 벽에 붙은 자신의 그림을 보고는 팔짝팔짝 뛰었지. / "와, 이거 내가 그린 그림이다!"

종이 할머니는 우주 속에 떠 있는 포도 모양의 성을 가리켰어. / "그란디 저건 뭐여?" / "우주 호텔."

"우주 호텔이 뭐여? 우주에도 호텔이 있단 말이여?" / "네, 우주는 아주아주 넓은 곳이니까요. 우주 호텔은 우주를 여행하다가 쉬는 곳이에요. 목성에 갔다가 쉬고, 토성에 갔다가 쉬고……. 우주여행은 무척 힘들어요. 그래서 우주 호텔에 들러 잠깐 쉬는 거예요. 외계인 친구를 만나서 차도 마시면서요."

"외계인? 진짜 외계인이 있는 겨?"

종이 할머니의 눈이 커다래졌어.

6 글 ㉮에서 알 수 있는 종이 할머니에 대한 설명으로 알맞지 **않은** 것은 무엇입니까? (   )

① 하늘을 본 지 오래되었다.
② 그림을 보고 어릴 적 꿈이 떠올랐다.
③ 마지막 장 그림을 보고 탄성을 질렀다.
④ 어릴 적에 달에 가고 싶다는 꿈을 꾸었다.
⑤ 하늘을 보며 우주 그림을 그리기 시작했다.

7 다음은 글 ㉮의 중심 내용을 간추린 것입니다. 빈칸에 알맞은 말을 한 글자로 쓰시오.

> 종이 할머니는 아이가 그린 우주 그림을 보고 어릴 적 [   ]이/가 떠올랐다.

(   )

8 아이가 그린 우주 호텔에 대한 내용으로 알맞은 것을 모두 고르시오. (   )

① 우주를 여행하다가 쉬는 곳이다.
② 우주 속에 떠 있는 포도 모양의 성이다.
③ 우주에 가고 싶은 사람들이 모여 있는 곳이다.
④ 우주인들이 우주를 연구하며 머무르는 곳이다.
⑤ 외계인 친구를 만나 차를 마실 수 있는 곳이다.

문법

9 다음 문장의 파란색으로 쓴 낱말 중 대상의 이름을 나타내는 말(명사)을 모두 고르시오. (   )

> 덕진은 쌀을 팔아서 마을 앞을 가로지르는 강가에 다리를 놓기로 했다.

① 덕진   ② 마을   ③ 가로지르는
④ 다리   ⑤ 했다

문법

10 다음 밑줄 친 말의 품사에 대한 설명으로 알맞은 것에 ○표 하시오.

> 종이 할머니는 조용히 <u>웃었단다</u>.

(1) 사물의 수량이나 순서를 나타낸다.   (   )

(2) 사람이나 사물의 상태나 성질을 나타낸다.
(   )

(3) 사람이나 사물의 움직임이나 작용을 나타낸다.
(   )

2
단원

[1~4] 다음 글을 읽고, 물음에 답하시오.

㉮ 오래전 일이야.

어느 작은 도시 한가운데에 예쁜 사과나무가 있었어.

나무는 두 동네를 정확하게 반으로 가르는 곳에 있었지.

하지만 아무도 그 나무를 눈여겨보지 않았어.

그 나무에 황금 사과가 열린다는 걸 누군가 알아채기 전까지는 말이야.

"얘기 들었어? 사과나무에 황금 사과가 열린대!"

"황금 사과? 말도 안 돼!"

㉯ 사람들은 황금 사과를 따려고 마법의 나무 주위로 벌 떼처럼 우르르 몰려들었어.

"이 사과들은 우리 거예요!"

"천만에! 이건 우리 것입니다!"

"이 사과를 처음 본 건 우리라고요."

두 동네 사이에는 툭하면 싸움이 벌어졌어.

다들 황금 사과를 갖겠다고 아우성이었지.

할 수 없이 사람들은 모여서 의논을 했어.

"이 나무는 우리 두 동네의 한가운데에 있습니다. 그러니 잘 나누기 위해 땅바닥에 금을 그읍시다. 금 오른쪽에 열리는 사과는 윗동네, 금 왼쪽에 열리는 사과는 아랫동네에서 갖도록 말입니다."

그렇게 해서 땅바닥에 금이 생겼지.

1 어느 작은 도시 한가운데에 있는 나무에서 열린 것은 무엇인지 쓰시오.

( )

2 윗동네와 아랫동네 사이의 땅바닥에 금이 생긴 까닭은 무엇입니까? ( )

① 아랫동네에 새로운 나무를 심으려고

② 두 동네 사람들이 함께 나무를 심어서

③ 윗동네 사람들이 금 긋는 것을 좋아해서

④ 두 동네 사람들이 모여서 회의를 하기 위해서

⑤ 두 동네 사람들이 황금 사과를 서로 가지겠다고 싸워서

서술형

3 이 글에 나오는 인물의 말과 행동을 보고 난 뒤에 든 자신의 생각이나 느낌을 쓰시오.

_____

_____

4 이야기 속 사건의 흐름으로 보아, 다음 내용은 이 글의 어느 부분에 들어갈 내용인지 찾아 ○표 하시오.

> 잠깐 동안은 별일 없이 평화롭게 지냈어.
> 하지만 사람들은 곧 약속을 어겼어.
> 사과를 따려고 금을 넘어가기 시작한 거야.
> 두 동네 사이에는 다시 싸움이 일어났지.

⑴ 글 ㉮의 앞부분 ( )

⑵ 글 ㉯의 앞부분 ( )

⑶ 글 ㉯의 뒷부분 ( )

5 이야기를 요약하는 방법이 무엇인지 다음 보기 에서 알맞은 말을 찾아 ( ) 안에 써넣으시오.

> 보기
>
> 사건   다른   간단히   결과
> 관련 있는   원인   길게

⑴ 이야기 구조를 생각하며 각 부분에서 중요한 ( )이/가 무엇인지 찾는다.

⑵ 이야기 흐름에서 중요하지 않은 내용은 삭제하거나 ( ) 쓴다.

⑶ 중요한 사건이 일어난 ( )와/과 그에 따른 결과를 찾는다.

⑷ 여러 사건이 관련 있을 때에는 ( ) 사건을 하나로 묶는다.

[6~10] 다음 글을 읽고, 물음에 답하시오.

가 곳간에는 특별한 재물이랄 게 없었다. 고작 볏짚 한 단만이 있을 뿐이었다.

"이 사람, 남에게 덕을 베푼 일이라곤 없는 모양이네!"

옆에 서 있던 저승사자가 코웃음을 치며 말했다.

"어찌해 제 곳간에는 볏짚 한 단밖에 없습니까?"

"너는 이승에 있을 때 남에게 덕을 베푼 일이 없지 않으냐?"

원님은 순간, 쥐구멍에라도 숨고 싶을 만큼 부끄러웠다. 생각해 보니 자신은 남에게 좋은 일 한 번 변변히 한 적이 없었다.

단 한 번, 몹시 가난한 아낙이 아기를 낳을 때 짚이 없어서 쩔쩔매는 것을 우연히 보고 볏짚 한 단을 구해다 준 게 전부였다. 저승 곳간에 볏짚이나마 있는 것은 그 때문이었다.

"남에게 덕을 베풀려면 어떻게 해야 합니까?"

"배고픈 사람에게는 밥을 주고, 옷이 없는 사람에게는 옷을 주고, 돈이 없는 사람에게는 돈을 주는 것이 다 남에게 덕을 베푸는 일이니라."

원님은 자기 곳간이 비어 이승으로 갈 수 없다고 생각하니 걱정되었다.

나 그때였다. 저승사자가 핀잔하듯 말했다.

"네 고을에 사는 주막집 딸은 곳간을 그득하게 채웠는데, 고을 원님이라는 사람이 이게 무슨 꼴이냐?"

"아니, 그게 무슨 얘깁니까?"

"덕진이라는 아가씨의 곳간에는 쌀이 수백 석이나 있으니, 일단 거기서 쌀을 꾸어 계산하고 이승에 나가서 갚도록 해라."

저승사자가 원님에게 제안했다. 결국 원님은 덕진의 곳간에서 쌀 삼백 석을 꾸어 셈을 치를 수 있었다.

6 이 글의 내용으로 보아, 이승에 있을 때 원님이 한 일로 알맞은 것은 무엇입니까? (   )

① 남에게 덕을 잘 베풀지 않았다.

② 친구들과 함께 좋은 일을 하러 다녔다.

③ 저승사자를 꼭 만나고 싶다고 생각했다.

④ 단 한 번, 몹시 가난한 아낙에게 도움을 받았다.

⑤ 이승에 있는 곳간에 재물을 많이 쌓아 두려고 노력했다.

7 글 **가** 에서 중요한 부분을 알맞게 쓴 것을 두 가지 고르시오. (   )

① 저승사자가 코웃음을 치며 말했다.

② 남에게 덕을 베풀려면 어떻게 해야 합니까?

③ 원님 곳간에는 고작 볏짚 한 단만이 있었다.

④ 원님은 쥐구멍에 숨고 싶을 만큼 부끄러웠다.

⑤ 원님은 이승으로 갈 수 없다고 생각하니 걱정되었다.

8 저승사자가 제안한, 원님이 이승으로 가는 방법은 무엇입니까? (   )

① 자신에게 덕을 베풀어라.

② 자신과 함께 이승으로 날아가자.

③ 예전에 만났던 가난한 아낙을 찾아가라.

④ 저승에서 열심히 일하여 곳간을 채워라.

⑤ 덕진의 곳간에서 쌀을 꾸어 이승에 나가서 갚아라.

서술형

9 이 글을 읽고 질문을 만들어 친구들과 묻고 답하기를 하려고 합니다. 한 가지 질문을 만들어 쓰시오.

_____

_____

10 다음은 글 **가** 와 **나** 에서 발생한 사건의 중심 내용을 간추린 것입니다. 빈칸에 알맞은 말을 써넣으시오.

> 저승사자는 (1)(   )에게 덕진의 곳간에서 (2)(   )을/를 꾸어 계산하게 하고 원님을 이승으로 보냄.

[11~14] 다음 글을 읽고, 물음에 답하시오.

가 '그래, 아이의 말이 맞을지도 모르겠군. 하늘도 저렇게 넓은데 저 하늘 밖의 우주는 얼마나 넓을까?'

종이 할머니의 눈에는 우주 호텔이 보이는 것 같았어. 바람개비처럼 돌고 있는 별들 사이에 우뚝 솟아 있는 우주 호텔. / 종이 할머니는 그곳으로 비둘기처럼 날아가고 싶었단다. / 종이 할머니는 작은 마당으로 나갔어. 그리고 힘겹게 허리를 펴고 천천히 고개를 들었단다. 그러고는 하늘을 올려다보았지. 하늘엔 먹구름이 물러가고 환한 빛이 눈부시게 쏟아지고 있었어.

"눈은 아직 늙지 않았구먼. 아주 멀리 있는 것도 볼 수 있지."

종이 할머니는 환한 빛 너머, 하늘 너머, 별 너머, 우주 호텔 너머 유리 바다에 둘러싸인 성을 보았지.

나 동네 꼬마들이 지나가며 소리쳤어.

"눈에 혹이 났어!" / "외계인이다! 도망가자."

종이 할머니는 외계인이라는 소리에 깜짝 놀라서 눈에 혹이 난 할머니의 얼굴을 찬찬히 살펴보았지. 그러고 보니 메이가 그린 초록색 외계인 친구하고 닮은 것도 같았어.

다 종이 할머니는 손수레를 끌며 고물상으로 향했어. 그리고 이제는 허리를 구부리지 않았어. 더 이상 고개도 수그리지 않았지.

여러 계절이 왔다가 가고, 다시 왔다가 갔단다. 종이 할머니는 여전히 폐지를 모았어. 그렇지만 이제는 혼자가 아니야. 눈에 혹이 난 할머니와 같이 주웠어. 그리고 저녁이 되면 따뜻한 밥도 같이 먹고 생강차도 나누어 마셨지. / 종이 할머니는 벽에 붙여 놓은 우주 그림을 보며 잠깐잠깐 이런 생각에 빠졌단다.

'여기가 우주 호텔이 아닌가? 여행을 하다가 잠시 이렇게 쉬어 가는 곳이니……, 여기가 바로 우주의 한가운데지.'

11 종이 할머니가 자신의 눈은 아직 늙지 않았다고 생각한 까닭은 무엇입니까? ( )

① 종이 줍는 일이 재미있어서
② 허리를 쭉 펴고 다닐 수 있어서
③ 아주 멀리 있는 것도 볼 수 있어서
④ 손수레를 끄는 일이 어렵지 않아서
⑤ 눈에 혹이 난 할머니보다 앞이 잘 보여서

12 글 **나**에서 종이 할머니는 눈에 혹이 난 할머니에 대해 어떤 생각이 들었겠습니까? ( )

① 고맙다. ② 안쓰럽다. ③ 부끄럽다.
④ 재미있다. ⑤ 자랑스럽다.

13 이 글을 읽고 친구들 생각을 알고 싶어 만든 질문으로 알맞은 것을 모두 찾아 기호를 쓰시오.

> ⑦ 종이 할머니는 마당에서 무엇을 보았나요?
> ⑭ 자신은 미래에 어떤 우주 호텔에서 살고 싶나요?
> ⑮ 동네 꼬마들이 "외계인이다! 도망가자."라고 말했을 때 어떤 생각이 들었나요?

( )

서술형

14 글 **다**는 「우주 호텔」 전체 이야기의 결말 부분에 해당합니다. 사건의 중심 내용을 간추려 쓰시오.

_____

_____

15 다음은 「소나기」의 사건 전개 과정을 요약한 것입니다. 빈칸에 이야기 구조를 차례대로 써넣으시오.

(1)( )	(2)( )
소년은 집에 가던 길에 소녀와 만나고 소녀가 던진 조약돌을 간직함. →	소년과 소녀가 가까워져 함께 산으로 놀러 감.

(4)( )	(3)( )
며칠 뒤, 소년은 소녀가 앓다가 죽었다는 소식을 듣게 됨. 소녀의 유언은 자신이 입던 옷을 그대로 입혀서 묻어 달라는 것이었음. ←	산에서 소나기를 만난 소년과 소녀는 수숫단 속에서 비를 피함. 며칠 뒤 다시 만난 소녀는 그동안 많이 아팠으며 곧 이사를 간다고 함.

2. 이야기를 간추려요

평가 주제	이야기를 읽고 사건의 중요한 내용 요약하기
평가 목표	이야기를 요약하는 방법에 맞게 사건의 중심 내용을 간추릴 수 있다.

영암 원님이 죽어서 염라대왕 앞으로 끌려갔다.

"염라대왕님, 소인은 아직 할 일이 많습니다. 그런데 벌써 저를 데려오셨습니까? 이승에서 좀 더 살게 해 주십시오."

원님은 머리를 조아리며 간청했다. 그러자 염라대왕은 수명을 적어 놓은 책을 들여다보고는 아직 원님이 나이가 젊어 딱하다는 생각이 들었다.

"좋다, 내 마음이 변하기 전에 얼른 사라져라."

염라대왕은 원님을 저승사자에게 돌려보냈다.

"이승으로 나가려는데 어떻게 가면 될까요?"

"여기까지 데려왔는데 그냥 보내 줄 수는 없다. 너 때문에 헛걸음을 했으니 수고비를 내놓아라."

"어떡하지요? 지금 저는 빈털터리인데……."

"그러면 저승에 있는 네 곳간에서라도 내놓아라."

사람은 누구나 저승에 곳간이 하나씩 있다. 그렇지만 이승에서 부자라고 해서 그 곳간이 꽉 차 있지는 않다. 마찬가지로 가난하게 사는 사람이라고 해서 저승 곳간까지 텅 빈 것도 아니었다. 그 곳간은 이 세상에서 좋은 일을 한 만큼 재물이 쌓이게끔 되어 있었다.

1 이 글은 이야기의 사건이 시작되는 부분입니다. 어디에서 사건이 시작되었는지 쓰시오.

2 저승사자는 원님에게 이승으로 나가려면 어떻게 해야 한다고 하였는지 쓰시오.

3 이 글에서 일어난 사건의 중심 내용을 간추려 조건 에 맞게 쓰시오.

> 조건
> 1. 중요한 사건이 일어난 원인과 결과를 찾아 쓴다.
> 2. 한 문장으로 쓴다.

숨은 그림을 찾아보세요.

정답 및 풀이 7쪽

3 짜임새 있게 구성해요

▶ 학습을 완료하면 V표를 하면서 학습진도를 체크해요.

3 짜임새 있게 구성해요

개념 강의 QR

● 정답 및 풀이 7쪽

● 학급 회의에서 발표하기, 국어 시간에 토론하기, 학급 임원 선거에서 소견 발표하기 등

1 공식적인 말하기 상황의 특성

말하는 사람	• 여러 사람 앞에서 발표하는 상황이기 때문에 큰 소리로 또박또박 말해야 합니다. • 여러 사람 앞에서 말하는 상황이므로 높임 표현을 사용해야 합니다. • 듣는 사람이 이해하기 쉽게 자료를 활용하면 좋습니다.
듣는 사람	집중해서 들어야 합니다.

▲여러 사람 앞에서 발표하는 상황

2 다양한 자료의 특성

표	• 여러 가지 자료의 수량을 비교하기 쉬움. • 많은 양의 자료를 간단하게 나타낼 수 있음.
사진	• 설명하는 대상의 정확한 모습을 보여 줄 수 있음. • 설명하는 대상을 한눈에 보여 줄 수 있음.
도표	• 수량의 변화 정도를 알 수 있음. • 정확한 수치를 나타낼 수 있음.
동영상	• 음악이나 자막을 넣어 분위기를 잘 전달할 수 있음.

3 자료를 활용해서 말하면 좋은 점

• 듣는 사람이 흥미를 느끼게 할 수 있습니다.
• 정보를 효과적으로 전달할 수 있습니다.
• 듣는 사람이 더 잘 이해할 수 있습니다.

4 발표할 내용을 준비하고 정리해 발표하기

• 발표할 내용 준비하기: 발표할 주제와 내용을 정하고, 그 내용을 잘 전달하기에 알맞은 자료를 찾습니다. ● 사진이나 핵심어 검색 같은 여러 가지 검색 방법을 활용할 수 있습니다.
• 발표할 내용 정리하기

시작하는 말	• 발표하려는 주제나 제목을 넣음. • 듣는 사람의 주의를 집중시킬 수 있는 내용을 넣음.
자료를 설명하는 말	• 자료에 담긴 핵심 내용이 들어가야 함. • 자료를 가져온 곳을 반드시 밝혀야 함.
끝맺는 말	• 발표한 내용을 간단하게 정리함. • 발표를 준비하며 느낀 점이나 함께 생각할 점을 넣음.

• 자료를 활용해 발표하기: 준비한 자료를 차례에 맞게 잘 보여 주면서 말하고, 친구들이 집중할 수 있도록 자세히 소개합니다. 또 멀리까지 잘 들리도록 또박또박 큰 목소리로 말합니다.

개념 확인 문제

1 공식적인 말하기 상황의 특성

다음 중 공식적인 말하기 상황에서 주의할 점을 모두 찾아 기호를 쓰시오.

> ㉮ 친근하게 예사말로 말한다.
> ㉯ 자료를 활용하는 것이 좋다.
> ㉰ 편한 자세로 눈을 감고 말한다.
> ㉱ 듣는 사람이 이해하기 쉽게 말한다.

( )

2 다양한 자료의 특성

다음 중 사진 자료의 특성으로 알맞은 것을 모두 찾아 ○표 하시오.

⑴ 음악이나 자막을 넣을 수 있다. ( )

⑵ 설명하는 대상을 한눈에 보여 줄 수 있다. ( )

⑶ 설명하는 대상의 정확한 모습을 보여 줄 수 있다. ( )

3 자료를 활용해서 말하면 좋은 점

다음 빈칸에 알맞은 말을 쓰시오.

• ☐☐을/를 활용해서 말하면 정보를 효과적으로 전달할 수 있고, 듣는 사람이 더 잘 ☐☐할 수 있다.

4 발표할 내용을 준비하고 정리해 발표하기

다음 빈칸에 공통으로 들어갈 알맞은 말을 쓰시오.

> • 발표할 내용을 '☐☐☐, 자료를 설명하는 말, 끝맺는 말'로 정리한다.
> • ☐☐☐에는 발표하려는 주제나 제목을 넣고, 듣는 사람의 주의를 집중시킬 수 있는 내용을 넣는다.

( )

3 짜임새 있게 구성해요

● 정답 및 풀이 7쪽

어휘·문법

어휘

1. 핵심 개념 어휘: 공식적, 자료, 발표

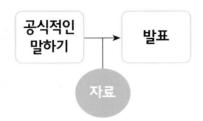

公 공평할 공
式 법 식
的 과녁 적
뜻 국가적으로 규정되었거나 사회적으로 인정된 것.

發 필 발
表 겉 표
뜻 어떤 사실이나 결과, 작품 따위를 세상에 널리 드러내어 알림.

資 재물 자 料 헤아릴 료
뜻 연구나 조사 따위의 바탕이 되는 재료.

➡ 공식적인 말하기 상황에서 발표할 때 자료를 활용하는 것이 좋습니다.

2. 작품 속 어휘

낱말	뜻	예시
소견(所見) 所 바 소 見 볼 견	어떤 일이나 사물을 살펴보고 가지게 되는 생각이나 의견.	이 문제에 대한 제 소견을 먼저 말하겠습니다.
인재(人材) 人 사람 인 材 재목 재	어떤 일을 할 수 있는 학식이나 능력을 갖춘 사람.	그 사람은 이 일을 하기에 적합한 인재입니다.
협력[혐녁]	힘을 합하여 서로 도움.	우리가 협력하여 만든 작품입니다.
주인 의식	일이나 단체 따위에 대하여 주체로서 책임감을 가지고 이끌어 가야 한다는 의식.	우리는 주인 의식을 가지고 공공시설을 이용해야 합니다.
출처(出處) 出 날 출 處 곳 처	사물이나 말 따위가 생기거나 나온 근거.	다른 사람의 글은 반드시 출처를 밝혀야 합니다.

문법 고유어, 한자어, 외래어

◆ 우리말에 본디부터 있던 낱말이나 그것을 바탕으로 하여 새로 만들어진 낱말을 '고유어', 한자를 바탕으로 만들어진 낱말을 '한자어', 다른 나라의 말이 들어와서 우리말처럼 쓰이는 낱말을 '외래어'라고 합니다.

▲ 우리말의 분류

어휘·문법 확인 문제

1 핵심 개념 어휘

다음은 '발표'와 '자료'의 뜻입니다. 빈칸에 알맞은 말을 쓰시오.

⑴ 발표: 어떤 (   )(이)나 결과, 작품 따위를 세상에 널리 드러내어 알림.

⑵ 자료: 연구나 조사 따위의 바탕이 되는 (   ).

2 작품 속 어휘

다음 (   ) 안의 낱말 중 알맞은 것에 ○표 하시오.

⑴ 누리집에서 찾은 자료는 (가격, 출처)을/를 꼭 기록해 두어야 한다.

⑵ 우리 반은 학교 행사에 적극적으로 (협력, 화해)하기로 했다.

3 작품 속 어휘

다음 뜻에 알맞은 낱말을 쓰시오.

> 일이나 단체 따위에 대하여 주체로서 책임감을 가지고 이끌어 가야 한다는 의식.

(   )

4 문법

다음 낱말이 무엇에 해당하는지 찾아 ○표 하시오.

> 학생   교문   수업

⑴ 고유어   (   )

⑵ 한자어   (   )

⑶ 외래어   (   )

준비 공식적인 말하기 상황 살펴보기

● 국어 97쪽 / 정답 및 풀이 7쪽

전교 학생회 회장단 선거 후보의 연설

선생님: 다음은 기호 2번 나성실 학생의 ㉠소견 발표를 들어 보겠습니다.

내용 듣기

나성실: 안녕하세요? 저는 전교 학생회 회장단 선거에 입후보한 나성실입니다. 저는 가고 싶은 학교, 즐거운 학교를 만들고 싶어서 이 자리에 섰습니다. 우리 학교에서는 지난해에 학생들이 학교에 바라는 점을 설문 조사 했습니다. 학생들이 학교에 바라는 점 가운데에서 가장 많이 나온 의견은 바로 "깨끗한 화장실을 만들어 주세요."라는 의견으로 47퍼센트가 나왔습니다.

학생들: 맞아요. 좋아요.

나성실: 저는 이러한 여러분의 의견을 교장 선생님께 적극적으로 말씀드리고 전교 학생회에서도 의견을 모아 꼭 깨끗한 화장실을 만들겠습니다.

• **글의 특징** 「전교 학생회 회장단 선거 후보의 연설」을 통해 연설할 때의 태도와 다양한 공식적인 말하기 상황을 살펴볼 수 있습니다.

• **활동 정리** 빈칸에 알맞은 말을 넣어 말하기 상황 정리하기

장소와 대상	강당에서 ❶( )에게 말함.
발표한 공약	깨끗한 ❷( )을/를 만들겠다는 것
활용한 자료	설문 조사 결과 도표

소견(所 바 소, 見 볼 견) 어떤 일이나 사물을 살펴보고 가지게 되는 생각이나 의견.
입후보한 선거에 후보자로 나선.
적극적으로 대상에 대한 태도가 긍정적이고 능동적인 것으로.

중요 독해

1 이 말하기 상황에 대한 설명으로 알맞은 것을 모두 찾아 ○표 하시오.

⑴ 후보자가 학생들에게 말하고 있다. ( )

⑵ 후보자는 준비한 자료를 활용하여 공약을 발표했다. ( )

⑶ 후보자가 전교 학생회 회장이 된 소감을 발표하고 있다. ( )

어휘

2 ㉠과 바꾸어 쓸 수 있는 말이 아닌 것은 무엇입니까? ( )

① 의견   ② 생각   ③ 주장
④ 견해   ⑤ 결과

중요 독해

3 후보자가 활용한 자료 ㉮는 무엇입니까? ( )

① 악보   ② 지도
③ 뉴스 화면   ④ 학교 누리집 사진
⑤ 설문 조사 결과 도표

서술형

4 학생들이 학교에 바라는 점 가운데에서 가장 많이 나온 의견은 무엇인지 쓰시오.

_____

_____

5 이와 같은 공식적인 말하기 상황에서 후보자의 태도로 알맞은 말에 ○표 하시오.

• (낮춤, 높임) 표현을 사용해 바른 자세와 태도로 말한다.

공식적인 말하기 상황

어떤 음식을 소개하는지 잘 모르겠어.

- **특징** 그림 ⑦와 ⑭를 통해 공식적인 말하기 상황과 개인적인 말하기 상황을 비교해 볼 수 있고, 그림 ⑮와 ⑯를 통해 자료를 활용해 발표할 때의 좋은 점을 알 수 있습니다.

- **활동 정리** 빈칸에 알맞은 말을 넣어 말하는 상황 정리하기

그림 ⑦	친구들이 교실 밖에서 대화하는 상황
그림 ⑭	수업 시간에 한 친구가 ❶(　　　　)에서 발표하는 상황
그림 ⑮	친구가 어떤 ❷(　　　　)을/를 소개하는지 듣는 사람들이 잘 모르는 상황
그림 ⑯	친구가 소개하는 음식이 무엇인지 듣는 사람들이 한눈에 알아보는 상황

3 단원

---

6 그림 ⑦와 ⑭의 말하기 상황으로 알맞은 것을 찾아 각각 기호를 쓰시오.

> ㉠ 친구들과 개인적으로 말한다.
> ㉡ 여러 친구 앞에서 공식적으로 말한다.
> ㉢ 교실 밖에서 자유롭게 말한다.
> ㉣ 수업 시간에 교실에서 여러 사람 앞에서 발표한다.

(1) 그림 ⑦ : (　　　　　　　　　)

(2) 그림 ⑭ : (　　　　　　　　　)

7 그림 ⑮와 ⑯ 중, 자료를 사용해 음식을 소개하고 있는 그림을 찾아 기호를 쓰시오.

　　　　　그림 (　　　　　　　)

서술형

8 자료를 활용해 발표할 때 듣는 사람은 어떻게 반응했는지 쓰시오.

_____

_____

중요 독해

9 공식적인 말하기 상황에 대한 설명으로 알맞지 <u>않은</u> 것은 무엇입니까? (　　　　)

① 높임 표현을 사용한다.
② 자료만 보면서 말한다.
③ 큰 소리로 또박또박 말한다.
④ 바른 자세와 태도로 말한다.
⑤ 듣는 사람이 이해하기 쉽게 자료를 활용한다.

다양한 자료의 특성

㉮ 우리 반 친구들이 좋아하는 운동

종목	축구	배드민턴	줄넘기	합계
인원(명)	10	5	8	23

㉯

㉰

2022년 서울 강수량 분석
(밀리미터)

■출처: 기상청, 2023.

㉱

- **특징** 공식적인 말하기 상황에서 활용할 수 있는 다양한 자료의 특성을 알 수 있습니다.

- **활동 정리** 빈칸에 알맞은 말을 넣어 자료의 특성 정리하기

자료 ㉮: 표	여러 가지 자료의 ❶ ( )을/를 비교하기 쉬움.
자료 ㉯: 사진	설명하는 대상의 정확한 모습을 보여 줄 수 있음.
자료 ㉰: 도표	수량의 ❷ ( ) 정도를 알 수 있고, 정확한 수치를 나타낼 수 있음.
자료 ㉱: 동영상	❸ ( )(이)나 자막을 넣어 분위기를 잘 전달할 수 있음.

10 자료 ㉮～㉱의 종류는 무엇인지 찾아 선으로 이으시오.

(1) 자료 ㉮ •   • ㉮ 사진

(2) 자료 ㉯ •   • ㉯ 동영상

(3) 자료 ㉰ •   • ㉰ 도표

(4) 자료 ㉱ •   • ㉱ 표

11 자료 ㉮의 특성으로 알맞은 것에 모두 ○표 하시오.

(1) 여러 가지 자료의 수량을 비교하기 쉽다.
( )

(2) 대상의 모습을 생생하게 보여 줄 수 있다.
( )

(3) 많은 양의 자료를 간단하게 나타낼 수 있다.
( )

12 자료 ㉮～㉱ 중, 다음 특성을 지닌 자료는 무엇인지 찾아 기호를 쓰시오.

대상이 움직이는 모습을 생생하게 전달하고, 음악이나 자막을 넣어 분위기를 잘 전달할 수 있다.

자료 ( )

중요 독해

13 이와 같은 자료를 활용해 말하면 좋은 점으로 알맞은 것을 모두 고르시오. ( )

① 작은 목소리로 말해도 된다.
② 발표를 오랜 시간 동안 할 수 있다.
③ 듣는 사람이 더 잘 이해할 수 있다.
④ 정보를 효과적으로 전달할 수 있다.
⑤ 듣는 사람이 흥미를 느끼게 할 수 있다.

발표할 내용 준비

② '우리의 미래'에 대한 생각 떠올리기

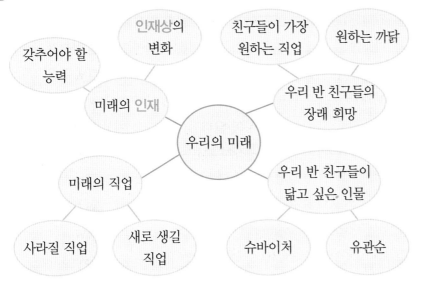

④ 우리의 미래에 대해 발표할 주제와 내용 정하기

발표할 주제	우리 반 친구들이 원하는 직업
발표할 내용	• 우리 반에서 가장 인기 있는 직업 • 미래에 생길 직업의 종류

- **특징** 우리의 미래와 관련한 생각 그물과 발표할 주제, 내용을 정리한 표입니다.

- **활동 정리** 빈칸에 알맞은 말을 넣어 발표할 내용을 준비하는 방법 정리하기

발표할 주제와 내용 정하기
• 다양한 발표 내용 떠올리기
• 발표할 ❶( )와/과 내용 정리하기
• 필요한 자료를 찾는 방법을 알아보고 찾기

↓

발표 ❷( ) 만들기

인재(人 사람 인, 材 재목 재) 어떤 일을 할 수 있는 학식이나 능력을 갖춘 사람.
인재상 인재로서 갖추어야 할 모습.
예 학교마다 원하는 인재상이 달랐습니다.

---

14 ②에서 '우리의 미래'에 대해 떠올린 내용이 <u>아닌</u> 것은 무엇입니까? ( )

① 미래의 인재
② 미래의 직업
③ 우리 반 친구들의 장래 희망
④ 우리 반 친구들이 닮고 싶은 인물
⑤ 우리 반 친구들이 여행가고 싶은 장소

어휘

15 이 글에 나오는 낱말 중, 다음 빈칸에 들어갈 낱말을 찾아 ○표 하시오.

> 각 회사에서는 훌륭한 ☐☐☐을/를 뽑기 위해 최선을 다한다.

변화	인재	직업

16 다음은 ④의 내용과 관련한 자료를 찾는 방법을 정리한 것입니다. 알맞은 낱말을 보기 에서 찾아 쓰시오.

보기
설문   누리집   표

필요한 자료의 종류	자료를 찾는 방법
반 친구들의 장래 희망을 정리한 ⑴( )	친구들의 장래 희망을 ⑵( )(으)로 조사해 표로 정리한다.
새로 생길 직업을 표현한 그림	직업 관련 ⑶( )에서 미래에 새로 생길 직업을 검색한다.

서술형

 자료를 활용할 때 주의할 점을 한 가지만 쓰시오.

_____

_____

미래의 인재

제목 미래의 인재

㉠시작하는 말 안녕하세요? 1모둠 발표를 맡은 김대한입니다. 우리의 미래를 생각하면서 우리 모둠은 '미래에는 어떤 인재가 필요할까'라는 주제로 발표를 준비했습니다. 우리 모둠이 준비한 자료는 표와 동영상입니다. 자료를 보면서 발표를 들어 주십시오.

자료 1 100대 기업의 인재상 변화

	2008년	2013년	2018년
1순위	창의성	도전 정신	소통과 협력
2순위	전문성	주인 의식	전문성
3순위	도전 정신	전문성	원칙과 신뢰
4순위	원칙과 신뢰	창의성	도전 정신
5순위	소통과 협력	원칙과 신뢰	주인 의식

■ 출처: 대한상공회의소, 2018.

설명하는 말 미래에는 어떤 인재가 필요할까요? 대한상

공회의소에서 조사한 '100대 기업의 인재상 변화'에 따르면 2008년에는 창의성이 1순위였는데 2013년에는 도전 정신이, 2018년에는 소통과 협력이 1순위입니다. 이처럼 시대에 따라 필요한 인재상은 달라지고 있습니다.

우리가 어른이 되는 미래에는 어떤 인재가 필요할까요? 우리 모둠은 인공 지능, 사물 인터넷 같은 4차 산업 혁명으로 이전과는 다른 산업 형태가 나타나면서 필요한 인재상도 달라질 것이라고 예상했습니다. 미래에는 변화가 굉장히 빠른 속도로 일어나기 때문에 미래의 인재에게 가장 중요한 것은 계속 배우려는 의지라고 생각합니다.

자료 2   ◀출처: 한국교육방송공사(2018),
「지식 채널 e: 일자리의 미래」

협력(協 화합할 협, 力 힘 력) 힘을 합하여 서로 도움.
주인 의식 일이나 단체 따위에 대하여 주체로서 책임감을 가지고 이끌어 가야 한다는 의식.
출처 사물이나 말 따위가 생기거나 나온 근거.

---

18 발표 주제는 무엇입니까? (   )

① 과거 핵심 역량은 무엇일까
② 미래에는 어떤 인재가 필요할까
③ 기업과 사회가 함께하는 방법은 무엇일까
④ 4차 산업 혁명에 도움이 되는 것은 무엇일까
⑤ 인간만이 지닌 능력을 기르는 방법은 무엇일까

19 ㉠과 같은 시작하는 말의 역할로 알맞은 것은 무엇입니까? (   )

① 자료 내용을 자세하게 설명한다.
② 듣는 사람의 주의를 집중시킨다.
③ 자료에 담긴 핵심 내용을 전한다.
④ 발표를 준비하며 느낀 점을 전한다.
⑤ 발표에 대한 친구들의 생각을 정리해 준다.

서술형

20 자료 1 이 알맞게 활용되었는지 판단하여 그 까닭과 함께 쓰시오.

_____

_____

어휘

21 이 글에 나오는 낱말 중 '굳게 믿고 의지함.'을 뜻하는 낱말은 무엇입니까? (   )

① 도전   ② 소통
③ 협력   ④ 신뢰
⑤ 원칙

미래의 인재

설명하는 말 다음으로 준비한 자료는 한국교육방송공사에서 방송한 ㉠「일자리의 미래」입니다. 자료를 보면서 발표를 이어 가겠습니다.

이 동영상에서는 2020년까지 사라지는 일자리는 510만 개로, 미래에는 한 사람이 평균 4~5개의 직업을 가져야 한다고 합니다. 우리가 이러한 미래 사회에서 성공하려면 여러 분야에서 다양한 능력을 갖춰야 합니다. 경제협력개발기구[OECD]가 정리한 미래 핵심 역량은 도구 활용 능력, 사회적 상호 작용 능력, 자기 삶에 대한 자주적 관리 능력입니다. 앞서 발표한 '100대 기업의 인재상 변화'에서도 나타난 소통, 협력, 전문성과 관련 있다고 생각합니다. 이러한 능력을 키우려고 핀란드, 독일, 아르헨티나와 같은 세계 여러 나라에서는 단순한 암기 교육이 아니라 현실에 적용할 수 있는 능력을 키우는 역량 중심 교육을 강화한다고 합니다.

<small>상대가 되는 이쪽과 저쪽 모두.</small>
<small>남의 보호나 간섭을 받지 않고 자기 일을 스스로 처리하는 것.</small>

미래에는 더 많은 변화가 더 빨리 이루어질 것입니다. 미래에 우리에게 필요한 능력은 기계가 대신할 수 없는, 인간만이 지니는 능력이라고 생각합니다. 기술과 지식을 창의적으로 활용하고 이로써 문제를 해결해 내는 인간만이 지닐 수 있는 능력을 더욱 키워 나가야 할 것입니다.

끝맺는 말 지금까지 '미래에는 어떤 인재가 필요할까'라는 주제로 발표했습니다. 발표를 준비하면서 미래에 훌륭한 사람이 되려면 어떻게 준비해야 할지 친구들과 생각해 볼 수 있었습니다. 이상으로 우리 모둠 발표를 마치겠습니다. 끝까지 잘 들어 주셔서 감사합니다.

• **글의 종류** 발표문

• **글의 특징** 미래의 인재에 대해 쓴 것으로, 발표할 내용을 어떻게 정리했는지 알 수 있습니다.

• **글의 구조** 빈칸에 알맞은 말을 넣어 발표할 내용을 구성하는 방법 정리하기

시작하는 말	발표하려는 주제나 ❶( ), 듣는 사람의 주의를 집중시킬 수 있는 내용
자료를 설명하는 말	자료에 담긴 핵심 내용, 자료를 가져온 곳 등
끝맺는 말	발표 내용을 간단히 정리하는 말, 발표를 준비하며 ❷( ), 함께 생각할 점

22 ㉠과 같은 자료를 마지막에 제시한 까닭은 무엇일지 알맞은 것의 기호를 쓰시오.

> ㉮ 발표 시간을 길게 하려고
> ㉯ 발표하려는 주제와 제목을 알려 주려고
> ㉰ 친구들이 마지막까지 집중해서 발표를 들을 수 있게 하려고

( )

23 '설명하는 말'에서 자료를 설명하는 방법으로 알맞은 것에 ○표 하시오.

(1) 자료 종류에 따라 설명하는 방법을 (같게, 다르게) 한다.

(2) 자료에 담긴 (핵심, 복잡한) 내용이 들어가야 한다.

서술형

24 글쓴이가 발표를 준비하면서 느낀 점은 무엇인지 쓰시오.

_____

_____

25 이와 같이 발표할 내용을 구성하는 방법으로 알맞지 않은 것은 무엇입니까? ( )

① 시작하는 말에 발표할 주제를 소개한다.
② 자료를 가져온 곳을 굳이 밝히지 않아도 된다.
③ 끝맺는 말에 발표한 내용을 간단하게 정리한다.
④ 시작하는 말에 듣는 사람의 주의를 집중시킬 수 있는 내용을 넣는다.
⑤ 발표할 내용을 정리한 뒤, 자료의 핵심 내용이 담겨 있는지 점검한다.

[1~2] 다음 글을 읽고, 물음에 답하시오.

> 선생님: 다음은 기호 2번 나성실 학생의 소견 발표를 들어 보겠습니다.
>
> 나성실: 안녕하세요? 저는 전교 학생회 회장단 선거에 입후보한 나성실입니다. 저는 가고 싶은 학교, 즐거운 학교를 만들고 싶어서 이 자리에 섰습니다. 우리 학교에서는 지난해에 학생들이 학교에 바라는 점을 설문 조사 했습니다. 학생들이 학교에 바라는 점 가운데에서 가장 많이 나온 의견은 바로 "깨끗한 화장실을 만들어 주세요."라는 의견으로 47퍼센트가 나왔습니다.
>
>
>
> 학생들: 맞아요. 좋아요.
>
> 나성실: 저는 이러한 여러분의 의견을 교장 선생님께 적극적으로 말씀드리고 전교 학생회에서도 의견을 모아 꼭 깨끗한 화장실을 만들겠습니다.

1 나성실 학생이 발표한 공약은 무엇입니까? (   )

① 놀이터를 새롭게 만들겠다는 것
② 깨끗한 화장실을 만들겠다는 것
③ 맛있는 급식을 제공하겠다는 것
④ 꿈 찾기 기획을 진행하겠다는 것
⑤ 다양한 직업 체험학습을 가겠다는 것

2 이 말하기 상황에 대한 설명으로 알맞지 <u>않은</u> 것은 무엇입니까? (   )

① 공식적인 말하기 상황이다.
② 높임 표현을 사용하여 말했다.
③ 여러 사람 앞에서 말하는 상황이다.
④ 설문 조사 결과 도표를 자료로 활용했다.
⑤ 선생님과 개인적으로 말하고 있는 상황이다.

[3~5] 다음 그림을 보고, 물음에 답하시오.

3 두 학생이 발표한 것은 무엇입니까? (   )

① 과거의 직업
② 미래의 유망 직업
③ 장래에 하고 싶은 일
④ 우리나라의 역사적 사건
⑤ 청소년들에게 인기 있는 직업

4 그림 ㉮와 ㉯의 학생이 발표할 때 활용한 자료는 무엇인지 쓰시오.

(1) 그림 ㉮: (   )

(2) 그림 ㉯: (   )

5 그림 ㉮와 같은 자료를 사용하여 발표하면 좋은 점을 알맞게 말한 친구의 이름을 쓰시오.

> 서율: 사라진 물장수의 모습을 생생하게 보여 주기에 알맞기 때문이야.
>
> 수찬: 과거의 직업을 영상으로 보면서 분위기를 전달하기에 알맞기 때문이야.
>
> 윤아: 사라진 직업의 종류와 그 까닭을 직업별로 정리해서 보여 주기에 알맞기 때문이야.

(   )

6 자료를 활용할 때 주의할 점으로 알맞은 것을 두 가지 고르시오. (   )

① 반드시 사진 자료를 활용한다.
② 새롭고 특이한 자료를 많이 사용한다.
③ 자료가 너무 길거나 복잡하지 않아야 한다.
④ 수십 개의 자료를 동시에 활용하는 것이 좋다.
⑤ 자료를 활용할 때에는 자료를 가져온 곳을 꼭 밝혀야 한다.

[7~8] 다음 글을 읽고, 물음에 답하시오.

⑦ 시작하는 말 안녕하세요? 1모둠 발표를 맡은 김대한입니다. 우리의 미래를 생각하면서 우리 모둠은 '미래에는 어떤 인재가 필요할까'라는 주제로 발표를 준비했습니다. 우리 모둠이 준비한 자료는 표와 동영상입니다. 자료를 보면서 발표를 들어 주십시오.

⑭ 설명하는 말 미래에는 어떤 인재가 필요할까요? 대한상공회의소에서 조사한 '100대 기업의 인재상 변화'에 따르면 2008년에는 창의성이 1순위였는데 2013년에는 도전 정신이, 2018년에는 소통과 협력이 1순위입니다. 이처럼 시대에 따라 필요한 인재상은 달라지고 있습니다.

⑭ 끝맺는 말 지금까지 '미래에는 어떤 인재가 필요할까'라는 주제로 발표했습니다. 발표를 준비하면서 미래에 훌륭한 사람이 되려면 어떻게 준비해야 할지 친구들과 생각해 볼 수 있었습니다. 이상으로 우리 모둠 발표를 마치겠습니다. 끝까지 잘 들어 주셔서 감사합니다.

7 1모둠의 발표 주제는 무엇인지 생각하여 빈칸에 알맞은 말을 쓰시오.

미래에는 어떤 [   ]이/가 필요할까

(   )

8 글 ⑦~⑭에서 발표 내용을 정리한 방법을 찾아 선으로 이으시오.

(1) 글 ⑦ •   • ⑦ 발표한 내용을 간단하게 정리함.

(2) 글 ⑭ •   • ⑭ 자료에 담긴 핵심 내용을 넣음.

(3) 글 ⑭ •   • ⑭ 듣는 사람의 주의를 집중시키는 내용을 넣음.

3단원

문법
9 다음 보기 의 낱말은 무엇에 해당하는지 찾아 알맞은 것에 ○표 하시오.

보기
텔레비전, 라디오, 버스

(1) 고유어 (   )
(2) 외래어 (   )
(3) 한자어 (   )

문법
10 다음 중 나머지와 다른 종류의 말은 무엇입니까?

(   )

① 땅   ② 하늘
③ 노을   ④ 학교
⑤ 아름답다

[1~2] 다음 그림을 보고, 물음에 답하시오.

1 그림 ㉮와 ㉯의 상황은 무엇입니까? (   )

① 공식적인 말하기 상황
② 개인적인 말하기 상황
③ 교실에서 친구들과 말하고 있는 상황
④ 말하는 사람과 듣는 사람이 한 명씩인 상황
⑤ 여러 사람에게 자료를 보여 주고 있는 상황

2 그림 ㉮의 상황에서 할 일로 알맞은 것을 두 가지 고르시오. (   )

① 다른 사람이 말할 때 끼어들어 말한다.
② 말하는 사람은 높임 표현을 써야 한다.
③ 듣는 사람은 엎드려 편한 자세로 듣는다.
④ 말하는 사람은 또박또박 바르게 말해야 한다.
⑤ 듣는 사람은 자신이 발표할 내용을 계속 말하며 준비한다.

서술형

3 공식적인 말하기 상황에는 어떤 것이 있는지 우리 주변에서 떠올려 쓰시오.

_____

_____

[4~5] 다음 글을 읽고, 물음에 답하시오.

전교 학생회 회장단 선거 후보의 연설

저는 최근에 『오늘의 순위』라는 책을 우연히 보았습니다. 이 책은 우리나라의 여러 가지를 조사한 순위를 알려 주는 책인데, 우리나라의 초등학생들 가운데에서 꿈이 없는 사람이 남학생은 14.2퍼센트, 여학생은 16.7퍼센트라고 합니다. 꿈을 정하지 못한 것이 아니라 꿈이 없는 학생들이 그만큼이라는 얘기입니다. 백 명 가운데 열다섯 명이 꿈이 없는 학생이라니, 어릴 때부터 공부만 열심히 하라는 말을 지겹게 들어 온 결과가 아닌가 싶습니다. 그래서 저는 우리 학교의 학생들만큼은 꼭 누구나 꿈을 하나씩 정하고 그 꿈을 이루려고 노력하도록 도와주고 싶습니다. 그래서 첫째, 여러분이 꿈을 찾을 수 있게 여러 가지 직업을 체험할 수 있는 직업 체험학습을 가도록 노력하겠습니다. 둘째, 우리가 모르는 직업을 알 수 있도록 선생님의 도움을 받아서 여러 가지 꿈 찾기 기획을 진행하려고 합니다. 여러분, 깨끗한 환경과 꿈이 있는 학교를 만들려고 최선을 다하겠습니다. 기호 2번 나성실, 꼭 뽑아 주십시오. 감사합니다.

4 후보자가 활용한 자료는 무엇입니까? (   )

① 신문 기사
② 세계 지도
③ 텔레비전 뉴스
④ 직업 체험 관련 사진
⑤ 『오늘의 순위』라는 책 내용

5 후보자가 발표한 공약을 두 가지 고르시오.

(   )

① 꿈 찾기 기획을 진행하겠다.
② 새로운 직업을 많이 만들겠다.
③ 친구들의 의견을 하나로 모아 보겠다.
④ 수업 시간에 발표 기회를 충분히 주겠다.
⑤ 여러 가지 직업을 체험할 수 있는 직업 체험학습을 가도록 노력하겠다.

6 다음 두 그림의 비슷한 점을 두 가지 고르시오.

( )

① 말하는 사람이 있다.
② 듣는 사람이 친구들이다.
③ 공식적인 말하기 상황이다.
④ 개인적인 말하기 상황이다.
⑤ 자료를 활용해 말하고 있다.

서술형

7 다음 그림을 보고, 자료를 활용하지 않고 발표할 때와 자료를 활용해 발표할 때 듣는 사람이 각각 어떻게 반응했는지 쓰시오.

(1) 자료를 활용하지 않고 발표할 때: _____

_____

(2) 자료를 활용해 발표할 때: _____

_____

8 다음 특성을 가진 자료로 가장 알맞은 것은 무엇인지 쓰시오.

• 정확한 수치를 나타낼 수 있다.
• 수량의 변화 정도를 한눈에 알 수 있다.

( )

[9~10] 다음 그림을 보고, 물음에 답하시오.

9 그림 ㉮와 ㉯ 중 과거에 있던 직업인 보부상의 모습을 발표하고 있는 것은 무엇인지 기호를 쓰시오.

그림 ( )

10 그림 ㉮의 친구가 발표한 방법에 대해 알맞게 설명한 것을 보기 에서 찾아 기호를 쓰시오.

보기

㉮ 도표를 활용해 발표했다. 음악이나 자막 등 다양한 효과를 넣을 수 있기 때문이다.
㉯ 동영상을 활용해 발표했다. 과거의 직업이 어떠했는지 그 모습을 생생하게 전달하기에 알맞기 때문이다.
㉰ 표를 활용해 발표했다. 사라진 직업의 종류와 그 까닭을 직업별로 정리해서 보여 주기에 알맞기 때문이다.

( )

11 교실에서 학급 친구들에게 자료를 활용하며 발표할 때, 주의할 점을 한 가지 쓰시오.

_____

_____

[12~14] 다음 글을 읽고, 물음에 답하시오.

제목

시작하는 말 안녕하세요? 1모둠 발표를 맡은 김대한입니다. 우리의 미래를 생각하면서 우리 모둠은 '미래에는 어떤 인재가 필요할까'라는 주제로 발표를 준비했습니다. 우리 모둠이 준비한 자료는 표와 동영상입니다. 자료를 보면서 발표를 들어 주십시오.

자료 1   100대 기업의 인재상 변화

	2008년	2013년	2018년
1순위	창의성	도전 정신	소통과 협력
2순위	전문성	주인 의식	전문성
3순위	도전 정신	전문성	원칙과 신뢰
4순위	원칙과 신뢰	창의성	도전 정신
5순위	소통과 협력	원칙과 신뢰	주인 의식

■ 출처: 대한상공회의소, 2018.

설명하는 말 미래에는 어떤 인재가 필요할까요? 대한상공회의소에서 조사한 '100대 기업의 인재상 변화'에 따르면 2008년에는 창의성이 1순위였는데 2013년에는 도전 정신이, 2018년에는 소통과 협력이 1순위입니다. 이처럼 시대에 따라 필요한 인재상은 달라지고 있습니다.

우리가 어른이 되는 미래에는 어떤 인재가 필요할까요? 우리 모둠은 인공 지능, 사물 인터넷 같은 4차 산업 혁명으로 이전과는 다른 산업 형태가 나타나면서 필요한 인재상도 달라질 것이라고 예상했습니다. 미래에는 변화가 굉장히 빠른 속도로 일어나기 때문에 미래의 인재에게 가장 중요한 것은 계속 배우려는 의지라고 생각합니다.

12 이 글의 제목으로 알맞은 것은 무엇입니까? (   )

① 미래의 인재
② 과거와 미래
③ 지구의 변화
④ 산업 혁명의 결과
⑤ 100대 기업의 성장

13 1모둠이 다음과 같은 생각을 한 까닭은 무엇입니까?
(   )

> 미래의 인재에게 가장 중요한 것은 계속 배우려는 의지이다.

① 시대에 따라 필요한 인재상이 같아서
② 4차 산업 혁명이 다시 일어날 것이어서
③ 미래에 교사가 가장 인기 있는 직업이어서
④ 미래의 기업에서 원하는 것은 '전문성'이라서
⑤ 미래에는 변화가 굉장히 빠른 속도로 일어나서

14 이 글을 읽고, 자신의 생각을 알맞게 말한 친구를 모두 찾아 이름을 쓰시오.

> 민재: 발표 주제와 관련한 동영상을 이어서 보여 줄 수 있을 거야.
> 서희: 처음에 '100대 기업의 인재상 변화'에 대한 표를 보여 주며 흥미를 끌고 있어.
> 다인: 같은 반 친구들이 꿈꾸는 미래의 모습을 하나씩 자세히 설명해 주어 이해하기 쉬웠어.

(   )

15 다음 빈칸에 들어갈 말을 찾아 ○표 하시오.

> ☐☐☐☐☐에는 발표한 내용을 간단하게 정리하고, 함께 생각할 점을 넣는다.

(1) 시작하는 말   (   )
(2) 자료를 설명하는 말   (   )
(3) 끝맺는 말   (   )

3. 짜임새 있게 구성해요

● 정답 및 풀이 10쪽

평가 주제	공식적인 말하기 상황에서 활용할 수 있는 자료 떠올리기
평가 목표	말할 내용의 특성에 따라 활용할 수 있는 자료를 생각해 볼 수 있다.

1 지민이가 가족과 다녀온 여행지의 자연환경을 소개할 때 사진 자료를 활용한 까닭은 무엇일지 쓰시오.

2 지민이와 같이 자료를 활용해서 말하면 어떤 점이 좋을지 한 가지만 쓰시오.

3 자신이 다녀온 여행지를 소개할 때 어떤 자료를 활용할지 다음 조건 에 맞게 쓰시오.

조건
1. 말할 내용과 어떤 자료를 활용할 것인지 쓴다.
2. 그 자료를 활용하려는 까닭을 함께 쓴다.

다른 그림을 찾아보세요.

● 정답 및 풀이 10쪽

다른 곳이 15군데 있어요.

4 주장과 근거를 판단해요

▶ 학습을 완료하면 ∨표를 하면서 학습 진도를 체크해요.

4 주장과 근거를 판단해요

 개념 강의

● 정답 및 풀이 10쪽

1 같은 문제 상황에 대해 서로 주장이 다른 까닭

- 겪은 일이 서로 다르기 때문입니다.
- 처한 상황이 서로 다르기 때문입니다.

2 논설문의 특성

- 논설문은 주장과 이를 뒷받침하는 근거로 이루어져 있습니다.
- 논설문은 서론, 본론, 결론으로 짜여 있습니다.

서론	글을 쓴 문제 상황과 글쓴이의 주장을 밝힙니다.
본론	글쓴이의 주장에 적절한 근거를 제시합니다.
결론	글 내용을 요약하기도 하고 글쓴이의 주장을 다시 한번 강조할 수도 있습니다.

예 「우리 전통 음식의 우수성」의 짜임

서론	우리 전통 음식을 사랑합시다.
본론	• 우리 전통 음식은 건강에 이롭습니다. • 우리 전통 음식을 가까이하면 계절과 지역에 따라 다양한 맛을 즐길 수 있습니다. • 우리 전통 음식에서 우리 조상의 슬기와 문화를 경험할 수 있습니다.
결론	우리 전통 음식의 과학성과 우수성을 알고 우리 전통 음식에 관심을 가지고 우리 전통 음식을 사랑해야겠습니다.

3 내용의 타당성과 표현의 적절성 판단하기

| 내용의 타당성을 판단하는 방법 | • 주장이 가치 있고 중요한지 살펴봅니다.
• 근거가 주장과 관련 있는지 살펴봅니다.
• 근거가 주장을 뒷받침하는지 살펴봅니다. |
| 표현의 적절성을 판단하는 방법 | 주관적인 표현, 모호한 표현, 단정하는 표현을 쓰지 않았는지 살펴봅니다. |

예 「자연 보호는 우리가 꼭 해야 할 일」의 표현이 적절한지 판단하기

판단 기준	판단 결과
주관적인 표현을 썼나요?	예, (아니요)
모호한 표현을 썼나요?	예, (아니요)
단정하는 표현을 썼나요?	예, (아니요)

개념 확인 문제

1 같은 문제 상황에 대해 서로 주장이 다른 까닭

같은 문제 상황에 대해 서로 주장이 다른 까닭으로 알맞지 않은 것의 기호를 쓰시오.

> ㉠ 생김새가 다르기 때문이다.
> ㉡ 겪은 일이 서로 다르기 때문이다.
> ㉢ 처한 상황이 서로 다르기 때문이다.

( )

2 논설문의 특성

논설문의 특성으로 알맞은 것을 두 가지 찾아 ○표 하시오.

(1) 서론에서는 주장에 대한 근거를 제시한다. ( )
(2) 논설문은 서론, 본론, 결론으로 짜여 있다. ( )
(3) 본론에서는 주장하는 내용에 대한 근거를 한 가지만 자세하게 제시한다. ( )
(4) 결론에서는 글 내용을 요약하기도 하고 주장을 다시 한번 강조할 수도 있다. ( )

3 내용의 타당성과 표현의 적절성 판단하기

다음 중 글을 읽고 근거의 타당성을 바르게 판단한 친구의 이름을 쓰시오.

> 소현: 주장이 세 개 이상인지 살펴보았어.
> 지수: 근거가 주장과 관련 있는지 살펴보았어.
> 현민: 주장이 근거를 뒷받침하는지 살펴보았어.

( )

4 주장과 근거를 판단해요

어휘·문법

● 정답 및 풀이 10쪽

어휘

1. 핵심 개념 어휘: 논설문, 타당성, 적절성

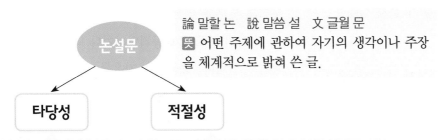

論 말할 논 說 말씀 설 文 글월 문
뜻 어떤 주제에 관하여 자기의 생각이나 주장을 체계적으로 밝혀 쓴 글.

妥 온당할 타 當 마땅 당 性 성품 성
뜻 사물의 이치에 맞는 옳은 성질.

適 맞을 적 切 끊을 절 性 성품 성
뜻 꼭 알맞은 성질.

➡ 논설문을 읽고 내용의 타당성과 표현의 적절성을 판단해 봅니다.

2. 작품 속 어휘

낱말	뜻	예시
생태(生態) 生 날 생 態 모양 태	생물이 살아가는 모양이나 상태.	환경오염은 동물의 생태에 큰 영향을 미칩니다.
인위적	자연의 힘이 아닌 사람의 힘으로 이루어지는 것.	이곳은 인위적으로 만들어진 호수입니다.
염장	소금에 절여 저장함.	염장을 한 식품은 오래 두고 먹을 수 있습니다.
복원(復元) 復 회복할 복 元 으뜸 원	원래대로 회복함.	훼손된 문화재를 복원하였습니다.
초래하다	어떤 결과를 가져오게 하다.	한 사람의 단순한 실수가 큰 손실을 초래하였습니다.

문법 유의어와 반의어

◆ '아빠'와 '아버지', '엄마'와 '어머니'와 같이 소리는 서로 다르지만 그 뜻이 비슷한 말을 유의어라고 합니다. 그리고 '아이'와 '어른'과 같이 뜻이 서로 반대되거나 대립하는 말을 '반의어'라고 합니다. '아이'와 '어른'은 서로 반대의 뜻이지만 '사람'이라는 공통점이 있습니다. 이처럼 반의어는 두 낱말 사이에 공통점이 있으면서 동시에 반대되는 특성이 한 가지 있습니다.

뜻이 비슷한 낱말
아버지 어머니 아빠 엄마

아이 ← 뜻이 반대인 낱말 → 어른

---

1 핵심 개념 어휘
다음 뜻에 알맞은 낱말을 쓰시오.

> 어떤 주제에 관하여 자기의 생각이나 주장을 체계적으로 밝혀 쓴 글.

(   )

2 작품 속 어휘
다음 (   ) 안의 낱말 중 알맞은 것에 ○표 하시오.

⑴ 과학 시간에 개구리의 (생태, 생선)을/를 관찰했다.

⑵ 생선을 보관하기 위해 생선에 소금을 뿌리는 (염장, 간장)을/를 했다.

⑶ 파괴된 환경을 (극복, 복원)시키는 일은 매우 힘들다.

3 작품 속 어휘
'인위적'의 뜻은 무엇인지 빈칸에 알맞은 말을 쓰시오.

> 자연의 힘이 아닌 □□□의 힘으로 이루어지는 것.

(   )

4 문법
다음 중 반의 관계가 아닌 것을 찾아 기호를 쓰시오.

㉮ 앞 – 뒤	㉯ 위 – 아래
㉰ 크다 – 작다	㉱ 책방 – 서점

(   )

동물원은 필요한가

시은이네 모둠은 '동물원은 필요한가'라는 주제로 서로 이야기해 보기로 했다. 먼저 시은이가 문제 상황을 설명했다.

시은: 동물원은 살아 있는 동물들을 모아서 기르는 곳입니다. 자연 상태에서 보기 힘든 다양한 동물을 가까이에서 볼 수 있어 동물의 생태와 습성, 자연환경의 소중함을 배울 수 있는 교육 장소입니다. 하지만 좁은 우리에 갇혀 살아가는 동물들은 스트레스를 많이 받습니다. '동물원은 필요한가'에 대해 우리 모둠 친구들은 어떻게 생각하나요?

지훈: 저는 동물원이 있어야 한다고 생각합니다. 그 까닭은 첫째, 동물원은 우리에게 큰 즐거움을 줍니다. 3000년 전에 이미 동물원을 만들었을 만큼 사람은 동물을 좋아하고 가까이해 왔습니다. 동물원에서는 쉽게 만날 수 없는 동물을 가까이에서 볼 수 있는데, 열대 지역에 사는 사자나 극지방에 사는 북극곰도 쉽게 만날 수 있습니다. 서울 동물원에만 한 해 평균 350만 명이 방문한다고 합니다. 이렇게 많은 사람이 동물원을 좋아하고 동물원에서 즐거움을 느낍니다. 둘째, 동물원은 동물을 보호해 줍니다. 야생에서는 약한 동물이 더 강한 동물에게 공격당하거나 먹이가 없어 굶어 죽기도 합니다. 동물원은 자유를 제한하더라도 먹이와 안전을 보장하기 때문에 동물에게 훨씬 이롭습니다. 최근에는 친환경 동물원으로 탈바꿈하는 곳도 많습니다. 동물들이 지내는 환경을 개선하면 동물원은 사람에게도, 동물에게도 [㉠] 곳이 될 것입니다.

지훈이가 말을 마치자 미진이가 자기 생각을 말했다.

생태(生 날 생, 態 모양 태) 생물이 살아가는 모양이나 상태.
습성(習 익힐 습, 性 성품 성) 동일한 동물종(動物種) 내에서 공통되는 생활 양식이나 행동 양식.
야생(野 들 야, 生 날 생) 산이나 들에서 저절로 나서 자람. 또는 그런 생물.
친환경 자연환경을 오염하지 않고 자연 그대로의 환경과 잘 어울리는 일.
탈바꿈 원래의 모양이나 형태를 바꿈.

---

1 시은이가 제시한 문제 상황은 무엇입니까? (　　　)

① 자연환경이 오염되고 있다는 것
② 어린이들을 교육할 장소가 없다는 것
③ 세계 여러 나라의 동물원이 사라지고 있다는 것
④ 우리나라에 있는 동물의 수가 줄어들고 있다는 것
⑤ 동물원의 좁은 우리에 갇혀 살아가는 동물들이 스트레스를 많이 받는다는 것

서술형

2 지훈이의 주장은 무엇인지 쓰시오.

_____

_____

중요 독해

3 지훈이의 주장에 대한 근거로 알맞은 것을 두 가지 고르시오. (　　　)

① 동물원은 동물을 보호해 준다.
② 동물원은 동물들의 자유를 제한한다.
③ 동물원은 우리에게 큰 즐거움을 준다.
④ 동물원은 살아 있는 동물을 모아서 기르는 곳이다.
⑤ 동물원은 동물에게 사람의 구경거리가 되는 고통을 준다.

어휘

4 다음 뜻을 지닌, ㉠에 알맞은 낱말에 ○표 하시오.

이익이 있는.

사나운	해로운	이로운

동물원은 필요한가

미진: 동물원은 없애야 합니다. 첫째, 동물원은 동물의 자유를 구속하고, 동물에게 사람의 구경거리가 되는 고통을 줍니다. 동물원에서 동물은 제한된 공간에 갇혀 수많은 관람객과 마주해야 합니다. 이러한 상황에서 동물은 극심한 스트레스를 받습니다. 동물은 사람의 눈요깃거리가 아니라 그 자체로 존중받아야 하는 소중한 생명체입니다. 둘째, 동물원은 인공적인 환경이기 때문에 자연을 대신할 수 없습니다. 동물원의 우리는 동물의 행동반경에 비해 턱없이 좁습니다. 친환경 동물원이 생기고 있지만 동물이 원래 살던 환경을 그대로 동물원으로 옮기는 것은 불가능합니다. 동물은 인위적으로 만든 동물원보다 생태계가 어우러진 광활한 자연에서 살아야 합니다. 동물에게 이로움보다 해로움이 훨씬 더 많은 동물원은 없애야 한다고 생각합니다.

- **특징** '동물원은 필요한가'라는 주제로 시은이네 모둠에서 나눈 이야기로, 지훈이와 미진이는 서로 다른 주장을 하고 있습니다.
- **글의 구조** 빈칸에 알맞은 말을 넣어 지훈이와 미진이의 주장과 근거 정리하기

지훈	동물원은 있어야 한다. 동물원은 우리에게 큰 ❶( )을/를 주고, 동물을 보호해 준다.
미진	동물원은 없애야 한다. 동물원은 동물의 ❷( )을/를 구속하고, 동물에게 사람의 구경거리가 되는 고통을 준다. 또한 동물원은 인공적인 환경이기 때문에 자연을 대신할 수 없다.

구속하고 행동이나 의사의 자유를 제한하거나 속박하고.
눈요깃거리 눈으로 보기만 하면서 어느 정도 만족을 느끼는 대상. ㉔ 서커스에는 재미있는 눈요깃거리가 가득했습니다.
행동반경 사람이나 동물이 행동할 수 있는 범위.
인위적 자연의 힘이 아닌 사람의 힘으로 이루어지는.
광활한 막힌 데가 없이 트이고 넓은.
㉔ 그곳에는 광활한 들판이 펼쳐져 있었습니다.

5 미진이의 주장으로 알맞은 것에 ○표 하시오.

(1) 동물원이 있어야 한다. ( )

(2) 동물원은 없애야 한다. ( )

(3) 동물원을 만들어야 한다. ( )

중요 독해

6 미진이의 주장에 대한 근거는 무엇인지 생각하여 빈칸에 알맞은 말을 쓰시오.

- 동물원은 동물의 (1) ( )을/를 구속하고, 동물에게 사람의 (2) ( )이/가 되는 고통을 준다.
- 동물원은 (3) ( ) 환경이기 때문에 자연을 대신할 수 없다.

서술형

7 지훈이와 미진이가 서로 다른 주장을 한 까닭은 무엇이겠는지 쓰시오.

_____

_____

8 '동물원은 필요한가'라는 주제에서 반대하는 주장에 대한 근거를 말한 친구의 이름을 쓰시오.

> 시후: 동물원에 있는 동물들도 자유를 누릴 권리가 있기 때문이다.
> 나래: 동물원에서 신기한 동물들을 보고 동물과 교감하는 시간을 가질 수 있기 때문이다.
> 혜영: 동물원에서 평소에 볼 수 없는 동물들을 보고 동물을 사랑하는 마음이 생겼기 때문이다.

( )

우리 전통 음식의 우수성

❶ 요즘에 우리 전통 음식보다 외국에서 유래한 햄버거나 피자와 같은 음식을 더 좋아하는 어린이를 쉽게 볼 수 있습니다. 이러한 음식은 지나치게 많이 먹으면 건강이 나빠지기도 합니다. 그에 비해 우리 전통 음식은 오랜 세월에 걸쳐 전해 오면서 우리 입맛과 체질에 맞게 발전해 왔기 때문에 여러 가지 면에서 우수합니다. 우리 전통 음식을 사랑합시다. 왜 우리 전통 음식을 사랑해야 할까요?

날 때부터 지니고 있는 몸의 생리적 성질이나 건강상의 특질.

중심 내용 | 우리 전통 음식을 사랑합시다.

❷ 첫째, 우리 전통 음식은 건강에 이롭습니다. 우리가 날마다 먹는 밥은 담백해 쉽게 싫증이 나지 않으며 어떤 반찬과도 잘 어우러져 균형 잡힌 영양분을 섭취하기 좋습니다. 또 된장, 간장, 고추장과 같은 발효 식품에는 무기질과 비타민이 풍부하게 들어 있어 몸을 건강하게 해 줍니다. 특히 청국장은 항암 효과는 물론 해독 작용까지 뛰어나다고 합니다. 된장도 건강에 이로운 식품으로 알려져 있습니다.

중심 내용 | 우리 전통 음식은 건강에 이롭습니다.

❸ 둘째, 우리 전통 음식을 가까이하면 계절과 지역에 따라 다양한 맛을 즐길 수 있습니다. 우리 조상은 생활 주변에서 나는 여러 가지 재료를 이용해 계절에 맞는 다양한 음식을 만들어 왔습니다. 주변 바다와 산천에서 나는 풍부하고 다양한 해산물과 갖은 나물이나 채소와 같은 재료에는 각각 고유한 맛이 있습니다. 이러한 재료를 이용해 만든 여러 가지 음식은 지역 특색을 살린 독특한 맛을 냅니다. 비빔밥의 경우, 콩나물을 비롯한 여러 가지 나물에 육회를 얹은 전주비빔밥, 기름에 볶은 밥에 고사리와 가늘게 찢은 닭고기, 각종 나물과 황해도 특산물인 김을 얹은 해주비빔밥, 멍게를 넣은 통영비빔밥과 같이 그 지역 특산물에 따라 다양하게 만들었습니다. 김

어떤 지역의 특별한 산물.

치 또한 시원하고 톡 쏘는 맛이 강하거나 맵고 진한 감칠맛이 나는 등 지역에 따라 다양한 맛으로 만든 것을 볼 수 있습니다.

중심 내용 | 우리 전통 음식을 가까이하면 계절과 지역에 따라 다양한 맛을 즐길 수 있습니다.

항암 암세포가 늘어나는 것을 억제하거나 암세포를 죽임.

---

9 이 글의 서론에서 제시한 문제 상황으로 알맞은 것에 ○표 하시오.

(1) 외국에서 유래한 음식이 줄고 있는 것 (   )

(2) 우리 전통 음식이 우리 입맛과 체질에 맞게 발전한 것 (   )

(3) 우리 전통 음식보다 외국에서 유래한 음식을 더 좋아하는 어린이를 쉽게 볼 수 있는 것 (   )

중요 독해

10 발효 식품이 몸을 건강하게 해 주는 까닭은 무엇입니까? (   )

① 모든 영양분이 들어 있어서

② 오랜 세월에 걸쳐 전해져서

③ 담백하고 싫증이 나지 않아서

④ 어떤 반찬과도 잘 어우러져서

⑤ 무기질과 비타민이 풍부하게 들어 있어서

11 우리 전통 음식을 가까이하면 계절과 지역에 따라 다양한 맛을 즐길 수 있다고 한 까닭은 무엇인지 빈칸에 알맞은 말을 쓰시오.

• 우리 조상은 (1) (   )에서 나는 여러 가지 재료를 이용해 (2) (   )에 맞는 다양한 음식을 만들었기 때문이다.

12 글 ❸에 대한 설명으로 알맞은 것의 기호를 쓰시오.

㉮ 글 내용을 요약하고 있다.

㉯ 글쓴이의 주장을 다시 한번 강조하고 있다.

㉰ 글쓴이가 제시한 주장의 근거와 그 근거를 뒷받침하는 내용을 제시하고 있다.

(   )

우리 전통 음식의 우수성

❹ 셋째, 우리 전통 음식에서 우리 조상의 슬기와 문화를 경험할 수 있습니다. 우리 조상은 겨울을 나려고 김장을 하고, 저장 온도와 저장 기간을 조절해 겨울철에도 신선하게 채소를 먹을 수 있도록 했습니다. 삼국 시대부터 발달한 ㉠염장 기술로 고기류와 어패류를 오랫동안 보관해 맛있게 먹을 수 있도록 했습니다.

중심 내용 | 우리 전통 음식에서 우리 조상의 슬기와 문화를 경험할 수 있습니다.

❺ 우리나라 전통 음식은 세계 여러 나라 사람에게 주목받고 있습니다. 우리 조상의 넉넉한 마음과 삶에서 배어 나온 지혜가 담긴 우리 전통 음식은 그 맛과 멋과 영양의 삼박자를 모두 갖추고 있습니다. 우리는 우리 전통 음식의 과학성과 우수성을 알고 우리 전통 음식에 관심을 가지고 우리 전통 음식을 사랑해야겠습니다.

우리 전통 음식이 갖추고 있는 것

중심 내용 | 우리 전통 음식의 과학성과 우수성을 알고 우리 전통 음식에 관심을 가지고 우리 전통 음식을 사랑해야겠습니다.

• **글의 종류** 논설문
• **글의 특징** 우리 전통 음식을 사랑하자는 주장이 담긴 글입니다.
• **글의 구조** 빈칸에 알맞은 말을 넣어 글의 짜임 정리하기

서론	❶ 우리 전통 음식을 사랑합시다.
본론	❷ 우리 전통 음식은 ❶( )에 이롭다. ❸ 우리 전통 음식을 가까이하면 계절과 지역에 따라 다양한 맛을 즐길 수 있다. ❹ 우리 전통 음식에서 우리 조상의 슬기와 ❷( )을/를 경험할 수 있다.
결론	❺ 우리 전통 음식의 ❸( )와/과 우수성을 알고 우리 전통 음식에 관심을 가지고 우리 전통 음식을 사랑해야겠다.

어패류 어류와 조개류를 아울러 이르는 말.
배어 느낌, 생각 등이 깊이 느껴지거나 오래 남아 있어.
㉑ 어머니의 손맛이 배어 있는 음식입니다.
삼박자 어떤 대상에게 있어야 할 세 가지 요소.
우수성 여럿 가운데 뛰어난 특성.

4
단원

[어휘]

13 ㉠'염장'의 뜻은 무엇입니까? (   )

① 열을 가하여 익힘.
② 소금에 절여 저장함.
③ 뜨거운 김으로 익히거나 데움.
④ 남이 보거나 찾아내지 못하도록 가리거나 숨김.
⑤ 물건을 흙이나 다른 물건 속에 넣어 보이지 않게 쌓아 덮음.

[중요 독해]

14 이 글에 나타난 글쓴이의 주장은 무엇입니까?
(   )

① 우리 전통 음식을 만들자.
② 우리 전통 음식을 사랑하자.
③ 우리 조상의 슬기와 문화를 배우자.
④ 우리 전통 음식을 세계로 수출하자.
⑤ 세계 전통 음식의 과학성을 공부하자.

[서술형]

15 우리 전통 음식의 우수성을 널리 알리려면 어떻게 해야 할지 생각하여 쓰시오.

_____
_____

16 이와 같은 글의 결론에 대한 설명으로 알맞은 것을 두 가지 고르시오. (   )

① 글 내용을 요약하기도 한다.
② 글을 쓴 문제 상황을 밝힌다.
③ 주장에 적절한 근거를 제시한다.
④ 주장에 대한 구체적인 예를 든다.
⑤ 주장을 다시 한번 강조할 수도 있다.

자연 보호는 우리가 꼭 해야 할 일

❶ 우리나라뿐만 아니라 세계 곳곳에서 벌어지는 자연 개발은 우리 삶을 위협한다. 이러한 무분별한 개발로 우리 삶의 터전인 자연은 몸살을 앓고, 이제 인류의 생존까지 위협하는 상황에 이르렀다. 우리는 자연의 목소리에 귀를 기울이고 자연을 보호해야 한다. 왜 자연을 보호해야 할까?

중심 내용 | 우리는 자연의 목소리에 귀를 기울이고 자연을 보호해야 합니다.

❷ 첫째, 자연은 한번 파괴되면 복원되기가 어렵다. 어린나무 한 그루가 아름드리나무로 성장하는 데 약 30년에서 50년이 걸린다고 한다. 우유 한 컵(150밀리리터)으로 오염된 물을 물고기가 살 수 있는 깨끗한 물로 만들려면 우유 한 컵의 약 2만 배의 물이 필요하다. 이처럼 환경을 오염시키는 것은 순식간이지만 오염된 환경을 되살리는 데는 수십, 수백 배의 시간과 노력이 든다. 자연의 힘이 아무리 위대해도 자정 능력을 넘어서는 오염을 감당하기는 어렵다.

둘레가 한 아름이 넘는 큰 나무

중심 내용 | 자연은 한번 파괴되면 복원되기가 어렵습니다.

❸ 둘째, 무리한 자연 개발은 생태계를 파괴한다. 생물은 서로 유기적인 생태계로 얽혀 있으며 주변 환경과 영향을 주고받으면서 살아간다. 자연 개발로 생태계를 파괴하면 결국 사람의 생활 환경을 악화시키는 결과를 초래한다. 예를 들어 사람의 편의를 돕는 시설을 만들면서 무분별하게 산을 파헤치면 동식물은 삶의 터전을 잃는다. 무리한 자연 개발의 결과로 기후 변화 현상까지 나타나 동물이 멸종 위기에 처하고, 지구 환경이 위협을 받기도 한다. 동식물이 살 수 없는 곳은 사람도 살 수 없는 곳이 된다. 사람도 자연의 일부분이므로 자연과 조화를 이루어야 우리 삶이 풍요로워진다.

중심 내용 | 무리한 자연 개발은 생태계를 파괴합니다.

> **복원**(復 회복할 복, 元 으뜸 원/原 근원 원) 원래대로 회복함.
> **예** 이 절은 옛날 모습대로 복원되었습니다.
> **자정**(自 스스로 자, 淨 깨끗할 정) 오염된 물이나 땅 등이 물리학적·화학적·생물학적 작용으로 저절로 깨끗해짐.
> **유기적**(有 있을 유, 機 틀 기, 的 과녁 적)인 생물체처럼 전체를 구성하고 있는 각 부분이 서로 밀접하게 관련을 가지고 있어서 떼어 낼 수 없는.

서술형

17 이 글에서 서론의 중심 문장을 찾아 쓰시오.

_____

_____

중요 독해

18 자연이 한번 파괴되면 복원되기 어려운 까닭으로 알맞은 것에 ○표 하시오.

(1) 자연의 자정 능력이 강해지기 때문에 ( )

(2) 자연이 한번 파괴되면 새로운 자연이 생기기 때문에 ( )

(3) 되살리는 데 수십, 수백 배의 시간과 노력이 들기 때문에 ( )

19 무리한 자연 개발로 인해 생긴 피해가 <u>아닌</u> 것은 무엇입니까? ( )

① 인구가 증가한다.
② 기후 변화 현상이 나타난다.
③ 지구 환경이 위협을 받는다.
④ 동물이 멸종 위기에 처한다.
⑤ 동식물이 삶의 터전을 잃는다.

어휘

20 다음 밑줄 친 말 대신 쓸 수 있는 말을 두 가지 고르시오. ( )

> 자연 개발로 생태계를 파괴하면 결국 사람의 생활 환경을 악화시키는 결과를 <u>초래한다</u>.

① 일으킨다 ② 발표한다 ③ 예측한다
④ 부풀린다 ⑤ 가져온다

자연 보호는 우리가 꼭 해야 할 일

❹ 셋째, 자연은 우리 후손이 살아갈 삶의 터전이다. 당장의 편리와 이익만을 추구하다 보면 우리 후손에게 훼손된 자연을 물려주게 된다. 환경을 고려하지 않은 개발로 물, 공기, 토양, 해양과 같은 자연환경이 돌이키기 힘들 정도로 훼손되면 우리 후손은 그 훼손된 자연 속에서 살아가야 한다. 조상으로부터 금수강산을 물려받은 우리는 후손에게 아름다운 자연을 물려주어야 할 의무가 있다. 자연은 조상이 남긴 소중한 환경 유산이자 후손이 앞으로 살아갈 삶의 터전임을 기억해야 한다.

무분별한 개발 (훼손된 아래)
우리나라의 산천을 비유적으로 이르는 말. (금수강산 아래)

중심 내용 | 자연은 우리 후손이 살아갈 삶의 터전입니다.

❺ 자연은 우리의 영원한 안식처이다. 더 이상 무분별한 개발로 금수강산을 훼손해서는 안 된다. 자연 개발로 사라져 가는 동식물을 다시 이 땅으로 돌아오게 하여 더불어 살아야 한다. 지나친 개발 때문에 나타나는 지구 온난화와 이상 기후 현상이 더 이상 심해지지 않도록 노력하는 일도 우리 모두에게 남겨진 과제이다. 이제 우리

모두	㉠

중심 내용 | 이제 우리 모두 자연 보호를 실천해야 합니다.

- **글의 종류**   논설문
- **글의 특징**   자연 보호를 실천해야 한다는 주장이 담긴 글입니다.
- **글의 구조**   빈칸에 알맞은 말을 넣어 글의 짜임과 중심 내용 정리하기

서론	우리는 자연의 목소리에 귀를 기울이고 자연을 보호해야 한다.
본론	• 자연은 한번 파괴되면 복원되기가 어렵다. / 무리한 자연 개발은 ❶( )을/를 파괴한다. / 자연은 우리 ❷( )이/가 살아갈 삶의 터전이다.
결론	이제 우리 모두 자연 보호를 실천해야 한다.

훼손(毁 헐 훼, 損 덜 손)**된**   헐리거나 깨져 못 쓰게 된.
안식처(安 편안 안, 息 쉴 식, 處 곳 처)   편히 쉬는 곳.
이상 기후(異 다를 이, 常 항상 상, 氣 기운 기, 候 기후 후)   기온이나 강수량 등이 정상적인 상태를 벗어난 상태.

4
단원

---

21 자연환경을 훼손하면 안 되는 까닭을 두 가지 고르시오. ( )

① 당장의 편리와 이익이 중요하기 때문에
② 조상이 남긴 소중한 환경 유산이기 때문에
③ 후손이 앞으로 살아갈 삶의 터전이기 때문에
④ 우리가 완전히 파괴된 자연환경을 물려받았기 때문에
⑤ 후손들은 환경을 고려하지 않은 개발을 더 원하기 때문에

22 ㉠에 들어갈 이 글의 주장으로 알맞은 것에 ○표 하시오.

(1) 자연을 개발해야 한다. ( )
(2) 자연 보호를 실천해야 한다. ( )
(3) 자연 속 문화재를 보호해야 한다. ( )

23 이 글의 내용이 타당한지 알맞게 판단하지 <u>못한</u> 친구의 이름을 쓰시오.

> 도현: 이상 기후 현상이 점점 심각해지는 지금 상황에서 이 주장은 중요해.
> 유연: 근거에 포함된 다양한 예가 글쓴이의 주장을 뒷받침하지 못하고 있어.
> 원호: 자연은 한번 파괴되면 복원되기 어렵다는 첫 번째 근거는 주장과 연결될 수 있어.

( )

24 이 글의 표현이 적절한지 판단하는 방법으로 알맞은 것을 모두 고르시오. ( )

① 사진이 활용되었는지 살펴본다.
② 비유적 표현을 쓰지 않는지 살펴본다.
③ 모호한 표현을 쓰지 않는지 살펴본다.
④ 주관적인 표현을 쓰지 않는지 살펴본다.
⑤ 단정하는 표현을 쓰지 않는지 살펴본다.

[1~2] 다음 글을 읽고, 물음에 답하시오.

미진: 동물원은 없애야 합니다. 첫째, 동물원은 동물의 자유를 구속하고, 동물에게 사람의 구경거리가 되는 고통을 줍니다. 동물원에서 동물은 제한된 공간에 갇혀 수많은 관람객과 마주해야 합니다. 이러한 상황에서 동물은 극심한 스트레스를 받습니다. 동물은 사람의 눈요깃거리가 아니라 그 자체로 존중받아야 하는 소중한 생명체입니다. 둘째, 동물원은 인공적인 환경이기 때문에 자연을 대신할 수 없습니다. 동물원의 우리는 동물의 행동반경에 비해 턱없이 좁습니다. 친환경 동물원이 생기고 있지만 동물이 원래 살던 환경을 그대로 동물원으로 옮기는 것은 불가능합니다. 동물은 인위적으로 만든 동물원보다 생태계가 어우러진 광활한 자연에서 살아야 합니다. 동물에게 이로움보다 해로움이 훨씬 더 많은 동물원은 없애야 한다고 생각합니다.

1 미진이는 동물에 대해 어떤 마음을 가지고 있는지 빈칸에 알맞은 말을 쓰시오.

> 동물은 그 자체로 존중받아야 하는 소중한 □□□□이다.

( )

2 미진이가 한 주장에 대한 근거로 알맞지 <u>않은</u> 것의 기호를 쓰시오.

> ㉮ 동물원은 동물의 자유를 구속한다.
> ㉯ 동물원은 동물의 행동반경에 비해 지나치게 넓다.
> ㉰ 동물원은 동물에게 사람의 구경거리가 되는 고통을 준다.
> ㉱ 동물원은 인공적인 환경이기 때문에 자연을 대신할 수 없다.

( )

[3~5] 다음 글을 읽고, 물음에 답하시오.

㉠ 첫째, ㉠우리 전통 음식은 건강에 이롭습니다. 우리가 날마다 먹는 밥은 담백해 쉽게 싫증이 나지 않으며 어떤 반찬과도 잘 어우러져 균형 잡힌 영양분을 섭취하기 좋습니다. ㉡또 된장, 간장, 고추장과 같은 발효 식품에는 무기질과 비타민이 풍부하게 들어 있어 몸을 건강하게 해 줍니다.

㉯ 둘째, ㉢우리 전통 음식을 가까이하면 계절과 지역에 따라 다양한 맛을 즐길 수 있습니다. ㉣우리 조상은 생활 주변에서 나는 여러 가지 재료를 이용해 계절에 맞는 다양한 음식을 만들어 왔습니다. 주변 바다와 산천에서 나는 풍부하고 다양한 해산물과 갖은 나물이나 채소와 같은 재료에는 각각 고유한 맛이 있습니다. ㉤이러한 재료를 이용해 만든 여러 가지 음식은 지역 특색을 살린 독특한 맛을 냅니다.

3 ㉠~㉤ 중 각 문단의 중심 문장을 두 가지 고르시오.

( )

① ㉠   ② ㉡   ③ ㉢   ④ ㉣   ⑤ ㉤

4 전통 음식인 발효 식품이 몸을 건강하게 해 주는 까닭은 무엇입니까? ( )

① 독특한 맛을 내서
② 밥을 많이 먹게 해서
③ 균형 잡힌 영양분을 섭취하기 좋아서
④ 무기질과 비타민이 풍부하게 들어 있어서
⑤ 계절에 맞는 다양한 음식을 먹을 수 있어서

5 이 글은 논설문의 본론입니다. 본론에 대한 설명으로 알맞은 것은 무엇입니까? ( )

① 제목이 처음 나온다.
② 문제 상황을 밝힌다.
③ 글 내용을 요약한다.
④ 주장을 다시 한번 강조한다.
⑤ 주장에 적절한 근거를 제시한다.

[6~7] 다음 글을 읽고, 물음에 답하시오.

가 우리나라뿐만 아니라 세계 곳곳에서 벌어지는 자연 개발은 우리 삶을 위협한다. 이러한 무분별한  개발로 우리 삶의 터전인 자연은 몸살을 앓고, 이제 인류의 생존까지 위협하는 상황에 이르렀다. 우리는 자연의 목소리에 귀를 기울이고 자연을 보호해야 한다. 왜 자연을 보호해야 할까?

나 첫째, 자연은 한번 파괴되면 복원되기가 어렵다. 어린나무 한 그루가 아름드리나무로 성장하는 데 약 30년에서 50년이 걸린다고 한다. 우유 한 컵(150밀리리터)으로 오염된 물을 물고기가 살 수 있는 깨끗한 물로 만들려면 우유 한 컵의 약 2만 배의 물이 필요하다. 이처럼 환경을 오염시키는 것은 순식간이지만 오염된 환경을 되살리는 데는 수십, 수백 배의 시간과 노력이 든다. 자연의 힘이 아무리 위대해도 자정 능력을 넘어서는 오염을 감당하기는 어렵다.

다 둘째, 무리한 자연 개발은 생태계를 파괴한다. 생물은 서로 유기적인 생태계로 얽혀 있으며 주변 환경과 영향을 주고받으면서 살아간다. 자연 개발로 생태계를 파괴하면 결국 사람의 생활 환경을 악화시키는 결과를 초래한다. 예를 들어 사람의 편의를 돕는 시설을 만들면서 무분별하게 산을 파헤치면 동식물은 삶의 터전을 잃는다. 무리한 자연 개발의 결과로 기후 변화 현상까지 나타나 동물이 멸종 위기에 처하고, 지구 환경이 위협을 받기도 한다. 동식물이 살 수 없는 곳은 사람도 살  수 없는 곳이 된다. 사람도 자연의 일부분이므로 자연과 조화를 이루어야 우리 삶이 풍요로워진다.

6 이 글의 주장에 대한 근거로 제시한 것을 두 가지 고르시오. (　　　)

① 무리한 자연 개발은 생태계를 파괴한다.
② 자연은 한번 파괴되면 복원되기가 어렵다.
③ 사람의 편의를 돕는 시설 개발이 중요하다.
④ 자연의 힘은 위대하여 자정 능력을 가지고 있다.
⑤ 자연 개발은 사람의 생활 환경을 풍요롭게 한다.

7 이 글에서 제시한 근거가 주장을 뒷받침하는지 판단하여 말한 것에 ○표 하시오.

(1) 호진: 이상 기후 현상이 점점 심각해지는 지금 상황에서 이 주장은 중요해. (　　　)

(2) 은희: 근거에 포함된 다양한 예가 글쓴이의 주장을 뒷받침하는 데 도움이 됐어. (　　　)

8 논설문에서 다음과 같은 표현을 쓰면 무엇이 문제인지 찾아 기호를 쓰시오.

> 나는 자전거 타기보다 걷기를 더 좋아한다. 그래서 걷기는 좋은 운동이다.

> ㉮ 주관적인 표현으로 다른 사람을 논리적으로 설득하기 어렵다.
> ㉯ 어떤 사실을 딱 잘라 판단하거나 결정해 단정하는 표현은 조심해서 써야 한다.
> ㉰ 모호한 표현을 사용하면 자신이 말하려는 내용을 다른 사람에게 명확하게 전달할 수 없다.

(　　　　　　)

문법

9 다음 중 반의 관계가 <u>아닌</u> 것은 무엇입니까? (　　　)

① 위 – 아래
② 여자 – 남자
③ 벗다 – 입다
④ 뛰다 – 달리다
⑤ 뜨겁다 – 차갑다

문법

10 다음 낱말의 유의어를 **보기** 에서 찾아 쓰시오.

> **보기**
>
> 친척　동무　낮　얼굴　동네　서점

(1) 친구: (　　　　　　　)

(2) 낯: (　　　　　　　)

(3) 마을: (　　　　　　　)

[1~4] 다음 글을 읽고, 물음에 답하시오.

㉮ 지훈: 저는 동물원이 있어야 한다고 생각합니다. 그 까닭은 첫째, 동물원은 우리에게 큰 즐거움을 줍니다. 3000년 전에 이미 동물원을 만들었을 만큼 사람은 동물을 좋아하고 가까이해 왔습니다. 동물원에서는 쉽게 만날 수 없는 동물을 가까이에서 볼 수 있는데, 열대 지역에 사는 사자나 극지방에 사는 북극곰도 쉽게 만날 수 있습니다. 서울 동물원에만 한 해 평균 350만 명이 방문한다고 합니다. 이렇게 많은 사람이 동물원을 좋아하고 동물원에서 즐거움을 느낍니다. 둘째, 동물원은 동물을 보호해 줍니다. 야생에서는 약한 동물이 더 강한 동물에게 공격당하거나 먹이가 없어 굶어 죽기도 합니다. 동물원은 자유를 제한하더라도 먹이와 안전을 보장하기 때문에 동물에게 훨씬 이롭습니다. 최근에는 친환경 동물원으로 탈바꿈하는 곳도 많습니다. 동물들이 지내는 환경을 개선하면 동물원은 사람에게도, 동물에게도 이로운 곳이 될 것입니다.

㉯ 미진: 동물원은 없애야 합니다. 첫째, 동물원은 동물의 자유를 구속하고, 동물에게 사람의 구경거리가 되는 고통을 줍니다. 동물원에서 동물은 제한된 공간에 갇혀 수많은 관람객과 마주해야 합니다. 이러한 상황에서 동물은 극심한 스트레스를 받습니다. 동물은 사람의 눈요깃거리가 아니라 그 자체로 존중받아야 하는 소중한 생명체입니다. 둘째, 동물원은 인공적인 환경이기 때문에 자연을 대신할 수 없습니다. 동물원의 우리는 동물의 행동반경에 비해 턱없이 좁습니다. 친환경 동물원이 생기고 있지만 동물이 원래 살던 환경을 그대로 동물원으로 옮기는 것은 불가능합니다. 동물은 인위적으로 만든 동물원보다 생태계가 어우러진 광활한 자연에서 살아야 합니다. 동물에게 이로움보다 해로움이 훨씬 더 많은 동물원은 없애야 한다고 생각합니다.

1 지훈이와 미진이의 주장을 찾아 선으로 이으시오.

(1) 지훈 •　　　• ㉮ 동물원은 없애야 한다.

(2) 미진 •　　　• ㉯ 동물원이 있어야 한다.

2 지훈이의 주장에 대한 근거로 알맞은 것을 두 가지 쓰시오.

(1) _____

_____

(2) _____

_____

3 다음 중 미진이와 같은 주장을 한 친구의 이름을 쓰시오.

> 소은: 나는 동물원을 없애야 한다고 생각해. 동물원에 있는 동물들도 자유를 누릴 권리가 있어.
> 주현: 나는 동물원이 있어야 한다고 생각해. 동물원에서 평소에 볼 수 없는 동물들을 보고 동물을 사랑하는 마음이 생겼기 때문이야.

(　　　　　　)

4 지훈이와 미진이처럼 같은 문제 상황에 대해 사람마다 서로 다른 주장이 나오는 까닭으로 알맞은 것에 모두 ○표 하시오.

(1) 태어난 날이 다르기 때문이다. (　　)

(2) 겪은 일이 서로 다르기 때문이다. (　　)

(3) 처한 상황이 서로 다르기 때문이다. (　　)

5 자신의 생각과 다른 주장에 대해 가져야 할 마음으로 알맞은 것의 기호를 쓰시오.

> ㉮ 자신의 생각과 같아질 때까지 강요하여 상대방의 생각을 바꾸도록 한다.
> ㉯ 주장을 뒷받침하는 근거가 타당하다면 자신의 생각과 다른 주장이라도 존중해야 한다.

(　　　　　　)

[6~9] 다음 글을 읽고, 물음에 답하시오.

가 요즘에 우리 전통 음식보다 외국에서 유래한 햄버거나 피자와 같은 음식을 더 좋아하는 어린이를 쉽게 볼 수 있습니다. 이러한 음식은 지나치게 많이 먹으면 건강이 나빠지기도 합니다. 그에 비해 우리 전통 음식은 오랜 세월에 걸쳐 전해 오면서 우리 입맛과 체질에 맞게 발전해 왔기 때문에 여러 가지 면에서 우수합니다. 우리 전통 음식을 사랑합시다. 왜 우리 전통 음식을 사랑해야 할까요?

나 우리 전통 음식은 건강에 이롭습니다. 우리가 날마다 먹는 밥은 담백해 쉽게 싫증이 나지 않으며 어떤 반찬과도 잘 어우러져 균형 잡힌 영양분을 섭취하기 좋습니다. 또 된장, 간장, 고추장과 같은 발효 식품에는 무기질과 비타민이 풍부하게 들어 있어 몸을 건강하게 해 줍니다.

다 우리 전통 음식에서 우리 조상의 슬기와 문화를 경험할 수 있습니다. 우리 조상은 겨울을 나려고 김장을 하고, 저장 온도와 저장 기간을 조절해 겨울철에도 신선하게 채소를 먹을 수 있도록 했습니다. 삼국 시대부터 발달한 염장 기술로 고기류와 어패류를 오랫동안 보관해 맛있게 먹을 수 있도록 했습니다. 또 농경 생활을 하면서 설이나 추석과 같은 명절에 가족이나 이웃과 함께 세시 음식을 만들어 먹으며 정답게 어울려 지냈습니다.

라 우리나라 전통 음식은 세계 여러 나라 사람에게 주목받고 있습니다. 우리 조상의 넉넉한 마음과 삶에서 배어 나온 지혜가 담긴 우리 전통 음식은 그 맛과 멋과 영양의 삼박자를 모두 갖추고 있습니다. 우리는 우리 전통 음식의 과학성과 우수성을 알고 우리 전통 음식에 관심을 가지고 우리 전통 음식을 사랑해야겠습니다.

6 이 글의 서론 부분에서 제시한 문제 상황을 생각하며 빈칸에 들어갈 알맞은 말을 쓰시오.

> 우리 [(1)] 음식보다 외국에서 유래한 햄버거나 피자와 같은 음식을 더 좋아하는 [(2)]을/를 쉽게 볼 수 있다.

(1) ( )

(2) ( )

7 이 글에서 알 수 있는 우리 전통 음식의 좋은 점을 두 가지 고르시오. ( )

① 우리 전통 음식은 만들기가 쉽다.
② 우리 전통 음식은 건강에 이롭다.
③ 우리 전통 음식은 빨리 요리할 수 있다.
④ 우리 전통 음식은 맵지 않아서 어린이들도 먹을 수 있다.
⑤ 우리 전통 음식에서 우리 조상의 슬기를 경험할 수 있다.

8 이 글에서 글쓴이의 주장에 대한 근거가 제시되어 있는 글의 기호를 모두 쓰시오.

글 ( )

서술형

9 이 글의 주장은 무엇인지 쓰시오.

_____

_____

10 논설문의 서론, 본론, 결론의 역할로 알맞은 것을 보기 에서 찾아 기호를 쓰시오.

> **보기**
> ㉮ 글쓴이의 주장에 적절한 근거를 제시함.
> ㉯ 글을 쓴 문제 상황과 글쓴이의 주장을 밝힘.
> ㉰ 글 내용을 요약하기도 하고 글쓴이의 주장을 다시 한번 강조할 수도 있음.

(1) 서론: ( )

(2) 본론: ( )

(3) 결론: ( )

[11~15] 다음 글을 읽고, 물음에 답하시오.

㉮ 우리나라뿐만 아니라 세계 곳곳에서 벌어지는 자연 개발은 우리 삶을 위협한다. 이러한 무분별한 개발로 우리 삶의 터전인 자연은 몸살을 앓고, 이제 인류의 생존까지 위협하는 상황에 이르렀다. 우리는 자연의 목소리에 귀를 기울이고 자연을 보호해야 한다. 왜 자연을 보호해야 할까?

㉯ 첫째, 자연은 한번 파괴되면 복원되기가 어렵다. 어린나무 한 그루가 아름드리나무로 성장하는 데 약 30년에서 50년이 걸린다고 한다. 우유 한 컵(150밀리리터)으로 오염된 물을 물고기가 살 수 있는 깨끗한 물로 만들려면 우유 한 컵의 약 2만 배의 물이 필요하다. 이처럼 환경을 오염시키는 것은 순식간이지만 오염된 환경을 되살리는 데는 수십, 수백 배의 시간과 노력이 든다. 자연의 힘이 아무리 위대해도 자정 능력을 넘어서는 오염을 감당하기는 어렵다.

㉰ 둘째, 무리한 자연 개발은 생태계를 파괴한다. 생물은 서로 유기적인 생태계로 얽혀 있으며 주변 환경과 영향을 주고받으면서 살아간다. 자연 개발로 생태계를 파괴하면 결국 사람의 생활 환경을 악화시키는 결과를 초래한다. 예를 들어 사람의 편의를 돕는 시설을 만들면서 무분별하게 산을 파헤치면 동식물은 삶의 터전을 잃는다. 무리한 자연 개발의 결과로 기후 변화 현상까지 나타나 동물이 멸종 위기에 처하고, 지구 환경이 위협을 받기도 한다.

㉱ 자연은 우리의 영원한 안식처이다. 더 이상 무분별한 개발로 금수강산을 훼손해서는 안 된다. 자연 개발로 사라져 가는 동식물을 다시 이 땅으로 돌아오게 하여 더불어 살아야 한다. 지나친 개발 때문에 나타나는 지구 온난화와 이상 기후 현상이 더 이상 심해지지 않도록 노력하는 일도 우리 모두에게 남겨진 과제이다. 이제 우리 모두 ㉠자연 보호를 실천해야 한다.

11 이 글의 제목으로 알맞은 것에 ○표 하시오.

(1) 자연의 훌륭한 자정 능력 ( )

(2) 자연 개발로 삶을 풍요롭게 하자 ( )

(3) 자연 보호는 우리가 꼭 해야 할 일 ( )

12 이 글에서 글쓴이가 문제 상황으로 생각하는 것은 무엇입니까? ( )

① 자연에는 자정 능력이 있다.

② 자연 개발은 삶을 풍요롭게 한다.

③ 우유를 버리는 사람들이 많아지고 있다.

④ 무분별한 개발로 자연이 파괴되고 있다.

⑤ 나무가 성장하는 데는 긴 시간이 걸린다.

13 글 ㉯에서 글쓴이가 근거를 뒷받침하기 위해 제시한 내용으로 알맞은 것은 무엇입니까? ( )

① 자연의 자정 능력은 어떤 오염도 감당할 수 있다.

② 우유로 오염된 물에서도 살 수 있는 물고기가 있다.

③ 외국에서도 자연 개발이 활발하게 이루어지고 있다.

④ 하루에 우유 한 컵을 마시면 어린이 성장에 도움이 된다.

⑤ 어린나무 한 그루가 아름드리나무로 성장하는 데 약 30년에서 50년이 걸린다.

서술형

14 ㉠을 위해 할 수 있는 일을 한 가지 생각하여 쓰시오.

_____

_____

15 이 글의 내용이 타당한지 판단하기 위해 해야 할 질문으로 알맞지 <u>않은</u> 것에 ✕표 하시오.

⑴ 자연을 보호하자는 주장은 가치 있고 중요할까? ( )

⑵ 주장에 포함된 다양한 예가 글쓴이의 근거를 뒷받침하고 있을까? ( )

⑶ 자연은 한번 파괴되면 복원되기가 어렵다는 첫 번째 근거는 주장과 연결될 수 있을까? ( )

4. 주장과 근거를 판단해요

● 정답 및 풀이 12~13쪽

평가 주제	논설문의 특성을 생각하며 글 쓰기
평가 목표	타당한 근거를 들어 알맞은 표현으로 논설문을 쓸 수 있다.

보기

| 스마트폰 중독 | 즉석 음식 즐겨 먹기 | 한 가지 갈래의 책만 읽기 |

1 보기 의 문제 상황 중 한 가지를 선택해 자신의 주장을 쓰시오.

2 문제 1번에서 정한 주장과 관련한 논설문을 쓰려고 합니다. 글의 짜임을 간단히 작성하시오.

서론	(1)
본론	(2)
결론	(3)

3 문제 2번에서 작성한 내용을 바탕으로 조건 에 맞게 논설문을 쓰시오.

조건
• 제목을 정하여 쓰고, 서론, 본론, 결론이 드러나도록 쓴다.

미로를 따라 길을 찾아보세요.

● 정답 및 풀이 13쪽

출발

도착

5 속담을
활용해요

▶ 학습을 완료하면 V표를 하면서 학습 진도를 체크해요.

	학습 내용	백점 쪽수	확인
개념	속담을 활용해 자신의 생각을 효과적으로 표현하기	76쪽	☐
어휘 + 문법	핵심 개념 어휘: 지혜, 해학, 교훈 작품 속 어휘: 협동, 실태, 산산조각, 허황되다, 호통 문법: 속담과 관용어	77쪽	☐
독해	속담을 사용하는 까닭 생각하기: 「속담을 사용하는 까닭」	78쪽	☐
	다양한 상황에서 쓰이는 속담의 뜻 알기: 「다양한 상황에서 쓰이는 속담」	79~80쪽	☐
	주제를 생각하며 글 읽기: 「독장수구구」, 「까마귀 고기를 먹었나」	81~84쪽	☐
	속담 사전 만들기: 「속담 사전」	85쪽	☐
평가	단원 평가 1, 2회	86~90쪽	☐
	수행 평가	91쪽	☐

5 속담을 활용해요

개념 강의

● 정답 및 풀이 13쪽

1 속담을 사용하는 까닭
└─●옛날부터 사람들 사이에서 전해져 오는 교훈이 담긴 짧은 말.

속담을 사용하여 말하면 좋은 점	• 자신의 생각을 효과적으로 드러낼 수 있습니다. • 듣는 사람이 흥미를 느낄 수 있습니다. • 주장의 논리를 뒷받침해 상대를 쉽게 설득할 수 있습니다.

예 서로 말을 주고받을 때 속담을 사용한 까닭

➡ 속담을 사용하면 듣는 사람이 흥미를 느낄 수 있기 때문입니다.

2 다양한 상황에서 쓰이는 속담의 뜻 알기

무엇을 말하고 있는 상황인지 살펴봅니다.

⬇

그 상황에 쓰인 속담과 속담의 뜻을 알아봅니다.

⬇

속담을 사용할 수 있는 다른 상황을 찾아봅니다.

예 상황에 알맞은 다양한 속담과 뜻
상황: 우리 반 지우는 야구를 좋아하고 야구 선수가 되고 싶어 합니다. 그래서 지우가 가는 곳에는 언제나 야구공과 야구 장갑이 있습니다.

관련 속담	비슷한 속담
바늘 가는 데 실 간다	구름 갈 제 비가 간다
	용 가는 데 구름 간다

➡ **속담의 뜻**: 사람의 긴밀한 관계를 비유적으로 이르는 말입니다.

3 주제를 생각하며 글 읽기

• 글에 쓰인 속담의 뜻을 짐작해 봅니다.
• 인물의 말이나 행동을 통해 인물의 마음을 알아봅니다.
• 글쓴이가 말하고자 하는 글의 주제는 무엇인지 생각하며 글을 읽습니다.

개념 확인 문제

1 속담을 사용하는 까닭

다음 중 속담을 사용하는 까닭으로 알맞지 않은 것의 기호를 쓰시오.

⑦ 글을 쓸 때 속담을 사용하면 자신의 생각을 효과적으로 드러낼 수 있기 때문이다.
㉯ 서로 말을 주고받을 때 속담을 사용하면 듣는 사람이 이해하기 어렵게 말할 수 있기 때문이다.
㉰ 자신의 의견을 제시할 때 속담을 사용하면 주장의 논리를 뒷받침해 상대를 쉽게 설득할 수 있기 때문이다.

(   )

2 다양한 상황에서 쓰이는 속담의 뜻 알기

다음 상황에서 사용할 수 있는 속담으로 알맞은 것에 ○표 하시오.

여러 가지 일을 하다 보니 아무 것도 이룬 것이 없는 상황

(1) 티끌 모아 태산 (   )
(2) 소 잃고 외양간 고친다 (   )
(3) 우물을 파도 한 우물을 파라
(   )
(4) 하룻강아지 범 무서운 줄 모른다
(   )

3 주제를 생각하며 글 읽기

글의 주제를 파악하기 위해 살펴보아야 할 것을 한 가지 쓰시오.

(   )

5 속담을 활용해요

어휘·문법

● 정답 및 풀이 13쪽

어휘

1. 핵심 개념 어휘: 지혜, 해학, 교훈

속담

| 지혜 | 해학 | 교훈 |

智 슬기 지
慧 슬기로울 혜
뜻 사물의 이치를 빨리 깨닫고 사물을 정확하게 처리하는 정신적 능력.

諧 화할 해
謔 희롱할 학
뜻 익살스럽고도 품위가 있는 말이나 행동.

教 가르칠 교
訓 가르칠 훈
뜻 앞으로의 행동이나 생활에 지침이 될 만한 것을 가르침.

➡ 속담에는 우리 민족의 지혜와 해학, 생활 방식과 교훈이 담겨 있습니다.

2. 작품 속 어휘

낱말	뜻	예시
협동(協同) 協 화합할 협 同 한가지 동	서로 마음과 힘을 하나로 합함.	친구들과 협동하여 교실 청소를 했습니다.
실태(實態) 實 열매 실 態 모습 태	있는 그대로의 상태. 또는 실제의 모양.	환경 단체에서 환경 오염 실태에 대해 조사했습니다.
산산조각	잘게 깨어진 여러 조각.	접시가 바닥에 떨어져 산산조각으로 부서졌습니다.
허황되다	헛되고 황당하며 미덥지 못하다.	허황된 꿈은 빨리 버리는 것이 좋습니다.
호통	몹시 화가 나서 크게 소리 지르거나 꾸짖음. 또는 그 소리.	내가 거짓말을 하자 아빠께서 호통을 치셨습니다.

문법 속담과 관용어

◆ 속담은 옛날부터 사람들 사이에서 전해져 오는 교훈이 담긴 짧은 말을 뜻합니다. "구르는 돌은 이끼가 안 낀다."는 '부지런하고 꾸준히 노력하는 사람은 계속 발전한다.'는 뜻의 속담이에요. 관용어는 둘 이상의 낱말이 합쳐져 원래의 뜻과는 전혀 다른 새로운 의미로 쓰이는 표현을 말하며 "가슴에 새기다."는 '잊지 않게 단단히 마음에 기억하다.'라는 뜻의 관용어입니다.

구르는 돌은 이끼가 안 낀다는 말도 있으니 열심히 노력하면 언젠간 잘할 수 있을 거야.

네. 선생님 말씀을 가슴에 깊이 새기겠습니다.

어휘·문법 확인 문제

1 핵심 개념 어휘

다음 뜻에 알맞은 낱말을 보기 에서 찾아 쓰시오.

> 앞으로의 행동이나 생활에 지침이 될 만한 것을 가르침.

보기
지혜   해학   교훈

(   )

2 작품 속 어휘

다음 (   ) 안의 낱말 중 알맞은 것에 ○표 하시오.

⑴ 우리 조는 모두 (협동, 실태)하여 멋진 작품을 만들었다.

⑵ 그는 거짓말을 잘해서 (허황된, 진실한) 사람으로 소문이 났다.

3 작품 속 어휘

다음 밑줄 친 낱말과 바꾸어 쓸 수 있는 낱말에 ○표 하시오.

> 쓰레기를 마구 버리는 아이들은 할머니께 호통을 들었다.

⑴ 간섭   (   )
⑵ 칭찬   (   )
⑶ 꾸지람   (   )

4 문법

다음 뜻에 알맞은 속담이나 관용어를 보기 에서 찾아 기호를 쓰시오.

㉮ 눈을 밝히다
㉯ 가는 말이 고와야 오는 말이 곱다

⑴ 무엇을 찾으려고 매우 집중하다.
(   )

⑵ 자기가 남에게 말이나 행동을 좋게 해야 남도 자기에게 좋게 한다.
(   )

5 단원

속담을 사용하는 까닭

❶ 와, 교실이 깨끗하게 정리 정돈되었네요.

❷ 선생님, 우리나라 속담에 "㉠백지장도 맞들면 낫다."라는 말이 있는데, 친구들과 함께 청소하니 쉬웠어요.

그랬군요! 여러분이 협동의 힘을 알았군요.

❸ 그러면 협동을 말한 속담에는 또 무엇이 있을까요?

❹ " ㉡ ."

(이)라는 속담이 있어요.

- **특징** 그림을 보고 뜻이 비슷한 여러 가지 속담을 알아보고, 생활 속에서 속담을 사용하는 까닭이 무엇인지 정리해 볼 수 있습니다.

- **활동 정리** 빈칸에 알맞은 말을 넣어 협동에 관한 속담과 뜻 정리하기

속담	❶( )도 맞들면 낫다
뜻	쉬운 일이라도 협력해서 하면 훨씬 ❷( )는 뜻

협동(協 화합할 협, 同 한가지 동) 서로 마음과 힘을 하나로 합함. 예 우리는 협동으로 미술 작품을 완성하였습니다.

---

1 ㉠의 뜻으로 알맞은 것의 기호를 쓰시오.

㉮ 쉬운 일이라도 협력해서 하면 훨씬 쉽다.
㉯ 아무도 안 듣는 데서라도 말조심을 해야 한다.
㉰ 잘 아는 일이라도 세심하게 주의를 해야 한다.

( )

중요 독해

2 ㉡에 들어갈 속담으로 알맞은 것을 두 가지 고르시오. ( )

① 하나를 보면 열을 안다
② 손이 많으면 일도 쉽다
③ 고래 싸움에 새우 등 터진다
④ 두 손뼉이 맞아야 소리가 난다
⑤ 남의 잔치에 감 놓아라 배 놓아라 한다

3 다음 글에서 글쓴이가 밑줄 친 속담을 사용한 까닭으로 알맞은 것에 ○표 하시오.

영주네 가족은 이삿짐 싸는 차례를 서로 다르게 생각했어요.
할머니와 이모께서는 깨지기 쉬운 항아리나 유리그릇부터 싸라고 하셨고, 삼촌께서는 텔레비전이나 컴퓨터부터 옮기라고 하셨어요. "사공이 많으면 배가 산으로 간다."라는 속담처럼 서로 의견을 굽히지 않아 시간만 흘러갔어요.

(1) 글의 길이를 늘릴 수 있어서 ( )
(2) 글의 주제를 재미있게 바꿀 수 있어서 ( )
(3) 자신의 생각을 효과적으로 드러낼 수 있어서
( )

서술형

4 속담을 사용해 자신의 생각을 말하거나 누군가에게 속담을 들은 경험을 한 가지 쓰시오.

_____

_____

다양한 상황에서 쓰이는 속담

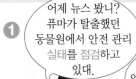

❶ 어제 뉴스 봤니? 퓨마가 탈출했던 동물원에서 안전 관리 실태를 점검하고 있대.

미리 점검하지 않고, 소 잃고 외양간 고치는 격이구나.

❷ 일 년 동안 모은 동전이 20만 원이나 돼.

그래? ㉠티끌 모아 태산이라더니 그 말이 맞네.

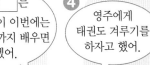

❸ 피아노를 배우다 그만두고, 태권도도 힘들어 그만두고, 이제 수영을 배우려고 해.

ⓒ 는 말이 있듯이 이번에는 수영을 끝까지 배우면 좋겠어.

❹ 영주에게 태권도 겨루기를 하자고 했어.

하룻강아지 범 무서운 줄 모른다더니, 한 달 배운 네가 태권도 대표 선수인 영주를 이길 수 있겠니?

- **특징** 그림을 통해 다양한 상황에서 쓰이는 속담과 속담의 뜻을 알 수 있습니다.
- **활동 정리** 빈칸에 알맞은 말을 넣어 말하는 상황 정리하기

소 잃고 ❶( ) 고친다
→ 일이 이미 잘못된 뒤에는 손을 써도 소용이 없다.

티끌 모아 ❷( )
→ 아무리 작은 것이라도 모이고 모이면 나중에 큰 덩어리가 된다.

우물을 파도 한 우물을 파라
→ 어떤 일이든 한 가지 일을 끝까지 해야 성공할 수 있다.

❸( ) 범 무서운 줄 모른다
→ 철없이 함부로 덤빈다.

실태(實 열매 실, 態 모습 태) 있는 그대로의 상태.
점검(點 점 점, 檢 검사할 검) 낱낱이 검사함.

---

5 그림 ❶의 상황으로 알맞은 것의 기호를 쓰시오.

> ㉮ 동물원의 소를 처음 보고 신기해하는 상황
> ㉯ 친구 앞에서 퓨마의 생김새를 자세히 설명하며 긴장하는 상황
> ㉰ 뒤늦게 안전 관리 실태를 점검한 동물원의 문제를 안타까워하는 상황

( )

어휘

6 ㉠의 뜻은 무엇입니까? ( )

① 원인이 없으면 결과가 있을 수 없다.
② 쉬운 일이라도 협력해서 하면 훨씬 쉽다.
③ 먼저 좋은 말을 하면 좋은 말이 내게 돌아온다.
④ 제 눈앞에 가까이 있는 것은 오히려 더 못 본다.
⑤ 아무리 작은 것이라도 모이고 모이면 나중에 큰 덩어리가 된다.

7 ⓒ에 들어갈 속담으로 알맞은 것에 ○표 하시오.

(1) 아는 길도 물어 가랬다 ( )
(2) 우물을 파도 한 우물을 파라 ( )
(3) 돌다리도 두들겨 보고 건너라 ( )

중요 독해

8 그림 ❹에 쓰인 속담을 사용할 수 있는 다른 상황으로 알맞은 것은 무엇입니까? ( )

① 물건을 쓰고 아무 데나 놓아 잃어버린 상황
② 여러 일을 하다 아무것도 이룬 것이 없는 상황
③ 어린아이들이 농구 선수에게 농구 시합을 하자고 하는 상황
④ 용돈을 저축해 부모님께 선물을 사 드려서 자랑스러웠던 상황
⑤ 안전에 주의하지 않고 친구들과 놀다가 다친 뒤에 후회했던 상황

다양한 상황에서 쓰이는 속담

❶ 만 원을 주고 장난감을 샀습니다. 가지고 놀다가 고장 나서 고치러 갔더니 수리비가 만오천 원이라고 합니다. 장난감 가격보다 수리비가 더 비쌉니다.

관련 속담	비슷한 속담
㉠	얼굴보다 코가 더 크다

❷ 우리 반 지우는 야구를 좋아하고 야구 선수가 되고 싶어 합니다. 그래서 지우가 가는 곳에는 언제나 야구공과 야구 장갑이 있습니다.

관련 속담	비슷한 속담
바늘 가는 데 ㉡ 간다	구름 갈 제 비가 간다

❸ 사랑하는 영주야! / 처음에는 어렵다고 느껴지는 책도 두세 번씩 읽다 보면 어느덧 담긴 뜻을 생각하며 쉽게 읽을 수 있단다. 그러니 힘든 일이 있더라도 꿋꿋하게 견디며 희망을 가졌으면 좋겠다.

관련 속담	비슷한 속담
㉢쥐구멍에도 볕 들 날 있다	응달에도 햇빛 드는 날이 있다

❹ 지난주에 내 자랑 발표 대회가 있었습니다. 그런데 친구들과 놀고 싶은 마음에 말할 내용을 준비하지 않아서 더듬거리며 발표했습니다. 좀 더 노력하지 않은 제 모습이 후회가 됩니다.

관련 속담	비슷한 속담
콩 심은 데 콩 나고 팥 심은 데 팥 난다	㉣

• **특징** 다양한 상황에서 쓰이는 속담과 속담의 뜻을 알 수 있습니다.

• **활동 정리** 빈칸에 알맞은 말을 넣어 속담과 속담의 뜻 정리하기

배보다 ❶( ) 이/가 더 크다
→ 상황이 이치에 맞지 않는다.

바늘 가는 데 ❷( ) 간다
→ 사람의 긴밀한 관계를 비유적으로 이르는 말.

쥐구멍에도 볕 들 날 있다
→ 아무리 어려운 일이 계속되어 고생이 심해도 언젠가는 좋은 날이 올 수 있다.

❸( ) 심은 데 ❸( ) 나고 팥 심은 데 팥 난다
→ 모든 일은 근본에 따라 거기에 걸맞은 결과가 나타난다.

꿋꿋하게 어려움에도 굴하지 않고 마음이나 뜻, 태도가 굳세고 곧게.
더듬거리며 말을 하거나 글을 읽을 때 순조롭게 하지 못하고 자꾸 막히며.
후회(後 뒤 후, 悔 뉘우칠 회) 이전의 잘못을 깨치고 뉘우침.

9 ㉠에 들어갈 속담은 무엇입니까? ( )

① 배보다 배꼽이 더 크다
② 천 리 길도 한 걸음부터
③ 발 없는 말이 천 리 간다
④ 지렁이도 밟으면 꿈틀한다
⑤ 세 살 적 버릇이 여든까지 간다

10 ㉡에 들어갈 알맞은 말은 무엇입니까? ( )

① 비 ② 해 ③ 실
④ 뱀 ⑤ 달

서술형
11 ㉢의 속담 뜻은 무엇인지 쓰시오.

_____

_____

12 ㉣에 들어갈 속담으로 알맞은 것에 모두 ○표 하시오.

(1) 말로는 못할 말이 없다 ( )

(2) 가시나무에 가시가 난다 ( )

(3) 오이 덩굴에 오이 열리고 가지 나무에 가지 열린다 ( )

독장수구구

임덕연

① 옛날 어느 마을에 독을 만들어 파는 독장수가 있었습니다. 옛날에는 간장이나 된장을 담거나 곡식을 보관할 때 또는 술을 담글 때 독을 사서 썼습니다. 어느 마을에서는 독을 무덤으로 쓰기도 했습니다.

독은 잘만 팔면 큰 부자가 될 수 있었지만 워낙 크고 무거워서 많이 가지고 다니지 못했습니다.

하루는 독장수가 지게에 큰독 세 개를 지고 독을 팔러 나섰습니다.

그러나 하루 종일 지고 다녀도 독은 팔리지 않고 어깨만 빠지도록 아팠습니다. 땀이 목덜미를 타고 내려 등줄기를 적셨습니다.

"아이고, 어깨야. 어째 오늘은 독을 사는 사람이 하나도 없네."

독장수는 고갯길을 힘겹게 올랐습니다. 숨을 헐떡거리며 높은 고개턱을 겨우 올라왔습니다. 혹시라도 몸을 잘못 가누면 독이 굴러떨어져 ㉠산산조각이 나고 맙니다. 독장수는 너무 힘들어 눈앞이 핑핑 돌 지경이었습니다.

"아이고, 저 나무 밑에서 좀 쉬었다 가야겠다."

독장수는 고개를 다 오르고는 나무 그늘 밑에다 지겟작대기로 지게를 받쳐 세워 놓았습니다. 독장수는 허리춤에 찼던 수건을 꺼내 이마와 얼굴의 땀을 닦았습니다.

"아, 이제 살 것 같다. 아이고, 그놈의 고개 오지기도 해라."

독장수는 지게 옆에 벌렁 누웠습니다.

중심 내용 | 독장수가 지게에 큰독 세 개를 지고 고갯길을 힘겹게 올랐습니다.

> **독** 장이나 술, 김치 등을 담가 두는 데 쓰는 키가 크고 배가 부른 질그릇.
> **목덜미** 목의 뒤쪽 부분과 그 아래 근처.
> **허리춤** 바지나 치마처럼 허리가 있는 옷의 허리 안쪽.
> **오지기도** 허술한 데가 없이 알차기도.

▲ 독

13 독의 쓰임새로 알맞지 않은 것은 무엇입니까?
( )

① 술을 담근다.
② 곡식을 보관한다.
③ 무덤으로 쓰기도 한다.
④ 밥을 짓는 데 사용한다.
⑤ 간장이나 된장을 담는다.

서술형

14 독을 잘만 팔면 큰 부자가 될 수 있지만 그렇게 하지 못한 까닭은 무엇인지 쓰시오.

_____

_____

어휘

15 ㉠의 뜻으로 알맞은 것은 무엇입니까? ( )

① 물체의 잘라 낸 면.
② 겉으로 드러나 보이는 형태.
③ 본디의 것과 똑같이 만든 것.
④ 아주 잘게 깨어진 여러 조각.
⑤ 둘 이상의 것이 합쳐져서 하나가 됨.

중요 독해

16 이 글에서 독장수가 한 일로 알맞은 것은 무엇입니까?
( )

① 독을 두 개 팔았다.
② 어느 초가집 아래에 누워 쉬었다.
③ 큰 독 네 개를 지게에 지고 다녔다.
④ 독이 가벼워서 쉬지 않고 걸어다녔다.
⑤ 숨을 헐떡이며 고갯길을 힘겹게 올랐다.

독장수구구

❷ "야, 정말 시원하구나. 저 독 둘은 팔아 빚을 갚는 데 쓰고, 나머지 독을 팔면 다른 독 두 개는 살 수 있겠지? 그 독 둘을 다시 팔면 독 네 개를 살 수 있고, 넷을 팔면 가만있자, 이 이는 사, 이 사 팔. 그래 여덟 개를 살 수 있구나. 그다음에 여덟 개를 팔면, 가만있자⋯⋯."

이렇게 계산해 나가니 열여섯 개가 서른두 개가 되고, 서른두 개면 예순네 개가 되고, 예순네 개는 백스물여덟 개가 되었습니다.

"야, 이렇게 계산해 보니 며칠 안 가 독이 천만 개나 되겠는걸. 그럼 그 돈으로 논과 밭을 사는 거야. 그리고 남는 돈으로는 고래 등 같은 기와집을 짓는 거야."

독장수는 너무 기쁜 나머지 팔을 번쩍 들었습니다. 그러다가 팔로, 지게를 받치던 지겟작대기를 밀어 버렸습니다. 지게는 기우뚱하더니 옆으로 팍 쓰러졌습니다. 지게에 있던 독들도 와장창 깨지고 말았습니다.

"아이고, 망했다. 이걸 어쩐다?"

독장수는 눈물을 뚝뚝 흘리며 박살 난 독 조각들을 쓰다듬었습니다.

이와 같이 ㉠허황된 것을 궁리하고 미리 셈하는 것을 '독장수구구'라고 하고, 실현성이 없이 허황된 계산은 도리어 손해만 가져온다는 뜻으로 ㉡"독장수구구는 독만 깨뜨린다."라는 속담이 쓰입니다.

중심 내용 | 독장수는 즐거운 생각을 하다 자신도 모르게 지겟작대기를 밀어 버려서 지게가 쓰러졌고, 지게에 있던 독들이 깨졌습니다.

- **글의 종류** 이야기
- **글의 특징** 독장수가 허황된 꿈을 꾸다 실수로 가지고 있던 독들을 깨뜨린 이야기입니다.
- **작품 정리** 빈칸에 알맞은 말을 넣어 「독장수구구」의 주제 정리하기

독장수 마음	헛된 생각을 하다 실수로 ❶(　　　　)들을 깨뜨려 속상해하는 마음
속담	❷(　　　　)은/는 독만 깨뜨린다
이야기주제	헛된 욕심은 손해를 가져온다.

궁리(窮 다할 궁, 理 다스릴 리) 마음속으로 이리저리 따져 깊이 생각함.
실현성(實 열매 실, 現 나타날 현, 性 성품 성) 실제로 이루어질 가능성.

서술형

17 독장수는 어떻게 하다가 독을 깨뜨렸는지 쓰시오.

_____

_____

어휘

18 ㉠과 뜻이 비슷한 낱말은 무엇입니까? (　　　)

① 헛된 　　　　　② 슬픈
③ 밝은 　　　　　④ 어려운
⑤ 복잡한

19 ㉡'독장수구구는 독만 깨뜨린다'는 속담을 사용할 수 있는 다른 상황을 찾아 ○표 하시오.

(1) 친구가 노력은 하지 않고 욕심만으로 헛된 장래 희망을 꿈꾸는 상황　　　　　(　　　)

(2) 동생이 열심히 노력했지만 시험에서 원하는 결과를 얻지 못한 상황　　　　　(　　　)

(3) 부모님께서 책상을 정리 정돈하라고 하셨는데 매번 잊어버리는 상황　　　　　(　　　)

20 이 글의 주제를 쓰시오.

(　　　　　　　　　　　　　　)

까마귀 고기를 먹었나

임덕연

1 까마귀는 메밀밭가에 죽어 쓰려져 있는 말에게 날아갔습니다.

"꼴깍!" / 까마귀는 침을 삼키며 강 도령에게 빨리 편지를 전하고 와서 배불리 먹어야겠다고 생각했습니다.

'아냐, 그새 누가 와서 다 먹어 버리면 어떡하지? 조금만 먹고 빨리 갔다 와야지.'

까마귀는 생각을 바꿔 말고기를 먹고 가기로 했습니다. 까마귀가 말고기를 먹으려고 입을 벌리는 순간, 입에 문 편지가 바람에 날려 어디론가 사라졌습니다. 그래도 까마귀는 정신없이 말고기를 먹었습니다.

"후유, 정말 잘 먹었다. 인간 세상은 참 좋아. 나도 여기서 살았으면 좋겠다. 배불리 먹고 나니 부러울 게 하나도 없구나."

까마귀는 좀 쉬고 난 뒤 편지를 찾았습니다. 그러나 편지는 온데간데없었습니다.

㉠"아니, 편지가 없어졌네. 이거 큰일 났다."

중심 내용 | 까마귀는 말고기를 먹다가 강 도령에게 전해야 할 염라대왕의 편지를 잃어버렸습니다.

2 "그건 그렇고, 어디 편지를 보자꾸나."

강 도령이 손을 내밀며 말했습니다.

"편지는 안 주시고 그냥 아무나 빨리 끌어 올리라고 하셨습니다."

"뭐, 아무나 끌어 올리라고? 그럴 리가 없을 텐데."

강 도령은 고개를 갸우뚱했습니다.

"저는 염라대왕께서 말씀하신 대로 전하는 것입니다."

"그래, 알았다. 어서 가 봐라." / 강 도령이 말했습니다.

까마귀는 강 도령과 헤어지고 한숨을 내쉬었습니다.

"어휴, [㉡]. 이럴 줄 알았으면 편지 내용을 한번 보는 건데. 그러나저러나 큰일이네. 하늘에 올라가면 분명 염라대왕께서 이 사실을 알고 호통을 치실 텐데. 할 수 없지, 인간 세상에 눌러앉는 수밖에. 여기서는 누가 뭐라는 사람도 없겠지."

중심 내용 | 까마귀는 강 도령에게 거짓말을 하여 하늘로 올라가지 못하고 인간 세상에 눌러앉았습니다.

온데간데없었습니다 감쪽같이 자취를 감추어 찾을 수 없었습니다.
호통 몹시 화가 나서 크게 소리 지르거나 꾸짖음. 또는 그 소리.

21 까마귀는 어떻게 하다가 편지를 잃어버렸는지 생각하여 빈칸에 알맞은 말을 쓰시오.

⑴ ( )을/를 먹으려고 입을 벌리는 순간, 입에 문 편지가 ⑵ ( )에 날려 사라졌다.

22 ㉠에서 짐작할 수 있는 까마귀의 마음으로 알맞은 것은 무엇입니까? ( )

① 강 도령을 만나서 반가운 마음
② 친한 친구와 헤어져서 슬픈 마음
③ 길을 찾지 못해서 안타까운 마음
④ 좋아하는 음식을 발견해서 신난 마음
⑤ 중요한 편지를 잃어버려서 걱정하는 마음

중요 독해

23 까마귀는 강 도령을 만나 어떻게 하였습니까?
( )

① 피곤하다며 잠을 잤다.
② 편지를 함께 찾아다녔다.
③ 인간 세상에서 살 곳을 알아보았다.
④ 염라대왕의 편지를 잃어버렸다고 말했다.
⑤ 염라대왕이 아무나 빨리 끌어 올리라고 하였다며 거짓말했다.

24 ㉡에 들어갈, '몹시 무섭거나 두려워지다.'라는 뜻의 관용 표현은 무엇입니까? ( )

① 배보다 배꼽이 크네 ② 간이 콩알만 해졌네
③ 빈 수레가 요란하네 ④ 눈물이 앞을 가리네
⑤ 간에 기별도 안 가네

까마귀 고기를 먹었나

❸ 까마귀는 하늘로 올라가는 것을 포기하고 말고기가 있는 자리로 갔습니다. / 강 도령은 갑자기 바빠졌습니다. 아무나 되는대로 저승으로 보내야 했기 때문입니다.

그전까지는 나이 많은 순서대로 저승에 보내졌습니다. 그래서 사람들은 죽음을 슬픔이 아닌 당연한 일로 받아들였습니다. 본디 왔던 곳으로 돌아간다고 생각했기 때문입니다.

그러나 까마귀가 염라대왕의 뜻을 잘못 전한 뒤부터는 어른, 아이 할 것 없이 아무나 먼저 죽게 되었답니다. 이때부터 나이에 상관없이 사람들이 죽게 되었지요.

"까마귀 고기를 먹었나."라는 속담은 이런 경우와 같이 무엇인가를 잘 잊어버리는 사람을 가리켜 사용됩니다.

중심 내용 | 까마귀가 염라대왕의 뜻을 잘못 전한 뒤부터 인간 세상은 나이에 상관없이 아무나 먼저 죽게 되었습니다.

- **글의 종류** 이야기
- **글의 특징** 까마귀가 자신이 해야 할 중요한 일을 잊어버린 탓에 인간 세상이 변하게 된 이야기입니다.
- **작품 정리** 빈칸에 알맞은 말을 넣어 이야기에 나온 속담과 뜻, 되돌아본 내용 정리하기

속담	❶( ) 고기를 먹었나
속담의 뜻	무엇인가를 잘 ❷( ) 사람을 가리키는 말
이야기를 읽고 자신이 되돌아본 내용	ⓔ 부모님께서 항상 책상 주변을 깨끗이 정리 정돈하라고 하시는데, 매번 잊어버려서 꾸중을 들은 적이 많다.

저승 사람이 죽은 뒤에 그 혼이 가서 산다고 하는 세상.
본디 처음부터 또는 근본부터.
상관(相 서로 상, 關 관계할 관)없이 서로 아무런 관련이 없이.

중요 독해

25 까마귀가 강 도령을 만난 뒤의 인간 세상 모습으로 알맞은 것은 무엇입니까? ( )

① 아무도 죽지 않게 되었다.
② 자신이 원하는 때에 죽게 되었다.
③ 나이 많은 순서대로 죽게 되었다.
④ 나쁜 짓을 한 사람이 먼저 죽게 되었다.
⑤ 어른, 아이 할 것 없이 아무나 먼저 죽게 되었다.

26 까마귀가 강 도령에게 전해야 했던 편지의 내용을 잘못 상상한 친구의 이름을 쓰시오.

> 세형: 저승에 온 사람이 많으니 좀 더 천천히 보내라는 내용일 것 같아.
> 준혁: 지금 저승에 사람이 없으니 아무나 빨리 보내라는 내용일 것 같아.
> 미영: 저승에 사람을 보낼 때 신중하게 판단해서 보내라는 내용일 것 같아.

( )

27 이 글의 주제는 무엇입니까? ( )

① 꾸준히 노력하자.
② 정리 정돈을 잘하자.
③ 쉬운 일이라도 협력해서 하자.
④ 웃어른에게 공손하게 행동하자.
⑤ 중요한 일을 잊어버리지 않도록 노력하자.

서술형

28 이 글에 나오는 까마귀에게 해 주고 싶은 말을 간단히 쓰시오.

_____

_____

_____

속담 사전

①
▲ 소

㉠

일이 이미 잘못되어 ㉡손을 써도 소용이 없는 상황입니다.

② ㉮ 도 제 말 하면 온다

다른 사람에 대한 이야기를 하는데 공교롭게도 그 사람이 나타나는 상황입니다

③
▲ 토끼

㉢그물에 걸린 토끼 신세

㉣ 상황입니다.

④ ㉯ 도 나무에서 떨어진다

아무리 익숙하고 잘하는 사람이라도 간혹 실수하는 상황입니다.

⑤ ㉰ 쫓던 개 지붕 쳐다보듯

하던 일이 실패로 돌아가 남보다 뒤떨어져 어찌할 도리가 없는 상황입니다.

• **특징** 우리 생활에서 자주 사용되는 속담을 활용해 속담 사전을 만들어 봅니다.

• **활동 정리** 빈칸에 알맞은 말을 넣어 동물과 관련 있는 속담이 많은 까닭 정리하기

> 동물의 ❶( )(이)나 특징에 빗대어 어떤 사람의 ❷( )(이)나 태도를 표현할 수 있기 때문임.

소용 어떤 이익이나 쓸모.
공교롭게도 생각지 않았거나 뜻하지 않았던 사실이나 사건과 우연히 마주치게 된 것이 기이하다고 할 만하게도.
간혹(間 사이 간, 或 혹 혹) 어쩌다가 띄엄띄엄.

5 단원

---

29 ㉠에 들어갈 알맞은 속담은 무엇입니까? ( )

① 소 닭 보듯
② 소가 짖겠다
③ 소 가는 데 말도 간다
④ 소 잃고 외양간 고친다
⑤ 소같이 벌어서 쥐같이 먹어라

어휘

30 ㉡'손을 쓰다'의 뜻은 무엇입니까? ( )

① 하고 있던 일을 그만두다.
② 음식이 맛있어서 자꾸 먹게 되다.
③ 돈이나 물건을 매우 조금씩 쓰다.
④ 어떠한 일에 필요한 조치를 취하다.
⑤ 긴박한 상황으로 인해 마음이 매우 긴장되다.

31 ㉮~㉰에 들어갈 동물을 알맞게 선으로 이으시오.

(1) ㉮ •   • ① 닭

(2) ㉯ •   • ② 원숭이

(3) ㉰ •   • ③ 호랑이

32 ㉢과 같은 속담이 쓰이는 상황을 떠올려 ㉣에 들어갈 알맞은 말에 ○표 하시오.

(1) 잡혀서 옴짝달싹 못하는 상황 ( )

(2) 아무도 안 듣는 데서라도 말조심해야 하는 상황 ( )

(3) 무엇을 이루기 위해 매일 꾸준히 노력해야 하는 상황 ( )

1 다음 상황에서 남자아이가 속담을 사용한 까닭으로 알맞은 것에 ○표 하시오.

친구들이 바른 몸가짐으로 항상 웃으며 인사하면 좋겠어. "하나를 보면 열을 안다."라는 말이 있듯이 작은 행동 하나에 그 사람의 많은 것이 드러나게 돼.

친구의 의견이 옳은 것 같아.

⑴ 자신의 의견을 가능한 길게 말할 수 있기 때문이다. ( )

⑵ 속담에 담긴 재미있는 이야기를 소개할 수 있기 때문이다. ( )

⑶ 자신의 의견을 쉽고 효과적으로 전달할 수 있기 때문이다. ( )

[2~3] 다음 그림을 보고, 물음에 답하시오.

❶ 어제 뉴스 봤니? 퓨마가 탈출했던 동물원에서 안전 관리 실태를 점검하고 있대.

미리 점검하지 않고, ㉠소 잃고 외양간 고치는 격이구나.

❷ ㉡ 더니, 한 달 배운 네가 태권도 대표 선수인 영주를 이길 수 있겠니?

영주에게 태권도 겨루기를 하자고 했어.

2 속담 ㉠의 뜻은 무엇입니까? ( )

① 무슨 일이나 그 일의 시작이 중요하다.
② 자신이 뿌리고 노력한 만큼 거두게 된다.
③ 일이 이미 잘못된 뒤에는 손을 써도 소용이 없다.
④ 어떤 일이든 한 가지 일을 끝까지 해야 성공할 수 있다.
⑤ 아무리 작은 것이라도 모이고 모이면 나중에는 큰 덩어리가 된다.

3 ㉡에 들어갈 속담으로 알맞은 것은 무엇입니까?
( )

① 우물을 파도 한 우물을 파라
② 세 살 적 버릇이 여든까지 간다
③ 사공이 많으면 배가 산으로 간다
④ 하룻강아지 범 무서운 줄 모른다
⑤ 콩 심은 데 콩 나고 팥 심은 데 팥 난다

4 다음 상황에서 사용할 수 있는 속담은 무엇인지 빈칸에 알맞은 말을 쓰시오.

> 사랑하는 영주야!
> 처음에는 어렵다고 느껴지는 책도 두세 번씩 읽다 보면 어느덧 담긴 뜻을 생각하며 쉽게 읽을 수 있단다. 그러니 힘든 일이 있더라도 꿋꿋하게 견디며 희망을 가졌으면 좋겠다.

• ( )에도 볕 들 날 있다

5 다음 주제와 사용할 속담과 관련하여 ㉮에 들어갈 알맞은 생각은 무엇이겠습니까? ( )

주제	행복한 학교생활을 하려면 우리가 지켜야 할 일
자신의 생각	㉮
사용할 속담	가는 말이 고와야 오는 말이 곱다

① 운동을 꾸준히 하면 좋겠다.
② 힘들어도 희망을 가졌으면 좋겠다.
③ 학교생활을 열심히 했으면 좋겠다.
④ 건강하고 안전하게 생활하면 좋겠다.
⑤ 서로 바르고 고운 말을 사용하면 좋겠다.

[6~7] 다음 글을 읽고, 물음에 답하시오.

독장수는 지게 옆에 벌렁 누웠습니다.

"야, 정말 시원하구나. 저 독 둘은 팔아 빚을 갚는데 쓰고, 나머지 독을 팔면 다른 독 두 개는 살 수 있겠지? 그 독 둘을 다시 팔면 독 네 개를 살 수 있고, 넷을 팔면 가만있자, 이 이는 사, 이 사 팔. 그래 여덟 개를 살 수 있구나. 그다음에 여덟 개를 팔면, 가만있자……"

이렇게 계산해 나가니 열여섯 개가 서른두 개가 되고, 서른두 개면 예순네 개가 되고, 예순네 개는 백스물여덟 개가 되었습니다.

"야, 이렇게 계산해 보니 며칠 안 가 독이 천만 개나 되겠는걸. 그럼 그 돈으로 논과 밭을 사는 거야. 그리고 남는 돈으로는 고래 등 같은 기와집을 짓는 거야."

독장수는 너무 기쁜 나머지 팔을 번쩍 들었습니다. 그러다가 팔로, 지게를 받치던 지겟작대기를 밀어 버렸습니다. 지게는 기우뚱하더니 옆으로 팍 쓰러졌습니다. 지게에 있던 독들도 와장창 깨지고 말았습니다.

"아이고, 망했다. 이걸 어쩐다?"

독장수는 눈물을 뚝뚝 흘리며 박살 난 독 조각들을 쓰다듬었습니다.

6 독장수에게 있었던 일을 차례대로 기호를 쓰시오.

> ㉮ 지게에 있던 독들이 모두 깨졌다.
> ㉯ 독을 많이 팔았을 때를 상상하며 기뻐했다.
> ㉰ 눈물을 흘리며 박살 난 독 조각들을 쓰다듬었다.
> ㉱ 자신도 모르게 지겟작대기를 밀어 버려서 지게가 쓰러졌다.

(   ) → (   ) → (   ) → (   )

7 이 글의 주제에 대해 말할 때 빈칸에 알맞은 말은 무엇입니까? (   )

> 독장수가 실현성이 없는 허황된 생각을 하는 모습을 보고, '헛된 [   ]은/는 손해를 가져온다.'라는 생각이 들었다.

① 노력   ② 욕심   ③ 사람   ④ 약속   ⑤ 질문

8 다음 '말'과 관련 있는 속담의 뜻을 보기 에서 찾아 기호를 쓰시오.

> **보기**
> ㉮ 상황이 어떻든지 말은 언제나 바르게 해야 한다.
> ㉯ 말은 비록 발이 없지만 천 리 밖까지도 순식간에 퍼진다.
> ㉰ 화살은 쏘아도 찾을 수 있으나 말은 다시 수습할 수 없다.
> ㉱ 같은 내용의 이야기라도 이렇게 말해 다르고 저렇게 말해 다르다.

(1) 발 없는 말이 천 리 간다   (   )

(2) 아 해 다르고 어 해 다르다   (   )

(3) 입은 비뚤어져도 말은 바로 해라   (   )

(4) 살은 쏘고 주워도 말은 하고 못 줍는다 (   )

5 단원

문법

9 다음 중 속담에 대한 설명으로 알맞은 것에 ○표 하시오.

(1) 외국에서 들어온 말로 아직 국어로 정착되지 않은 단어   (   )

(2) 옛날부터 사람들 사이에서 전해져 오는 교훈이 담긴 짧은 말   (   )

(3) 어떤 현상이나 사물을 다른 비슷한 현상이나 사물에 빗대어서 설명하는 표현   (   )

문법

10 다음 밑줄 친 관용어가 바르게 쓰이지 <u>않은</u> 것은 무엇입니까? (   )

① 그 도둑은 대낮에 집을 털 만큼 <u>간이 크다.</u>
② 갑자기 큰 소리가 들려서 <u>간을 빼 먹을 뻔했다.</u>
③ 나는 일이 잘못될까 두려워 <u>간이 조마조마했다.</u>
④ 점심 먹은 게 <u>간에 차지 않아</u> 벌써 배가 고프다.
⑤ 내가 한 거짓말이 들통날까 봐 <u>간이 콩알만 해졌다.</u>

[1~2] 다음 그림을 보고, 물음에 답하시오.

❶ 와, 교실이 깨끗하게 정리 정돈 되있네요.

❷ 선생님, 우리나라 속담에 "㉠백지장도 맞들면 낫다."라는 말이 있는데, 친구들과 함께 청소하니 쉬웠어요.

그랬군요! 여러분이 협동의 힘을 알았군요.

❸ 그러면 협동을 말한 속담에는 또 무엇이 있을까요?

❹ "㉡손이 많으면 일도 쉽다."라는 속담이 있어요.

1 ㉠의 뜻으로 알맞은 것은 무엇입니까? (   )

① 모든 일을 이치에 맞게 해야 한다.
② 늘 말하던 것이 마침내 사실로 되었다.
③ 쉬운 일이라도 협력해서 하면 훨씬 쉽다.
④ 쉽고 작은 일도 해낼 수 없으면서 어렵고 큰일을 하려고 나선다.
⑤ 해 줄 사람은 생각지도 않는데 미리부터 다 된 일로 알고 행동한다.

2 ㉡과 바꾸어 쓸 수 있는 속담은 무엇입니까? (   )

① 지렁이도 밟으면 꿈틀한다
② 남의 말 하기는 식은 죽 먹기
③ 두 손뼉이 맞아야 소리가 난다
④ 닭 쫓던 개 지붕 쳐다보듯 한다
⑤ 구슬이 서 말이라도 꿰어야 보배

[3~5] 다음 그림을 보고, 물음에 답하시오.

❶ 일 년 동안 모은 동전이 20만 원이나 돼.

그래? ㉠티끌 모아 태산이라더니 그 말이 맞네.

❷ 피아노를 배우다 그만두고, 태권도도 힘들어 그만두고, 이제 수영을 배우려고 해.

㉡우물을 파도 한 우물을 파라는 말이 있듯이 이번에는 수영을 끝까지 배우면 좋겠어.

3 그림 ❶의 상황으로 알맞은 말에 ○표 하시오.

• (하루 / 일 년) 동안 동전을 모아서 큰돈을 마련한 상황

4 속담 ㉠과 ㉡의 뜻에 알맞게 선으로 이으시오.

(1) ㉠ •

(2) ㉡ •

• ㉮ 어떤 일이든 한 가지 일을 끝까지 해야 성공할 수 있다.

• ㉯ 아무리 작은 것이라도 모이고 모이면 나중에 큰 덩어리가 된다.

서술형

5 그림 ❷에 쓰인 속담을 사용할 수 있는 다른 상황을 생각하여 한 가지 쓰시오.

_____

_____

[6~10] 다음 글을 읽고, 물음에 답하시오.

가 독장수는 고갯길을 힘겹게 올랐습니다. 숨을 헐떡거리며 높은 고개턱을 겨우 올라왔습니다. 혹시라도 몸을 잘못 가누면 독이 굴러떨어져 산산조각이 나고 맙니다. 독장수는 너무 힘들어 눈앞이 핑핑 돌 지경이었습니다.

"아이고, 저 나무 밑에서 좀 쉬었다 가야겠다."

독장수는 고개를 다 오르고는 나무 그늘 밑에다 지겟작대기로 지게를 받쳐 세워 놓았습니다. 독장수는 허리춤에 찼던 수건을 꺼내 이마와 얼굴의 땀을 닦았습니다.

나 "야, 정말 시원하구나. 저 독 둘은 팔아 빚을 갚는 데 쓰고, 나머지 독을 팔면 다른 독 두 개는 살 수 있겠지? 그 독 둘을 다시 팔면 독 네 개를 살 수 있고, 넷을 팔면 가만있자, 이 이는 사, 이 사 팔. 그래 여덟 개를 살 수 있구나. 그다음에 여덟 개를 팔면, 가만있자……."

이렇게 계산해 나가니 열여섯 개가 서른두 개가 되고, 서른두 개면 예순네 개가 되고, 예순네 개는 백스물여덟 개가 되었습니다.

"야, 이렇게 계산해 보니 며칠 안 가 독이 천만 개나 되겠는걸. 그럼 그 돈으로 논과 밭을 사는 거야. 그리고 남는 돈으로는 고래 등 같은 기와집을 짓는 거야."

독장수는 너무 기쁜 나머지 팔을 번쩍 들었습니다. 그러다가 팔로, 지게를 받치던 지겟작대기를 밀어 버렸습니다. 지게는 기우뚱하더니 옆으로 팍 쓰러졌습니다. 지게에 있던 독들도 와장창 깨지고 말았습니다.

"아이고, 망했다. 이걸 어쩐다?"

독장수는 눈물을 뚝뚝 흘리며 박살 난 독 조각들을 쓰다듬었습니다.

이와 같이 허황된 것을 궁리하고 미리 셈하는 것을 '독장수구구'라고 하고, 　　㉠　　는 뜻으로 "독장수구구는 독만 깨뜨린다."라는 속담이 쓰입니다.

6 독장수가 독을 팔아서 하고 싶은 일은 무엇인지 생각하여 빈칸에 알맞은 말을 쓰시오.

- 독장수는 독을 팔아서 (1) (　　　　　)을/를 갚고 논과 밭을 사고 남는 돈으로는 고래 등 같은 (2) (　　　　　)을/를 짓고 싶어 했다.

서술형
7 독장수의 독은 어떻게 하다가 깨지게 되었는지 쓰시오.

_____

_____

8 글 **나** 에서 독장수의 마음의 변화로 알맞은 것은 무엇입니까? (　　　)

① 슬프다. → 즐겁다.
② 기쁘다. → 속상하다.
③ 지루하다. → 힘들다.
④ 미안하다. → 서운하다.
⑤ 부끄럽다. → 화가 난다.

9 ㉠에 들어갈 "독장수구구는 독만 깨뜨린다."의 뜻으로 알맞은 것은 무엇입니까? (　　　)

① 쉬운 일이라도 도와주면 은혜가 된다.
② 모든 일은 원인에 따라 결과가 생긴다.
③ 자기가 좋아하는 곳은 그대로 지나치지 못한다.
④ 아무리 큰일이라도 처음에는 작은 일부터 시작된다.
⑤ 실현성이 없는 허황된 계산은 도리어 손해만 가져온다.

10 이 글의 주제를 알맞게 말한 친구의 이름을 쓰시오.

> 기호: 독장수가 큰 꿈을 꾸는 모습을 보고, '꿈은 크게 가져야 한다'라는 생각이 들었어.
> 민규: 독장수가 힘들게 고갯길을 오르는 모습을 보고, '꾸준히 운동을 해야 한다'라는 생각이 들었어.
> 지연: 독장수가 실현성이 없는 허황된 생각을 하는 모습을 보고, '헛된 욕심은 손해를 가져온다'라는 생각이 들었어.

(　　　　　)

[11~14] 다음 글을 읽고, 물음에 답하시오.

㉮ 까마귀는 생각을 바꿔 말고기를 먹고 가기로 했습니다. 까마귀가 말고기를 먹으려고 입을 벌리는 순간, 입에 문 편지가 바람에 날려 어디론가 사라졌습니다. 그래도 까마귀는 정신없이 말고기를 먹었습니다.

"후유, 정말 잘 먹었다. 인간 세상은 참 좋아. 나도 여기서 살았으면 좋겠다. 배불리 먹고 나니 부러울 게 하나도 없구나."

까마귀는 좀 쉬고 난 뒤 편지를 찾았습니다. 그러나 편지는 온데간데없었습니다.

"아니, 편지가 없어졌네. 이거 큰일 났다."

㉯ "편지는 안 주시고 그냥 아무나 빨리 끌어 올리라고 하셨습니다."

"뭐, 아무나 끌어 올리라고? 그럴 리가 없을 텐데."

강 도령은 고개를 갸우뚱했습니다.

"저는 염라대왕께서 말씀하신 대로 전하는 것입니다."

"그래, 알았다. 어서 가 봐라."

강 도령이 말했습니다.

까마귀는 강 도령과 헤어지고 한숨을 내쉬었습니다.

"어휴, 간이 콩알만 해졌네. 이럴 줄 알았으면 편지 내용을 한번 보는 건데. 그러나저러나 큰일이네. 하늘에 올라가면 분명 염라대왕께서 이 사실을 알고 호통을 치실 텐데. 할 수 없지, 인간 세상에 눌러앉는 수밖에. 여기서는 누가 뭐라는 사람도 없겠지."

까마귀는 하늘로 올라가는 것을 포기하고 말고기가 있는 자리로 갔습니다.

강 도령은 갑자기 바빠졌습니다. 아무나 되는대로 저승으로 보내야 했기 때문입니다.

㉰ 까마귀가 염라대왕의 뜻을 잘못 전한 뒤부터는 어른, 아이 할 것 없이 아무나 먼저 죽게 되었답니다. 이때부터 나이에 상관없이 사람들이 죽게 되었지요.

"㉠까마귀 고기를 먹었나."라는 속담은 이런 경우와 같이 무엇인가를 잘 잊어버리는 사람을 가리켜 사용됩니다.

11 까마귀가 인간 세상에 온 까닭은 무엇인지 생각하여 빈칸에 알맞은 말을 쓰시오.

• (   )에게 염라대왕의 편지를 전하기 위해서

서술형

12 까마귀가 편지를 잃어버리게 된 까닭은 무엇인지 쓰시오.

_____

_____

13 까마귀가 인간 세상에서 살겠다고 한 까닭은 무엇입니까? (   )

① 친구를 만나서
② 강 도령이 좋아서
③ 염라대왕에게 혼날까 봐
④ 하늘로 올라가는 길이 막혀서
⑤ 하늘로 올라가는 방법을 잊어서

14 속담 ㉠을 사용할 수 있는 상황으로 알맞은 것은 무엇입니까? (   )

① 미술 대회에서 상을 받은 상황
② 친구들이 사소한 일로 다투는 상황
③ 말을 그칠 줄 모르고 계속 하는 상황
④ 동생이 음식을 골고루 먹지 않는 상황
⑤ 친구가 알림장을 쓰지 않고 자주 준비물을 챙겨 오지 않는 상황

15 속담 사전을 만들 때 다음 탐구 대상과 관련 있는 속담을 보기 에서 찾아 기호를 쓰시오.

> **보기**
> ㉠ 말이 씨가 된다
> ㉡ 소 잃고 외양간 고친다
> ㉢ 발 없는 말이 천 리 간다
> ㉣ 호랑이에게 물려 가도 정신만 차리면 산다

탐구 대상	관련 있는 속담
동물	(1)
말[말ː]	(2)

5. 속담을 활용해요

● 정답 및 풀이 16쪽

평가 주제	속담 사전 만들기
평가 목표	탐구할 내용에 알맞은 속담 사전을 만들 수 있다.

사람은 죽으면 이름을 남기고 범은 죽으면 가죽을 남긴다

호랑이에게 물려 가도 정신만 차리면 산다

호랑이도 제 말 하면 온다

호랑이가 호랑이를 낳고 개가 개를 낳는다

1 위에서 제시한 호랑이와 관련 있는 속담 중 한 가지를 정해 밑줄을 긋고, 속담의 뜻을 쓰시오.

2 우리나라에 동물과 관련 있는 속담이 많은 까닭은 무엇이겠는지 쓰시오.

3 탐구 대상을 정하고, 이와 관련 있는 속담을 찾아 조건 에 맞게 쓰시오.

조건
1. 탐구 대상을 가운데 쓴다.
2. 탐구 대상과 관련 있는 속담을 4개 이상 쓴다.

탐구 대상

숨은 그림을 찾아보세요.

● 정답 및 풀이 16쪽

연극 함께 연극을 즐겨요

▶ 학습을 완료하면 ∨표를 하면서 학습 진도를 체크해요.

	학습 내용	백점 쪽수	확인
개념	경험을 살려 극본 쓰기	94쪽	☐
어휘 + 문법	핵심 개념 어휘: 해설, 대사, 지문 작품 속 어휘: 속속들이, 끌끌, 한심하다, 찬란하다, 효과 문법: 주어, 목적어, 서술어의 역할	95쪽	☐
독해	연극과 극본의 관계 살펴보기: 「연극과 극본의 관계」	96쪽	☐
	극본의 특성 이해하기: 「숲이 준 마법 초콜릿」	97~99쪽	☐
평가	단원 평가 1, 2회	100~104쪽	☐
	수행 평가	105쪽	☐

연극
단원

함께 연극을 즐겨요

개념
강의

● 정답 및 풀이 16쪽

1 극본의 특성

극본	연극을 공연하려고 쓴 글입니다.

극본의 특징	• 극본에서 이야기는 해설, 지문, 대사로 나타냅니다.
	   – 해설: 때, 곳, 나오는 사람, 무대와 무대 바뀜을 설명하는 부분
	   – 지문: 괄호 안에 써서 인물의 행동이나 표정을 나타내는 부분
	   – 대사: 인물이 직접 하는 말
	 • 극본은 인물의 말과 행동을 직접 나타냅니다.
	 • 극본에서는 대사와 지문으로 인물의 마음을 드러냅니다.

예 「버들잎 편지」의 해설, 지문, 대사

> • 때: 이른 봄
> • 곳: 서울 영이의 집
> • 나오는 사람들: 영이, 할아버지, 복순

막이 열리면 복순이 콧노래를 부르며 방을 청소하고 있다. 조금 뒤, 창가로 가서 밖을 향하여 소리친다.

복순: 할아버지!
할아버지: (소리만) 오냐.
복순: 다 됐어요?
할아버지: (소리만) 오냐, 다 되어 간다.
복순: 어머! 웬 사람들이 저렇게 쏟아져 나왔을까? (시계를 보며) 그런데 영이는 왜 여태 안 올까?

➡ 빨간색으로 쓰인 부분은 해설, 파란색으로 쓰인 부분은 지문, 초록색으로 쓰인 부분은 대사입니다.

2 극본을 쓰는 방법

- 때, 곳, 나오는 사람, 무대 시작과 바뀜은 해설로 표현합니다.
- 인물의 행동이나 표정은 괄호 안에 써서 표현합니다.
- 인물이 직접 하는 말은 말하는 사람을 쓰고, 그 옆에 대사로 나타냅니다.

3 극본을 낭독하고 낭독 공연을 관람할 때 주의할 점

극본을 낭독할 때	• 관람하는 학생이 들을 수 있을 정도로 큰 소리로 연기해야 합니다. • 인물의 말과 행동을 실감 나게 연기해야 합니다. • 진지한 태도로 낭독해야 합니다. • 연습을 충분히 해 자신 있게 참여합니다.
낭독 공연을 관람할 때	• 진지한 태도로 낭독 공연을 관람합니다. • 떠들지 않습니다.

개념 확인 문제

1 극본의 특성
다음 중 극본에 대한 설명으로 알맞은 것에 ○표, 알맞지 않은 것에 ✕표 하시오.

⑴ 연극을 공연하려고 쓴 글이다. ( )

⑵ 인물의 말과 행동을 자세하게 설명한다. ( )

⑶ 대사와 지문으로 인물의 마음을 드러낸다. ( )

⑷ 항상 인물이나 사건에 대해 말해 주는 사람이 있다. ( )

2 극본을 쓰는 방법
극본을 쓰는 방법에 대해 바르게 말한 친구의 이름을 모두 쓰시오.

> 선주: 무대가 바뀌는 장면은 대사로 설명해야 해.
> 규현: 인물의 행동이나 표정은 괄호 안에 나타내야 해.
> 영민: 인물이 직접 하는 말은 말하는 사람을 쓰고, 그 옆에 대사로 나타내야 해.
> 예림: 때, 곳, 나오는 사람, 무대 시작은 연극의 끝부분에 해설로 표현해야 해.

( )

3 극본을 낭독하고 낭독 공연을 관람할 때 주의할 점
다음 중 극본을 낭독할 때 주의할 점으로 알맞지 않은 것의 기호를 쓰시오.

> ㉮ 자신 있게 낭독한다.
> ㉯ 진지한 태도로 낭독한다.
> ㉰ 모든 대사를 일정하게 낭독한다.

( )

함께 연극을 즐겨요

어휘·문법

● 정답 및 풀이 16쪽

어휘

1. 핵심 개념 어휘: 해설, 대사, 지문

극본

해설 · 대사 · 지문

解 풀 해
說 말씀 설
뜻 극본에서 때, 곳, 나오는 사람, 무대와 무대 바뀜 등을 설명하는 부분.

臺 무대 대
詞 말씀 사
뜻 연극이나 영화 등에서 배우가 하는 말.

地 땅 지
文 글월 문
뜻 해설과 대사를 뺀 나머지 부분의 글. 인물의 동작, 마음 등을 나타냄.

➡ 극본은 해설, 대사, 지문으로 구성됩니다.

2. 작품 속 어휘

낱말	뜻	예시
속속들이	깊은 속까지 샅샅이.	지수는 동생의 생각을 속속들이 알고 있었습니다.
끌끌	마음에 마땅찮아 혀를 차는 소리.	아버지께서는 뉴스를 보실 때마다 혀를 끌끌 차십니다.
한심하다	정도에 너무 지나치거나 모자라서 딱하거나 기막히다.	할 일은 뒤로 미루고 게임만 하는 지호를 보면 정말 한심합니다.
찬란하다	강한 빛이 번쩍이거나 수많은 불빛이 빛나는 상태이다. 또는 그 빛이 매우 밝고 환하다.	나는 숲 한가운데 서서 찬란하게 내리쬐는 햇빛을 온몸으로 느꼈습니다.
효과(效果) 效 본받을 효 果 실과 과	어떠한 것을 하여 얻어지는 좋은 결과.	소화제를 먹으니 바로 효과가 나타나 배가 아프지 않았습니다.

문법 주어, 목적어, 서술어의 역할

◆ 문장을 구성하는 문장 성분에는 주어, 목적어, 서술어가 있어요.
주어는 문장에서 동작이나 상태, 성질의 주체가 되는 문장 성분이에요. 문장에서 '누가/무엇이'에 해당하는 부분이지요. 목적어는 목적이 되는 말로, 동작의 대상이 되는 문장 성분이에요. 문장에서 '누구를/무엇을'에 해당하는 부분이지요. 서술어는 주어의 동작이나 상태, 성질 등을 풀이하는 문장 성분으로, '무엇이다/어떠하다/어찌하다'에 해당돼요.

나는 (주어) 연극을 (목적어) 보았다 (서술어)

어휘·문법 확인 문제

1 핵심 개념 어휘

다음 뜻에 알맞은 낱말을 보기 에서 찾아 쓰시오.

> 연극이나 영화 등에서 배우가 하는 말.

보기

> 해설   대사   지문

(   )

2 작품 속 어휘

다음 빈칸에 들어갈 알맞은 낱말을 보기 에서 찾아 쓰시오.

보기

> 속속들이   효과   끌끌

⑴ 과일을 먹으면 감기를 예방하는 (   )이/가 있다.
⑵ 나는 단짝 친구인 예나의 생각을 (   ) 알고 있다.
⑶ 할아버지께서 혀를 (   ) 차시며 쓰레기를 주우셨다.

3 작품 속 어휘

다음 밑줄 친 낱말과 비슷한 뜻을 가진 낱말에 ○표 하시오.

> 자기 잘못도 모르고 큰소리치는 민지가 한심해서 쳐다보았다.

⑴ 틀림없어서   (   )
⑵ 상관없어서   (   )
⑶ 어이없어서   (   )

4 문법

다음 문장에서 '목적어'에 해당하는 부분을 쓰시오.

> 윤수는 바나나를 먹었다.

(   )

연극 단원

연극과 극본의 관계

• **특징** 다양한 형식으로 표현한 작품을 보며 연극이 다른 형식의 작품들과 다른 점을 알고, 연극과 극본의 관계를 알 수 있습니다.

• **활동 정리** 빈칸에 알맞은 말을 넣어 연극이 다른 형식의 작품과 다른 점 정리하기

> **연극이 다른 형식의 작품들과 다른 점**
>
> • 무대 ❶(   )을/를 위한 것이다.
> • 인물이 ❷(   ) 위에 등장해서 말과 행동을 한다.
> • 배우와 관객이 서로 만난다.
> • 불이 꺼지고 켜지면서 ❸(   )이/가 바뀐다.

1 그림 ㉮～㉯에 제시된 세 작품의 공통점으로 알맞은 것을 두 가지 고르시오. (   )

① 표현하는 형식이 같다.
② 작품을 만드는 방식이 같다.
③ 장영실이 주인공으로 나온다.
④ 작품을 볼 때 걸리는 시간이 같다.
⑤ 장영실의 삶과 업적이 나오고 내용이 비슷하다.

2 그림 ㉮～㉯에 제시된 세 작품은 각각 어떤 형식으로 표현한 것인지 선으로 알맞게 이으시오.

(1) ㉮ •   • ㉮ 연극

(2) ㉯ •   • ㉯ 전기문

(3) ㉰ •   • ㉰ 드라마

중요 독해

3 연극이 다른 형식의 작품들과 다른 점으로 알맞지 않은 것은 무엇입니까? (   )

① 무대 공연을 위한 것이다.
② 불이 꺼지고 켜지면서 징면이 바뀐다.
③ 미리 공연을 한 모습을 촬영해 보여 준다.
④ 인물이 무대 위에 등장해서 말과 행동을 한다.
⑤ 인물의 말과 행동, 무대 설명을 적은 글이 있어야 한다.

4 다음 중 연극과 극본의 관계를 알맞게 이야기하지 못한 친구의 이름을 쓰시오.

> 진영: 연극을 한 후에 극본을 꼭 써야 해.
> 지유: 연극을 하려면 잘 쓴 극본이 필요해.
> 민호: 연극을 공연하려면 극본을 보고 열심히 연습하는 과정이 필요해.

(   )

숲이 준 마법 초콜릿 배봉기

❶
- 나오는 사람: 성민, 숲의 마음 할아버지
- 때: 오후
- 곳: 아파트 뒷동산

제4장 숲의 마음 할아버지

아파트 뒷동산이다. (스크린으로 숲의 모습을 보여 준다.) 새소리 들린다. / 가방을 멘 성민, 천천히 걸어 등장한다. 어깨가 축 처졌다. / 성민, 바위에 앉는다.

숲의 마음 할아버지(소리): 왜 그렇게 힘들어하니?

성민: (두리번거린다.)

숲의 마음 할아버지(소리): 여기다 여기.

중심 내용 | 아파트 뒷동산에 간 성민이는 어떤 목소리를 들었습니다.

❷ 성민: 숲의, 정령?

숲의 마음 할아버지: 정령이란 말이 너무 어렵나? 그럼 영혼이라면 알아듣겠니? 더 쉬운 말로 하면 마음이라고 할 수 있지. 그래, 그 말이 좋겠다. 숲의 마음. 숲의 마음이라고 불러 다오.

성민: 숲의 마음이면, 다, 알아요?

숲의 마음 할아버지: 물론. 이 숲에서 벌어지는 일들은

　 ㉠ 　 알고 있지. 네가 이 숲을 제일 사랑하는 사람이라는 것도 잘 알고 있어.

성민: 제가, 숲을, 제일 사랑한다고요?

숲의 마음 할아버지: 그래. 넌 지금까지 이 숲을 찾은 모든 사람 중에서 제일 이 숲을 아끼고 사랑하는 사람이야.

중심 내용 | 숲의 마음 할아버지는 성민이가 숲을 제일 아끼고 사랑하는 사람이라고 했습니다.

❸ 성민: 전, 숲이, 좋아요. 조용하고, 천천히, 느리게, 걷고, 생각해도, 놀리는 아이들도, 없고……

숲의 마음 할아버지: 그래서 그렇게 자주 오는 거니?

성민: 예.

숲의 마음 할아버지: 그런데 오늘은 무슨 일이 있어서 그렇게 한숨을 쉬었니?

성민: ㉡(고개를 푹 숙인다.)

숲의 마음 할아버지: 숲의 마음은 그 숲을 제일 사랑하는 사람을 위하여 마법의 힘을 사용할 수 있단다. 그러니까 네 마음속 걱정이나 슬픔을 말해 보렴.

중심 내용 | 숲의 마음 할아버지는 성민이에게 마음속 걱정이나 슬픔을 말해 보라고 하셨습니다.

정령 여러 가지 사물에 깃들어 있다는 혼령.
영혼 육체에 깃들어 마음의 작용을 맡고 생명을 부여한다고 여겨지는 비물질적 실체.

5 성민이가 숲에서 만난 인물은 누구인지 쓰시오.

(　　　　　)

6 성민이가 숲을 좋아하는 까닭은 무엇인지 쓰시오.

_____

_____

7 ㉠에 들어갈 '깊은 속까지 샅샅이.'라는 뜻을 가진 낱말은 무엇입니까? (　　)

① 속히 　　② 속시원히 　　③ 속속들이
④ 속절없이 　　⑤ 속삭이듯이

8 숲의 마음 할아버지가 알고 있는 것을 두 가지 고르시오. (　　)

① 성민이의 고민 　　② 하늘이 하는 생각
③ 숲에서 벌어지는 일 　　④ 성민이가 다툰 일
⑤ 성민이가 숲을 제일 사랑하는 사람이라는 것

9 ㉡에서 성민이의 마음은 어떠합니까? (　　)

① 칭찬을 받아 기쁘다.
② 그리워하던 사람을 만나 즐겁다.
③ 걱정이나 근심에 잠겨서 우울하다.
④ 어떤 일에 흥미가 생겨 기분이 좋다.
⑤ 상쾌한 상태가 오래 계속되어 마음이 편하다.

숲이 준 마법 초콜릿

❹ 성민: 혜지가 나를, 굼벵이라고, 놀렸어요. 난, 혜지를, 제일, 좋아하는데, 말이에요.

숲의 마음 할아버지: 왜 놀렸는데?

성민: 왜냐면요…….

성민, 숲의 마음 할아버지에게 열심히 귓속말을 한다. 숲의 마음 할아버지, 연신 고개를 끄덕인다. 다 듣고 난 숲의 마음 할아버지, 어이가 없다는 표정을 짓는다.

숲의 마음 할아버지: (혀를 끌끌 차며) ㉠허, 참, 그러니까 네가 느리다고 사람들이 놀리고 힘들게 한다 이거지? 막 별명을 지어 부르고 말이야?

성민: 예.

숲의 마음 할아버지: 그럴 수가! 그것참, 어리석고 한심한 일이군. 그렇다면 어떻게 한다?

중심 내용 | 성민이는 숲의 마음 할아버지에게 마음속 걱정과 슬픔을 말했습니다.

❺ 숲의 마음 할아버지: 풀어서 꺼내 봐.

성민, 가죽 주머니의 주둥이를 묶은 검정 끈을 잡아당겨 푼다. / 가죽 주머니에 손을 넣어 속에 든 것을 꺼낸다. 주먹을 펴자, 손바닥 위에 작은 초콜릿들이 있다. 순간, 무지갯빛이 ㉡찬란하게 무대를 채운다.

성민: (눈이 휘둥그레져서) 와!

숲의 마음 할아버지: 멋지지?

성민: 정말 멋져요!

숲의 마음 할아버지: 몇 개인지 세어 봐.

성민: 하나, 둘, 셋, 넷, 다섯, 여섯, 일곱, 모두 일곱요.

숲의 마음 할아버지: 숲을 사랑하는 우리 성민이에게 주는 마법의 무지갯빛 초콜릿이야.

연신　잇따라 자꾸.
끌끌　마음에 마땅찮아 혀를 차는 소리.
한심(寒 찰 한, 心 마음 심)한　정도에 너무 지나치거나 모자라서 딱하거나 기막힌.

중요 독해

10 성민이의 마음속 걱정과 슬픔으로 알맞은 것을 두 가지 고르시오. (　　　　)

① 성민이의 부모님께서 편찮으신 것
② 성민이가 느리다고 친구들이 놀리는 것
③ 부모님께서 항상 성민이만 혼내시는 것
④ 성민이의 선생님이 무섭게 화를 내는 것
⑤ 친구들이 성민이의 별명을 지어 부르는 것

서술형

11 ㉠에서 숲의 마음 할아버지의 마음은 어떠했을지 쓰고, ㉠을 말할 때 알맞은 목소리를 쓰시오.

숲의 마음 할아버지의 마음	(1)
알맞은 목소리	(2)

어휘

12 ㉡'찬란하게'의 뜻은 무엇입니까? (　　　　)

① 빛이 없어 밝지 아니하게.
② 느낌이 시원하고 산뜻하게.
③ 빛이 번쩍거리거나 수많은 불빛이 빛나게.
④ 빛깔이나 분위기 따위가 산뜻하거나 맑지 아니하게.
⑤ 정신적으로나 육체적으로 아무 탈이 없고 튼튼하게.

13 숲의 마음 할아버지가 성민이에게 준 것은 무엇인지 쓰시오.

• 마법의 무지갯빛 (　　　　　　　　)

숲이 준 마법 초콜릿

성민: 마법의, 무지갯빛, 초콜릿요?

숲의 마음 할아버지: 그래. 이 초콜릿을 먹으면 아주 강한 향기가 나오지. 맛도 아주 좋아. 이 초콜릿 향기를 맡은 사람은…… 하하하하…….

성민: 어떻게 되는데요?

숲의 마음 할아버지: 시험해 보렴. 놀랄 만한 일이 일어나지. 네가 먹어도, 다른 사람 입에 들어가도 효과는 마찬가지야. 아무튼 너를 놀리거나 무시하는 사람은 혼이 날 거야. 무지갯빛 순서대로 시험해 봐. 그 마법 효과를 말이야.

성민: ㉠좀, 자세히, 설명해 주세요.

숲의 마음 할아버지: 음, 한 가지만 더 가르쳐 주지. 이 초콜릿 향기를 맡아도 너는 마법에 걸리지 않아. 그리고 네가 좋아하고, 이 마법을 믿는 사람도 변하지 않아. 더 설명할 수도 있지만…… 내 마법은 너무 자세히 설명하면 효과가 떨어진단다. 그리고 미리 알면 재미가 없지 않니? 네가 시험해 봐. 재미있는 일이 벌어질 테

니까. 그리고 진짜 멋진 일도 말이야. 그럼 난 간다.

중심 내용 | 숲의 마음 할아버지는 성민이에게 마법의 무지갯빛 초콜릿을 주었습니다.

- **글의 종류** 극본

- **글의 특징** 친구들에게 상처를 받은 성민이가 숲의 마음 할아버지에게 위로를 받는 내용의 극본입니다.

- **작품 정리** 빈칸에 알맞은 말을 넣어 인물의 마음에 알맞은 목소리 정리하기

장면	인물의 마음	알맞은 목소리
성민이가 숲의 마음 할아버지를 만나 ❶( )을/를 털어 놓는 장면	• 성민: ❷( ) 마음을 털어놓아 후련한 마음	❸( ) 작게 말하는 목소리
	• 숲의 마음 할아버지: 성민이의 상황을 듣고 안타까운 마음	자상하게 달래 주는 듯한 목소리

효과(效 본받을 효, 果 실과 과) 어떠한 것을 하여 얻어지는 좋은 결과.
무시하는 사람을 깔보거나 업신여기는.
시험해 사물의 성질이나 기능을 실지로 경험해.

중요 독해

14 숲의 마음 할아버지가 성민이에게 마법의 무지갯빛 초콜릿을 준 까닭을 두 가지 고르시오. ( )

① 성민이가 달라고 부탁해서
② 성민이의 병을 낫게 하기 위해서
③ 성민이를 놀리는 사람들을 혼내 주기 위해서
④ 성민이에게 새로운 가족을 만들어 주기 위해서
⑤ 숲을 사랑하는 성민이에게 마법의 힘을 보여 주기 위해서

15 ㉠을 말할 때의 목소리로 알맞은 것에 ◯표 하시오.

(1) 무서워서 떨리는 목소리 ( )
(2) 짜증이 나서 화가 난 목소리 ( )
(3) 신기해서 궁금해하는 목소리 ( )

서술형

16 앞으로 성민이에게 무슨 일이 벌어질지 상상해 쓰시오.

_____

_____

17 해설, 지문, 대사를 쓰는 방법에 맞게 선으로 이으시오.

(1) 해설 • • ㉮ 괄호 안에 써서 표현함.

(2) 지문 • • ㉯ 무대가 바뀌는 장면을 설명함.

(3) 대사 • • ㉰ 말하는 사람을 쓰고, 그 옆에 인물이 직접 하는 말을 나타냄.

[1~3] 다음 글을 읽고, 물음에 답하시오.

> ● 때: 이른 봄
> ● 곳: 서울 영이의 집
> ● 나오는 사람들: 영이, 할아버지, 복순

　㉠막이 열리면 복순이 콧노래를 부르며 방을 청소하고 있다. 조금 뒤, 창가로 가서 밖을 향하여 소리친다.

복순: 할아버지!
할아버지: (소리만) 오냐.
복순: 다 됐어요?
할아버지: (소리만) 오냐, 다 되어 간다.
복순: 어머! 웬 사람들이 저렇게 쏟아져 나왔을까?
　　(㉡시계를 보며) 그런데 영이는 왜 여태 안 올까?

할아버지, 캔버스 받침을 들고 들어온다.

1 이 글과 같은 극본을 쓴 목적은 무엇인지 빈칸에 알맞은 말을 쓰시오.

　● (　　　　　　　　)을 공연하기 위해서

2 ㉠은 어떤 부분인지 알맞은 것에 ○표 하시오.

　⑴ 대사　　　　　　　　　　　　(　　　)
　⑵ 해설　　　　　　　　　　　　(　　　)
　⑶ 지문　　　　　　　　　　　　(　　　)

3 ㉡을 바르게 설명한 것은 무엇입니까? (　　　)

　① 인물이 직접 하는 말이다.
　② 무대에 대해 설명하는 부분이다.
　③ 인물의 행동이나 표정을 나타내는 부분이다.
　④ 때, 곳, 나오는 사람 등을 설명하는 부분이다.
　⑤ 음악이나 의상, 조명 등을 설명하는 부분이다.

[4~5] 다음 글을 읽고, 물음에 답하시오.

숲의 마음 할아버지: 물론 이 숲에서 벌어지는 일들은 속속들이 알고 있지. 네가 이 숲을 제일 사랑하는 사람이라는 것도 잘 알고 있어.
성민: 제가, 숲을, 제일 사랑한다고요?
숲의 마음 할아버지: 그래. 넌 지금까지 이 숲을 찾은 모든 사람 중에서 제일 이 숲을 아끼고 사랑하는 사람이야.
성민: 정말요?
숲의 마음 할아버지: 넌 천천히 다니면서 개미나 벌레도 밟지 않으려고 조심하잖니.
성민: (천천히 고개를 끄덕인다.)
숲의 마음 할아버지: 그리고 넌 숲을 정말 관심 깊게 지켜봐 줄 줄 아는 아이야. 지난번에는 아기 메꽃이 피는 모습도 내내 지켜보지 않았니?
성민: 맞아요. (　㉠　)
숲의 마음 할아버지: 이 숲에서 그렇게 꽃이 피는 것을 지켜본 사람은 네가 처음이야. 그렇게 관심을 갖고 지켜봐 주는 것, 그게 바로 사랑이야.
성민: 전, 숲이, 좋아요. 조용하고, 천천히, 느리게, 걷고, 생각해도, 놀리는 아이들도, 없고……

4 숲의 마음 할아버지께서 성민이가 숲을 제일 사랑하는 사람이라고 생각하신 까닭은 무엇입니까? (　　　)

　① 숲에 매일 오기 때문이다.
　② 숲에서 매일 뛰어놀기 때문이다.
　③ 숲에 관심을 갖고 지켜봐 주기 때문이다.
　④ 숲에 있는 나무와 대화를 나누기 때문이다.
　⑤ 숲에 친구들을 초대하여 함께 놀기 때문이다.

5 ㉠에 들어갈 성민이의 표정으로 알맞은 것은 무엇입니까? (　　　)

　① 운다.　　　　　　② 웃는다.
　③ 슬퍼한다.　　　　④ 화를 낸다.
　⑤ 짜증을 낸다.

[6~8] 다음 글을 읽고, 물음에 답하시오.

숲의 마음 할아버지: 숲을 사랑하는 우리 성민이에게 주는 마법의 무지갯빛 초콜릿이야.

성민: 마법의, 무지갯빛, 초콜릿요?

숲의 마음 할아버지: 그래. 이 초콜릿을 먹으면 아주 강한 향기가 나오지. 맛도 아주 좋아. 이 초콜릿 향기를 맡은 사람은…… 하하하하…….

성민: 어떻게 되는데요?

숲의 마음 할아버지: 시험해 보렴. 놀랄 만한 일이 일어나지. 네가 먹어도, 다른 사람 입에 들어가도 효과는 마찬가지야. 아무튼 너를 놀리거나 무시하는 사람은 혼이 날 거야. 무지갯빛 순서대로 시험해 봐. 그 마법 효과를 말이야.

성민: 좀, 자세히, 설명해 주세요.

숲의 마음 할아버지: 음, 한 가지만 더 가르쳐 주지. 이 초콜릿 향기를 맡아도 너는 마법에 걸리지 않아. 그리고 네가 좋아하고, 이 마법을 믿는 사람도 변하지 않아. 더 설명할 수도 있지만…… 내 마법은 너무 자세히 설명하면 효과가 떨어진단다. 그리고 미리 알면 재미가 없지 않니? 네가 시험해 봐. 재미있는 일이 벌어질 테니까. 그리고 진짜 멋진 일도 말이야. 그럼 난 간다.

성민: 할아버지, 잠깐만요. 다시, 할아버지를, 만날 수 있나요?

숲의 마음 할아버지: 그럼! 네가 마음으로 바라면 언제든 만날 수 있지. 이만 안녕!

다시 '펑' 소리. 안개가 피어오른다. 안개 속으로 숲의 마음 할아버지 퇴장.

성민이 초콜릿을 주머니에 넣는다. 무대 위 무지갯빛 사라진다.

6 무지갯빛 초콜릿에 대한 설명으로 알맞지 <u>않은</u> 것은 무엇입니까? (　　)

① 맛이 아주 좋다.
② 숲의 마음 할아버지가 성민이에게 준 것이다.
③ 성민이가 초콜릿 향기를 맡으면 마법에 걸린다.
④ 마법의 초콜릿을 먹으면 아주 강한 향기가 나온다.
⑤ 성민이를 놀리거나 무시하는 사람은 혼이 나는 마법 효과가 일어난다.

7 마법의 초콜릿을 받은 성민이의 마음은 어떠할지 알맞은 것에 ○표 하시오.

⑴ 문제를 털어놓지 못해 답답한 마음 (　　)
⑵ 문제를 해결하지 못해 슬퍼하는 마음 (　　)
⑶ 문제가 해결될 것 같아 기대하는 마음 (　　)

8 숲의 마음 할아버지의 마음에 어울리는 목소리는 무엇인지 찾아 기호를 쓰시오.

> ㉮ 잘못한 것을 나무라며 호통을 치는 목소리
> ㉯ 소원을 들어주지 못해서 미안해하는 작은 목소리
> ㉰ 다른 사람에게 확신을 줄 수 있는, 자신감 넘치는 목소리

(　　　　　　)

문법

9 다음 문장에서 밑줄 친 말이 주어이면 '주', 목적어이면 '목', 서술어이면 '서'를 쓰시오.

⑴ <u>성민이는</u> 숲을 사랑한다. (　　)
⑵ 친구들이 성민이를 <u>놀렸다.</u> (　　)
⑶ <u>할아버지가</u> 초콜릿을 주었다. (　　)

문법

10 다음 문장의 빈칸에 들어갈 문장 성분으로 알맞은 것에 ○표 하시오.

| 화가가 | | 그린다. |

⑴ 주어 (　　)
⑵ 목적어 (　　)
⑶ 서술어 (　　)

1 다음 ㉮~㉰에 제시된 세 작품의 공통점과 다른 점을 보기 에서 찾아 기호를 쓰시오.

┌─ 보기 ──────────────────┐
│ ㉠ 주인공   ㉡ 표현 형식 │
│ ㉢ 시대 배경   │
└────────────────────────┘

⑴ 같은 점: (   )

⑵ 다른 점: (   )

서술형

2 다음 친구들과 같이 자신이 연극을 보았거나 했던 경험을 한 가지 떠올려 쓰시오.

┌────────────────────────┐
│ 연수: 학교에서 인형극을 본 적이 있어.   │
│ 제이: 그림자로만 나타낸 연극을 본 적이 있어. │
│ 준서: 학예회 때 친구들과 춤을 추며 연극을 한 적 │
│   이 있어.   │
└────────────────────────┘

_____

_____

3 연극이 다른 형식의 작품들과 다른 점으로 알맞은 것에 ○표, 알맞지 않은 것에 ×표 하시오.

⑴ 배우와 관객이 서로 만난다.   (   )

⑵ 무대의 불이 꺼지고 켜지면서 장면이 바뀐다.

(   )

⑶ 인물이 무대 위에 등장해서 말과 행동을 한다.

(   )

⑷ 사람의 손으로 그린 그림들을 이용해 동영상으로 만든다.   (   )

4 다음에서 설명하는 것은 무엇입니까? (   )

┌────────────────────────┐
│ 연극을 하려고 인물의 대사나 행동 등을 적은 글 │
└────────────────────────┘

① 시   ② 동화

③ 극본   ④ 설명문

⑤ 기사문

5 다음 연극을 공연하기 위해 극본에 써야 할 것으로 알맞지 않은 것은 무엇입니까? (   )

① 인물들의 대사가 필요하다.

② 등장인물이 누구인지 알려 줘야 한다.

③ 인물의 표정이나 동작에 대한 설명이 필요하다.

④ 무대를 만든 사람들이 누구인지 알려 줘야 한다.

⑤ 무대를 어떻게 나타낼지에 대한 설명이 필요하다.

[6~8] 다음 글을 읽고, 물음에 답하시오.

- 때: 이른 봄
- 곳: 서울 영이의 집
- 나오는 사람들: 영이, 할아버지, 복순

㉠막이 열리면 복순이 콧노래를 부르며 방을 청소하고 있다. 조금 뒤, 창가로 가서 밖을 향하여 소리친다.

복순: 할아버지!
할아버지: (소리만) 오냐.
복순: 다 됐어요?
할아버지: (소리만) 오냐, 다 되어 간다.
복순: ㉮어머! 웬 사람들이 저렇게 쏟아져 나왔을까?
㉯(시계를 보며) 그런데 영이는 왜 여태 안 올까?

㉰할아버지, 캔버스 받침을 들고 들어온다.

6 이 극본의 등장인물은 누구누구인지 쓰시오.

(   )

7 ㉠을 연극으로 나타낼 때 복순이의 동작으로 알맞은 것에 ○표 하시오.

(1) 큰 소리로 노래를 부르며 청소하고, 조금 뒤 창문을 닫는다. (   )

(2) 눈물을 흘리며 청소하고, 조금 뒤 창가로 가서 밖을 향하여 소리친다. (   )

(3) 콧노래를 부르며 청소를 한 뒤, 창가에 서서 밖을 향하여 소리친다. (   )

8 ㉮~㉰를 극본의 구성 요소에 맞게 선으로 이으시오.

(1) ㉮ • • ① 해설

(2) ㉯ • • ② 대사

(3) ㉰ • • ③ 지문

[9~10] 다음 글을 읽고, 물음에 답하시오.

숲의 마음 할아버지: 그런데 오늘은 무슨 일이 있어서 그렇게 한숨을 쉬었니?
성민: ㉠(고개를 푹 숙인다.)
숲의 마음 할아버지: 숲의 마음은 그 숲을 제일 사랑하는 사람을 위하여 마법의 힘을 사용할 수 있단다. 그러니까 네 마음속 걱정이나 슬픔을 말해 보렴.
성민: 정말요?
숲의 마음 할아버지: 그렇다니까.
성민: 어떤 마법도, 부릴 수, 있어요? 그럼, 사람을, 바꿀 수도, 있어요?
숲의 마음 할아버지: 글쎄, 그건 네 말을 듣고 판단해야겠구나. 네게 가장 도움이 되는 마법의 힘을 빌려주마.
성민: 혜지가 나를, 굼벵이라고, 놀렸어요. 난, 혜지를, 제일, 좋아하는데, 말이에요.
숲의 마음 할아버지: 왜 놀렸는데?
성민: 왜냐면요…….

성민, 숲의 마음 할아버지에게 열심히 귓속말을 한다. 숲의 마음 할아버지, 연신 고개를 끄덕인다.
다 듣고 난 숲의 마음 할아버지, 어이가 없다는 표정을 짓는다.

서술형

9 성민이의 마음속 고민은 무엇인지 쓰시오.

_____

_____

10 극본의 구성 요소 중, ㉠의 특성으로 알맞은 것을 두 가지 고르시오. (   )

① 배경을 설명한다.
② 괄호 안에 제시된다.
③ 인물이 하는 말이다.
④ 무대의 시작과 바뀜을 설명한다.
⑤ 인물의 행동이나 표정을 제시한다.

연극
단원

[11~13] 다음 글을 읽고, 물음에 답하시오.

성민, 가죽 주머니의 주둥이를 묶은 검정 끈을 잡아당겨 푼다.
가죽 주머니에 손을 넣어 속에 든 것을 꺼낸다.
주먹을 펴자, 손바닥 위에 작은 초콜릿들이 있다.
순간, 무지갯빛이 찬란하게 무대를 채운다.

성민: (㉠) 와!
숲의 마음 할아버지: 멋지지?
성민: 정말 멋져요!
숲의 마음 할아버지: 몇 개인지 세어 봐.
성민: 하나, 둘, 셋, 넷, 다섯, 여섯, 일곱, 모두 일곱요.
숲의 마음 할아버지: 숲을 사랑하는 우리 성민이에게 주는 마법의 무지갯빛 초콜릿이야.
성민: ㉡마법의, 무지갯빛, 초콜릿요?
숲의 마음 할아버지: 그래. 이 초콜릿을 먹으면 아주 강한 향기가 나오지. 맛도 아주 좋아. 이 초콜릿 향기를 맡은 사람은…… 하하하하…….
성민: 어떻게 되는데요?
숲의 마음 할아버지: 시험해 보렴. 놀랄 만한 일이 일어나지. 네가 먹어도, 다른 사람 입에 들어가도 효과는 마찬가지야. 아무튼 너를 놀리거나 무시하는 사람은 혼이 날 거야. 무지갯빛 순서대로 시험해 봐. 그 마법 효과를 말이야.

11 ㉠에 들어갈 지문으로 알맞은 것은 무엇입니까?
( )

① 하품을 하며
② 눈물을 흘리며
③ 코를 훌쩍이며
④ 눈이 휘둥그레져서
⑤ 주저앉아 발을 구르며

서술형

12 ㉡을 연극으로 표현할 때 어떤 목소리와 행동으로 말하면 좋을지 생각하여 쓰시오.

_____

_____

13 이와 같은 글의 특성으로 알맞지 <u>않은</u> 것은 무엇입니까? ( )

① 해설, 대사, 지문이 있다.
② 연극을 공연하려고 쓴 글이다.
③ 해설로 시간적·공간적 배경을 표현한다.
④ 인물이나 사건을 말해 주는 사람이 있다.
⑤ 대사와 지문으로 인물의 마음을 나타낸다.

14 극본을 쓸 때 고려할 점으로 알맞은 것을 두 가지 고르시오. ( )

① 가능한 짧게 쓴다.
② 무대는 바꾸지 않는다.
③ 극본의 특성이 잘 드러나게 쓴다.
④ 주제에서 벗어나더라도 재미있게 쓴다.
⑤ 해설, 지문, 대사를 빠뜨리지 않고 쓴다.

15 다음 낭독 공연을 관람하는 경훈이와 수아를 보고 해줄 말로 알맞은 것에 ○표 하시오.

(1) 낭독하는 친구가 잘못했을 때는 바로 이야기해야 해. ( )

(2) 떠들지 말고 진지한 태도로 낭독 공연을 관람해야 해. ( )

(3) 낭독하는 친구가 부끄러울 수 있으니 다른 곳을 보아야 해. ( )

연극
단원. 함께 연극을 즐겨요

● 정답 및 풀이 18쪽

평가 주제	일상 경험을 극본으로 표현하기
평가 목표	경험을 떠올려 극본 쓰는 방법에 맞게 극본을 쓸 수 있다.

1 겪은 일 가운데에서 극본으로 쓰고 싶은 경험을 떠올려 쓰시오.

2 문제 1번에서 정리한 내용의 사건 흐름은 어떠한지 차례대로 쓰시오.

❶

❷

❸

❹

3 문제 2번에서 정리한 사건을 조건 에 맞게 극본으로 쓰시오.

조건

1. 해설(나오는 사람, 때, 곳)을 넣어 극본의 앞부분을 쓴다.
2. 지문과 대사를 함께 쓴다.

다른 그림을 찾아보세요.

● 정답 및 풀이 18쪽

다른 곳이 15군데 있어요.

6 내용을 추론해요

▶ 학습을 완료하면 ∨표를 하면서 학습 진도를 체크해요.

6 내용을 추론해요

개념 강의

● 정답 및 풀이 19쪽

1 추론에 대해 알기

추론	이미 아는 정보를 근거로 삼아 다른 판단을 이끌어 내는 것을 뜻합니다.
추론 방법	자신의 배경지식을 떠올리거나 여러 가지 상황을 생각하며 드러나지 않은 내용을 짐작해 봅니다.
추론하며 글을 읽으면 좋은 점	내용이나 상황을 좀 더 깊고 넓게 이해할 수 있습니다.

2 이야기의 내용을 추론하는 방법

- 이야기에서 찾을 수 있는 단서를 확인합니다.
- 자신이 평소에 아는 사실과 경험한 것을 떠올려 보고 무엇을 더 알 수 있는지 생각해 봅니다.
- 글에 쓰인 다의어나 동형어가 어떤 뜻인지 정확히 이해하려면 국어사전을 찾아봅니다.
- 이야기의 특정 부분을 바탕으로 하여 알 수 있는 내용과 더 추론할 수 있는 사실을 살펴봅니다.
- 글의 내용을 바탕으로 하여 친구들과 함께 질문을 만들고 서로 묻거나 답해 봅니다.

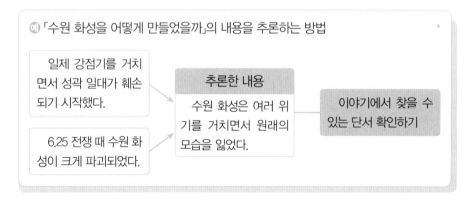

예 「수원 화성을 어떻게 만들었을까」의 내용을 추론하는 방법

| 일제 강점기를 거치면서 성곽 일대가 훼손되기 시작했다. | → | 추론한 내용 | → | 이야기에서 찾을 수 있는 단서 확인하기 |
| 6.25 전쟁 때 수원 화성이 크게 파괴되었다. | | 수원 화성은 여러 위기를 거치면서 원래의 모습을 잃었다. | | |

3 알리고 싶은 내용을 영상 광고로 만드는 방법

❶ 영상 광고 주제, 내용과 분량 정하기 → ❷ 역할 나누기 → ❸ 촬영 도구와 편집 도구 준비하기 →

❹ 장면 촬영하기 → ❺ 편집 도구로 자막 넣기 → ❻ 완성한 영상 광고를 함께 보며 고치기

개념 확인 문제

1 추론에 대해 알기

다음 빈칸에 알맞은 말을 쓰시오.

> 이미 아는 정보를 근거로 삼아 다른 판단을 이끌어 내는 것을 ☐☐☐(이)라고 한다.

( )

2 이야기의 내용을 추론하는 방법

다음 중 이야기의 내용을 추론하는 방법으로 알맞지 <u>않은</u> 것을 모두 찾아 기호를 쓰시오.

> ㉮ 이야기에서 찾을 수 있는 단서 확인하기
> ㉯ 인물의 생김새를 보고 내용을 자세히 파악하기
> ㉰ 모르는 낱말의 뜻은 찾지 않고 다음 내용으로 넘어가기
> ㉱ 자신이 평소에 아는 사실이나 경험을 바탕으로 하여 더 알 수 있는 사실 생각하기

( )

3 알리고 싶은 내용을 영상 광고로 만드는 방법

다음 중 영상 광고를 만들 때 가장 먼저 해야 할 일에 ○표를 하시오.

(1) 역할 나누기 ( )
(2) 장면 촬영하기 ( )
(3) 편집 도구로 자막 넣기 ( )
(4) 촬영 도구와 편집 도구 준비하기 ( )
(5) 영상 광고 주제, 내용과 분량 정하기 ( )
(6) 완성한 영상 광고를 함께 보며 고치기 ( )

6 내용을 추론해요

● 정답 및 풀이 19쪽

어휘

1. 핵심 개념 어휘: 단서, 정보

단서 **+** 정보 ⟶ 추론

端 끝 단　緒 실마리 서
뜻 어떤 문제를 해결하는 방향으로 이끌어 가는 일의 첫 부분.

情 뜻 정　報 알릴 보
뜻 어떤 사실이나 현상을 관찰하거나 측정하여 모은 자료를 정리한 지식. 또는 그 자료.

➡ 글에서 찾을 수 있는 단서와 이미 아는 정보를 근거로 글의 내용을 추론할 수 있습니다.

2. 작품 속 어휘

낱말	뜻	예시
치밀하다	자세하고 꼼꼼하다.	민수는 성격이 치밀해서 실수를 잘 하지 않습니다.
원대(遠大)하다 遠 멀 원 大 큰 대	계획이나 희망 등의 장래성과 규모가 크다.	지나치게 원대한 계획을 세우면 실천하기 어렵습니다.
웅장하다	크기나 분위기 등이 무척 크고 무게가 있다.	이 커다란 건물은 웅장한 멋이 있습니다.
소용돌이	1. 물이 세차게 빙빙 돌며 흐르는 현상. 2. 힘이나 감정 등이 서로 뒤엉켜 혼란스러운 상태를 비유적으로 이르는 말.	1. 저 바다는 소용돌이가 종종 발생합니다. 2. 우리 할머니는 전쟁이라는 역사의 소용돌이를 겪으셨습니다.
거처(居處) 居 살 거 處 곳 처	일정하게 자리를 잡고 사는 일.	도시에서 시골로 거처를 옮기기로 했습니다.

문법　동형어와 다의어

◆ '눈'의 뜻을 국어사전에서 찾아보면 1, 2, 3, 4로 나뉘어 각기 다른 낱말로 실려 있어요. 이와 같이 형태는 같지만 뜻이 다른 낱말을 동형어(동음이의어)라고 해요. 그런데 아래 사전에서 '눈'에 ①, ②, ③으로 조금씩 다른 뜻도 적혀 있어요. 번호로 나뉘어 있지만 무엇인가를 본다는 뜻으로 연결되어 있지요. 이처럼 하나의 낱말이 두 가지 이상의 뜻을 가지고 있는 낱말을 '다의어'라고 해요.

국 어 사 전

눈¹
「명사」　① 빛의 자극을 받아 물체를 볼 수 있는 감각 기관.
② 물체의 존재나 형상을 인식하는 눈의 능력.
③ 사물을 보고 판단하는 힘.

눈²
「명사」　자·저울·온도계 따위에 표시하여 길이·양·도수 따위를 나타내는 금.

눈³
「명사」　그물 따위에서 코와 코를 이어 이룬 구멍.

눈⁴
「명사」　대기 중의 수증기가 찬 기운을 만나 얼어서 땅 위로 떨어지는 얼음의 결정체.

어휘·문법 확인 문제

1 핵심 개념 어휘

다음 뜻에 알맞은 낱말을 보기 에서 찾아 쓰시오.

> 어떤 문제를 해결하는 방향으로 이끌어 가는 일의 첫 부분.

보기
> 추론　단서　정보

(　　　　　)

2 작품 속 어휘

다음 빈칸에 들어갈 알맞은 낱말을 보기 에서 찾아 쓰시오.

보기
> 치밀한　원대한　웅장한

① 내 친구 유나는 꼼꼼하고 (　　) 성격이다.

② 동생에게는 대통령이 될 거라는 (　　) 꿈이 있다.

③ 경복궁은 지금도 그 (　　) 모습을 자랑하고 있다.

3 작품 속 어휘

다음 뜻을 가진 낱말에 ○표 하시오.

> 일정하게 자리를 잡고 사는 일.

(무대, 거처, 주소)

4 문법

다음 밑줄 친 낱말이 동형어인지 다의어인지 쓰시오.

> 우리는 시골에 가서 우리 안에 있는 양에게 먹이를 주었다.

(　　　　　)

6 단원

우리는 이미 하나

❶

2006년 8월 탈북
초등학교 선생님 ○○○

❷

2007년 8월 탈북
봉사단 ○○○

❸

1999년 10월 탈북
한의사 ○○○

❹

같은 일상을 살아가는
우리는 이미 하나입니다.

- **종류** 공익 광고

- **특징** 북한 이탈 주민들도 우리 사회의 구성원으로 함께 살아가고 있음을 보여 주는 광고입니다.

- **활동 정리** 빈칸에 알맞은 말을 넣어 제목에 대해 추론하기

추론 방법	추론 내용
자신의 ❶( ) 떠올리기	낯선 곳을 잠깐 여행하는 것도 힘든 점이 많던데 잘 적응하며 사시는 게 놀라워.
말이나 행동에서 ❷( ) 확인하기	표정이나 행동을 보면 모두 즐겁게 자신의 일을 하시는 것 같아.

↓

우리 주변의 북한 이탈 주민들이 모두 같은 민족이나 하나의 겨레라는 뜻이다.

---

1 이 영상 광고에 나오는 사람들의 직업을 모두 고르시오. (   )

① 가수　　　　　② 한의사
③ 운동선수　　　④ 봉사단 단원
⑤ 초등학교 선생님

2 이 영상 광고의 사람들은 어떤 공통점이 있습니까?
(   )

① 모두 북한 이탈 주민이다.
② 새로운 집을 짓는 일을 한다.
③ 위험한 일을 하는 사람들이다.
④ 자신의 직업을 좋아하지 않는다.
⑤ 현재 북한에 살고 있는 사람들이다.

중요 독해

3 「우리는 이미 하나」라는 광고 제목의 의미로 알맞은 것의 기호를 쓰시오.

㉮ 북한 이탈 주민이 모두 힘든 삶을 살고 있으니 도움이 필요하다는 뜻이다.
㉯ 우리 주변의 북한 이탈 주민들이 모두 같은 민족이자 하나의 겨레라는 뜻이다.
㉰ 북한 이탈 주민은 우리와 다른 삶을 살고 있으니 우리가 함께할 수 있는 일들이 필요하다는 뜻이다.

(   )

서술형

4 이 영상 광고를 보고 추론할 수 있는 내용을 한 가지만 쓰시오.

_____

_____

수원 화성을 어떻게 만들었을까 유지현

❶ 『화성성역의궤』는 수원 화성에 성을 ㉠쌓는 과정을 기록한 책인 의궤야. 수원 화성은 일제 강점기를 거치면서 성곽 일대가 훼손되기 시작하고 6.25 전쟁 때 크게 파괴되었는데, 『화성성역의궤』를 보고 원래의 모습대로 다시 만들어졌단다. 덕분에 ㉡수원 화성이 1997년에 유네스코 세계 문화유산으로 등록될 수 있었어.

중심 내용 | 『화성성역의궤』를 보고 파괴된 수원 화성을 다시 만들어서 수원 화성이 1997년에 유네스코 세계 문화유산으로 등록될 수 있었습니다.

❷ 『화성성역의궤』는 정조 임금이 갑자기 세상을 떠나는 바람에 다음 임금인 순조 때 만들어졌는데, 건축과 관련된 의궤 가운데에서도 가장 내용이 많아. 수원 화성 공사와 관련된 공식 문서는 물론, 참여 인원, 사용된 물품, 설계 등의 기록이 그림과 함께 실려 있는 일종의 보고서인 셈이야. 내용이 아주 세세하고 치밀해서 공사에 참여한 기술자 1800여 명의 이름과 주소, 일한 날수와 받은 임금까지 적혀 있어. 공사에 사용된 모든 물건의 크기와 값은 또 얼마나 상세히 적었는지 입이 떡 벌어질 정도라니까. 당시에 이렇게 자세한 공사 보고서를 남긴 나라는 우리나라밖에 없다고 해.

중심 내용 | 『화성성역의궤』에는 수원 화성 공사와 관련한 내용이 상세히 기록되어 있습니다.

의궤 예전에, 나라에서 큰일을 치를 때 후세에 참고하기 위하여 그 일의 처음부터 끝까지의 경과를 자세하게 적은 책.
성곽 예전에, 적을 막기 위하여 흙이나 돌 따위로 높이 쌓아 만든 담. 또는 그런 담으로 둘러싼 구역.
일대(一 한 일, 帶 띠 대) 일정한 범위의 어느 지역 전부.
치밀(緻 빽빽할 치, 密 빽빽할 밀)**해서** 자세하고 꼼꼼해서.

어휘

5 ㉠'쌓다'의 뜻으로 가장 알맞은 것의 기호를 쓰시오.

> ㉮ 여러 개의 물건을 겹겹이 포개어 얹어 놓다.
> ㉯ 물건을 차곡차곡 포개어 얹어서 구조물을 이루다.

(　　　　　　　)

6 ㉡을 통해 추론할 수 있는 것은 무엇입니까? (　)

① 수원 화성의 규모가 매우 크다.
② 수원 화성을 원래의 모습으로 다시 만들기 어렵다.
③ 수원 화성을 건축하기 위해 많은 물품이 필요했다.
④ 수원 화성은 여러 위기를 거치면서 원래의 모습을 잃었다.
⑤ 수원 화성은 세계적인 문화유산으로 인정받을 만큼 훌륭한 건축물이다.

중요 독해

7 『화성성역의궤』에 담겨 있는 내용이 <u>아닌</u> 것은 무엇입니까? (　)

① 수원 화성 공사의 참여 인원
② 수원 화성 공사에 사용된 물품
③ 수원 화성 공사와 관련된 공식 문서
④ 수원 화성 설계 등에 대한 기록과 그림
⑤ 파괴된 수원 화성을 원래의 모습대로 만든 과정

8 다음의 내용을 추론한 방법으로 알맞은 것에 ○표 하시오.

> 일제 강점기를 거치면서 성곽 일대가 훼손되기 시작했다.
>
> 6.25 전쟁 때 수원 화성이 크게 파괴되었다.

추론한 내용

> 수원 화성은 여러 위기를 거치면서 원래의 모습을 잃었다.

(1) 자신의 경험 떠올리기 (　　)

(2) 이야기에서 찾을 수 있는 단서 확인하기 (　　)

수원 화성을 어떻게 만들었을까

❸ 수원 화성은 정조 임금의 <u>원대한</u> 꿈이 담긴 곳으로 볼거리가 많아. 건물 하나만 보는 것보다는 주변 경치를 함께 ㉠감상하는 것이 더 좋아. ㉡정조 임금이 <u>엄격하게</u> 고른 좋은 자리에 지었으니까. 수원 화성은 규모가 커서 다 돌아보려면 꽤 시간이 걸려. 다리가 아프면 화성 열차를 타는 것도 좋겠지. 화성 열차는 수원 화성 구경을 하러 온 사람들을 위해 마련한 열차야.

중심 내용 | 수원 화성은 볼거리가 많은 곳으로 주변 경치를 함께 감상하는 것이 더 좋습니다.

❹ ㉢더 둘러보고 싶은 친구가 있다면 근처에 있는 융건릉과 용주사에 가 볼 것을 추천할게. 융건릉은 사도 세자의 무덤인 융릉과 정조 임금의 무덤인 건릉을 합쳐서 부르는 이름이고, 용주사는 사도 세자의 <u>명복</u>을 빌려고 지은 절이야.

중심 내용 | 수원 화성 근처에 더 둘러볼 수 있는 곳으로 융건릉과 용주사가 있습니다.

- **글의 종류** 설명하는 글
- **글의 특징** 『화성성역의궤』를 보고 다시 만들어진 수원 화성에 대한 글입니다.
- **글의 구조** 빈칸에 알맞은 말을 넣어 내용을 추론하는 방법 정리하기

- 일제 강점기를 거치면서 성곽 일대가 훼손되기 시작했다.
- 6.25 전쟁 때 수원 화성이 크게 파괴되었다.

↓

추론한 내용	수원 화성은 여러 ❶( )을/를 거치면서 원래의 모습을 잃었다.
추론한 방법	이야기에서 찾을 수 있는 ❷( ) 확인하기

원대한 계획이나 희망 등의 장래성과 규모가 큰.
엄격(嚴 엄할 엄, 格 격식 격)하게 말, 태도, 규칙 등이 매우 엄하고 철저하게.
명복(冥 어두울 명, 福 복 복) 죽은 뒤 저승에서 받는 복.

어휘

9 ㉠이 다음 뜻으로 쓰였을 때, ㉠과 같은 뜻으로 쓰인 문장에 ○표 하시오.

> 주로 예술 작품을 이해하여 즐기고 평가함.

(1) 비가 내리면 영선이는 감상에 빠지곤 한다.
　　　　　　　　　　　　　　　　　　　　(　　)

(2) 자, 우리 모두 혜윤이가 그린 작품을 함께 감상해 보자.　　　　　　　　　　　　　　　(　　)

10 ㉡을 바탕으로 하여 추론할 수 있는 사실로 알맞은 것은 무엇입니까? (　　　)

① 정조 임금은 키가 컸다.
② 정조 임금은 사냥을 좋아했다.
③ 정조 임금은 차를 즐겨 마셨다.
④ 정조 임금은 열차를 타는 것을 좋아했다.
⑤ 정조 임금은 수원 화성을 건축하는 데 많은 관심을 가졌다.

11 다음 밑줄 친 낱말의 뜻으로 알맞은 것의 기호를 쓰시오.

> 건물 하나만 보는 것보다는 주변 경치를 함께 감상하는 것이 더 <u>좋아</u>.

㉮ 성품이나 인격 따위가 원만하거나 선해.
㉯ 대상의 성질이나 내용 따위가 보통 이상의 수준이어서 만족할 만해.

　　　　　　　　　　(　　　　　　　　　　)

서술형

12 ㉢을 바탕으로 추론할 수 있는 사실은 무엇인지 쓰시오.

_____

_____

서울의 궁궐

❶ 현재 서울에 남아 있는 조선 시대의 궁궐은 모두 다섯 곳으로 경복궁, 창덕궁, 창경궁, 경희궁, 경운궁이다.

중심 내용 | 현재 서울에 남아 있는 조선 시대의 궁궐은 경복궁, 창덕궁, 창경궁, 경희궁, 경운궁입니다.

❷ **궁궐의 건물**

궁궐에는 왕과 왕비뿐만 아니라 왕실의 가족과 관리, 군인, 내시, 나인 등 많은 사람이 살았다. 이 사람들은 각자 자신의 신분에 알맞은 건물에서 생활했고, 건물의 명칭 또한 주인의 신분에 따라 달랐다. 예컨대 궁궐에는 강녕전이나 교태전과 같이 '전' 자가 붙는 건물이 있는데, 이러한 건물에는 궁궐에서 가장 신분이 높은 왕과 왕비만 살 수 있었다. 왕실 가족이나 후궁들은 주로 '전'보다 한 단계 격이 낮은 '당' 자가 붙는 건물을 사용했다.

중심 내용 | 궁궐에는 많은 사람이 살았는데, 각자 자신의 신분에 알맞은 건물에 살았습니다.

❸ **경복궁**

'큰 복을 누리며 번성하라'는 뜻을 지닌 경복궁은 조선 시대 최초의 궁궐이면서 여러 궁궐 가운데 가장 대표적인 것이다. 경복궁은 태조 이성계가 조선을 세운 뒤에 한양, 즉 지금의 서울에 세운 조선의 법궁이다.
> 나라의 공식적인 궁궐.

경복궁의 건물은 7600여 칸으로 규모가 어마어마하다. 경복궁에서 가장 웅장한 건물은 '부지런히 나라를 다스리라'는 뜻을 지닌 근정전이다. 근정전은 왕의 ㉠즉위식, 왕실의 혼례식, 외국 사신과의 만남과 같은 나라의 중요한 행사를 치르던 곳이다.

경복궁에서 안쪽에 자리 잡은 교태전은 왕비가 생활하던 곳이다. 교태전은 중앙에 대청마루를 두고 왼쪽과 오른쪽에 온돌방을 놓은 구조로 되어 있다. 교태전 뒤쪽으로는 아미산이라는 작고 아름다운 후원이 있다.
> 대궐 안에 있는 동산.

'경사스러운 연회'라는 뜻의 경회루는 커다란 연못 중앙에 섬을 만들고 그 위에 지은, 우리나라에서 가장 큰 누각이다.

중심 내용 | 경복궁은 조선 시대 최초의 궁궐로, 태조 이성계가 지금의 서울에 세운 조선의 법궁이며 근정전, 교태전, 경회루 등이 있습니다.

> 신분(身 몸 신, 分 나눌 분) 개인의 사회적인 위치나 계급. 제도상 등급에 따라 권리와 의무가 다르고 세습되는 것이 원칙이었음.
> 번성하라 한창 성하게 일어나 퍼져라.
> 웅장(雄 수컷 웅, 壯 장할 장)한 규모 등이 거대하고 성대한.
> 누각 사방을 바라볼 수 있도록 문과 벽이 없이 다락처럼 높이 지은 집.

6단원

중요 독해

13 다음은 글 ❷의 내용을 정리한 것입니다. (   ) 안에 알맞은 말을 쓰시오.

> 궁궐에는 많은 사람이 살았는데, 각자 자신의 (   )에 알맞은 건물에서 생활했다.

14 '전' 자가 붙는 건물에 살 수 있었던 사람은 누구누구인지 고르시오. (   )

① 왕
② 후궁
③ 군인
④ 왕비
⑤ 신하

15 경복궁에 있는 건물 중 다음 행사를 치르던 곳은 어디인지 쓰시오.

- 왕의 즉위식
- 왕실의 혼례식
- 외국 사신과의 만남

(   )

서술형

16 ㉠'즉위식'의 뜻은 무엇인지 추론하여 쓰시오.

_____

_____

서울의 궁궐

❹ 창덕궁

창덕궁은 경복궁 동쪽에 있다고 하여 창경궁과 함께 '동궐'로도 불렸다. 건물과 후원이 잘 어우러져 아름다우며 유네스코 세계 문화유산으로 기록되었다. 산이 많은 우리나라답게 산자락에 자연스럽게 배치한 건물이 인상적이다. 넓은 후원의 정자와 연못들은 우리나라 전통 정원의 모습을 잘 보여 주고 있다.

특히 부용지는 '하늘은 둥글고 땅은 네모나다'는 전통적 사상을 반영하여, 땅을 나타내는 네모난 연못 가운데 하늘을 뜻하는 둥근 섬을 띄워 놓은 형태이다. 연못 가장자리에 있는 부용정은 십자(+) 모양의 정자로, ㉠단청이 화려하고 처마 끝 곡선이 무척 아름답다.

중심 내용 | 창덕궁은 건물과 후원이 잘 어우러져 아름다우며 연못에 섬을 띄운 부용지가 있습니다.

❺ 창경궁

창경궁은 성종이 할머니들을 모시려고 지은 궁궐로, *창경궁이 효와 인연이 깊은 까닭* 효자로 유명한 정조가 태어난 곳이기도 하여 효와 인연이 깊다. 창경궁은 임진왜란 때 불탔다가 광해군 때 제

모습을 찾았으나, 그 뒤로도 큰 화재를 겪는 수난을 당했다. 문정전 앞뜰은 사도 세자가 목숨을 잃은 비극이 일어난 곳으로 유명하다. 왕비가 생활하던 통명전 서쪽에는 아름다운 연못이 있고, 뒤쪽에는 '열천'이라는 우물이 남아 있다.

한편 일제 강점기에는 일본 사람들이 창경궁에 동물원과 식물원을 만들면서 많은 건물을 헐고, 이름도 '창경원'으로 바꾸었다. 1983년에 동물원과 식물원 일부를 옮기고 창경궁이라는 이름을 되찾았다.

▲창경궁의 통명전과 우물

중심 내용 | 창경궁은 여러 번의 큰 화재를 겪는 수난을 당했고, 사도 세자가 목숨을 잃은 비극이 일어난 곳입니다.

배치한 사람이나 물자 등을 일정한 자리에 알맞게 나누어 둔.
수난(受 받을 수, 難 어려울 난) 견디기 힘든 어려운 일을 당함.
비극(悲 슬플 비, 劇 심할 극) 인생의 슬프고 애달픈 일을 당하여 불행한 경우를 이르는 말.

중요 독해

17 창덕궁이 유네스코 세계 문화유산으로 기록된 까닭이 무엇일지 알맞게 추론한 것에 ○표 하시오.

(1) 전 세계의 궁궐 중 가장 크기 때문이다. ( )

(2) 전통 사상을 반영한 건물이기 때문이다. ( )

(3) 건물과 후원이 잘 어우러져 아름답기 때문이다.
( )

18 ㉠'단청'의 뜻을 알맞게 추론한 친구의 이름을 쓰시오.

> 은아: 단청이 화려하다고 했기 때문에 '옛날식 건물에 그린 그림이나 무늬'라는 뜻일 것 같아.
> 연호: 십자 모양의 정자라고 했기 때문에 '경치가 좋은 곳에 쉬기 위해 지은 집'이라는 뜻일 거야.

( )

19 일본 사람들이 창경궁에 한 일을 두 가지 고르시오.
( )

① 미술관을 만들었다.
② 연못과 우물을 없앴다.
③ 동물원과 식물원을 만들었다.
④ 이름을 '창경원'으로 바꾸었다.
⑤ 사람들이 드나들지 못하게 하였다.

20 창경궁에 대한 내용을 정리할 때 빈칸에 들어갈 알맞은 말을 쓰시오.

> 화재가 여러 번 일어나고 ㅤㅤㅤㅤㅤ이/가 목숨을 잃은 곳이다.

( )

서울의 궁궐

6 **경희궁**

경희궁의 처음 이름은 경덕궁이었으나, 영조 때 경희궁으로 고쳐 불렀다. 인조 이후 철종에 이르기까지 10대에 걸쳐 왕들이 머물렀다. 특히 영조는 25년 동안이나 이곳에 머물렀다고 한다. 경희궁은 경복궁 서쪽에 있다고 하여 '서궐'로도 불렸다. 궁궐의 원래 규모는 1500칸에 이르렀으나, 일제 강점기에 강제로 헐려 터만 남아 있다가 최근에 옛 모습의 일부를 되찾았다.

이 궁궐 안에는 왕이 신하들과 나랏일을 논의하거나 사신을 접대하는 등의 행사를 치르던 숭정전과 영조의 어진을 모신 태령전이 있다.

중심 내용 | 경희궁은 경덕궁에서 경희궁으로 고쳐 부르게 된 곳으로 숭정전과 태령전이 있습니다.

7 **경운궁**

지금의 덕수궁은 원래 경운궁이라고 불렸는데, 성종의 형인 월산 대군의 집이었다. 선조가 임진왜란이 끝난 뒤에 서울로 돌아오니 궁궐이 모두 불타 버려서 이곳을 넓혀 행궁으로 만들었다고 한다. 선조가 죽고 광해군이 왕위에 오른 뒤에 이 행궁을 경운궁이라고 했다. 그러다가 조선 왕조 말기에 고종이 강한 나라들의 정치적 ㉠소용돌이에 휘말리면서 거처를 경운궁으로 옮긴 뒤,

비로소 궁궐다운 모습을 갖추었다.

경운궁 안에는 중화전과 같은 전통적 건물, 석조전이나 정관헌과 같은 서양식 건물이 함께 들어서 있다. 중화전은 국가적 의식을 치르던 곳이고, 석조전은 왕이 일상생활을 하던 곳이다. 정관헌은 고종 황제가 커피를 마시며 여가를 즐기거나 손님을 맞이하던 곳이다.

중심 내용 | 경운궁은 선조 때 행궁으로 만들어졌으며 전통적 건물과 서양식 건물이 함께 들어서 있습니다.

- **글의 종류** 설명하는 글
- **글의 특징** 현재 서울에 남아 있는 조선 시대의 궁궐 다섯 곳의 이름과 특징을 알려 주는 글입니다.
- **글의 구조** 빈칸에 알맞은 말을 넣어 뜻을 알지 못하는 낱말의 뜻을 추론하기

낱말	즉위식
추론한 뜻	❶( )의 자리에 오르는 것을 백성과 조상에게 알리기 위해 치르는 식
그렇게 생각한 까닭	낱말 앞에 '❷( )'라고 되어 있고, 낱말 뒤에 '왕실의 혼례식, 외국 사신과의 만남과 같은 나라의 중요한 행사'라고 했기 때문임.

어진 임금의 얼굴 그림이나 사진.
행궁(行 다닐 행, 宮 집 궁) 임금이 나들이 때에 머물던 별궁.
거처(居 살 거, 處 곳 처) 일정하게 자리를 잡고 사는 일.

6 단원

중요 독해

21 경희궁에 대한 설명으로 알맞지 <u>않은</u> 것은 무엇입니까? ( )

① 처음 이름은 경덕궁이었다.
② 영조가 25년 동안 머물던 곳이다.
③ 철종 때 '경희궁'으로 고쳐 불렀다.
④ 경희궁 안에는 숭정전과 태령전이 있다.
⑤ 경복궁 서쪽에 있다고 하여 '서궐'로도 불렸다.

서술형

22 경운궁은 언제부터 궁궐다운 모습을 갖추게 되었는지 쓰시오.

_____

_____

23 고종 황제가 커피를 마시며 여가를 즐기거나 손님을 맞이하던 건물의 이름을 쓰시오.

( )

어휘

24 ㉠의 뜻을 추론한 것으로 알맞은 것에 ○표 하시오.

(1) 따분하고 지루한 상태. ( )
(2) 편하고 걱정이 없는 상태. ( )
(3) 서로 엉켜 혼란스러운 상태. ( )

[1~2] 다음 그림을 보고, 물음에 답하시오.

1 다음은 이 그림을 보고 추론한 것입니다. 빈칸에 들어갈 알맞은 말은 무엇입니까? (   )

> [   ]이/가 입에 병아리를 물고 달아나는데 어미 닭이 기를 쓰고 쫓아가고 있다.

① 닭   ② 새   ③ 소
④ 고양이   ⑤ 강아지

2 다음 중 이 그림을 보고 자신의 경험을 떠올려 더 알 수 있는 사실을 말한 친구의 이름을 쓰시오.

> 민호: 고양이가 남자 쪽을 보며 반대쪽으로 달려가고 있어.
> 선우: 남자가 긴 막대기를 뻗으며 마루에서 뛰쳐나가고 있어.
> 연아: 고양이가 내 신발을 물고 달아나서 깜짝 놀란 적이 있는데, 그림 속 남자의 마음도 같았을 거야.

(   )

[3~5] 다음 글을 읽고, 물음에 답하시오.

『화성성역의궤』는 수원 화성에 성을 쌓는 과정을 기록한 책인 의궤야. 수원 화성은 일제 강점기를 거치면서 성곽 일대가 훼손되기 시작하고 6.25 전쟁 때 크게 파괴되었는데, 『화성성역의궤』를 보고 원래의 모습대로 다시 만들어졌단다. 덕분에 수원 화성이 1997년에 유네스코 세계 문화유산으로 등록될 수 있었어.

『화성성역의궤』는 정조 임금이 갑자기 세상을 떠나는 바람에 다음 임금인 순조 때 만들어졌는데, 건축과 관련된 의궤 가운데에서도 가장 내용이 많아. ㉠수원 화성 공사와 관련된 공식 문서는 물론, 참여 인원, 사용된 물품, 설계 등의 기록이 그림과 함께 실려 있는 일종의 보고서인 셈이야. 내용이 아주 세세하고 치밀해서 공사에 참여한 기술자 1800여 명의 이름과 주소, 일한 날수와 받은 임금까지 적혀 있어.

3 수원 화성이 원래의 모습대로 다시 만들어져서 1997년에는 무엇으로 등록되었는지 쓰시오.

(   )

4 『화성성역의궤』는 무엇과 관련된 의궤입니까?

(   )

① 의술   ② 의복   ③ 건축
④ 공연   ⑤ 예절

5 ㉠을 통해 추론할 수 있는 내용으로 알맞은 것에 ○표 하시오.

(1) 『화성성역의궤』가 자세하게 기록되었기 때문에 수원 화성을 원래의 모습대로 다시 만들 수 있었다. (   )
(2) 『화성성역의궤』에는 수원 화성에 관한 중요한 내용이 담겨 있어서 보관을 하는 장소도 정조 임금이 신중하게 골랐다. (   )

[6~8] 다음 글을 읽고, 물음에 답하시오.

㉮ 경희궁

경희궁의 처음 이름은 경덕궁이었으나, 영조 때 경희궁으로 고쳐 불렀다. 인조 이후 철종에 이르기까지 10대에 걸쳐 왕들이 머물렀다. 특히 영조는 25년 동안이나 이곳에 머물렀다고 한다. 경희궁은 경복궁 서쪽에 있다고 하여 '서궐'로도 불렸다. 궁궐의 원래 규모는 1500칸에 이르렀으나, 일제 강점기에 강제로 헐려 터만 남아 있다가 최근에 옛 모습의 일부를 되찾았다.

㉯ 경운궁

지금의 덕수궁은 원래 경운궁이라고 불렸는데, 성종의 형인 월산 대군의 집이었다. 선조가 임진왜란이 끝난 뒤에 서울로 돌아오니 궁궐이 모두 불타 버려서 이곳을 넓혀 행궁으로 만들었다고 한다. 선조가 죽고 광해군이 왕위에 오른 뒤에 이 행궁을 경운궁이라고 했다. 그러다가 조선 왕조 말기에 고종이 강한 나라들의 정치적 소용돌이에 휘말리면서 거처를 경운궁으로 옮긴 뒤, 비로소 궁궐다운 모습을 갖추었다.

경운궁 안에는 중화전과 같은 전통적 건물, 석조전이나 정관헌과 같은 서양식 건물이 함께 들어서 있다.

6 경희궁이 '서궐'로도 불렸던 까닭은 무엇입니까?
( )

① 영조가 오래 머물러서
② 경복궁의 서쪽에 있어서
③ 영조 때 이름을 고쳐 불러서
④ 일제 강점기에 강제로 헐려서
⑤ 원래의 규모가 1,500칸에 이르러서

7 경운궁에 대한 설명으로 알맞지 <u>않은</u> 것은 무엇입니까? ( )

① 선조 때 행궁으로 만들었다.
② 경운궁의 처음 이름은 경덕궁이었다.
③ 중화전, 석조전, 정관헌과 같은 건물이 있다.
④ 전통적 건물과 서양식 건물이 함께 들어서 있다.
⑤ 고종이 경운궁으로 거처를 옮긴 뒤 궁궐다운 모습을 갖추었다.

8 글쓴이가 이 글을 쓴 까닭을 알맞게 추론한 것의 기호를 쓰시오.

㉮ 박물관에 방문하여 보고 듣고 느낀 것을 전해 주려고 썼다.
㉯ 조선 시대의 궁궐은 그 규모가 작고 단순했다는 것을 알려 주려고 썼다.
㉰ 조선 시대의 궁궐에는 각각 어떤 특징과 의미가 있는지 알려 주려고 썼다.
㉱ 조선 시대의 궁궐이 훼손되었으니 원래의 모습으로 복원하자고 주장하려고 썼다.

( )

문법

9 다음 문장에서 밑줄 친 낱말이 동형어이면 '동', 다의어이면 '다'라고 쓰시오.

(1) 배를 많이 먹어서 배가 부르다.

( )

(2) 머리가 좋은 진호는 머리를 짧게 깎았다.

( )

문법

10 다음 빈칸에 공통으로 들어갈 다의어로 알맞은 것은 무엇입니까? ( )

• ☐☐☐을/를 깨끗이 씻었다.
• 농사철에는 ☐☐☐이/가 많이 필요하다.

① 발   ② 손   ③ 눈
④ 배   ⑤ 다리

1 다음에서 설명하는 것은 무엇입니까? (   )

> 이미 아는 정보를 근거로 삼아 다른 판단을 이끌어 내는 것

① 설명 ② 주장 ③ 설득 ④ 추론 ⑤ 이해

[2~3] 다음 그림을 보고, 물음에 답하시오.

2 이 그림을 보고 알 수 있는 사실은 무엇입니까?

(   )

① 닭이 알을 낳고 있다.
② 남자가 여자를 말리고 있다.
③ 고양이가 병아리들을 돌보고 있다.
④ 남자가 마루에서 낮잠을 자고 있다.
⑤ 고양이가 입에 병아리를 물고 달아나고 있다.

3 이 그림을 보고 추론한 내용으로 알맞은 것에 ○표 하시오.

⑴ 나무를 보니 곧 눈이 내릴 것 같다.   (   )

⑵ 여자의 표정과 행동을 보니 일어난 일에 관심이 없는 것 같다.   (   )

⑶ 남자가 고양이에게 긴 담뱃대를 뻗은 행동으로 보아 고양이를 잡고 싶은 것 같다.   (   )

4 다음 그림을 보고 알맞게 추론하지 못한 친구의 이름을 쓰시오.

> 지아: 사람들의 표정을 보니 흥미진진한 경기인 것 같아.
> 영호: 몇몇이 갓을 벗고 있거나 부채를 들고 있는 것으로 보아 날씨가 더울 거야.
> 민율: 부채로 얼굴을 가린 사람이 있는 것으로 보아 보지 못하게 금지한 것을 몰래 보고 있는 것 같아.

(   )

서술형

5 추론하며 글을 읽으면 좋은 점은 무엇인지 쓰시오.

_____

_____

[6~9] 다음 글을 읽고, 물음에 답하시오.

『화성성역의궤』는 수원 화성에 성을 쌓는 과정을 기록한 책인 의궤야. 수원 화성은 일제 강점기를 거치면서 성곽 일대가 훼손되기 시작하고 6.25 전쟁 때 크게 파괴되었는데, 『화성성역의궤』를 보고 원래의 모습대로 다시 만들어졌단다. 덕분에 ㉠수원 화성이 1997년에 유네스코 세계 문화유산으로 등록될 수 있었어.

『화성성역의궤』는 정조 임금이 갑자기 세상을 떠나는 바람에 다음 임금인 순조 때 만들어졌는데, 건축과 관련된 의궤 가운데에서도 가장 내용이 많아. 수원 화성 공사와 관련된 공식 문서는 물론, 참여 인원, 사용된 물품, 설계 등의 기록이 그림과 함께 실려 있는 일종의 보고서인 셈이야. 내용이 아주 세세하고 치밀해서 공사에 참여한 기술자 1800여 명의 이름과 주소, 일한 날수와 받은 임금까지 적혀 있어. 공사에 사용된 모든 물건의 크기와 값은 또 얼마나 상세히 적었는지 입이 떡 벌어질 정도라니까. 당시에 이렇게 자세한 공사 보고서를 남긴 나라는 우리나라밖에 없다고 해.

수원 화성은 정조 임금의 원대한 꿈이 담긴 곳으로 볼거리가 많아. 건물 하나만 보는 것보다는 주변 경치를 함께 ㉡감상하는 것이 더 좋아. ㉮정조 임금이 엄격하게 고른 좋은 자리에 지었으니까. 수원 화성은 규모가 커서 다 돌아보려면 꽤 시간이 걸려. ㉯다리가 아프면 화성 열차를 타는 것도 좋겠지. ㉰화성 열차는 수원 화성 구경을 하러 온 사람들을 위해 마련한 열차야.

㉢더 둘러보고 싶은 친구가 있다면 근처에 있는 융건릉과 용주사에 가 볼 것을 추천할게. 융건릉은 사도 세자의 무덤인 융릉과 정조 임금의 무덤인 건릉을 합쳐서 부르는 이름이고, 용주사는 사도 세자의 명복을 빌려고 지은 절이야.

6 ㉠을 읽고 추론한 내용으로 알맞은 것은 무엇입니까? (　　)

① 『화성성역의궤』는 외국에서 만들어졌다.
② 수원 화성은 일제 강점기에 파괴되었다.
③ 수원 화성은 1997년에 다시 만들어졌다.
④ 정조 임금은 『화성성역의궤』를 직접 작성하였다.
⑤ 수원 화성은 세계적인 문화유산으로 인정받을 만큼 훌륭한 건축물이다.

7 ㉡의 뜻으로 알맞은 것에 ○표 하시오.

(1) 주로 예술 작품을 이해하여 즐기고 평가함. (　　)

(2) 하찮은 일에도 쓸쓸하고 슬퍼져서 마음이 상함. (　　)

8 ㉮~㉰ 중 다음과 같은 사실을 추론할 수 있는 내용은 무엇인지 찾아 기호를 쓰시오.

> 정조 임금은 수원 화성을 건축하는 데 많은 관심을 가졌다.

(　　　　　　　　　　)

서술형

9 ㉢을 통해 추론할 수 있는 사실을 쓰시오.

_____

_____

10 글에서 내용을 추론하는 방법으로 알맞지 <u>않은</u> 것은 무엇입니까? (　　)

① 자신의 경험 떠올리기
② 글을 읽고 이어질 내용 상상하기
③ 자신이 평소에 아는 사실 떠올리기
④ 글에서 찾을 수 있는 단서 확인하기
⑤ 다의어나 동형어로 쓰인 낱말의 뜻을 국어사전에서 찾아보기

[11~15] 다음 글을 읽고, 물음에 답하시오.

㉮ 경복궁

'큰 복을 누리며 번성하라'는 뜻을 지닌 경복궁은 조선 시대 최초의 궁궐이면서 여러 궁궐 가운데 가장 대표적인 것이다. 경복궁은 태조 이성계가 조선을 세운 뒤에 한양, 즉 지금의 서울에 세운 조선의 법궁이다.

경복궁의 건물은 7600여 칸으로 규모가 어마어마하다. 경복궁에서 가장 웅장한 건물은 '부지런히 나라를 다스리라'는 뜻을 지닌 근정전이다. 근정전은 왕의 즉위식, 왕실의 혼례식, 외국 사신과의 만남과 같은 나라의 중요한 행사를 치르던 곳이다.

경복궁에서 안쪽에 자리 잡은 교태전은 왕비가 생활하던 곳이다. 교태전은 중앙에 대청마루를 두고 왼쪽과 오른쪽에 온돌방을 놓은 구조로 되어 있다. 교태전 뒤쪽으로는 아미산이라는 작고 아름다운 후원이 있다.

'경사스러운 연회'라는 뜻의 경회루는 커다란 연못 중앙에 섬을 만들고 그 위에 지은, 우리나라에서 가장 큰 누각이다. 이곳은 왕이 외국 사신을 접대하거나 신하들에게 연회를 베풀던 장소이다.

㉯ 창경궁

창경궁은 성종이 할머니들을 모시려고 지은 궁궐로, 효자로 유명한 정조가 태어난 곳이기도 하여 효와 인연이 깊다. 창경궁은 임진왜란 때 불탔다가 광해군 때 제 모습을 찾았으나, 그 뒤로도 큰 화재를 겪는 수난을 당했다. 문정전 앞뜰은 사도 세자가 목숨을 잃은 비극이 일어난 곳으로 유명하다. 왕비가 생활하던 통명전 서쪽에는 아름다운 연못이 있고, 뒤쪽에는 '열천'이라는 우물이 남아 있다.

한편 일제 강점기에는 일본 사람들이 창경궁에 동물원과 식물원을 만들면서 많은 건물을 헐고, 이름도 '창경원'으로 바꾸었다. 1983년에 동물원과 식물원 일부를 옮기고 창경궁이라는 이름을 되찾았다.

11 경복궁에 대한 설명으로 알맞지 <u>않은</u> 것은 무엇입니까? (   )

① 조선 시대 최초의 궁궐이다.
② 7600여 칸으로 규모가 크다.
③ 여러 궁궐 가운데 가장 대표적이다.
④ 태조 이성계가 세운 조선의 법궁이다.
⑤ '부지런히 나라를 다스리라'는 뜻을 지녔다.

12 다음 보기 에서 경복궁 안에 있는 건물에 대한 설명으로 알맞은 것을 찾아 기호를 쓰시오.

보기
㉮ 왕비가 생활하던 곳.
㉯ 왕이 외국 사신을 접대하거나 신하들에게 연회를 베풀던 곳.
㉰ 왕의 즉위식, 왕실의 혼례식, 외국 사신과의 만남과 같은 나라의 중요한 행사를 치르던 곳.

(1) 근정전: (   )
(2) 교태전: (   )
(3) 경회루: (   )

서술형

13 창경궁이 효와 인연이 깊은 까닭을 두 가지 쓰시오.

(1) _____

_____

(2) _____

_____

14 일제 강점기에 창경궁에 있었던 일을 생각하여 빈칸에 알맞은 말을 쓰시오.

• 일본 사람들이 (1) (   )와/과 식물원을 만들면서 많은 건물을 헐고, 이름도 (2) (   ) (으)로 바꾸었다.

15 이 글에서 뜻을 알지 못하는 낱말의 뜻을 알맞게 추론한 친구에 ○표 하시오.

(1)
'즉위식'은 앞의 '왕의'라는 낱말과 뒷부분의 내용을 살펴보니 왕이 주인공인 행사, 즉 왕위에 오르는 식을 뜻해.
(   )
선우

(2)
'강점기'는 앞에 '일제'라는 낱말과 뒤에 '일본 사람들'이라는 말을 통해 여행을 하는 기간이라는 뜻임을 알 수 있어.
(   )
유미

6. 내용을 추론해요

● 정답 및 풀이 21쪽

평가 주제	글을 읽고, 인물의 마음 추론하기
평가 목표	글에서 새롭게 알게 된 내용을 바탕으로 인물의 마음을 추론할 수 있다.

　　수원 화성은 정조 임금의 원대한 꿈이 담긴 곳으로 볼거리가 많아. 건물 하나만 보는 것보다는 주변 경치를 함께 감상하는 것이 더 좋아. ㉠정조 임금이 엄격하게 고른 좋은 자리에 지었으니까. 수원 화성은 규모가 커서 다 돌아보려면 꽤 시간이 걸려. 다리가 아프면 화성 열차를 타는 것도 좋겠지. 화성 열차는 수원 화성 구경을 하러 온 사람들을 위해 마련한 열차야.

▲팔달문(수원 화성의 남문)

　　더 둘러보고 싶은 친구가 있다면 근처에 있는 융건릉과 용주사에 가 볼 것을 추천할게. 융건릉은 사도 세자의 무덤인 융릉과 정조 임금의 무덤인 건릉을 합쳐서 부르는 이름이고, 용주사는 사도 세자의 명복을 빌려고 지은 절이야.

1 ㉠을 통해 추론할 수 있는 사실을 쓰시오.

2 수원 화성을 완공한 날 정조의 마음은 어떠했을지 쓰시오.

3 정조의 입장이 되어 수원 화성을 완공한 날의 생각이나 느낌을 조건 에 맞게 쓰시오.

> 조건
> 1. 정조의 입장이 되어 말하듯이 쓴다.
> 2. 글에서 새롭게 알게 된 내용을 넣어 쓴다.

미로를 따라 길을 찾아보세요.

● 정답 및 풀이 21쪽

7 우리말을 가꾸어요

▶ 학습을 완료하면 ∨표를 하면서 학습 진도를 체크해요.

7 우리말을 가꾸어요

● 정답 및 풀이 22쪽

1 우리말 사용 실태 알아보기

● 우리말 사용 실태와 관련된 사례를 보고 올바른 우리말 사용이 무엇일지 생각합니다.

● 올바른 우리말 사용과 관련 있는 질문을 만들어 봅니다.

> 외국어나 줄임 말, 욕설이나 비속어를 사용하는 친구와 대화할 때 느낀 점을 답하도록 질문을 만듭니다.

> 배려하는 말, 긍정하는 말, 올바른 우리말을 사용하는 친구와 대화할 때 느낀 점을 답하도록 질문을 만듭니다.

> 대화할 때 마음 자세가 어떠해야 하는지 생각하게 하는 질문을 만듭니다.

● '언어생활 자기 점검표'를 바탕으로 하여 모둠 친구들의 우리말 사용 실태를 조사합니다.

● 우리 반 전체 친구들의 우리말 사용 실태를 한눈에 보기 쉽게 도표로 나타냅니다.

2 우리말 사용 실태 조사하기

> 우리말 사용 실태를 찾아보고 조사할 내용을 생각합니다.

➡ 조사 날짜, 조사 장소, 준비물, 조사 방법, 조사 자료, 주의할 점 등을 정해 조사 계획을 세웁니다.

➡ 계획에 따라 조사합니다.

➡ 발표할 때 주의할 점을 생각하며 친구들 앞에서 발표합니다.
　　• 일정한 목소리보다는 중요한 부분은 강조하여 발표해야 함.
　　• 듣는 사람이 이해하기 쉽도록 알맞은 목소리로 발표해야 함.
　　• 발표 효과를 높이기 위해 사진이나 그림, 도표, 동영상 따위의 자료를 사용할 수 있음.

3 올바른 우리말 사용을 주제로 글 쓰기

● 글쓰기 목적에 맞는 주장과 근거를 정합니다.

● 글쓰기할 내용을 정리합니다.

> **예 주장하는 글의 짜임**
>
> | 서론 | 글을 쓰게 된 문제 상황과 주장을 밝힙니다. |
> |---|---|
> | 본론 | 주장에 대한 근거를 제시합니다. |
> | 결론 | 글 내용을 요약하고 주장을 다시 한번 강조합니다. |

● 실태 조사를 바탕으로 하여 올바른 우리말 사용을 주제로 글을 씁니다.

개념 확인 문제

1 우리말 사용 실태 알아보기

다음은 무엇과 관련 있는 질문을 만든 것인지 빈칸에 알맞은 말을 쓰시오.

> • 외국어, 줄임 말을 섞어서 말하는 친구와 대화하면 기분이 어떠한가요?
> • 배려하는 말, 긍정하는 말, 올바른 우리말로 대화하면 좋은 점은 무엇인가요?
> • 대화할 때 어떤 마음으로 해야 하나요?

→ 올바른 ☐☐☐ 사용

2 우리말 사용 실태 조사하기

우리말 사용 실태 조사 내용을 발표할 때 주의할 점이 아닌 것에 ✕표 하시오.

⑴ 모든 내용을 일정한 목소리로 발표한다. 　　(　　)

⑵ 사진이나 그림, 도표, 동영상 따위의 자료를 사용한다. 　　(　　)

⑶ 듣는 사람이 이해하기 쉽도록 알맞은 목소리로 발표한다. 　　(　　)

3 올바른 우리말 사용을 주제로 글 쓰기

주장하는 글의 짜임에서 다음 내용이 들어가는 부분은 어디인지 쓰시오.

> 글을 쓰게 된 문제 상황과 주장을 밝힌다.

(　　　　)

7 우리말을 가꾸어요

● 정답 및 풀이 22쪽

어휘

1. 핵심 개념 어휘: 우리말, 사용, 실태

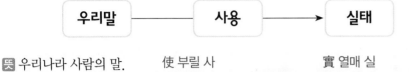

우리말 —— 사용 —→ 실태

㉭ 우리나라 사람의 말.

使 부릴 사
用 쓸 용
㉭ 일정한 목적이나 기능에 맞게 씀.

實 열매 실
態 모양 태
㉭ 있는 그대로의 상태. 또는 실제의 모양.

➡ 우리말 사용 실태를 알아보고 올바른 우리말 사용에 대해 생각해 봅니다.

2. 작품 속 어휘

낱말	뜻	예시
사례(事例) 事 일 사 例 법식 례	어떤 일이 전에 실제로 일어난 예.	구체적인 사례를 들어 의견을 말했습니다.
일상어	평소에 늘 쓰는 언어.	언어생활에서 줄임 말이 일상어처럼 쓰여서는 안 됩니다.
비속어	격이 낮고 속된 말.	우리 모두 비속어를 사용하지 맙시다.
대상(對象) 對 대할 대 象 코끼리 상	어떤 일의 상대 또는 목표나 목적이 되는 것.	이번 달리기 대회에서 내가 이겨야 할 대상은 민지입니다.
소통(疏通) 疏 트일 소 通 통할 통	뜻이 서로 통하여 오해가 없음.	우리 반은 서로 의견 소통이 잘 이루어집니다.

문법 우리말을 바르게 사용하는 방법

❶ 어제 골목에서 자동차가 갑툭튀해서 교통사고 나는 줄 알았잖아.

너 진짜 깜놀이었겠다.

❷ 뷰티풀한 밥상 심플한 밥상

❸ 머시꼬 미용 튼튼니 치과 밥Zip 조아요 옷

◆ 그림 ❶~❸은 모두 일상생활에서 우리말을 잘못 사용한 예를 보여 주고 있습니다. 그림 ❶은 우리말을 지나치게 줄여서 사용하는 경우, 그림 ❷는 무분별하게 한자어나 영어를 사용하는 경우, 그림 ❸은 맞춤법에 어긋난 표기를 하는 경우입니다. 이외에도 신조어를 지나치게 사용하는 경우, 비속어나 욕설을 섞어서 말하는 경우도 모두 우리말을 잘못 사용하는 예입니다.

어휘·문법 확인 문제

1 핵심 개념 어휘

다음 중 '실태'의 뜻으로 알맞은 것에 ○표 하시오.

⑴ 우리나라 사람의 말. (   )

⑵ 일정한 목적이나 기능에 맞게 씀. (   )

⑶ 있는 그대로의 상태. 또는 실제의 모양. (   )

2 작품 속 어휘

다음 빈칸에 들어갈 알맞은 낱말을 보기 에서 찾아 쓰시오.

보기
사례   소통   비속어

⑴ 우리 가족은 의견 (   )이/가 잘 이루어집니다.

⑵ 누리집에 (   )을/를 사용해서 댓글을 달지 맙시다.

⑶ 최근 안전수칙을 지키지 않는 (   )이/가 늘고 있습니다.

3 작품 속 어휘

다음 밑줄 친 낱말 대신 쓸 수 있는 말을 찾아 ○표 하시오.

오늘 어린이들을 대상으로 한 스키 수업이 열린다.

⑴ 관심 (   )

⑵ 상대 (   )

4 문법

다음 맞춤법에 어긋난 표기를 한 말을 올바른 우리말로 바꾸어 쓰시오.

조아요 '옷'

(   )

자신의 언어생활 점검하기

민호

지애

- **특징**　줄임 말, 비난하는 말 등을 사용하는 대화를 보고 자신의 언어생활은 어떠한지 생각해 볼 수 있습니다.

- **활동 정리**　빈칸에 알맞은 말을 넣어 언어생활 모습 정리하기

㉠	여자아이가 ❶(　　　　　), 신조어, 비속어를 사용해서 아버지와 의사소통이 안 됨.
㉡	남자아이는 경기에서 지는 모둠의 친구들을 무시하고 싶어서 비난의 말을 함.
	여자아이는 경기에서 지는 모둠의 친구들에게 힘을 내라고 ❷(　　　　　)의 말을 함.

기권하지　투표, 의결, 경기 따위에 참가할 수 있는 권리를 스스로 포기하고 행사하지 아니하지.

---

1 그림 ㉠에서 여자아이가 궁금해한 것은 무엇입니까?
(　　　)

① 생선의 뜻
② 생선의 줄임 말
③ 자신의 생일 선물
④ 아빠가 하신 말씀의 뜻
⑤ 아침에 먹은 생선의 종류

서술형

2 그림 ㉠의 아빠와 여자아이가 말이 통하지 않은 까닭은 무엇인지 쓰시오.

_____

_____

3 다음은 그림 ㉡의 민호와 지애 중 어떤 친구가 말한 태도인지 이름을 쓰시오.

> 친구를 비아냥거리며 비꼬는 말로 부정적으로 말했다.

(　　　　　　　　　)

4 그림 ㉡의 ❷에서 솔연이의 마음으로 알맞은 것을 두 가지 고르시오. (　　　　)

① 속상하다.
② 감사하다.
③ 힘이 난다.
④ 기분이 좋다.
⑤ 무시당하는 기분이 든다.

우리말 사용 실태 사례

가 사례 1 텔레비전 프로그램

　평범한 중고등학생 네 명을 대상으로 욕 사용 실태를 관찰했더니 네 시간 동안 평균 500여 번의 욕설이 쏟아졌습니다. 충격적인 것은 이 학생들이 문제아나 불량 청소년이 아니라는 것입니다. 이제 욕은 많은 학생들의 입에서 거침없이 터져 나오는 일상어가 되어 버렸습니다. 그렇다면 아이들이 최초로 욕을 대하는 때는 언제일까요? 대중 매체 환경이 빠르게 바뀌면서 욕설이나 비속어를 대하는 나이가 더욱 어려지는 지금, 초등학교 교실을 찾아 그들이 아는 욕설을 적어 보도록 했습니다. 그 결과, 절반 가까운 학생이 욕을 열 개 이상 버릇처럼 사용하고, 서른 개 이상 사용하는 아이도 있었습니다.

나 사례 2 교실에서 일어난 일

　며칠 전 우리 반 교실에서 일어난 일입니다. 준형이와 수진이가 교실 뒤쪽을 걷다가 뜻하지 않게 서로 부딪혔습니다. 준형이와 수진이는 서로 노려보면서 눈살을 찌푸렸습니다.

야, 넌 눈도 없냐? 똑바로 보고 다녀야지!

뭐라고? 재수 없어. 네가 날 쳤잖아.

• 특징 우리말 사용 실태를 조사한 내용으로, 올바른 우리말 사용과 언어문화가 무엇인지 생각해 볼 수 있습니다.

• 활동 정리 빈칸에 알맞은 말을 넣어 우리말 사용 실태 정리하기

가	학생들이 ❶(　　　　)을/를 많이 사용함.
나	친구들끼리 ❷(　　　　) 하지 않고 비속어를 사용함.

사례(事 일 사, 例 법식 례)　어떤 일이 전에 실제로 일어난 예.
실태(實 열매 실, 態 모양 태)　있는 그대로의 상태. 또는 실제의 모양.
관찰(觀 볼 관, 察 살필 찰)　사물이나 현상을 주의하여 자세히 살펴봄.
일상어(日 날 일, 常 항상 상, 語 말씀 어)　평소에 늘 쓰는 언어.

---

5 글 **가**에 나타난 문제점은 무엇입니까? (　　)

① 불량 청소년 범죄가 증가한다는 것이다.
② 학생들이 욕을 너무 많이 사용한다는 것이다.
③ 폭력적인 텔레비전 프로그램이 많다는 것이다.
④ 스마트폰 사용 연령이 낮아지고 있다는 것이다.
⑤ 학생들의 게임 중독 현상이 심각해지고 있다는 것이다.

중요 독해

6 글 **나**에서 준형이와 수진이가 다툰 까닭으로 알맞은 것은 무엇입니까? (　　)

① 수진이가 준형이의 물건을 망가뜨려서
② 준형이와 수진이 사이에 대화가 부족해서
③ 준형이가 수진이의 사과를 받아 주지 않아서
④ 서로 줄임 말을 사용해 의사소통이 되지 않아서
⑤ 배려하는 말을 하지 않고 비속어를 사용하며 비난해서

서술형

7 글 **나**를 통해 친구들과 대화할 때 어떻게 말하면 좋을지 자신의 생각을 쓰시오.

_____

_____

어휘

8 이 글에 나오는 다음 낱말의 뜻을 보기 에서 찾아 기호를 쓰시오.

보기
㉮ 격이 낮고 속된 말.
㉯ 평소에 늘 쓰는 언어.

(1) 비속어	(2) 일상어

㉮

❶ 요즘 우리 반 친구들이 대화할 때 짜증 난다는 말이나 비속어, 욕설 따위를 사용합니다. 그런 말을 들으면 기분이 나빠지고 화가 나서 다툼도 일어납니다.
_{짜증 난다는 말이나 비속어, 욕설 등}

중심 내용 | 요즘 우리 반 친구들이 대화할 때 짜증 난다는 말이나 비속어, 욕설 따위를 사용합니다.

❷ 우리 반에는 공놀이할 때마다 실수해서 같은 편이 되기를 ㉠꺼려 하는 친구가 있습니다. 대부분 그 친구와 같은 편이 되면 "짜증 나."라는 말이나 비속어, 욕설을 합니다. 그러던 어느 날, 그 친구가 안쓰러워서 "괜찮아, 넌 잘할 수 있어."라고 말했습니다. 그랬더니 신기하게도 그 친구가 승점을 냈습니다.

중심 내용 | 공놀이를 잘 못하던 친구에게 긍정하는 말을 해 주었더니 그 친구가 승점을 냈습니다.

❸ 이 일이 있은 뒤에 우리 반 친구들을 대상으로 조사해 보니 긍정하는 말이 부정하는 말보다 듣기가 좋다는

결과가 나왔습니다. 긍정하는 말을 하면 말하는 사람은 물론 듣는 사람도 마음이 편안해집니다. 예를 들면 "안 돼."보다는 "할 수 있어.", "짜증 나."보다는 "괜찮아.", "이상해 보여."보다는 "멋있어 보여.", "힘들어."보다는 "힘내자."와 같이 부정하는 말을 긍정하는 말로 고쳐 사용하면, 말하는 사람과 듣는 사람 모두 기분도 좋아지고 자신감도 생긴다는 것입니다.

중심 내용 | 긍정하는 말을 하면 말하는 사람은 물론 듣는 사람도 마음이 편안해집니다.

> **비속어** 격이 낮고 속된 말.
> **승점**(勝 이길 승, 點 점 점) 더 나은 점수.
> ㉔ 각 조에서 승점이 높은 팀이 결승전을 치릅니다.
> **대상**(對 대할 대, 象 코끼리 상) 어떤 일의 상대 또는 목표나 목적이 되는 것.
> ㉔ 우리 반 친구들을 대상으로 설문 조사를 했습니다.
> **자신감**(自 스스로 자, 信 믿을 신, 感 느낄 감) 자신이 있다는 느낌. ㉔ 유라는 항상 자신감이 넘칩니다.

중요 독해

9 이 글에 나타난 문제 상황은 무엇입니까? ( )

① 우리 반에서 다투는 친구들이 많은 것

② 우리 반이 공놀이할 때마다 실수를 하는 것

③ 부정하는 말을 긍정하는 말로 고쳐 사용하는 것

④ 짜증 난다는 말이나 비속어, 욕설 등을 사용하는 것

⑤ 부정하는 말보다 긍정하는 말의 종류가 훨씬 많은 것

어휘

10 ㉠의 뜻으로 알맞은 것에 ○표 하시오.

(1) 믿을 수 없을 정도로 색다르고 놀란. ( )

(2) 어떤 일이나 사물 따위에 대하여 좋은 느낌을 가져. ( )

(3) 사물이나 일 따위가 자신에게 해가 될까 하여 피하거나 싫어. ( )

(4) 아무 잘못 없이 꾸중을 듣거나 벌을 받거나 하여 분하고 답답한. ( )

11 다음 중 긍정적인 말은 무엇입니까? ( )

① 안 돼.   ② 힘들어.

③ 괜찮아.   ④ 짜증 나.

⑤ 이상해 보여.

12 긍정적인 말을 사용하면 좋은 점으로 알맞지 않은 것을 찾아 기호를 쓰시오.

> ㉮ 말하는 사람과 듣는 사람 모두 기분이 좋아진다.
> ㉯ 말하는 사람은 물론 듣는 사람의 마음이 편안해진다.
> ㉰ 말하는 사람이 듣는 사람 앞에서 잘난 체를 할 수 있다.

( )

⑦

❹ 또 비속어나 욕설 같은 거친 말보다는 고운 우리말 사용이 자신과 상대의 마음을 아름답게 해 준다는 결과도 있습니다. 상대의 실수에는 너그러운 말을 하고, 내 잘못에는 미안하다는 말을 하며, 상대의 배려에는 고마운 말을 하는 것입니다. 비속어나 욕설을 사용하면 추한 마음이 생길 것인데 고운 우리말을 사용하면 너그러운 마음이 생기고, 미안한 마음이 생기며, 고마운 마음이 생기므로 아름다운 사람이 된다는 것입니다.

중심 내용 | 비속어나 욕설 같은 거친 말보다는 고운 우리말 사용이 자신과 상대의 마음을 아름답게 해 준다는 결과도 있습니다.

❺ 긍정하는 표현은 자신은 물론 주변 사람들 마음에 긍정하는 힘을 줍니다. 그리고 고운 우리말 사용이 아름다운 소통을 이루고, 진정한 말맛을 느끼게 합니다. 그러므로 긍정하는 말과 고운 우리말을 사용해야 합니다.

중심 내용 | 긍정하는 말과 고운 우리말을 사용해야 합니다.

긍정하는 말

할 수 있어. 괜찮아. 멋있어 보여. 힘내자.
가능한 일이야. 다시 할 거야. 해 보자. 재밌어.

▼

부정하는 말

안 돼. 짜증 나. 이상해 보여. 힘들어.
어쩔 수 없어. 망했어. 하기 싫어. 귀찮아.

• **글의 종류** 주장하는 글
• **글의 특징** 긍정하는 말과 고운 우리말을 사용하자고 주장하는 글입니다.
• **작품 정리** 빈칸에 알맞은 말을 넣어 주장과 근거 정리하기

주장	긍정하는 말과 ❶(　　　) 우리말을 사용합시다.
근거	• 친구에게 긍정하는 말을 해 주니 좋은 일이 생겼습니다. • ❷(　　　)으로 말하면 말하는 사람은 물론이고 듣는 사람의 마음도 편안해집니다. • 고운 말을 사용하면 말하는 사람과 듣는 사람의 마음을 아름답게 해 줍니다.

추(醜 추할 추)한 옷차림이나 언행 따위가 지저분하고 더러운.
소통(疏 트일 소, 通 통할 통) 뜻이 서로 통하여 오해가 없음.

중요 독해

13 글쓴이의 주장은 무엇입니까? (　　　)

① 자신감 있게 말하자.
② 친구를 따돌리지 말자.
③ 줄임 말을 사용하지 말자.
④ 외국어를 지나치게 사용하지 말자.
⑤ 긍정하는 말과 고운 우리말을 사용하자.

서술형

14 ⑦에 들어갈 이 글에 어울리는 제목을 정하여 쓰시오.

_____

15 글 ❺에 대한 설명으로 알맞은 것의 기호를 쓰시오.

⑦ 문제 상황과 주장을 밝힌 부분이다.
④ 글쓴이의 주장에 대한 근거를 제시한 부분이다.
④ 글 내용을 요약하고 주장을 다시 한번 강조한 부분이다.

(　　　)

16 다음 중 올바른 우리말 사용에 대해 글을 쓰기 위해 만든 질문으로 알맞지 않은 것에 ×표 하시오.

⑴ 외국어를 잘할 수 있는 방법은 무엇일까요? (　　　)
⑵ 우리말 사용 실태를 조사한 까닭은 무엇인가요? (　　　)
⑶ 우리말 사용 실태를 조사하면서 어떤 생각이 들었나요? (　　　)

[1~2] 다음을 보고, 물음에 답하시오.

1 그림 ①에서 여자아이는 어떤 말을 사용했습니까?
( )

① 욕설　　② 외래어　　③ 고유어
④ 외국어　　⑤ 줄임 말

2 아빠와 여자아이의 대화에 대한 설명으로 알맞은 것에 ○표 하시오.

⑴ 의사소통이 안 되고 있다. ( )

⑵ 원활한 의사소통이 이루어지고 있다. ( )

⑶ 여자아이는 올바른 언어생활을 하고 있다.
( )

3 다음 남자아이가 어떻게 말했는지 설명한 것으로 알맞지 <u>않은</u> 것은 무엇입니까? ( )

① 비아냥거렸다.
② 부정적으로 말했다.
③ 비꼬는 말로 말했다.
④ 긍정의 마음을 주도록 말했다.
⑤ 솔연의 기분이 속상하게 말했다.

[4~5] 다음 글을 읽고, 물음에 답하시오.

　평범한 중고등학생 네 명을 대상으로 욕 사용 실태를 관찰했더니 네 시간 동안 평균 500여 번의 욕설이 쏟아졌습니다.

　충격적인 것은 이 학생들이 문제아나 불량 청소년이 아니라는 것입니다. 이제 욕은 많은 학생들의 입에서 거침없이 터져 나오는 일상어가 되어 버렸습니다.

　그렇다면 아이들이 최초로 욕을 대하는 때는 언제일까요?

　대중 매체 환경이 빠르게 바뀌면서 욕설이나 비속어를 대하는 나이가 더욱 어려지는 지금, 초등학교 교실을 찾아 그들이 아는 욕설을 적어 보도록 했습니다.

　그 결과, 절반 가까운 학생이 욕을 열 개 이상 버릇처럼 사용하고, 서른 개 이상 사용하는 아이도 있었습니다.

4 욕설이나 비속어를 대하는 나이가 어려지는 까닭이 무엇이라고 하였습니까? ( )

① 올바른 우리말이 점점 사라져서
② 대중 매체 환경이 빠르게 바뀌어서
③ 문제아나 불량 청소년들이 많아져서
④ 우리말을 훼손하는 사람들이 많아져서
⑤ 욕설이나 비속어에 중독된 학생들이 있어서

5 다음은 이 글을 읽고 올바른 우리말 사용과 관련 있는 질문을 만든 것입니다. 대답으로 알맞지 <u>않은</u> 것은 무엇이겠습니까? ( )

> 욕설이나 비속어를 섞어서 말하는 친구와 대화하면 기분이 어떨가요?

① 상처를 받을 것이다.
② 기분이 상할 것이다.
③ 기분이 좋지 않을 것이다.
④ 쓸쓸한 기분이 들 것이다.
⑤ 존중받고 있다는 생각이 들 것이다.

[6~7] 다음 글을 읽고, 물음에 답하시오.

우리 반 친구들을 대상으로 조사해 보니 긍정하는 말이 부정하는 말보다 듣기가 좋다는 결과가 나왔습니다. 긍정하는 말을 하면 말하는 사람은 물론 듣는 사람도 마음이 편안해집니다. 예를 들면 "안 돼."보다는 "할 수 있어.", "짜증 나."보다는 "괜찮아.", "이상해 보여."보다는 "멋있어 보여.", "힘들어."보다는 "힘내자."와 같이 부정하는 말을 긍정하는 말로 고쳐 사용하면, 말하는 사람과 듣는 사람 모두 기분도 좋아지고 자신감도 생긴다는 것입니다.

또 비속어나 욕설 같은 거친 말보다는 고운 우리말 사용이 자신과 상대의 마음을 아름답게 해 준다는 결과도 있습니다. 상대의 실수에는 너그러운 말을 하고, 내 잘못에는 미안하다는 말을 하며, 상대의 배려에는 고마운 말을 하는 것입니다. 비속어나 욕설을 사용하면 추한 마음이 생길 것인데 고운 우리말을 사용하면 너그러운 마음이 생기고, 미안한 마음이 생기며, 고마운 마음이 생기므로 아름다운 사람이 된다는 것입니다.

긍정하는 표현은 자신은 물론 주변 사람들 마음에 긍정하는 힘을 줍니다. 그리고 고운 우리말 사용이 아름다운 소통을 이루고, 진정한 말맛을 느끼게 합니다. 그러므로 긍정하는 말과 고운 우리말을 사용해야 합니다.

6 긍정하는 말이 <u>아닌</u> 것은 무엇입니까? (   )

① 힘내자.   ② 괜찮아.
③ 할 수 있어.   ④ 멋있어 보여.
⑤ 이상해 보여.

7 고운 우리말을 사용하면 좋은 점으로 알맞지 <u>않은</u> 것은 무엇입니까? (   )

① 아름다운 사람이 된다.
② 아름다운 소통을 이룬다.
③ 진정한 말맛을 느끼게 한다.
④ 신조어와 외국어가 많아진다.
⑤ 자신과 상대의 마음을 아름답게 해 준다.

8 다음 중 모둠 친구들과 우리말 사례집을 만들 때 생각해야 할 점이 <u>아닌</u> 것은 무엇입니까? (   )

① 조사는 어떻게 할 것인가?
② 어떤 형식으로 만들 것인가?
③ 어떤 내용으로 만들 것인가?
④ 주제는 무엇으로 정할 것인가?
⑤ 누가 모든 일을 진행할 것인가?

[문법]

9 다음 친구들은 우리말을 어떻게 사용했습니까?
(   )

① 욕설을 사용했다.
② 외국어를 지나치게 사용했다.
③ 비속어를 지나치게 사용했다.
④ 무분별하게 한자어를 사용했다.
⑤ 우리말을 지나치게 줄여서 사용했다.

[문법]

10 다음 중 우리말을 잘못 사용한 예가 <u>아닌</u> 것에 ×표 하시오.

⑴ 비속어나 욕설을 섞어서 말하는 경우 (   )

⑵ 우리말을 지나치게 줄여서 사용하는 경우
(   )

⑶ 어려운 외국어를 쉬운 우리말로 바꾸어 쓰는 경우
(   )

[1~3] 다음 그림을 보고, 물음에 답하시오.

② 솔연아, ㉠너희 모둠은 그 정도 밖에 못하니? 그냥 기권하지 그래.

③ 강민아, 끝까지 열심히 하는 모습이 멋지다. 힘내.

1 그림 ②에서 남자아이가 ㉠처럼 말한 까닭은 무엇이 겠습니까? (   )

① 자신 때문에 경기에서 진 것이 미안해서
② 자신의 모둠이 경기에서 져서 화가 나서
③ 경기에서 지는 모둠의 친구들이 안타까워서
④ 경기에서 지는 모둠의 친구들을 무시하고 싶어서
⑤ 경기에서 지는 모둠의 친구들에게 힘을 내라고 격려하고 싶어서

2 그림 ③에서 강민이의 마음으로 알맞은 것을 두 가지 고르시오. (   )

① 외롭다.　　　② 속상하다.
③ 답답하다.　　④ 힘이 난다.
⑤ 기분이 좋다.

서술형

3 그림 ②의 남자아이와 그림 ③의 여자아이의 언어생 활을 비교하여 쓰시오.

_____

_____

[4~5] 다음 글을 읽고, 물음에 답하시오.

평범한 중고등학생 네 명을 대상으로 욕 사용 실태 를 관찰했더니 네 시간 동안 평균 500여 번의 욕설이 쏟아졌습니다.

충격적인 것은 이 학생들이 문제아나 불량 청소년 이 아니라는 것입니다. 이제 욕은 많은 학생들의 입에 서 거침없이 터져 나오는 일상어가 되어 버렸습니다.

그렇다면 아이들이 최초로 욕을 대하는 때는 언제 일까요?

대중 매체 환경이 빠르게 바뀌면서 욕설이나 비속 어를 대하는 나이가 더욱 어려지는 지금, 초등학교 교 실을 찾아 그들이 아는 욕설을 적어 보도록 했습니다.

그 결과, 절반 가까운 학생이 욕을 열 개 이상 버릇 처럼 사용하고, 서른 개 이상 사용하는 아이도 있었습 니다.

4 이 글의 내용으로 알맞은 것을 모두 고르시오.

(   )

① 초등학생 중에서도 욕을 사용하는 학생이 많다.
② 중고등학생을 대상으로 욕 사용 실태를 관찰했다.
③ 중고등학생보다 초등학생들이 욕을 더 많이 사 용한다.
④ 문제아나 불량 청소년들만이 욕을 일상어처럼 사용한다.
⑤ 대중 매체 환경이 빠르게 바뀌면서 최초로 욕설 이나 비속어를 대하는 나이가 어려지고 있다.

5 이 글의 사례와 같은 언어생활이 지속될 때 벌어질 수 있는 일을 알맞게 말한 친구는 누구인지 쓰시오.

현정: 올바른 우리말이 점점 사라져 갈 것 같아.
정수: 우리말보다는 외국어를 사용하는 사람들이 점점 많아질 거야.
다미: 바르고 긍정적이며 배려하는 말을 하는 친 구들이 많아져서 소통이 잘될 거야.

(   )

[6~8] 다음 글을 읽고, 물음에 답하시오.

지원: 나는 텔레비전 뉴스 기사를 인터넷에서 찾았어. 「초등학생 줄임 말, 신조어 '심각'」이라는 뉴스야.

초등학생이 가장 많이 사용하는 신조어와 줄임 말	
핵노잼	23퍼센트
생선	22퍼센트
노답	18퍼센트
○○	18퍼센트
멘붕	16퍼센트
⋮	⋮

중화: 지원아, 조사를 참 잘했구나. 나는 선생님과 학생, 학생과 학생끼리도 서로 높임말을 사용하는 언어문화를 조사했어.

지원: 그랬구나. 중화야, 그 사례를 좀 더 자세히 이야기해 주겠니?

중화: ○○초등학교에서는 선생님과 학생, 학생과 학생끼리 공부 시간은 물론이고 학교에서 지내는 동안 높임말을 사용한대. 학생들이 서로 "진수 님, 창문 좀 닫아 줄 수 있을까요?"라고 존칭과 높임말을 쓰고, 선생님께서도 "연화 님, 연화 님은 배려심이 참 많아 칭찬해 주고 싶어요."처럼 존칭과 높임말을 사용하는 문화가 자리 잡았다고 해. 그래서 존중하고 배려하는 생활 공동체를 만들어 나가고 있대.

지원: 와, 그런 학교도 있구나. 우리 반에서도 하루 정도 날을 정해 선생님과 아이들, 친구들 사이에 높임말을 쓰거나 올바른 우리말을 사용해 보면 어떨까? 그리고 난 뒤에 어떤 마음이 들었는지 이야기도 나눠 보고 말이야.

6 지원이가 조사한 우리말 사용 실태는 어떤 내용입니까? (　　　)

① 직장인의 언어생활 문화
② 초등학생의 욕 사용 실태
③ 높임말을 잘못 사용하는 실태
④ 외국어를 지나치게 사용하는 실태
⑤ 줄임 말, 신조어 등 잘못된 우리말 사용 실태

[서술형]

7 중화가 조사한 언어문화는 무엇인지 쓰시오.

_____

8 중화가 조사한 언어문화의 좋은 점으로 알맞은 것은 무엇입니까? (　　　)

① 학교 주변이 쾌적해진다.
② 학생들이 공부에 집중할 수 있다.
③ 학생들이 안전하게 통학할 수 있다.
④ 학생들이 다양한 활동을 경험할 수 있다.
⑤ 존중하고 배려하는 생활 공동체를 만들 수 있다.

9 다음은 우리말 사용 실태에 대해 발표할 내용과 활용할 자료를 정리한 것입니다. 빈칸에 들어갈 알맞은 자료를 쓰시오.

부분	발표 내용	자료
처음	우리말 사용 실태의 하나로 욕설과 비속어에 중독된 학생들을 조사했습니다.	뉴스 사진
가운데	뉴스 기사에 따르면 초등학생의 97퍼센트가 비속어를 사용한 경험이 있는 것으로 나타났습니다. 욕설과 비속어에 중독된 청소년들의 통계를 나타낸 뉴스는 우리말이 훼손되고 있다는 것을 보여 주었습니다.	
끝	우리말을 올바르게 사용해야겠습니다.	사진

10 발표할 때 주의할 점을 생각하며 빈칸에 들어갈 말을 쓰시오.

(1) 일정한 목소리보다는 중요한 부분은 (　　　) 하며 발표한다.

(2) 듣는 사람이 이해하기 쉽도록 알맞은 (　　　) (으)로 발표한다.

(3) 발표 효과를 높이기 위해 사진이나 그림, 도표, 동영상 따위의 (　　　)을/를 사용한다.

[11~14] 다음을 보고, 물음에 답하시오.

㉮ 요즘 우리 반 친구들이 대화할 때 짜증 난다는 말이나 비속어, 욕설 따위를 사용합니다. 그런 말을 들으면 기분이 나빠지고 화가 나서 다툼도 일어납니다.

우리 반에는 공놀이할 때마다 실수해서 같은 편이 되기를 꺼려 하는 친구가 있습니다. 대부분 그 친구와 같은 편이 되면 "짜증 나."라는 말이나 비속어, 욕설을 합니다. 그러던 어느 날, 그 친구가 안쓰러워서 "괜찮아, 넌 잘할 수 있어."라고 말했습니다. 그랬더니 신기하게도 그 친구가 승점을 냈습니다.

이 일이 있은 뒤에 우리 반 친구들을 대상으로 조사해 보니 긍정하는 말이 부정하는 말보다 듣기가 좋다는 결과가 나왔습니다. 긍정하는 말을 하면 말하는 사람은 물론 듣는 사람도 마음이 편안해집니다. 예를 들면 "안 돼."보다는 "할 수 있어.", "짜증 나."보다는 "괜찮아.", "이상해 보여."보다는 "멋있어 보여.", "힘들어."보다는 "힘내자."와 같이 부정하는 말을 긍정하는 말로 고쳐 사용하면, 말하는 사람과 듣는 사람 모두 기분도 좋아지고 자신감도 생긴다는 것입니다.

㉯ 긍정하는 표현은 자신은 물론 주변 사람들 마음에 긍정하는 힘을 줍니다. 그리고 고운 우리말 사용이 아름다운 소통을 이루고, 진정한 말맛을 느끼게 합니다. 그러므로 긍정하는 말과 고운 우리말을 사용해야 합니다.

11 이 글은 어떤 실태 조사를 바탕으로 하여 쓴 글인지 빈칸에 알맞은 말을 쓰시오.

• (   )이/가 부정하는 말보다 듣기 좋다는 우리 반 친구들의 실태

12 글쓴이가 이 글을 쓴 까닭은 무엇입니까? (   )

① 고운 우리말의 종류를 소개하려고
② 자신감이 생기는 방법을 알려 주려고
③ 비속어, 욕설과 고운 우리말을 비교하려고
④ 긍정하는 말과 고운 우리말을 사용하자는 주장을 펴려고
⑤ 초등학생들이 비속어, 욕설을 많이 사용하는 실태를 알리고 함께하기를 권하려고

13 다음 보기 에서 자신은 물론 주변 사람들 마음에 긍정하는 힘을 주는 표현을 모두 찾아 쓰시오.

보기

안 돼,   괜찮아,   힘내자,   어쩔 수 없어,
다시 할 거야,   이상해 보여

(   )

서술형

14 다음은 이 글의 내용을 정리한 표입니다. 빈칸에 들어갈 알맞은 내용을 쓰시오.

주장	긍정하는 말과 고운 우리말을 사용합시다.
근거	(1) (2)

15 올바른 우리말 사례집을 만들기 위해 다음 친구들이 의논하고 있는 것은 무엇입니까? (   )

'심각한 말 줄임, 올바른 우리말 사용'은 어떨까?

'우리말 바로 하기'로 정해 보는 건 어때?

'새로운 우리말' 사례집을 만들면 좋을 것 같아.

① 주제   ② 내용   ③ 형식
④ 조사 방법   ⑤ 역할 분담

7. 우리말을 가꾸어요

수행평가

● 정답 및 풀이 24쪽

| 평가 주제 | 올바른 우리말 사례집 만들기 |
| 평가 목표 | 올바른 우리말 사례집을 어떻게 만들지 계획할 수 있다. |

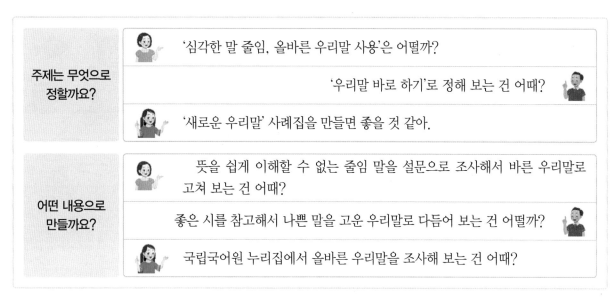

주제는 무엇으로 정할까요?	'심각한 말 줄임, 올바른 우리말 사용'은 어떨까?
	'우리말 바로 하기'로 정해 보는 건 어때?
	'새로운 우리말' 사례집을 만들면 좋을 것 같아.
어떤 내용으로 만들까요?	뜻을 쉽게 이해할 수 없는 줄임 말을 설문으로 조사해서 바른 우리말로 고쳐 보는 건 어때?
	좋은 시를 참고해서 나쁜 말을 고운 우리말로 다듬어 보는 건 어떨까?
	국립국어원 누리집에서 올바른 우리말을 조사해 보는 건 어때?

1 친구들이 우리말 사례집의 주제로 말한 것은 무엇인지 쓰시오.

2 친구들의 의견을 바탕으로, 올바른 우리말 사례집을 어떻게 만들지 조건 에 맞게 쓰시오.

조건
1. 주제, 내용, 형식, 조사 방법, 역할 분담에 대한 내용을 항목별로 정리한다.
2. 실천 가능한 내용으로 쓴다.

주제는 무엇으로 정할까요?	(1)
어떤 내용으로 만들까요?	(2)
어떤 형식으로 만들까요?	(3)
조사는 어떻게 할까요?	(4)
역할 분담은 어떻게 할까요?	(5)

7
단원

숨은 그림을 찾아보세요.

● 정답 및 풀이 24쪽

8 인물의 삶을 찾아서

▶ 학습을 완료하면 V표를 하면서 학습 진도를 체크해요.

8 인물의 삶을 찾아서

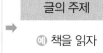
개념
강의

● 정답 및 풀이 24쪽

1 글쓴이가 말하고자 하는 생각 찾기

글의 주제	글에서 글쓴이가 말하고자 하는 생각
글의 주제 파악하기	글의 제목, 중요한 낱말, 중심 문장을 살펴보면 글의 주제를 파악할 수 있습니다.

글쓴이가 말하고자 하는 생각을 찾으며 글을 읽으면 얻을 수 있는 점

• 글 내용을 더 깊이 이해할 수 있습니다.
• 글쓴이가 글을 쓴 의도나 목적을 알 수 있습니다.
• 대상에 대한 자신의 생각을 다시 점검할 수 있습니다.
• 자신의 삶을 되돌아볼 수 있습니다.

> 예 「책이 주는 선물을 받고 싶은 어린이들에게」를 읽고 글의 주제 찾기
>
> '책'이라는 중심 낱말과 '책을 읽는 사람은 지혜롭게 세상을 살 수 있다고 해.'라는 중심 문장에서 글쓴이가 말하고자 하는 생각을 파악함. ➡ **글의 주제** 예 책을 읽자

2 인물이 추구하는 가치 파악하기

• 인물이 처한 상황을 떠올려 봅니다.
• 인물이 처한 상황에서 인물이 한 말과 행동을 알아봅니다.
• 인물이 처한 상황에서 그렇게 말하고 행동한 까닭을 생각해 봅니다.

> 예 「제게 12척의 배가 있으니」를 읽고 이순신이 처한 상황에서 한 말과 행동으로 추구하는 가치 파악하기

인물이 처한 상황	인물의 말이나 행동
일본군과 울돌목에서 싸우는 상황	• 배와 군사들을 많아 보이게 하려고 미리 작전을 짜고 물살을 이용해 적선을 공격함. • 죽으려 하면 살고, 살려 하면 죽으니 죽기를 각오하고 싸워야 한다고 말함.

⬇

어떤 고난도 포기하지 않고 극복하려는 의지와 용기를 추구

3 인물이 추구하는 가치를 자신의 삶과 관련짓기

• 이야기와 관련한 자신의 경험을 생각해 봅니다.
• 인물과 자신의 삶을 비교해 보고 느낀 점을 생각해 봅니다.
• 자신이 처한 문제나 고민을 해결하는 데 도움을 준 인물의 말과 행동을 생각해 봅니다.

---

1 글쓴이가 말하고자 하는 생각 찾기

주제를 찾으며 글을 읽으면 얻을 수 있는 점으로 알맞은 것에 모두 ○표 하시오.

(1) 자신의 삶을 후회할 수 있다.
( )
(2) 글의 내용을 복잡하게 이해할 수 있다. ( )
(3) 글쓴이가 글을 쓴 의도나 목적을 알 수 있다. ( )
(4) 대상에 대한 자신의 생각을 다시 점검할 수 있다. ( )

2 인물이 추구하는 가치 파악하기

인물이 추구하는 가치를 파악하는 방법에 맞게 빈칸에 들어갈 말을 보기 에서 찾아 써넣으시오.

보기
상황, 행동, 까닭

(1) 인물이 처한 ( )을/를 떠올려 본다.
(2) 인물이 처한 상황에서 인물이 한 말과 ( )을/를 알아본다.
(3) 인물이 처한 상황에서 그렇게 말하고 행동한 ( )을/를 생각한다.

3 인물이 추구하는 가치를 자신의 삶과 관련짓기

인물이 추구하는 가치를 자신의 삶과 관련짓는 방법에 대해 알맞게 말한 친구의 이름을 쓰시오.

> 기훈: 이야기와 관련한 자신의 경험을 생각해 봐야 해.
> 수란: 자신보다 남이 좋아하는 인물의 말과 행동을 생각해 봐야 해.

( )

8 인물의 삶을 찾아서

● 정답 및 풀이 24쪽

어휘

1. 핵심 개념 어휘: 인물, 추구하다, 가치

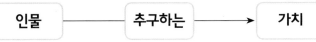

인물 → 추구하는 → 가치

人 사람 인
物 물건 물
뜻 이야기나 연극에서 어떤 역할을 하는 사람.

追 쫓을 추
求 구할 구
뜻 목적을 이룰 때까지 뒤쫓아 구하다.

價 값 가
値 값 치
뜻 귀중하게 여길 만한 성질이나 중요한 것.

➡ 이야기에서 인물이 추구하는 가치를 파악해 봅니다.

2. 작품 속 어휘

낱말	뜻	예시
일편단심	한 조각의 붉은 마음이라는 뜻으로, 진심에서 우러나오는 변치 않는 마음을 이르는 말.	성문이는 혜영이를 일편단심으로 좋아했습니다.
효험(效驗) 效 본받을 효 驗 시험 험	일에서 느끼는 좋은 보람. 또는 어떤 작용의 결과.	약을 먹자 바로 효험이 나타났습니다.
아수라장	싸움이나 그 밖의 다른 일로 큰 혼란에 빠진 곳.	선생님께서 나가시자 교실은 아수라장이 되었습니다.
인내심	괴로움이나 어려움을 참고 견디는 마음.	나는 인내심을 가지고 숙제를 했습니다.
고갈(枯渴)되다 枯 마를 고 渴 목마를 갈	어떤 일의 바탕이 되는 돈이나 물건, 재료, 인력 등이 다하여 없어지다.	오랜 가뭄으로 물이 고갈되었습니다.

문법 발음의 길이로 낱말 구별하기

◆ 우리말에는 표기는 같지만 발음의 길이가 달라서 뜻이 완전히 달라지는 낱말이 있습니다. 사람이나 동물의 다리 맨 끝부분을 뜻하는 '발[발]'과 가늘고 긴 대를 줄로 엮어 주로 무엇을 가리는 데 쓰는 '발[발:]'이 그 예이지요. '발[발]'처럼 짧게 내는 소리를 짧은 소리(단음), '발[발:]'처럼 길게 내는 소리를 긴소리(장음)라고 합니다.

짧은 소리		[밤] 해가 져서 어두워진 때부터 다음 날 해가 떠서 밝아지기 전까지의 동안.	짧은 소리	[눈] 빛의 자극을 받아 물체를 볼 수 있는 감각 기관.
긴소리		[밤:] 밤나무의 열매.	긴소리	[눈:] 대기 중의 수증기가 찬 기운을 만나 얼어서 땅 위로 떨어지는 얼음의 결정체.

어휘·문법 확인 문제

1 핵심 개념 어휘

다음 뜻에 알맞은 낱말을 쓰시오.

> 귀중하게 여길 만한 성질이나 중요한 것.

( )

2 작품 속 어휘

다음 빈칸에 들어갈 알맞은 낱말을 보기 에서 찾아 쓰시오.

보기
> 효험   인내심   일편단심

⑴ 신하는 임금을 ( )으로 섬겼다.
⑵ 배는 기침을 멎게 하는 데 ( )이/가 있다고 들었다.
⑶ 나는 ( )이/가 부족해서 한 가지 일을 꾸준히 못한다.

3 작품 속 어휘

다음 뜻에 해당하는 낱말을 쓰시오.

> 싸움이나 그 밖의 다른 일로 큰 혼란에 빠진 곳.

( )

4 문법

다음 설명하는 낱말의 바른 발음을 찾아 ○표 하시오.

> 밤나무의 열매.

⑴ [밤] ( )
⑵ [밤:] ( )

8 단원

하여가, 단심가

고려 말 상황

고려 말에 새로 등장한 정치 세력과 무인들은 고려 사회를 개혁하려고 했다. 그러나 그들 가운데에서 정몽주와 이성계가 생각하는 개혁 방법은 서로 달랐다. 정몽주는 고려를 유지하면서 개혁해야 한다고 생각했고, 이성계는 고려를 무너뜨리고 새로운 왕조를 세우고자 했다. 이러한 상황에서 이성계의 아들 이방원은 「하여가」를 썼고, 정몽주는 「단심가」를 썼다.

가 　　　　하여가
　　　　　　　　　　　　　　이방원

㉠이런들 어떠하며 ㉡저런들 어떠하리
㉢만수산 드렁칡이 얽혀진들 어떠하리
㉣우리도 이같이 얽혀져 ㉤백 년까지 누리리
　　얽힌들
　　　얽혀.

나 　　　　단심가
　　　　　　　　　　　　　　정몽주

이 몸이 죽고 죽어 일백 번 고쳐 죽어
백골이 진토 되어 넋이라도 있고 없고
임 향한 일편단심이야 가실 줄이 있으랴

- **글의 종류** 시조

- **글의 특징** 같은 시대 상황에서 다른 가치를 추구하는 두 인물의 생각을 비교해 볼 수 있습니다.

- **작품 정리** 빈칸에 알맞은 말을 넣어 이방원과 정몽주의 생각 파악하기

| 글 ㉮의 이방원 | 뜻을 함께 모아 새 ❶ (　　　　)을/를 세우자. |
| 글 ㉯의 정몽주 | 변함없이 ❷(　　　　)에 충성을 다하겠다. |

무인(武 굳셀 무, 人 사람 인) 무예와 무술을 닦은 사람.
개혁(改 고칠 개, 革 가죽 혁) 제도나 기구 따위를 새롭게 뜯어고침.
백골(白 흰 백, 骨 뼈 골) 죽은 사람의 몸이 썩고 남은 뼈.
진토(塵 티끌 진, 土 흙 토) 티끌과 흙을 통틀어 이르는 말.
일편단심 한 조각의 붉은 마음이라는 뜻으로, 진심에서 우러나오는 변치 않는 마음을 이르는 말.

---

1 고려 말 상황에 대한 설명으로 알맞은 것은 무엇입니까? (　　　)

① 왕권이 매우 강력했다.
② 일본의 지배를 받았다.
③ 이웃나라를 자주 침략했다.
④ 오랜 전쟁이 끝나고 평화로운 상황이었다.
⑤ 새로운 정치 세력과 무인들의 등장으로 혼란스러웠다.

중요 독해

2 ㉠~㉤ 중 이방원의 생각이 가장 잘 드러난 낱말은 무엇입니까? (　　　)

① ㉠이런들　② ㉡저런들　③ ㉢만수산
④ ㉣우리　⑤ ㉤백 년까지

어휘

3 ㉯에서 '진심에서 우러나오는 변치 않는 마음'을 뜻하는 말은 무엇입니까? (　　　)

① 넋　　② 몸　　③ 진토
④ 백골　　⑤ 일편단심

서술형

4 「단심가」에 나타난 정몽주의 생각은 무엇인지 쓰시오.

_____

_____

제게 12척의 배가 있으니 이강엽

❶ 1597년 8월, 나라에서는 이순신을 다시 삼도 수군통제사로 세웠습니다. 이순신은 전라도로 내려가면서 남은 배와 군사를 모았습니다. 그나마 여기저기 상한 배 12척과 120여 명의 군사를 모을 수 있었습니다. 나라에서는 아예 바다를 포기하고 육군으로 싸우라고 했습니다. 이순신은 임금님께 글을 올렸습니다.

"지난 5, 6년 동안 일본이 충청도와 전라도 쪽으로 공격해 오지 못한 것은 수군이 그 길목을 막고 있었기 때문입니다. 이제 제게 12척의 배가 있으니 죽을힘을 다해 싸운다면 이길 수 있을 것입니다."

중심 내용 | 이순신은 임금님께 12척의 배로 싸우겠다는 글을 올렸습니다.

❷ 이순신은 우선 고기잡이배와 피난 가는 배들을 판옥선처럼 꾸미게 했습니다. 비록 실제로 싸울 수 있는 배는 먼저 구한 12척과 나중에 구한 1척, 이렇게 총 13척밖에 안 되었지만, 멀리서 보면 수십 척의 판옥선이 갖추어진 것처럼 보이게 한 것입니다. 백성들에게는 바다가 보이는 육지의 산봉우리에서 계속 돌아다니게 했습

니다. 마치 우리 군사의 수가 많은 것처럼 보이도록 한 것입니다.

이순신은 모든 준비를 끝낸 뒤 부하 장수들을 불러 모았습니다.

"죽으려 하면 살고, 살려 하면 죽는다. 오늘 우리는 이 말처럼 죽기를 각오하고 싸워야 한다."

중심 내용 | 이순신은 모든 준비를 끝낸 뒤 부하들에게 죽기를 각오하고 싸워야 한다고 말했습니다.

- **글의 종류** 전기문
- **글의 특징** 포기하지 않고 끝까지 싸워 승리를 이끈 이순신이 추구하는 가치가 잘 드러난 글입니다.
- **작품 정리** 빈칸에 알맞은 말을 넣어 이순신의 가치관 정리하기

  - 어떤 고난도 ❶(   )하지 않고 극복하려는 의지를 추구함.
  - ❷(   )와/과 자신감을 추구함.

수군통제사 조선 시대에 바다에서 국방과 치안을 맡아보던 군대인 수군을 통솔하던 무관의 벼슬.
판옥선 조선 시대에 널빤지로 지붕을 덮은 전투선.

---

5 글 ❶에서 이순신이 처한 상황으로 알맞은 것에 ○표 하시오.

(1) 조선 수군이 일본 땅을 공격했다. (   )

(2) 부산을 치라는 임금의 명령을 받았다. (   )

(3) 수군을 포기하고 육군으로 싸우라는 나라의 명을 받았다. (   )

6 이순신이 임금님께 글을 올린 까닭은 무엇입니까?
(   )

① 바다를 포기하겠다는 뜻을 전하려고
② 군사를 더 모아 달라는 부탁을 하려고
③ 삼도 수군통제사에서 물러나겠다고 말하려고
④ 일본이 전라도를 공격했다는 소식을 전하려고
⑤ 자신에게 12척의 배가 있으니 포기하지 않고 싸우겠다는 의지를 전하려고

서술형

7 이순신은 적은 수의 군사와 배로 전쟁에서 이기기 위해 어떻게 했는지 쓰시오.

_____

_____

_____

8 이 글에서 알 수 있는 이순신이 추구하는 가치를 모두 고르시오. (   )

① 용기를 추구한다.
② 자신감을 추구한다.
③ 자신의 안전을 추구한다.
④ 부모님에 대한 효를 추구한다.
⑤ 어떤 고난도 포기하지 않고 극복하려는 의지를 추구한다.

버들이를 사랑한 죄   황선미

❶ "왜 그곳에 가아 하지?"

몽당깨비가 빙그레 웃었습니다.

"샘마을에는 버들이가 살거든. 나는 버들이를 위해 큰 기와집을 지었단다. 버들이랑 같이 사람으로 살고 싶어서. 그런데……."

갑자기 몽당깨비 얼굴이 어두워졌습니다. 미미가 활짝 웃으며 말했습니다.

"너도 사람이 되고 싶었니? 우린 공통점을 가졌구나. 그래서?"

"버들이는 강안이마을에서 늙고 병든 어머니와 둘이 살았어. 가난했지만 누구보다 예쁜 아가씨였단다. 새벽마다 도깨비 샘물을 뜨러 왔었지. 가장 먼저 샘물을 길어 마셔야 ㉠효험이 있다니까 어머니 병을 낫게 하려고 새벽마다 온 거였어. 도깨비들은 그때쯤이면 숲으로 숨기 시작하는데 나는 버들이를 보려고 늘 남아 있었지."

중심 내용 | 몽당깨비가 미미에게 샘마을에 가야 하는 까닭을 말했습니다.

❷ "언제부터인가 버들이가 고생하는 게 가엾어지기 시

작했어. 그래서 재주를 부려 가랑잎으로 돈을 만들어다 주고 부잣집 돈을 훔쳐 내기도 했지. 나는 풋내기 도깨비라서 큰 재주를 못 부리니까 도둑질하는 날이 많았단다."

중심 내용 | 몽당깨비는 버들이를 위해 도둑질을 하기도 했습니다.

❸ "어느 날, 버들이가 울면서 어머니가 위독하다고 했어. 어머니께 샘물을 좀 더 드리고 싶은데 샘이 너무 멀어서 조금밖에 못 길어 가니까 샘가에 오두막을 짓고 살겠다더군. 하지만 그건 위험한 생각이었어. 그 물은 산에 사는 온갖 동물들도 마시거든. 밤이면 여우도 나오고 호랑이도 나오는 곳이야. 밤마다 도깨비들까지 모였으니 사람이 얼씬거릴 곳이 아니었지."

미미는 더 물을 수가 없었습니다. 왠지 도깨비는 인형과 뭔가 다를 것 같았기 때문입니다.

효험(效 본받을 효, 驗 시험 험) 일에서 느끼는 좋은 보람. 또는 어떤 작용의 결과.
풋내기 경험이 없어서 일에 서투른 사람.
위독하다고 병이 매우 중하여 생명이 위태롭다고.
얼씬거릴 조금 큰 것이 잇따라 눈앞에 잠깐씩 나타났다 없어질.

---

9 몽당깨비가 가려는 곳은 어디인지 쓰시오.

(   )

10 버들이가 새벽마다 도깨비 샘물을 뜨러 왔던 까닭은 무엇입니까? (   )

① 어머니의 병을 낫게 하려고
② 도깨비와 함께 숲속에 숨으려고
③ 도깨비보다 먼저 병원에 가려고
④ 도깨비들에게 음식을 나누어 주려고
⑤ 버들이를 기다리는 몽당깨비를 만나려고

어휘

11 ㉠과 바꾸어 쓸 수 있는 말을 두 가지 고르시오.

(   )

① 효력   ② 효자   ③ 효소
④ 효성   ⑤ 효과

중요 독해

12 고생하는 버들이를 위해 몽당깨비가 한 일을 두 가지 고르시오. (   )

① 부잣집 돈을 훔쳐 냈다.
② 새벽마다 도깨비 샘물을 떠 줬다.
③ 도깨비들에게 버들이를 소개해 줬다.
④ 재주를 부려 가랑잎으로 돈을 만들었다.
⑤ 버들이 어머니의 병을 치료할 약을 만들었다.

13 글 ❸에서 몽당깨비가 처한 상황으로 알맞은 것을 찾아 기호를 쓰시오.

> ㉮ 샘을 도깨비들에게 빼앗겨 버들이와 함께 떠나야 한다.
> ㉯ 도와주고 싶은 버들이가 샘가에 오두막을 짓고 살고 싶어 한다.

(   )

버들이를 사랑한 죄

"파랑이와 의논했어. 파랑이는 펄쩍 뛰더군. 사람이 샘가에서 살기 시작하면 결국 도깨비들은 샘을 뺏기고 떠나야 한다고 했어. 버들이는 착한 여자라 그럴 리가 없다고 했지만 소용없었어. 버들이가 나를 꾐에 빠뜨리고 있다고 파랑이는 걱정만 했지."

중심 내용 | 어느 날 버들이가 샘가에 오두막을 짓고 살겠다고 했습니다.

❹ "샘가에 집을 지으면 우리가 더 오래 만날 수 있다고 버들이가 말했을 때에는 아주 행복했단다. 그래서 결심했어. 샘가에서 살 수 없다면 조금 떨어진 곳에 집을 짓기로. 파랑이도 더 반대하지 못했지. 그때부터 나는 재주를 한껏 발휘해 돈을 만들었단다. 부자들의 보물도 훔쳐 냈어. 버들이에게 오두막이 아닌 대궐 같은 기와집을 지어 주고 싶어서 말이야. 낮에는 사람들이 집을 지었지만 밤에는 내가 지었지. 아주 튼튼하게. 대왕님이 알고 호통쳤지만 하나도 무섭지 않았어."

중심 내용 | 몽당깨비는 버들이를 위해 샘가에서 조금 떨어진 곳에 기와집을 지어 주었습니다.

❺ "버들이가 이번에는 샘을 기와집 뒤란으로 옮겨 달

라고 하잖아. 그러면 집에서 샘물을 긷게 될 거라고."

"이제 보니 버들이는 욕심쟁이구나. 샘을 옮기다니! 그러면 다른 동물들은 샘물을 못 마시잖아?"

"파랑이도 그렇게 말했어. 하지만 나도 그걸 원했으
<small>샘을 옮기면 다른 동물들은 샘물을 못 마실 것이라고 했어.</small>
니까 버들이를 탓하지는 마. 나도 어느새 버들이랑 똑같은 생각을 하게 되었던 거야."

"그래서 샘을 옮겨 주었니?"

"땅속의 샘물줄기를 기와집 뒤란으로 흐르도록 해 주겠다고 약속했어. 그때 버들이가 기뻐하던 모습이라니, 지금도 잊을 수가 없어."

미미는 허공을 향해 빙그레 웃는 몽당깨비가 못마땅해서 고개를 저었습니다.

중심 내용 | 몽당깨비는 버들이를 위해 샘물줄기를 기와집 뒤란으로 흐르도록 해 주겠다고 약속했습니다.

꾐 주로 좋지 않은 일을 하도록 다른 사람을 속이거나 부추기는 것.
호통 몹시 화가 나서 크게 소리 지르거나 꾸짖음. 또는 그 소리.
뒤란 집 뒤 울타리의 안.
허공(虛 빌 허, 空 빌 공) 텅 빈 공중.

14 파랑이가 몽당깨비와 의논한 뒤 펄쩍 뛴 까닭은 무엇입니까? ( )

① 버들이의 사연이 안타까워서
② 샘가에 사는 사람들이 줄어들어서
③ 샘을 이용하는 도깨비들이 너무 많아져서
④ 몽당깨비가 샘가에 오두막을 짓지 않겠다고 해서
⑤ 사람이 샘가에서 살기 시작하면 결국 도깨비들은 샘을 뺏겨서

서술형

15 몽당깨비가 다음과 같이 말한 까닭은 무엇일지 쓰시오.

> "버들이는 착한 여자라 그럴 리가 없어."

_____

_____

16 이 글에서 알 수 있는 몽당깨비의 성격으로 알맞은 것은 무엇입니까? ( )

① 게으르다.　　　　② 겁이 많다.
③ 화를 잘 낸다.　　④ 거짓말을 잘한다.
⑤ 사랑하는 사람을 위해 진심을 다한다.

중요 독해

17 글 ❺에서 버들이와 몽당깨비가 처한 상황으로 알맞은 것은 무엇입니까? ( )

① 몽당깨비가 대왕님에게 벌을 받았다.
② 버들이의 어머니 병이 많이 나아지셨다.
③ 몽당깨비가 버들이에게 기와집을 지어 주었다.
④ 파랑이 때문에 버들이가 샘물을 못 마시게 되었다.
⑤ 버들이가 몽당깨비에게 샘을 기와집 뒤란으로 옮겨 달라고 했다.

8 단원

● 국어 278~279쪽 / 정답 및 풀이 25쪽

버들이를 사랑한 죄

❻ "버들이가 묻더군. 도깨비가 제일 무서워하는 게 뭐냐고." / "무서운 거?"

"말 머리와 말 피를 무서워한다고 했지. 그랬더니 그걸로 도깨비들이 집 안에 얼씬거리지 못하도록 수를 써야 한다고 했어. 내가 샘물줄기를 바꾸고 나면 틀림없이 도깨비들이 노여워할 거라고 말이야. 샘물줄기를 찾아 물길을 바꾸고 며칠 뒤에 가 보니까 기와집 앞은 온통 아수라장이었어." / "왜?"

"샘이 마른 이유를 알아내고 동물과 도깨비 들이 모두 그곳으로 모인 거야. 대왕님은 나를 잡아 오라고 불호령을 내렸지. 하지만 아무도 기와집은 건드리지 못했어. 기와집 담에는 빈틈없이 말 피가 뿌려져 있었고 대문에는 말 머리가 높이 올려져 있었던 거야. 끔찍한 광경이었어."

중심 내용 | 버들이는 몽당깨비가 샘물줄기를 바꾸어 주자 기와집 담에 말 피를 뿌리고, 대문에 말 머리를 올려 도깨비들이 들어오지 못하게 했습니다.

❼ "나는 대왕님한테 잡혀 벌을 받았단다. 대왕님은 기와집 담 밖에 구덩이를 파고 은행나무 한 그루를 심었

지. 나도 그 속에 묻고. 나는 천 년 동안 은행나무 뿌리에 얽매여 있어야 하는 벌을 받았단다. 버들이 곁에 있으면서도 만날 수 없는 끔찍한 벌이었지……."

중심 내용 | 몽당깨비는 샘물줄기를 바꾼 죗값으로 천 년 동안 은행나무 뿌리에 얽매여 있어야 하는 벌을 받았습니다.

- **글의 종류**   옛이야기

- **글의 특징**   몽당깨비가 자신의 이야기를 미미에게 들려주는 방식으로 전개되는 이야기입니다.

- **작품 정리**   빈칸에 알맞은 말을 넣어 인물이 추구하는 가치 정리하기

대상	인물이 추구하는 가치
몽당깨비	• 진심을 담아 상대를 대하는 것을 추구함. • 믿음과 ❶( )을/를 추구함.
버들이	• 현실적인 ❷( )을/를 추구함. • 효를 추구함.

> **아수라장**   싸움이나 그 밖의 다른 일로 큰 혼란에 빠진 곳.
> **불호령**   몹시 심하게 하는 꾸지람.
> **광경**(光 빛 광, 景 볕 경)   벌어진 일의 형편과 모양.
> **얽매여**   얽어서 동여 묶여.

---

18 도깨비가 제일 무서워하는 것을 두 가지 고르시오.

(   )

① 말 피   ② 말 머리   ③ 은행나무
④ 샘물줄기   ⑤ 대왕 도깨비

중요 독해

19 버들이는 몽당깨비가 샘물줄기를 바꾸어 주자 어떤 행동을 했습니까? (   )

① 몽당깨비에게 벌을 내렸다.
② 몽당깨비에게 대궐 같은 기와집을 지어 주었다.
③ 대문 앞을 도깨비가 좋아하는 것들로 꾸며 놓았다.
④ 기와집 담에 말 피를 뿌리고 대문에 말 머리를 올렸다.
⑤ 몽당깨비가 기와집 안에서 같이 살 수 있게 도움을 요청했다.

20 몽당깨비가 추구하는 가치에 대해 알맞게 말한 친구의 이름을 쓰시오.

> 동우: 도깨비들이 무서워하는 것을 버들이에게 알려 주는 것으로 보아 몽당깨비는 자신의 이익만을 추구하는 것 같아.
> 예나: 샘물줄기를 기와집 뒤란으로 옮기고, 버들이를 탓하지 말라고 말하는 것으로 보아 몽당깨비는 믿음과 사랑을 추구하는 것 같아.

(   )

서술형

21 몽당깨비는 대왕님에게 어떤 벌을 받았는지 쓰시오.

_____

_____

나무를 심는 사람

❶ 케냐에서는 여자아이를 학교에 보내는 경우가 매우 드물었다. 왕가리 마타이도 자신이 학교에 다니게 될 것이라고는 생각하지 못했다. 그러던 어느 날, 오빠 은데리투가 어머니에게 왕가리 마타이는 왜 학교에 다니지 않느냐고 물었고, 어머니는 고민 끝에 왕가리 마타이를 학교에 보내기로 결심했다.

왕가리 마타이는 학교에서 성실하게 공부해 좋은 성적을 거두었다. 선생님들은 왕가리 마타이의 남다른 ㉠총명함과 성실함을 눈여겨보고 그녀가 장학금을 받아 외국에서 공부할 수 있도록 도와주었다.

중심 내용 | 왕가리 마타이는 남다른 총명함과 성실함을 인정받아 외국에서 공부할 수 있게 되었습니다.

❷ 외국에서 공부를 마치고 케냐로 돌아온 왕가리 마타이는 황폐해진 케냐의 마을 풍경을 보고 깜짝 놀랐다. 케냐의 새로운 지도자들이 돈벌이를 위해 숲을 없애고 차나무와 커피나무를 심은 것이었다. 울창했던 숲은 벌목으로 벌거벗은 모습이 되었고, 비옥했던 토양은 영양
숲의 나무를 벰.
분이 고갈되어 동물과 식물을 제대로 길러 낼 수 없는

상태가 되었다. 이러한 변화로 사람들은 땔감을 구하기 어려웠고, 작물이 잘 자라지 않아 가난과 굶주림 속에서 고통받게 되었다.

파괴된 환경이 그녀와 그녀의 아이들 그리고 케냐의 모든 이에게 고통을 주고 있다는 것을 깨달은 왕가리 마타이는 자신이 할 수 있는 일이 무엇인지 생각해 보았다.

'나무를 심는 거야.'

왕가리 마타이는 나무를 심기로 마음먹고, 방법을 고민한 끝에 나무를 심어 주는 회사를 세웠다. 그녀는 이 회사가 헐벗고 삭막한 도시를 풍요롭게 만들 뿐만 아니라, 가난한 사람들에게 나무를 심고 관리하는 일자리를 제공할 것이라고 생각했다. 그러나 사업은 적자를 면하기 어려웠고, 누구도 그녀를 도와주지 않았다.

중심 내용 | 케냐의 파괴된 환경을 본 왕가리 마타이는 나무를 심어 주는 회사를 세웠으나 아무도 도와주지 않았습니다.

황폐해진 집, 땅, 숲 등이 거칠어져 못 쓰게 된.
고갈(枯 마를 고, 渴 목마를 갈)**되어** 어떤 일의 바탕이 되는 돈이나 물건, 재료, 인력 등이 다하여 없어져.
헐벗고 (비유적으로) 나무가 없어 산의 맨바닥이 드러나고.
적자 지출이 수입보다 많아서 생기는 결손액.

---

22 ㉠의 뜻으로 알맞은 것에 ○표 하시오.

(1) 썩 영리하고 재주가 있음. ( )

(2) 남을 존중하고 자기를 내세우지 않는 태도가 있음. ( )

(3) 터무니없는 고집을 부릴 정도로 매우 어리석고 둔함. ( )

23 외국에서 공부를 마치고 돌아온 왕가리 마타이가 깜짝 놀란 까닭은 무엇입니까? ( )

① 케냐가 선진국처럼 발전해 있어서
② 케냐의 인구가 두 배 이상 늘어나서
③ 황폐해진 케냐의 마을 풍경을 보아서
④ 학교에 다니는 여자아이들이 많아져서
⑤ 케냐를 관광하러 온 사람들로 넘쳐나서

24 왕가리 마타이가 나무를 심기로 마음먹은 까닭은 무엇입니까? ( )

① 마을 어른들이 부탁한 일이어서
② 케냐를 관광 도시로 만들어야 해서
③ 국제 전람회에 묘목을 전시해야 해서
④ 돈을 벌어 가난한 사람들을 도와주어야 해서
⑤ 파괴된 환경이 케냐의 모든 이에게 고통을 주고 있다는 것을 깨달아서

서술형

25 왕가리 마타이가 나무를 심어 주는 회사를 세우며 기대한 것은 무엇인지 쓰시오.

_____

_____

나무를 심는 사람

❸ 회사 운영이 어려워지자 왕가리 마타이는 묘목 장사를 해서 회사를 살리기로 하고, 1975년 나이로비에서 열린 국제 전람회에 참석해 묘목을 전시했다. 그러나 묘목을 사는 사람은 아무도 없었다. ㉠실망스러웠지만 왕가리 마타이는 포기하지 않았다. 때마침 그녀는 국제연합 해비탯 회의에 참석할 수 있는 기회를 얻었다. 왕가리 마타이는 그곳에서 테레사 수녀와 마거릿 미드에게 큰 감명을 받고, 나무와 숲이 있는 더 푸른 도시를 만들기로 결심했다. ㉡하지만 새로운 꿈을 품고 케냐로 돌아온 왕가리 마타이를 맞이한 것은 말라 죽은 묘목들이었다.

㉢"이제 나무 심기는 그만하면 어때?"

주위 사람들은 나무 심기에만 열중하는 왕가리 마타이를 설득했다.

㉣"나무 심기를 포기할 수는 없어요."

㉤왕가리 마타이는 포기하지 않고 나무 심기를 계속할 수 있는 방법을 찾아보았다.

중심 내용 | 왕가리 마타이는 많은 어려움을 겪었으나 나무 심기를 포기하지 않았습니다.

❹ 왕가리 마타이는 시골 여성들과 함께 나무를 심었

다. 그리고 그녀들을 격려하며 나무 심기 운동을 전파해 달라고 부탁했다. 이러한 노력들이 모여 나무 심기 운동은 큰 변화를 가져왔다. 묘목을 한꺼번에 약 1000그루씩 적당한 간격을 두고 심어 '벨트'를 만들도록 권장하면서 나무 심기 운동은 '그린벨트 운동'으로 불렸다.

그린벨트 운동은 성공적이었지만, 심은 나무를 가꾸기까지는 시간과 노력이 많이 필요했다. 나무를 가꾸는 데 지친 몇몇 사람은 나무를 심기보다는 베어서 쓰고 싶어 했다.

"나무가 빨리 자라지 않으니 나무를 심기 싫어요."

왕가리 마타이는 사람들에게 ㉮ 을 지니고 나무를 심어 줄 것을 부탁했다.

"우리가 오늘 베고 있는 나무는 우리가 심은 것이 아니라 이전에 누군가가 심어 준 것입니다. 그러니까 우리도 우리 아이들을 위해서, 미래의 케냐를 위해서 나무를 심어야 해요."

중심 내용 | 왕가리 마타이는 나무 심기 운동을 이끌었습니다.

묘목　옮겨 심는 어린나무.
감명　감격하여 마음에 깊이 새김. 또는 그 새겨진 느낌.
전파해　전하여 널리 퍼뜨려.

---

26 ㉠~㉤ 중 왕가리 마타이가 추구하는 가치를 알 수 있는 말이나 행동을 모두 고르시오. (　　　　)

① ㉠　② ㉡　③ ㉢　④ ㉣　⑤ ㉤

어휘

27 ㉮에 들어갈 낱말의 뜻이 다음과 같을 때, 알맞은 낱말은 무엇입니까? (　　　)

> 괴로움이나 어려움을 참고 견디는 마음.

① 안심　② 애국심　③ 인내심
④ 조바심　⑤ 경쟁심

28 왕가리 마타이가 추진한 나무 심기 운동은 무엇으로 불리게 되었는지 찾아 쓰시오.

(　　　　　　　　)

29 나무가 빨리 자라지 않아 나무를 심기 싫다는 사람들에게 왕가리 마타이가 한 말은 무엇입니까? (　　　)

① 농약의 사용량을 늘리면 된다.
② 노력하면 어떤 일도 해낼 수 있다.
③ 열심히 일하면 품삯을 더 줄 것이다.
④ 정성을 들이지 않으면 나무가 자라지 않는다.
⑤ 우리 아이들을 위해서, 미래의 케냐를 위해서 나무를 심어야 한다.

나무를 심는 사람

❺ 1989년, 케냐 정부는 나이로비 시내 한복판에 있는 우후루 공원에 복합 빌딩을 건설하려고 했다. 우후루 공원은 대도시 나이로비에 남아 있는 유일한 녹지 공간으로, 콘크리트 건물 사이에서 시민들의 쉼터 역할을 하고 있었다. 왕가리 마타이는 도심 속 녹지대와 시민들의 쉼터가 계속 보전되어야 한다고 생각했다. 그녀는 관련 회사와 정부에 편지를 쓰고 언론에 자신의 주장을 알리며 우후루 공원을 지키려고 애썼다.

중심 내용 | 왕가리 마타이는 나이로비의 유일한 녹지 공간인 우후루 공원을 지키기 위해 노력했습니다.

❻ 왕가리 마타이는 아무리 힘든 상황이라도 절망하지 않고 문제를 해결할 수 있는 방법을 찾아 나섰다. 환경 운동가인 왕가리 마타이에게 환경을 보호하는 방법은 나무를 심는 것이었다. 나무를 심고 키우는 것이 환경을 보호하고 사람을 이롭게 한다고 생각했다. 그래서 다른 사람들이 은퇴를 하고 휴식을 취할 무렵인 노년에도 환경 보호 운동에 앞장섰다. 그리고 왕가리 마타이는 이러한 노력을 인정받아 2004년에 아프리카 여성 최초로 노

벨 평화상을 받았다.

중심 내용 | 환경 보호 운동에 앞장선 왕가리 마타이는 2004년에 아프리카 여성 최초로 노벨 평화상을 받았습니다.

- **글의 종류** 전기문

- **글의 특징** 포기하지 않고 나무 심기 운동을 이끈 왕가리 마타이가 추구하는 가치가 잘 드러난 글입니다.

- **작품 정리** 빈칸에 알맞은 말을 넣어 왕가리 마타이가 추구하는 가치 정리하기

왕가리 마타이가 한 일
• 나무 심기 운동을 꾸준히 실천함.
• ❶(   ) 공원에 건물 짓는 것을 반대함.
• 노년에 이른 상황에서도 ❷(   ) 보호 운동에 앞장섬.

▼

왕가리 마타이가 추구하는 가치
모두의 ❸(   )와/과 이익을 추구함.

녹지대(綠 푸를 녹, 地 땅 지, 帶 띠 대) 자연환경을 보전하거나 공해를 방지하기 위해 도시의 안이나 그 주변에 일부러 조성한 녹지.
은퇴(隱 숨을 은, 退 물러날 퇴) 직임에서 물러나거나 사회 활동에서 손을 떼고 한가히 지냄.

---

30 1989년에 케냐 정부에서 하려고 한 일은 무엇입니까? (   )

① 나무를 심는 국경일을 만들려고 했다.
② 숲을 없애고 커피나무를 심으려고 했다.
③ 케냐에 그린벨트 지역을 지정하려고 했다.
④ 나무를 심어 주는 회사를 설립하려고 했다.
⑤ 우후루 공원에 복합 빌딩을 건설하려고 했다.

31 왕가리 마타이가 우후루 공원을 지키려고 한 까닭으로 알맞은 것에 ○표 하시오.

(1) 왕가리 마타이가 개인적으로 좋아하는 곳이기 때문에 (   )

(2) 공원에 더 멋진 복합 빌딩을 건설하고 싶은 계획이 있었기 때문에 (   )

(3) 도심 속 녹지대와 시민들의 쉼터가 계속 보전되어야 한다고 생각했기 때문에 (   )

중요 독해

32 이 글에서 알 수 있는 왕가리 마타이가 추구하는 가치가 아닌 것에 ✕표 하시오.

(1) 끈기를 추구한다. (   )
(2) 우정을 추구한다. (   )
(3) 자연 환경 보호를 추구한다. (   )

서술형

33 왕가리 마타이가 추구하는 가치를 자신의 삶과 관련 지어 다음 조건 에 맞게 쓰시오.

> **조건**
> 인물과 자신의 삶을 비교해 보고 느낀 점을 생각해 쓴다.

_____

_____

_____

8 단원

[1~2] 다음 글을 읽고, 물음에 답하시오.

책 속에는 많은 이야기가 숨어 있어. 그리고 이야기 속 인물들은 우리를 다양한 경험 세계로 데려다주지. 꿈과 희망, 소외된 사람들에 대한 관심, 용기와 도전 같이 작가가 말하고자 하는 생각도 듣는단다. 그 많은 이야기에 공감하며 이야기 속 인물의 삶에서 내 삶을 돌아보는 기회가 되는 것도 책이 주는 선물이야. 그래서 책을 읽는 사람은 지혜롭게 세상을 살 수 있다고 해. 나는 책에서 꿈을 찾았고 꿈을 이루는 방법까지 배웠으니 책이 주는 더 특별한 선물을 받은 거지.

책이 주는 선물을 받고 싶니? 너희도 책을 읽어 봐.

1 글쓴이가 책을 읽는 사람이 지혜롭게 세상을 살 수 있다고 한 까닭을 모두 고르시오. (   )

① 작가가 말하고자 하는 생각을 듣기 때문에
② 책 속에는 한 가지의 답이 나와 있기 때문에
③ 이야기 속 인물을 통해 다양한 경험을 할 수 있기 때문에
④ 실제로 일어난 일들을 바탕으로 하여 이야기를 쓰기 때문에
⑤ 이야기 속 인물의 삶에서 내 삶을 돌아보는 기회가 되기 때문에

2 이 글에서 글쓴이가 말하고자 하는 생각은 무엇입니까? (   )

① 작가라는 꿈을 갖자.
② 친구들에게 책을 선물하자.
③ 책에 나오는 인물의 모습을 닮자.
④ 소외된 사람들에 대해 관심을 갖자.
⑤ 책을 읽으면 지혜롭게 세상을 살 수 있으니 책을 읽자.

[3~5] 다음 글을 읽고, 물음에 답하시오.

㉮ 이순신은 임금님께 글을 올렸습니다.

"지난 5, 6년 동안 일본이 충청도와 전라도 쪽으로 공격해 오지 못한 것은 수군이 그 길목을 막고 있었기 때문입니다. 이제 제게 12척의 배가 있으니 죽을 힘을 다해 싸운다면 이길 수 있을 것입니다."

이순신은 오랜 고민 끝에 '울돌목(명량 해협)'을 싸움터로 정했습니다.

㉯ 비록 실제로 싸울 수 있는 배는 먼저 구한 12척과 나중에 구한 1척, 이렇게 총 13척밖에 안 되었지만, 멀리서 보면 수십 척의 판옥선이 갖추어진 것처럼 보이게 한 것입니다. 백성들에게는 바다가 보이는 육지의 산봉우리에서 계속 돌아다니게 했습니다. 마치 우리 군사의 수가 많은 것처럼 보이도록 한 것입니다.

이순신은 모든 준비를 끝낸 뒤 부하 장수들을 불러 모았습니다.

"죽으려 하면 살고, 살려 하면 죽는다. 오늘 우리는 이 말처럼 죽기를 각오하고 싸워야 한다."

3 이순신이 싸움터로 정한 곳은 어디인지 쓰시오.

(   )

4 이순신이 적군과 싸우기 위해 준비한 것은 무엇인지 빈칸에 알맞은 말을 쓰시오.

• 수십 척의 ⑴ (   )와/과 많은 ⑵ (   )이/가 갖추어진 것처럼 보이도록 함.

5 이 글에서 이순신이 추구하는 가치를 파악하는 방법이 <u>아닌</u> 것은 무엇입니까? (   )

① 이순신이 한 말을 알아본다.
② 이순신이 한 행동을 알아본다.
③ 이순신이 처한 상황을 떠올려 본다.
④ 이순신과 관련된 주변 인물의 성격을 알아본다.
⑤ 이순신이 처한 상황에서 그렇게 말하고 행동한 까닭을 생각한다.

[6~8] 다음 글을 읽고, 물음에 답하시오.

㉮ 1989년, 케냐 정부는 나이로비 시내 한복판에 있는 우후루 공원에 복합 빌딩을 건설하려고 했다. 우후루 공원은 대도시 나이로비에 남아 있는 유일한 녹지 공간으로, 콘크리트 건물 사이에서 시민들의 쉼터 역할을 하고 있었다. 왕가리 마타이는 도심 속 녹지대와 시민들의 쉼터가 계속 보전되어야 한다고 생각했다. 그녀는 관련 회사와 정부에 편지를 쓰고 언론에 ㉠자신의 주장을 알리며 우후루 공원을 지키려고 애썼다. 친구들은 힘들어하는 왕가리 마타이를 걱정했다.

"왜 이렇게까지 하는 거야? 그건 네가 간섭할 일은 아니잖아?"

"우후루 공원은 모든 사람의 것이야. 그러니까 누군가는 그 잘못을 말해야 해."

㉯ 왕가리 마타이는 아무리 힘든 상황이라도 절망하지 않고 문제를 해결할 수 있는 방법을 찾아 나섰다. 환경 운동가인 왕가리 마타이에게 환경을 보호하는 방법은 나무를 심는 것이었다. 나무를 심고 키우는 것이 환경을 보호하고 사람을 이롭게 한다고 생각했다. 그래서 다른 사람들이 은퇴를 하고 휴식을 취할 무렵인 노년에도 환경 보호 운동에 앞장섰다. 그리고 왕가리 마타이는 이러한 노력을 인정받아 2004년에 아프리카 여성 최초로 노벨 평화상을 받았다.

6 ㉠은 무엇일지 알맞은 것에 ○표 하시오.

(1) 우후루 공원을 개발해야 한다. ( )

(2) 우후루 공원을 계속 보전해야 한다. ( )

(3) 우후루 공원에 복합 빌딩을 세워야 한다. ( )

7 글 ㉯에서 알 수 있는 왕가리 마타이에 대한 내용으로 알맞지 <u>않은</u> 것은 무엇입니까? ( )

① 환경 보호 운동에 앞장섰다.

② 2004년에 노벨 평화상을 받았다.

③ 은퇴를 한 뒤 노년에는 편하게 휴식을 취했다.

④ 나무를 심고 키우는 것이 사람을 이롭게 한다고 생각했다.

⑤ 환경을 보호하는 방법은 나무를 심는 것이라고 생각했다.

8 케냐 정부와 왕가리 마타이가 추구하는 가치는 무엇인지 보기 에서 찾아 기호를 쓰시오.

> **보기**
> ㉮ 형제와의 우애 ㉯ 자연환경 보호
> ㉰ 부모님의 사랑 ㉱ 현실적인 이익

(1) 케냐 정부 ( )

(2) 왕가리 마타이 ( )

문법

9 다음 문장의 빈칸에 들어갈 낱말과 그 발음(발음의 길이)을 쓰시오.

> 창밖을 보니 밤새 내린 하얀 [   ]이 소복하게 쌓여 있었다.

(1) 낱말: ( )

(2) 발음: [ ]

문법

10 다음 낱말의 발음에 알맞은 뜻을 보기 에서 찾아 기호를 쓰시오.

> **보기**
> ㉮ 밤나무의 열매.
> ㉯ 해가 져서 어두워진 때부터 다음 날 해가 떠서 밝아지기 전까지의 동안.
> ㉰ 사람의 생각이나 느낌 등을 표현하고 전달하는 데 쓰는 음성 기호.
> ㉱ 네 다리와 목, 얼굴이 길고 목덜미에는 갈기가 있으며 꼬리는 긴 털로 덮인 동물.

(1) [밤] ( ) (2) [밤ː] ( )

(3) [말] ( ) (4) [말ː] ( )

8
단원

[1~3] 다음 글을 읽고, 물음에 답하시오.

㉮ 정몽주와 이성계가 생각하는 개혁 방법은 서로 달랐다. 정몽주는 고려를 유지하면서 개혁해야 한다고 생각했고, 이성계는 고려를 무너뜨리고 새로운 왕조를 세우고자 했다. 이러한 상황에서 이성계의 아들 이방원은 「하여가」를 썼고, 정몽주는 「단심가」를 썼다.

㉯　　　　　　하여가

이방원

이런들 어떠하며 저런들 어떠하리
만수산 드렁칡이 얽혀진들 어떠하리
우리도 이같이 얽혀져 백 년까지 누리리

㉰　　　　　　단심가

정몽주

이 몸이 죽고 죽어 일백 번 고쳐 죽어
백골이 진토 되어 넋이라도 있고 없고
임 향한 일편단심이야 가실 줄이 있으랴

1 ㉯의 시조에서 이방원의 생각이 잘 드러난 장을 찾아 기호를 쓰시오.

| ㉮ 초장 | ㉯ 중장 | ㉰ 종장 |

(　　　　　　　　　)

2 글 ㉮를 참고했을 때 ㉯의 시조에 나타난 이방원의 생각은 무엇이겠습니까? (　　　)

① 흘러가는 대로 살자.
② 백 년까지 오래 살자.
③ 고려를 끝까지 지키자.
④ 다른 나라에 맞서 싸우자.
⑤ 뜻을 함께 모아 새 나라를 세우자.

3 ㉰의 시조에서 정몽주의 생각이 가장 잘 드러난 낱말을 찾아 쓰시오.

(　　　　　　　　　)

[4~5] 다음 글을 읽고, 물음에 답하시오.

㉮ 단 13척의 배로 133척의 배를 물리친 기적 같은 전투였습니다. 이 전투가 바로 '명량 대첩'입니다.
　백성들은 이순신을 믿고 다시 모여들기 시작했습니다. 오랜만의 평화였습니다. 그러나 이상하게도 이순신의 마음은 불안하기만 했습니다. 꿈자리도 뒤숭숭했습니다.

㉯ 나쁜 꿈은 바로 다음 날 현실로 드러났습니다. 면이 마을을 기습해 온 일본군과 싸우다가 죽었다는 소식이 날아든 것입니다. 일본군이 이순신에 대한 분풀이로 이순신의 고향 마을을 공격한 것이 분명했습니다. 면은 이제 겨우 스물한 살의 젊디젊은 청년이었습니다. 이순신은 이 일이 자기 탓처럼 여겨졌습니다.
　'내가 죽을 것을 그 애가 대신 죽었구나.'
　마음속에서는 이런 소리가 터져 나왔습니다. 밤이면 몇 번씩 자다 깨다 했습니다. 그러다가 코피를 한 사발씩 쏟기도 했습니다. 잠깐만 눈을 붙여도 아들 면의 모습이 보였습니다. 이순신은 자기도 모르게 이를 악물었습니다.
　㉠'이제는 끝내야만 해.'
　"아직도 저에게는 12척의 배가 있습니다. 비록 배는 적지만, 제가 죽지 않는 한 적이 감히 우리를 업신여기지 못할 것입니다."

4 이순신이 ㉠처럼 생각한 까닭으로 가장 알맞은 것은 무엇입니까? (　　　)

① 꿈자리가 뒤숭숭하여서
② 아들 면의 얼굴이 떠오르지 않아서
③ 12척의 배로는 전쟁을 할 수 없다고 생각해서
④ 일본군이 다시 쳐들어오지 않을 것이라 생각해서
⑤ 더는 일본군 때문에 죽는 사람이 없도록 이겨서 전쟁을 끝내야겠다고 생각해서

서술형

5 이순신이 처한 상황에서 한 말이나 행동을 통해 이순신이 추구하는 가치를 쓰시오.

_____
_____

[6~10] 다음 글을 읽고, 물음에 답하시오.

㉮ "왜 그곳에 가야 하지?"

몽당깨비가 빙그레 웃었습니다.

"샘마을에는 버들이가 살거든. 나는 버들이를 위해 큰 기와집을 지었단다. 버들이랑 같이 사람으로 살고 싶어서. 그런데……."

갑자기 몽당깨비 얼굴이 어두워졌습니다. 미미가 활짝 웃으며 말했습니다.

"너도 사람이 되고 싶었니? 우린 공통점을 가졌구나. 그래서?"

"버들이는 강안이마을에서 늙고 병든 어머니와 둘이 살았어. 가난했지만 누구보다 예쁜 아가씨였단다. 새벽마다 도깨비 샘물을 뜨러 왔지. 가장 먼저 샘물을 길어 마셔야 효험이 있다니까 어머니 병을 낫게 하려고 새벽마다 온 거였어."

㉯ "버들이가 이번에는 샘을 기와집 뒤란으로 옮겨 달라고 하잖아. 그러면 집에서 샘물을 긷게 될 거라고."

"이제 보니 버들이는 욕심쟁이구나. 샘을 옮기다니! 그러면 다른 동물들은 샘물을 못 마시잖아?"

"파랑이도 그렇게 말했어. 하지만 나도 그걸 원했으니까 버들이를 탓하지는 마. 나도 어느새 버들이랑 똑같은 생각을 하게 되었던 거야."

"그래서 샘을 옮겨 주었니?"

"땅속의 샘물줄기를 기와집 뒤란으로 흐르도록 해 주겠다고 약속했어. 그때 버들이가 기뻐하던 모습이라니, 지금도 잊을 수가 없어."

㉰ "버들이가 묻더군. ㉠도깨비가 제일 무서워하는 게 뭐냐고." / "무서운 거?"

"말 머리와 말 피를 무서워한다고 했지. 그랬더니 그걸로 도깨비들이 집 안에 얼씬거리지 못하도록 수를 써야 한다고 했어. 내가 샘물줄기를 바꾸고 나면 틀림없이 도깨비들이 노여워할 거라고 말이야. 샘물줄기를 찾아 물길을 바꾸고 며칠 뒤에 가 보니까 기와집 앞은 온통 아수라장이었어." / "왜?"

"샘이 마른 이유를 알아내고 동물과 도깨비 들이 모두 그곳으로 모인 거야. 대왕님은 나를 잡아 오라고 불호령을 내렸지. 하지만 아무도 기와집은 건드리지 못했어. 기와집 담에는 빈틈없이 말 피가 뿌려져 있었고 대문에는 말 머리가 높이 올려져 있었던 거야. 끔찍한 광경이었어."

---

6 몽당깨비가 샘마을에 가려는 까닭은 무엇입니까?

( )

① 숲으로 숨기 위해서
② 사람이 되고 싶어서
③ 버들이가 살고 있어서
④ 늙고 병든 어머니가 계시는 곳이어서
⑤ 어머니 병을 낫게 하는 샘물이 있어서

서술형

7 몽당깨비와 미미의 공통점은 무엇인지 쓰시오.

_____

_____

8 버들이는 자신을 위해 기와집을 지어 준 몽당깨비에게 어떤 행동을 했습니까? ( )

① 샘물줄기를 없애 주었다.
② 새벽마다 도깨비 샘물을 떠 주었다.
③ 점점 샘물을 쉽게 얻을 수 있도록 요구했다.
④ 다른 도깨비들로부터 몽당깨비를 지켜 주었다.
⑤ 몽당깨비에게 어떻게든 은혜를 갚으려고 했다.

9 버들이가 ㉠과 같이 물은 까닭은 무엇인지 다음 빈칸에 알맞은 말을 쓰시오.

(1) ( )을/를 바꾸고 나면 노여워할 도깨비들이 집 안에 (2) ( ) 못하도록 수를 써야 한다고 생각했기 때문이다.

10 버들이와 몽당깨비가 추구하는 가치를 각각 찾아 선으로 이으시오.

| (1) 버들이 | • | • ㉮ | 믿음과 사랑을 추구한다. |
| (2) 몽당깨비 | • | • ㉯ | 현실적인 이익을 추구한다. |

8
단원

[11~15] 다음 글을 읍고, 물음에 답하시오.

㉮ 외국에서 공부를 마치고 케냐로 돌아온 왕가리 마타이는 황폐해진 케냐의 마을 풍경을 보고 깜짝 놀랐다. 케냐의 새로운 지도자들이 돈벌이를 위해 숲을 없애고 차나무와 커피나무를 심은 것이었다. 울창했던 숲은 벌목으로 벌거벗은 모습이 되었고, 비옥했던 토양은 영양분이 고갈되어 동물과 식물을 제대로 길러낼 수 없는 상태가 되었다. 이러한 변화로 사람들은 땔감을 구하기 어려웠고, 작물이 잘 자라지 않아 가난과 굶주림 속에서 고통받게 되었다.

파괴된 환경이 그녀와 그녀의 아이들 그리고 케냐의 모든 이에게 고통을 주고 있다는 것을 깨달은 왕가리 마타이는 자신이 할 수 있는 일이 무엇인지 생각해 보았다. / '나무를 심는 거야.'

왕가리 마타이는 나무를 심기로 마음먹고, 방법을 고민한 끝에 나무를 심어 주는 회사를 세웠다.

㉯ 때마침 그녀는 국제연합 해비탯 회의에 참석할 수 있는 기회를 얻었다. 왕가리 마타이는 그곳에서 테레사 수녀와 마거릿 미드에게 큰 감명을 받고, 나무와 숲이 있는 더 푸른 도시를 만들기로 결심했다. 하지만 새로운 꿈을 품고 케냐로 돌아온 왕가리 마타이를 맞이한 것은 말라 죽은 묘목들이었다.

"이제 나무 심기는 그만하면 어때?"

주위 사람들은 나무 심기에만 열중하는 왕가리 마타이를 설득했다.

"나무 심기를 포기할 수는 없어요."

왕가리 마타이는 포기하지 않고 나무 심기를 계속할 수 있는 방법을 찾아보았다. 그리고 곧 그 기회가 생겼다.

1977년, 케냐여성위원회에서 왕가리 마타이에게 해비탯 회의에서 보고 들은 것을 연설해 달라고 부탁한 것이다.

11 왕가리 마타이가 공부를 마치고 돌아왔을 때 케냐의 상황으로 알맞지 않은 것은 무엇입니까? ( )

① 울창했던 숲이 없어졌다.
② 사람들이 땔감을 구하기 어려웠다.
③ 비옥했던 토양은 영양분이 고갈되었다.
④ 많은 사람이 커피나무를 심어 돈을 벌었다.
⑤ 사람들이 가난과 굶주림 속에서 고통받았다.

12 왕가리 마타이가 국제연합 해비탯 회의에 참석한 후 결심한 것은 무엇인지 쓰시오.

_____

_____

13 이 글에서 왕가리 마타이가 한 일을 두 가지 고르시오. ( )

① 나무를 심어 주는 회사를 세웠다.
② 케냐에서 국제연합 해비탯 회의를 열었다.
③ 돈벌이를 위하여 차나무를 심자고 주장했다.
④ 토양을 비싼 값에 팔 수 있는 방법을 연구했다.
⑤ 나무 심기를 계속할 수 있는 방법을 찾아보았다.

14 다음 중 왕가리 마타이가 추구하는 가치를 두 가지 고르시오. ( )

① 자연환경 보호
② 물질적인 보상
③ 가족을 위한 희생
④ 모두의 이익과 행복
⑤ 눈으로 보이는 아름다움

15 다음 빈칸에 들어갈 말을 보기 에서 찾아 왕가리 마타이가 추구하는 가치를 자신의 삶과 관련짓는 방법을 정리하여 쓰시오.

보기		
말	경험	비교

⑴ 이 글과 관련한 자신의 ( )을/를 생각해 본다.

⑵ 왕가리 마타이와 자신의 삶을 ( )해 보고 느낀 점을 생각해 본다.

⑶ 자신이 처한 문제나 고민 해결에 도움을 준 왕가리 마타이의 ( )와/과 행동을 생각해 본다.

8. 인물의 삶을 찾아서

● 정답 및 풀이 27쪽

평가 주제	문학 작품 속 인물 소개하기
평가 목표	인물이 추구하는 가치가 잘 드러나도록 인물 소개서를 쓸 수 있다.

1 그동안 읽은 문학 작품 가운데에서 소개하고 싶은 작품의 제목과 인물을 쓰시오.

작품 제목	소개하고 싶은 인물
(1)	(2)

2 인물에게 일어난 일과 기억나는 인물의 말과 행동을 쓰시오.

인물에게 일어난 일	(1)
기억나는 인물의 말과 행동	(2)

3 문제 1번과 2번에서 정리한 내용을 바탕으로 문학 작품 속 인물 소개서를 조건 에 맞게 쓰시오.

조건
1. 인물이 추구하는 가치가 드러나게 쓴다.
2. 인물이 자신의 삶에 준 영향을 넣어 쓴다.

8
단원

다른 그림을 찾아보세요.

● 정답 및 풀이 28쪽

다른 곳이 15군데 있어요.

9 마음을
나누는 글을
써요

▶ 학습을 완료하면 V표를 하면서 학습 진도를 체크해요.

9 마음을 나누는 글을 써요

● 정답 및 풀이 28쪽

1 글을 쓰는 상황과 목적 파악하기

| 마음을 나누는 글을 쓰는 상황과 목적을 파악하는 방법 | • 글을 쓰는 상황이 무엇인지 확인합니다.
• 나누려는 마음을 떠올립니다.
• 읽을 사람을 정합니다.
• 글을 전하는 방법을 정합니다.
• 글을 쓰는 목적을 생각합니다. ᐧ편지 쓰기, 문자 메시지 쓰기, 학급 게시판에 쓰기, 누리집에 쓰기 등 |

예 마음을 나누는 글을 쓰는 여러 가지 상황

마음을 나누는 글을 쓰는 상황	나누려는 마음
선생님께서 국어 공부를 재미있게 하는 방법을 알려 주심.	감사한 마음
이웃을 도우려고 나눔 장터를 열려고 함.	도움을 주려는 마음

2 글로 쓸 내용 계획하기

- 글을 쓰는 상황과 목적을 생각합니다.
- 글로 쓸 내용을 정합니다.

| 일어난 사건을 자세히 떠올립니다. | 일어난 사건에 대한 자신의 생각이나 행동을 떠올립니다. | 나누려는 마음을 생각합니다. |

- 읽을 사람을 생각하고, 맞춤법, 띄어쓰기를 잘 지켜 표현합니다.

예 글을 쓰는 상황과 목적 생각하기

> 아까 점심시간에 미역국을 엎질러서 지효 가방이 더러워졌어. 하지만 지효는 나를 이해해 주었지. 지효에게 미안한 마음과 고마운 마음을 나누는 글을 써 볼까?

3 마음을 나누는 글 쓰기

- 일어난 사건을 읽는 사람이 이해하기 쉽게 자세히 씁니다.
- 나누려는 마음을 자세하게 나타냅니다.
- 읽는 사람을 생각해 정확하고 쉬운 표현을 씁니다.

예 「주어라, 또 주어라」에서 정약용이 두 아들과 나누고 싶은 마음

글을 쓰는 상황과 목적	정약용이 유배지에서 두 아들의 마음가짐을 걱정하는 마음을 전하려고 글을 씀.
➡ 나누고 싶은 마음	다른 사람을 배려하는 마음, 다른 사람에게 베푸는 마음, 다른 사람을 걱정하는 마음, 다른 사람을 아끼는 마음

개념 확인 문제

1 글을 쓰는 상황과 목적 파악하기

다음 상황에서 나누려는 마음으로 알맞은 것에 ◯표 하시오.

> 친구 학용품을 실수로 망가뜨림.

(1) 기쁜 마음 ( )
(2) 미안한 마음 ( )
(3) 고마운 마음 ( )
(4) 도움을 받으려는 마음 ( )

2 글을 쓰는 상황과 목적 파악하기

마음을 나누는 글을 써서 전하는 방법에는 무엇이 있는지 한 가지를 쓰시오.

( )

3 글로 쓸 내용 계획하기

글로 쓸 내용을 정하는 방법을 생각하며 빈칸에 알맞은 말을 써넣으시오.

(1) 일어난 ( )을/를 자세히 떠올린다.
(2) 일어난 사건에 대한 자신의 생각이나 ( )을/를 떠올린다.
(3) 나누려는 ( )을/를 생각한다.

4 마음을 나누는 글 쓰기

마음을 나누는 글을 쓰고 점검해 볼 점을 알맞게 말한 친구의 이름을 쓰시오.

> 정훈: 나누려는 마음을 자세하게 나타냈는지 확인해야 해.
> 수경: 읽는 사람에 관계없이 어렵고 정확한 표현을 사용했는지 확인해야 해.

( )

9 마음을 나누는 글을 써요

● 정답 및 풀이 28쪽

어휘

1. 핵심 개념 어휘: 상황, 목적, 마음

```
상황  +  목적  +  마음  →  마음을 나누는 글
```

狀 형상 상
況 상황 황
뜻 일이 되어 가는 과정이나 형편.

目 눈 목
的 과녁 적
뜻 실현하려고 하는 일이나 나아가는 방향.

뜻 사람이 다른 사람이나 사물에 대하여 감정이나 의지, 생각 따위를 느끼거나 일으키는 작용이나 태도.

➡ 글을 쓰는 상황과 목적을 파악하고 마음을 담아 마음을 나누는 글을 씁니다.

2. 작품 속 어휘

낱말	뜻	예시
당황스럽다	놀라거나 다급하여 어찌할 바를 몰라 하는 데가 있다.	예상하지 못했던 일이 벌어져서 무척 당황스럽습니다.
망각(忘却) 忘 잊을 망 却 물리칠 각	어떤 사실을 잊어버림.	수민이는 자신이 해야 할 일을 망각하고 집으로 갔습니다.
환심(歡心) 歡 기쁠 환 心 마음 심	기뻐하고 즐거워하는 마음.	그녀에게 온갖 선물을 사 주며 환심을 구하였습니다.
공덕(功德) 功 공 공 德 덕 덕	착한 일을 하여 쌓은 업적과 어진 덕.	많은 기부를 하신 할아버지는 공덕이 높으십니다.
근성(根性) 根 뿌리 근 性 성품 성	태어날 때부터 지니고 있는 근본적인 성질.	은찬이는 성실한 근성이 있는 학생입니다.

문법   모음 축약

◆ 두 개의 모음이 하나의 모음으로 줄어드는 현상을 '모음 축약'이라고 합니다. '주어'의 모음 'ㅜ'와 'ㅓ'가 하나의 모음 'ㅝ'로 줄어들어 '줘'가 되는 것이 그 예이지요. 축약 현상은 발음을 좀 더 쉽고 편리하게 하기 위해서 생겼으며 국어에서는 모음 축약에 의해 줄어든 형태도 올바른 표기로 인정됩니다.

현성아, 이 김치 좀 옆집 수진이네 갖다 주어라(줘라).

예
```
되(ㅚ)+었(ㅓ)다 → 됐(ㅙ)다
```
```
그리(ㅣ)+어(ㅓ) → 그려(ㅕ)
```
```
보(ㅗ)+아(ㅏ)→ 봐(ㅘ)
```
```
뜨(ㅡ)+이(ㅣ)는 → 띄(ㅢ)는
```

어휘·문법 확인 문제

1 핵심 개념 어휘
다음 뜻에 알맞은 낱말을 쓰시오.

> 실현하려고 하는 일이나 나아가는 방향.

(   )

2 작품 속 어휘
다음 중 '근성'의 뜻으로 알맞은 것에 ○표를 하시오.

⑴ 마음의 자세. (   )

⑵ 태어날 때부터 지니고 있는 근본적인 성질. (   )

⑶ 어떤 일을 해 나가거나 목적을 이루기 위해 취하는 수단이나 방식. (   )

3 작품 속 어휘
다음 보기 에서 빈칸에 들어갈 알맞은 낱말을 찾아 쓰시오.

보기
환심   공덕   망각

⑴ 지난 일을 (   )하고 같은 잘못을 또 하고 말았다.

⑵ 친구들에게 사탕을 나눠주면서 (   )을/를 샀다.

⑶ 착한 일을 하여 많은 (   )을/를 쌓았다.

4 문법
다음 밑줄 친 부분을 알맞게 축약한 것에 ○표 하시오.

> 친구들끼리 서로 되는 시간을 맞추어 보았다.

⑴ 맞처 (   )

⑵ 맞춰 (   )

⑶ 맞처 (   )

마음을 나누는 글

가 선생님께

　선생님, 안녕하세요? 저는 최연아입니다.

　올해 선생님을 만난 건 저에게 큰 행운입니다. 저는 이상하게 국어 공부가 싫었습니다. 책은 만화책 말고는 모두 재미가 없고, 글쓰기도 팔만 아픈 것 같았습니다. 그런데 선생님과 함께 국어를 공부하고 나서는 조금씩 달라지기 시작했습니다.

　선생님께서는 읽기와 쓰기를 할 때 도움이 되는 여러 가지 재미있는 방법을 알려 주셨습니다. 그리고 이해가 되지 않는 부분은 없는지, 더 알고 싶은 것이 있는지를 물어봐 주시고 진지하게 들어 주셨습니다. 그래서 저는 용기를 내어 궁금한 점이나 더 알고 싶은 것을 여쭈어보았고, 새로운 내용을 알면서 국어 공부가 점점 더 좋아지기 시작했습니다.

　국어 공부를 좋아하게 되니 다른 과목 공부도 재미있었습니다. 모두 선생님 덕분입니다. 선생님께서 수업 시간에 늘 말씀하신 것처럼 몸과 마음이 건강한 사람이 되

도록 노력하겠습니다. 선생님, 정말 고맙습니다.

　20○○년 ○○월 ○○일 / 최연아 올림

나

| 지수 | 정민아, 아까 과학 시간에 물을 엎질러서 정말 미안해. |

　아니야, 지수야. 일부러 그런 것도 아니잖아. 　정민

| 지수 | 그래도 옷이 젖어서 불편했지? |

　아니야, 괜찮았어. 그나저나 너도 많이 놀랐겠다. 　정민

| 지수 | 응, 사실 나도 깜짝 놀랐어. |

　그래, 난 정말 괜찮으니까 너도 너무 걱정하지 마. 　정민

| 지수 | 그래, 고마워. 그리고 진심으로 미안해. |

- **글의 종류** 　**가** 편지글 　**나** 문자 메시지
- **글의 특징** 　글을 읽을 사람에 따라 표현하는 방법이 어떻게 다른지 비교할 수 있습니다.
- **작품 정리** 　빈칸에 알맞은 말을 넣어 나누려는 마음 정리하기

| 글 **가** | 선생님께 ❶(　　　　) 마음을 공손한 말로 전함. |
| 글 **나** | 친구에게 ❷(　　　　) 마음을 친근한 말로 전함. |

---

1 글 **가**의 글쓴이가 마음을 나누는 글을 쓴 상황은 무엇입니까? (　　　)

① 선생님께 부탁드릴 것이 있는 상황
② 친구가 국어 공부를 가르쳐 준 상황
③ 숙제를 해 오지 않아서 선생님께 혼난 상황
④ 선생님 덕분에 국어 공부를 좋아하게 된 상황
⑤ 국어 공부가 싫어서 선생님께 상담을 드리는 상황

2 글 **나**에서 지수가 나누려는 마음은 무엇인지 두 가지를 고르시오. (　　　)

① 행복한 마음　　② 질투하는 마음
③ 미안한 마음　　④ 사과하는 마음
⑤ 화가 나는 마음

서술형

3 글 **가**와 **나**는 글을 읽을 사람에 따라 표현 방법이 어떻게 다른지 비교해 쓰시오.

_____

_____

4 글 **가**, **나**와 같은 방법으로 마음을 전하면 좋은 점은 무엇인지 찾아 선으로 이으시오.

(1) | 글 **가** | ・ 　　・⑦ | 읽을 사람의 반응을 바로 확인할 수 있다. |

(2) | 글 **나** | ・ 　　・⑭ | 하고 싶은 말을 자세히 표현할 수 있다. |

마음을 나누는 글의 짜임과 내용

㉮ 아까 점심시간에 미역국을 엎질러서 지효 가방이 더러워졌어. 하지만 지효는 나를 이해해 주었지. 지효에게 미안한 마음과 고마운 마음을 나누는 글을 써 볼까?

㉯ 지효에게

지효야, 안녕? 나 신우야.

㉠지효야, 아까 내가 네 책상 옆에서 미역국을 엎질렀지? 너는 네 가방이 더러워져서 많이 속상했을 텐데 나에게 "괜찮아?" 하면서 걱정을 해 주었어. 그리고 미역국 치우는 것을 도와주었어.

나는 미역국을 엎지르고 너에게 미안하다는 말도 못 하고 멍하니 서 있었어. 너무 ㉡당황스러워서 어떻게 해야 할지 생각이 나지 않았어. 그런데 네가 오히려 나를 걱정해 주고 같이 치워 주어서 감동했단다.

지효야, 아까는 당황스러워서 너에게 고맙다는 말을 제대로 못 했어. 정말 고마워! 네 따뜻한 마음을 잊지 않을게.

앞으로 내가 도와줄 일이 있으면 꼭 도와줄게. 그리고 우리 앞으로도 친하게 지내자. / 안녕.

친구 신우가

- **특징** 마음을 나누는 글의 짜임과 내용을 알 수 있고, 글로 쓸 내용을 계획할 때 고려할 점이 무엇인지 알 수 있습니다.

- **활동 정리** 빈칸에 알맞은 말을 넣어 글을 쓰는 상황과 목적 정리하기

글을 쓰는 상황	점심시간에 미역국을 엎질러서 지효 가방이 더러워진 상황
나누려는 마음	❶( ) 마음, 고마운 마음
읽을 사람	지효
글을 쓰는 방법	❷( ) 쓰기

엎질러서 그릇에 담겨 있는 액체 따위를 뒤집어엎어 쏟아지게 하거나 흔들어 넘쳐 나가게 해서.

당황스러워서 놀라거나 다급하여 어찌할 바를 몰라 하는 데가 있어서.

오히려 일반적인 기준이나 예상, 짐작, 기대와는 전혀 반대가 되거나 다르게.

중요 독해

5 ㉮에서 신우가 나누려는 마음을 두 가지 고르시오.

( )

① 미안한 마음　② 억울한 마음
③ 고마운 마음　④ 긴장되는 마음
⑤ 자랑스러운 마음

6 ㉠은 마음을 나누는 글에 들어가는 내용 중 무엇에 해당하는지 보기 에서 찾아 기호를 쓰시오.

> **보기**
> ㉮ 첫인사　　㉯ 끝인사
> ㉰ 일어난 사건　㉱ 나누려는 마음

( )

어휘

7 ㉡'당황스러워서'와 바꾸어 쓸 수 있는 낱말은 무엇입니까? ( )

① 또렷해서　② 즐거워서　③ 느긋해서
④ 당혹스러워서 ⑤ 감격스러워서

8 ㉯와 같은 글을 쓸 때 고려할 점이 <u>아닌</u> 것은 무엇입니까? ( )

① 나누려는 마음을 생각한다.
② 일어난 사건을 자세히 떠올린다.
③ 글을 쓰는 상황과 목적을 정한다.
④ 맞춤법, 띄어쓰기를 잘 지켜 표현한다.
⑤ 일어난 사건에 대한 다른 사람의 생각이나 행동을 떠올린다.

9
단원

주어라, 또 주어라   정약용

❶ 너희는 항상 버릇처럼 말하기를 "일가친척 중에 한 사람도 불쌍히 여겨 돌보아 주는 사람이 없다."라고 개탄하였다. 더러는 험난한 물길 같다느니, 꼬불꼬불 길고 긴 험악한 길을 살아간다느니 하며 한탄하고 있다. 하지만 이는 모두 하늘을 원망하고 사람을 미워하는 말투로, 큰 병이다. / 너희가 아픈 데가 있으면 다른 사람들이 돌보아 주기 마련이었다. 날마다 어떠냐는 안부를 전해 오고, 안아서 부축해 주는 사람도 있었다. 약을 먹여 주고 양식까지 대 주는 사람도 있었다. 이런 일에 너희가 다른 사람들이 돌보아 주고 안부를 묻고 챙겨 주는 일 너무 익숙해져 항상 은혜를 베풀어 주기만 바라고 있구나. 너희가 ㉠사람의 본분을 망각하지는 않았는지 걱정이다. 그래서 내가 이 편지를 보낸다.

중심 내용 | 정약용은 두 아들이 다른 사람들에게 도움을 받기만 바라는 것이 걱정되어 편지를 썼습니다.

❷ 예나 지금이나 남의 도움만을 받으면서 살라는 법은 애초에 없었다. 마음속으로 남의 은혜를 받고자 하는 생각을 버린다면, 절로 마음이 평안하고 기분이 화평해져 하늘을 원망한다거나 사람을 미워하는 그런 병폐는 없어질 것이다.

여러 날 밥을 끓이지 못하고 있는 집이 있을 텐데 너희는 쌀이라도 퍼 주고, 추운 집에는 장작개비라도 나누어 따뜻하게 해 주어라. 병들어 약을 먹어야 할 사람들에게는 한 푼의 돈이라도 쪼개어 약을 지을 수 있도록 도와주어라. 가난하고 외로운 노인이 있는 집에는 때때로 찾아가 무릎 꿇고 모시어 따뜻하고 공손한 마음으로 공경해야 한다. 그리고 근심 걱정에 싸여 있는 집에 가서 연민의 눈빛으로 그 고통을 함께 나누며 잘 처리할 방법을 의논해야 한다.

이러한 몇 가지 일도 못하면서 어떻게 다른 집에서 너희가 위급할 때 깜짝 놀라 허겁지겁 쫓아올 것이며, 너희가 곤경에 처하였을 때 달려올 것을 바라겠느냐?

중심 내용 | 남의 은혜를 받고자 하는 생각을 버리고, 남의 어려움을 먼저 살펴야 합니다.

개탄 분하거나 못마땅하게 여겨 한탄함.
본분(本 근본 본, 分 나눌 분) 사람이 저마다 가지는 본디의 신분.
망각(忘 잊을 망, 却 물리칠 각) 어떤 사실을 잊어버림.
애초에 맨 처음에.
㉘ 선생님께서는 끝까지 해낼 각오가 없으면 애초에 시작하지 말라고 하셨습니다.
병폐 병으로 인한 아픔과 어떤 일이나 행동에서 나타나는 옳지 못한 경향이나 해로운 현상을 아울러 이르는 말.

---

9 글쓴이가 이 글을 쓴 목적은 무엇일지 생각하여 빈칸에 알맞은 말을 쓰시오.

• (1) (   )의 마음가짐을 (2) (   ) 마음을 전하려고 글을 썼다.

10 글쓴이가 걱정하는 것은 무엇입니까? (   )

① 두 아들이 병에 걸린 것
② 두 아들이 곤경에 처한 것
③ 두 아들이 공부를 하지 않는 것
④ 두 아들이 남에게 도움을 한없이 베푸는 것
⑤ 두 아들이 다른 사람의 도움을 받기만 바라는 것

서술형

11 이 글에서 ㉠'사람의 본분'이 뜻하는 것은 무엇이겠는지 쓰시오.

(   )

12 글쓴이가 말한, 두 아들이 다른 사람에게 하기를 바라는 일이 아닌 것은 무엇입니까? (   )

① 가난한 집에 쌀을 퍼 주는 일
② 추운 집에 장작개비를 나누어 주는 일
③ 부모가 없는 아이들을 대신 돌보아 주는 일
④ 가난하고 외로운 노인을 찾아가 공경하는 일
⑤ 병든 사람들에게 약을 지을 수 있도록 도와주는 일

주어라, 또 주어라

❸ 남이 어려울 때 자기는 은혜를 베풀지 않으면서 남이 먼저 은혜를 베풀어 주기만 바라는 것은 너희가 지닌 그 오기 근성이 없어지지 않았기 때문이다. 이후로는 평상시 일이 없을 때라도 항상 공손하고 화목하며, 조심하고 자기 정성을 다해 다른 사람의 환심을 얻는 일에 힘쓸 것이지, 마음속에 보답받을 생각은 가지지 않도록 해라.

다른 사람을 위해 먼저 베풀어라. 그러나 뒷날 너희가 근심 걱정 할 일이 있을 때 다른 사람이 보답해 주지 않더라도 부디 원망하지 마라. 가벼운 농담일망정 ㉠"나는 지난번에 이렇게 저렇게 해 주었는데 저들은 그렇지 않구나!" 하는 소리도 입 밖에 내뱉지 말아야 한다. 만약 그러한 말이 한 번이라도 입 밖에 나오게 되면, 지난날 쌓아 놓은 공덕은 재가 바람에 날아가듯 하루아침에 사라져 버리고 말 것이다.

<u>원망하는 말</u>

중심 내용 | 다른 사람을 위해 먼저 베풀고 보답이 돌아오지 않더라도 원망하지 않아야 합니다.

- **글의 종류** 편지글
- **글의 특징** 조선 시대의 실학자 정약용이 유배지에서 두 아들의 마음가짐을 걱정하며 쓴 편지입니다.
- **작품 정리** 빈칸에 알맞은 말을 넣어 글을 쓰는 상황과 나누고 싶은 마음 정리하기

글을 쓰는 상황	• 정약용이 유배지에서 다른 사람을 배려하는 마음을 두 아들과 나누려고 • 정약용이 유배지에서 두 아들의 ❶ (　　　　)을/를 걱정하는 마음을 전하려고
나누고 싶은 마음	다른 사람을 배려하는 마음, 다른 사람에게 ❷(　　　　) 마음, 다른 사람을 걱정하는 마음, 다른 사람을 아끼는 마음

오기(傲 거만할 오, 氣 기운 기) 능력은 부족하면서도 남에게 지기 싫어하는 마음.

평상시 특별한 일이 없는 보통 때.

㉠ 내 동생은 일요일에도 평상시와 같이 일찍 일어납니다.

---

13 글쓴이가 두 아들과 나누고 싶은 마음으로 알맞지 않은 것은 무엇입니까? (　　　　)

① 다른 사람을 아끼는 마음
② 다른 사람을 걱정하는 마음
③ 다른 사람에게 베푸는 마음
④ 다른 사람을 배려하는 마음
⑤ 다른 사람을 자랑스러워하는 마음

어휘

14 다음 낱말의 뜻을 찾아 선으로 이으시오.

(1) 환심　•

(2) 공덕　•

(3) 근성　•

•㉮ 뿌리가 깊게 박힌 성질.

•㉯ 기뻐하고 즐거워하는 마음.

•㉰ 착한 일을 하여 쌓은 업적과 어진 덕.

서술형

15 ㉠과 같은 말을 하지 않아야 하는 까닭은 무엇인지 쓰시오.

_____

_____

중요 독해

16 글쓴이가 두 아들에게 결국 하고 싶은 말은 무엇인지 알맞게 말한 친구의 이름을 쓰시오.

원재: 높은 벼슬에 오르려면 다른 사람에게 베풀 줄 알아야 한다는 거야.
하영: 먼저 베풀고 다른 사람이 보답해 주는 것을 기대하고 있어야 한다는 거야.
지안: 다른 사람의 도움을 바라지만 말고 먼저 베풀면서 살라는 말을 하고 싶은 거야.

(　　　　　　　　　　)

9 단원

9. 마음을 나누는 글을 써요

● 정답 및 풀이 29쪽

1 다음 중 마음을 나누는 글을 써 본 경험을 떠올려 말한 친구의 이름을 쓰시오.

> 효진: 나는 고생하시는 경찰관분들께 고마운 마음을 전하려고 누리집 게시판에 글을 쓴 적이 있어.
> 재석: 나는 현장 체험학습을 가는 날짜와 장소를 모든 친구들이 알 수 있도록 학급 누리집 게시판에 쓴 적이 있어.

( )

[2~3] 다음 글을 읽고, 물음에 답하시오.

선생님, 안녕하세요? 저는 최연아입니다.

올해 선생님을 만난 건 저에게 큰 행운입니다. 저는 이상하게 국어 공부가 싫었습니다. 책은 만화책 말고는 모두 재미가 없고, 글쓰기도 팔만 아픈 것 같았습니다. 그런데 선생님과 함께 국어를 공부하고 나서는 조금씩 달라지기 시작했습니다.

선생님께서는 읽기와 쓰기를 할 때 도움이 되는 여러 가지 재미있는 방법을 알려 주셨습니다. 그리고 이해가 되지 않는 부분은 없는지, 더 알고 싶은 것이 있는지를 물어봐 주시고 진지하게 들어 주셨습니다. 그래서 저는 용기를 내어 궁금한 점이나 더 알고 싶은 것을 여쭈어보았고, 새로운 내용을 알면서 국어 공부가 점점 더 좋아지기 시작했습니다.

2 선생님께서 글쓴이에게 국어 공부를 가르치신 방법을 두 가지 고르시오. ( )

① 재미있는 이야기책을 추천해 주셨다.
② 놀이를 통해 국어 공부를 할 수 있도록 하셨다.
③ 만화책으로도 국어 공부를 할 수 있게 해 주셨다.
④ 읽기와 쓰기를 할 때 도움이 되는 여러 가지 재미있는 방법을 알려 주셨다.
⑤ 이해가 되지 않는 부분은 없는지, 더 알고 싶은 것이 있는지 물어봐 주시고 진지하게 들어 주셨다.

3 글쓴이가 이 글을 쓴 목적은 무엇입니까? ( )

① 선생님께 부탁하고 싶은 것이 있어서
② 선생님께 죄송한 마음을 전하기 위해서
③ 선생님에게 여쭈어보고 싶은 것이 있어서
④ 선생님께 감사한 마음을 표현하기 위해서
⑤ 선생님께 화가 난 마음을 표현하기 위해서

[4~5] 다음 글을 읽고, 물음에 답하시오.

지효에게

지효야, 안녕? 나 신우야.

지효야, 아까 내가 네 책상 옆에서 미역국을 엎질렀지? 너는 네 가방이 더러워져서 많이 속상했을 텐데 나에게 "괜찮아?" 하면서 걱정을 해 주었어. 그리고 미역국 치우는 것을 도와주었어.

나는 미역국을 엎지르고 너에게 미안하다는 말도 못 하고 멍하니 서 있었어. 너무 당황스러워서 어떻게 해야 할지 생각이 나지 않았어. 그런데 네가 오히려 나를 걱정해 주고 같이 치워 주어서 감동했단다.

㉠지효야, 아까는 당황스러워서 너에게 고맙다는 말을 제대로 못 했어. 정말 고마워! 네 따뜻한 마음을 잊지 않을게.

앞으로 내가 도와줄 일이 있으면 꼭 도와줄게. 그리고 우리 앞으로도 친하게 지내자. / 안녕.

4 이 글은 누가 누구에게 쓴 편지인지 쓰시오.

⑴ 편지를 쓴 사람: ( )

⑵ 편지를 받을 사람: ( )

5 ㉠에 대한 설명으로 알맞은 것에 ○표 하시오.

⑴ 글을 쓴 사람을 밝힌 부분이다. ( )

⑵ 나누려는 마음을 표현한 부분이다. ( )

⑶ 일어난 사건을 자세히 쓴 부분이다. ( )

[6~8] 다음 글을 읽고, 물음에 답하시오.

　너희가 아픈 데가 있으면 다른 사람들이 돌보아 주기 마련이었다. 날마다 어떠냐는 안부를 전해 오고, 안아서 부축해 주는 사람도 있었다. 약을 먹여 주고 양식까지 대 주는 사람도 있었다. 이런 일에 너희가 너무 익숙해져 항상 은혜를 베풀어 주기만 바라고 있구나. 너희가 사람의 본분을 망각하지는 않았는지 걱정이다. 그래서 내가 이 편지를 보낸다.

　예나 지금이나 남의 도움만을 받으면서 살라는 법은 애초에 없었다. 마음속으로 남의 은혜를 받고자 하는 생각을 버린다면, 절로 마음이 평안하고 기분이 화평해져 하늘을 원망한다거나 사람을 미워하는 그런 병폐는 없어질 것이다.

　여러 날 밥을 끓이지 못하고 있는 집이 있을 텐데 너희는 쌀이라도 퍼 주고, 추운 집에는 장작개비라도 나누어 따뜻하게 해 주어라. 병들어 약을 먹어야 할 사람들에게는 한 푼의 돈이라도 쪼개어 약을 지을 수 있도록 도와주어라. 가난하고 외로운 노인이 있는 집에는 때때로 찾아가 무릎 꿇고 모시어 따뜻하고 공손한 마음으로 공경해야 한다. 그리고 근심 걱정에 싸여 있는 집에 가서 연민의 눈빛으로 그 고통을 함께 나누며 잘 처리할 방법을 의논해야 한다.

6 글쓴이가 이 글을 쓴 까닭은 무엇이겠습니까?
（　　　）

① 두 아들에게 도움을 요청하려고
② 두 아들에게 자신의 상황을 알리려고
③ 두 아들에게 고마웠던 일을 나누려고
④ 두 아들의 건강이 회복된 것을 축하하려고
⑤ 두 아들의 마음가짐을 걱정하는 마음을 전하려고

7 남의 은혜를 받고자 하는 마음을 버리면 좋은 점으로 알맞지 **않은** 것은 무엇입니까? （　　　）

① 기분이 화평해진다.
② 마음이 평안해진다.
③ 하늘을 원망하는 마음이 없어진다.
④ 남의 도움을 받고 싶은 마음이 커진다.
⑤ 다른 사람을 미워하는 마음이 없어진다.

8 글쓴이가 두 아들과 나누고 싶은 마음으로 알맞지 **않은** 것에 ×표 하시오.

(1) 다른 사람을 아끼는 마음　（　　　）
(2) 다른 사람에게 베푸는 마음　（　　　）
(3) 다른 사람을 걱정하는 마음　（　　　）
(4) 다른 사람을 배려하는 마음　（　　　）
(5) 다른 사람의 도움을 바라는 마음（　　　）

[문법]
9 다음 밑줄 친 낱말 중 알맞은 표기를 찾아 기호를 쓰시오.

⑦ 지수의 작품이 완성됐다.
⑭ 철수는 커서 야구 선수가 됐다.
⑭ 나는 친구에게 주려고 물을 냄겨 두었다.
㉑ 철수 가방은 알록달록해서 눈에 잘 띤다.

（　　　）

[문법]
10 다음 밑줄 친 부분을 알맞게 축약하여 쓰시오.

(1) 유나에게 도서관에서 빌린 책을 전해 주어라.
（　　　）

(2) 팻말을 눈에 잘 뜨이는 곳에 두어라.
（　　　）

9. 마음을 나누는 글을 써요

● 정답 및 풀이 29쪽

1 다음과 같은 상황에서는 어떤 마음을 나누는 글을 쓰는 것이 좋을지 쓰시오.

> 친한 친구가 전학을 가게 된 상황

(   )

[2~4] 다음을 보고, 물음에 답하시오.

2 서연이가 자원을 아껴야겠다고 생각한 까닭을 두 가지 고르시오. (   )

① 자원의 낭비가 심각하다는 내용의 책을 읽어서
② 해마다 수입하는 자원의 양이 많다는 뉴스를 봐서
③ 무분별한 벌목으로 자연이 파괴된다는 뉴스를 봐서
④ 우리나라는 자원이 나지 않는 국가라는 것을 알게 되어서
⑤ 자연 자원으로 만든 학용품이 분실물 보관함에 쌓여 있는 것을 봐서

서술형

3 서연이가 친구들에게 마음을 나누는 글을 썼다면 나누려는 마음은 무엇일지 쓰시오.

_____

_____

4 서연이가 마음을 나누는 글을 쓸 때 생각할 점이 **아닌** 것은 무엇입니까? (   )

① 읽을 사람
② 친구의 글
③ 나누려는 마음
④ 글을 쓰는 목적
⑤ 글을 전하는 방법

[5~7] 다음 글을 읽고, 물음에 답하시오.

가 선생님, 안녕하세요? 저는 최연아입니다.

올해 선생님을 만난 건 저에게 큰 행운입니다. 저는 이상하게 국어 공부가 싫었습니다.

나 선생님께서는 읽기와 쓰기를 할 때 도움이 되는 여러 가지 재미있는 방법을 알려 주셨습니다. 그리고 이해가 되지 않는 부분은 없는지, 더 알고 싶은 것이 있는지를 물어봐 주시고 진지하게 들어 주셨습니다. 그래서 저는 용기를 내어 궁금한 점이나 더 알고 싶은 것을 여쭈어보았고, 새로운 내용을 알면서 국어 공부가 점점 더 좋아지기 시작했습니다.

국어 공부를 좋아하게 되니 다른 과목 공부도 재미있었습니다. 모두 선생님 덕분입니다. 선생님께서 수업 시간에 늘 말씀하신 것처럼 몸과 마음이 건강한 사람이 되도록 노력하겠습니다.

5 연아가 싫어했던 것은 무엇인지 쓰시오.

(   )

6 연아가 이 글을 통해 나누려는 마음은 무엇입니까?

(   )

① 답답한 마음   ② 서운한 마음
③ 고마운 마음   ④ 떨리는 마음
⑤ 부담되는 마음

7 연아처럼 편지로 마음을 나누면 좋은 점은 무엇입니까? (   )

① 내 생각을 한두 줄로 요약할 수 있다.
② 하고 싶은 말을 자세히 표현할 수 있다.
③ 읽을 사람의 반응을 바로 확인할 수 있다.
④ 그날 있었던 중요한 일을 정리할 수 있다.
⑤ 상대방의 얼굴을 보며 마음을 표현할 수 있다.

서술형

8 다음과 같이 나누려는 마음을 문자 메시지로 쓰면 좋은 점은 무엇인지 쓰시오.

지수	정민아, 아까 과학 시간에 물을 엎질러서 정말 미안해.
	아니야, 지수야. 일부러 그런 것도 아니잖아. 정민

_____

_____

[9~10] 다음 글을 읽고, 물음에 답하시오.

지효야, 안녕? 나 신우야.

지효야, 아까 내가 네 책상 옆에서 미역국을 엎질렀지? 너는 네 가방이 더러워져서 많이 속상했을 텐데 나에게 "괜찮아?" 하면서 걱정을 해 주었어. 그리고 미역국 치우는 것을 도와주었어.

㉠나는 미역국을 엎지르고 너에게 미안하다는 말도 못 하고 멍하니 서 있었어. 너무 당황스러워서 어떻게 해야 할지 생각이 나지 않았어. 그런데 네가 오히려 나를 걱정해 주고 같이 치워 주어서 감동했단다.

지효야, 아까는 당황스러워서 너에게 고맙다는 말을 제대로 못 했어. 정말 고마워! 네 따뜻한 마음을 잊지 않을게.

앞으로 내가 도와줄 일이 있으면 꼭 도와줄게. 그리고 우리 앞으로도 친하게 지내자. / 안녕.

9 신우가 이 글을 쓴 목적을 두 가지 고르시오.

(   )

① 점심시간에 있었던 일을 선생님께 알리려고
② 친구 가방을 더럽히게 되어 미안한 마음을 나누려고
③ 자신의 잘못으로 물을 엎지르게 되었음을 고백하려고
④ 친구가 조심해서 복도를 걸으면 좋겠다는 충고를 하려고
⑤ 자신을 이해하고 도와준 친구에게 고마운 마음을 나누려고

10 마음을 나누는 글의 짜임 중 ㉠에 대한 설명으로 알맞은 것에 ○표 하시오.

(1) 나누려는 마음을 표현하고 끝인사를 한다.

(   )

(2) 마음을 나누려는 사람을 밝히고, 첫인사를 한다.

(   )

(3) 일어난 사건에 대한 자신의 생각이나 행동을 표현한다.

(   )

9 단원

[11~13] 다음 글을 읽고, 물음에 답하시오.

㉠ 너희는 항상 버릇처럼 말하기를 ㉠"일가친척 중에 한 사람도 불쌍히 여겨 돌보아 주는 사람이 없다."라고 개탄하였다. 더러는 험난한 물길 같다느니, 꼬불꼬불 길고 긴 험악한 길을 살아간다느니 하며 한탄하고 있다. 하지만 이는 모두 하늘을 원망하고 사람을 미워하는 말투로, 큰 병이다.

㉡ 남이 어려울 때 자기는 은혜를 베풀지 않으면서 남이 먼저 은혜를 베풀어 주기만 바라는 것은 너희가 지닌 그 오기 근성이 없어지지 않았기 때문이다. 이후로는 평상시 일이 없을 때라도 항상 공손하고 화목하며, 조심하고 자기 정성을 다해 다른 사람의 환심을 얻는 일에 힘쓸 것이지, 마음속에 보답받을 생각은 가지지 않도록 해라.

㉢다른 사람을 위해 먼저 베풀어라. 그러나 뒷날 너희가 근심 걱정 할 일이 있을 때 다른 사람이 보답해 주지 않더라도 부디 원망하지 마라. 가벼운 농담일망정 "나는 지난번에 이렇게 저렇게 해 주었는데 저들은 그렇지 않구나!" 하는 소리도 입 밖에 내뱉지 말아야 한다. 만약 그러한 말이 한 번이라도 입 밖에 나오게 되면, 지난날 쌓아 놓은 공덕은 재가 바람에 날아가듯 하루아침에 사라져 버리고 말 것이다.

11 ㉠은 어떤 말버릇을 가리킵니까? (   )

① 남을 무시하는 말버릇
② 남을 도와주려는 말버릇
③ 남에게 베풀려는 말버릇
④ 남에게 고마워하는 말버릇
⑤ 남의 도움을 바라는 말버릇

12 글쓴이가 ㉢과 같은 행동을 한 뒤 버리라고 한 생각은 무엇입니까? (   )

① 보답 받을 생각
② 더 베풀려는 생각
③ 공덕을 쌓으려는 생각
④ 다른 사람을 도우려는 생각
⑤ 다른 사람의 환심을 얻으려는 생각

서술형

13 글쓴이가 이 글을 쓴 목적은 무엇인지 쓰시오.

_____

_____

14 마음을 나누는 글을 쓰는 방법으로 알맞지 않은 것은 무엇입니까? (   )

① 내용과 짜임에 맞게 글을 쓴다.
② 글을 쓰는 상황과 목적을 파악한다.
③ 읽을 사람과의 관계를 고려해서 표현한다.
④ 나누려는 마음을 드러나지 않게 표현한다.
⑤ 읽을 사람을 위해 정확하고 쉬운 표현을 쓴다.

15 자신이 인상 깊었다고 생각한 일을 주제로 학급 신문을 만들려고 합니다. 신문을 만드는 차례대로 기호를 쓰시오.

㉮ 쓸 내용을 정리한다.
㉯ 인상 깊었던 일을 정한다.
㉰ 인상 깊었던 일을 글로 쓴다.
㉱ 신문 기사를 모아 학급 신문을 만든다.
㉲ 쓴 글과 그림이나 사진 자료로 신문 기사를 완성한다.

(   ) → (   ) → (   ) → (   ) → (   )

9. 마음을 나누는 글을 써요

● 정답 및 풀이 30쪽

평가 주제	마음을 나누는 글 쓰기
평가 목표	마음을 나누는 글의 내용과 짜임을 정리해 마음을 나누는 글을 쓸 수 있다.

1 마음을 나누는 글을 쓰려고 합니다. 글을 쓰는 상황과 목적을 생각하여 표를 완성하시오.

마음을 나누는 글을 쓰는 상황과 목적	
글을 쓰는 상황	(1)
글을 쓰는 목적	(2)
읽을 사람	(3)
글을 쓰는 방법	편지 쓰기

2 문제 1에서 정한 상황과 목적에 맞게 쓸 내용을 정하시오.

쓸 내용 정하기	
일어난 사건 떠올리기	(1)
일어난 사건에 대한 생각이나 행동 떠올리기	(2)
나눌 마음 생각하기	(3)

3 문제 1과 2의 내용을 바탕으로 다음 조건 에 맞게 마음을 나누는 글을 쓰시오.

> 조건
> 1. 일어난 사건을 떠올려 나누려는 마음을 자세하게 나타낸다.
> 2. 편지 형식으로 쓴다.

9
단원

미로를 따라 길을 찾아보세요.

● 정답 및 풀이 30쪽

동아출판 초등 무료 스마트러닝

동아출판 초등 **무료 스마트러닝**으로 쉽고 재미있게!

큐브 유형 2-1 동영상 강의

각종 경시대회에 출제되는 응용, 심화 문제를 통해 실력을 한 단계 높일 수 있습니다.

과목별·영역별 특화 강의

수학 개념 강의

국어 독해 지문 분석 강의

구구단 송

그림으로 이해하는 비주얼씽킹 강의

과학 실험 동영상 강의

과목별 문제 풀이 강의

서비스 제공 교재 큐브 | 백점 과학 | 빠작 초등 국어 | 초능력 | 초고필 | 하이탑 초등 과학

강의가 더해진, **교과서 맞춤 학습**

백점

국어 6·1

평가북

- 학교 시험 대비 **단원 평가**
- 수시평가에 대비한 **수행 평가**

동아출판

평가북 구성과 특징

1 **단원 평가**가 있습니다.
· 학교에서 실시하는 **단원 평가**에 완벽하게 대비할 수 있습니다.

2 **수행 평가**가 있습니다.
· **실전 수행 평가**를 통해 수시로 이루어지는 학교 수행 평가에 확실하게 대비할 수 있습니다.

3 **1학기 총정리**가 있습니다.
· 한 학기의 학습을 마무리할 수 있도록 **총정리**를 제공합니다.

백점

BOOK 2 평가북

차례

국어 6·1

1 다음 빈칸에 들어갈 알맞은 말은 무엇입니까?
( )

> 어떤 현상이나 사물을 비슷한 현상이나 사물에 ☐ 표현하는 것을 비유하는 표현이라고 한다.

① 빗대어   ② 반복하여
③ 흉내 내어   ④ 감각적으로
⑤ 그림을 그려

[2~6] 다음 글을 읽고, 물음에 답하시오.

뻥튀기

"뻥이요. 뻥!"

ⓐ봄날 꽃잎이 흩날리는 것처럼 아름답게 보였습니다.
아니야, 아니야, ⓑ나비가 날아갑니다.
아니야, 아니야, ⓒ함박눈이 내리는 거야.

맞아요, 맞아요, ⓓ폭죽입니다.

하얀 연기 고소하고요.

가을날 ⓔ메밀꽃 냄새가 납니다.
아니야, 아니야, 새우 냄새가 납니다.
아니야, 아니야, 멍멍이 냄새가 납니다.

맞아요, 맞아요, 옥수수 냄새입니다.

2 이 글에서 글쓴이가 표현한 것을 두 가지 고르시오.
( )

① 뻥튀기가 맛없는 까닭
② 뻥튀기를 튀길 때의 냄새
③ 뻥튀기를 맛있게 만드는 방법
④ 뻥튀기를 튀길 때 준비해야 할 것들
⑤ 뻥튀기가 튀겨질 때 사방으로 날리는 모양

3 ㉠~㉤ 중 비유하는 표현의 대상이 다른 것은 무엇입니까? ( )

① ㉠   ② ㉡
③ ㉢   ④ ㉣
⑤ ㉤

4 '뻥튀기가 사방으로 날리는 모양'과 '나비'의 공통점으로 알맞은 것을 찾아 기호를 쓰시오.

> ㉮ 소복하게 내린다.
> ㉯ 향기를 내뿜는다.
> ㉰ 높이 날아가지 못한다.
> ㉱ 다양한 방향으로 움직인다.

( )

5 '뻥튀기 냄새'를 비유하는 표현을 모두 찾아 쓰시오.
( )

서술형

6 '뻥튀기'를 다른 사물에 비유하여 표현해 보고 그렇게 표현한 까닭을 쓰시오.

대상	뻥튀기

비유하는 표현	비유한 까닭
(1)	(2)

7 이 시에 대한 설명으로 알맞지 <u>않은</u> 것은 무엇입니까? ( )

① 비유하는 표현을 사용했다.
② 봄비 내리는 장면이 떠오른다.
③ 소리를 흉내 내는 말을 사용했다.
④ 악기 소리를 재미있고 실감 나게 표현했다.
⑤ 시 전체에서 무겁고 슬픈 분위기가 느껴진다.

8 이 세상 모든 것을 '악기'에 비유해 표현한 까닭을 알맞게 말한 친구의 이름을 쓰시오.

> 동진: 생긴 것이 비슷하기 때문이야.
> 하연: 소리 나는 것이 비슷하기 때문이야.
> 선호: 악기를 연주하는 것을 사람들이 좋아하기 때문이야.

( )

[7~10] 다음 시를 읽고, 물음에 답하시오.

봄비

㉠해님만큼이나
큰 은혜로
내리는 교향악

이 세상
모든 것이 다
㉡악기가 된다.

달빛 내리던 지붕은
㉢두둑 두드둑
큰북이 되고

㉣아기 손 씻던
세숫대야 바닥은

㉤도당도당 도당당
작은북이 된다.

9 '지붕'과 '세숫대야 바닥'을 무엇에 비유해 표현했는지 알맞게 선으로 이으시오.

(1) 지붕 •   • ㉮ 큰북

(2) 세숫대야 바닥 •   • ㉯ 작은북

10 ㉠~㉤ 중에서 운율이 가장 잘 느껴지는 부분을 두 가지 찾아 기호를 쓰시오.

( )

[11~14] 다음 시를 읽고, 물음에 답하시오.

봄비

앞마을 냇가에선 ┐
㉠풍풍 포옹 풍
뒷마을 연못에선 │ ㉮
㉡풍풍 푸옹 풍 ┘

외양간 엄마 소도 함께
㉢댕그랑댕그랑

엄마 치마 주름처럼
산들 나부끼며
왈츠
봄의 왈츠
하루 종일 연주한다.

11 다음 대상과 대상에서 나는 소리를 알맞게 선으로 이으시오.

(1) 앞마을 냇가 •   • ㉮ 댕그랑댕그랑

(2) 뒷마을 연못 •   • ㉯ 풍풍 포옹 풍

(3) 외양간 엄마 소 •   • ㉰ 풍풍 푸옹 풍

서술형

12 ㉮는 어떤 장면을 표현한 것인지 쓰시오.

_____

_____

13 '봄비 내리는 모습'을 '왈츠'에 빗대어 표현한 까닭은 무엇입니까? ( )

① 악기가 필요한 것이 비슷해서
② 밤에만 볼 수 있는 것이 비슷해서
③ 달콤한 향기가 나는 것이 비슷해서
④ 경쾌하고 가볍게 움직이는 것이 비슷해서
⑤ 사람의 귀에는 들리지 않는 소리인 것이 비슷해서

14 ㉠~㉢에 대한 설명으로 알맞지 <u>않은</u> 것을 두 가지 고르시오. ( )

① 운율이 잘 느껴진다.
② 시의 주제를 잘 드러낸다.
③ 시가 음악처럼 느껴지게 한다.
④ 봄비의 특징을 자세히 설명한다.
⑤ 소리가 비슷한 글자나 일정한 글자 수가 반복된다.

15 시에서 비유하는 표현을 사용하면 좋은 점을 잘못 말한 친구의 이름을 쓰시오.

연서: 장면이 잘 떠올라.
규현: 시의 내용이 쉽게 이해돼.
정호: 대상이 더욱 실감 나게 느껴져.
민지: 글쓴이의 주장이 무엇인지 잘 파악할 수 있어.

( )

[16~18] 다음 시를 읽고, 물음에 답하시오.

풀잎과 바람

나는 풀잎이 좋아, ㉠풀잎 같은 친구 좋아
바람하고 엉켰다가 풀 줄 아는 풀잎처럼
헤질 때 또 만나자고 손 흔드는 친구 좋아.

나는 바람이 좋아, 바람 같은 친구 좋아
풀잎하고 헤졌다가 되찾아 온 바람처럼
만나면 얼싸안는 바람, 바람 같은 친구 좋아.

16 이 시에서 '친구'를 무엇에 비유했는지 두 가지를 찾아 쓰시오.

(   )

17 이 시를 읽고 떠오르는 장면으로 알맞지 <u>않은</u> 것은 무엇입니까? (   )

① 친구와 싸우고 화해하는 장면
② 친구와 헤어졌다 다시 만나는 장면
③ 친구와 오랜만에 만나 얼싸안는 장면
④ 친구가 지우개를 잃어버려서 속상해하는 장면
⑤ 친구와 헤어질 때 다시 만나자고 손 흔드는 장면

18 다음 중 ㉠과 같은 표현 방법이 쓰인 것을 두 가지 고르시오. (   )

① 색깔이 같은 가방
② 도자기 같은 피부
③ 어린이는 나라의 보배
④ 엄마 품처럼 포근한 침대
⑤ 내 마음은 폭풍우 치는 바다

19 다음에서 '친구'를 비유할 대상과 공통점이 알맞지 <u>않은</u> 것은 무엇입니까? (   )

	시로 쓰고 싶은 대상	비유할 대상	공통점
①		호수	넓고 깊다.
②		흥부	욕심이 많다.
③	친구	조각상	멋있다.
④		발전소	내게 힘을 준다.
⑤		밝은 햇살	잘 웃는다.

20 시 낭송을 잘하기 위한 방법으로 알맞은 것을 모두 고르시오. (   )

① 비유하는 표현은 항상 크게 읽는다.
② 시의 분위기와 느낌을 살려서 읽는다.
③ 친한 친구의 얼굴만 바라보며 읽는다.
④ 노래하듯이 부드럽고 자연스럽게 읽는다.
⑤ 시에서 떠오르는 장면을 상상하면서 읽는다.

평가 주제	비유하는 표현을 생각하며 시 읽기
평가 목표	비유하는 표현을 생각하며 시를 읽고 자신만의 표현으로 바꿀 수 있다.

봄비

해님만큼이나
큰 은혜로
내리는 교향악

이 세상
모든 것이 다
악기가 된다.

달빛 내리던 지붕은
두둑 두드둑
큰북이 되고

아기 손 씻던
세숫대야 바닥은

도당도당 도당당
작은북이 된다.

앞마을 냇가에선
풍풍 포옹 풍
뒷마을 연못에선
풍풍 푸웅 풍

---

1 이 시에서 봄비 내리는 소리와 교향악의 공통점은 무엇인지 쓰시오.

2 이 시와 같이 봄비 내리는 장면을 상상해 보고, 마음속에 떠오르는 것을 쓰시오.

3 문제 2번에서 떠올린 대상의 특징을 [보기] 와 같이 다른 악기에 비유하여 쓰고, 그렇게 비유한 까닭을 쓰시오.

보기

대상	비유하는 표현
가로수	리코더
비유한 까닭	
일자로 서 있는 모습이 비슷하기 때문에	

대상	비유하는 표현
(1)	(2)
비유한 까닭	
(3)	

[1~5] 다음 글을 읽고, 물음에 답하시오.

㉮ 두 동네 사이에는 툭하면 싸움이 벌어졌어.

다들 황금 사과를 갖겠다고 아우성이었지.

할 수 없이 사람들은 모여서 의논을 했어.

"이 나무는 우리 두 동네의 한가운데에 있습니다. 그러니 잘 나누기 위해 땅바닥에 금을 그읍시다. 금 오른쪽에 열리는 사과는 윗동네, 금 왼쪽에 열리는 사과는 아랫동네에서 갖도록 말입니다."

그렇게 해서 땅바닥에 금이 생겼지.

㉯ 사람들은 이제 담을 쌓기 시작했어.

사방이 꽉 막힌 높고 단단한 담을.

그런 다음 양쪽에 보초를 세우고 담을 넘는 사람이 있나 잘 감시했지. / 윗동네도 아랫동네도 서로를 의심하는 마음이 차츰차츰 쌓여 갔어.

그러다 나중에는 서로 잡아먹을 듯이 미워하게 되었지.

㉰ 그러던 어느 날, 한 꼬마 아이가 공놀이를 하다가 공을 놓치고 말았어.

공은 떼굴떼굴 담 쪽으로 굴러갔지.

아이는 아무도 살지 않는 으스스한 그곳으로 걸어갔어. / 그런데 담 쪽으로 다가가 보니 작은 문이 언뜻 보이는 거야.

몸이 오싹거렸지만 그 아이는 계속 다가갔어.

열쇠 구멍에서 희미한 빛이 새어 나왔거든.

아이는 무서운 마음을 꾹 누르고 구멍 속을 들여다보았어. / "와, 세상에 이럴 수가!"

아이의 눈에 보인 건 공을 가지고 즐겁게 노는 아이들이었어.

엄마가 말한 끔찍한 괴물들이 아니라 자기하고 비슷한 또래 친구들 말이야. / 끼이이이익—

아이가 문을 밀자 쓱 열렸어.

문은 낡았고, 자물쇠는 망가져 있었거든.

환한 햇살 때문에 아이는 눈이 부셨지.

아이는 친구들에게 다가가 말했어.

"얘들아, 안녕! 내 이름은 사과야. 너희 이름은 뭐야?"

1 두 동네 사람들은 서로 무엇을 갖겠다고 싸웠는지 쓰시오.

( )

2 글 ㉯에서 일어난 일로 알맞은 것을 두 가지 고르시오. ( )

① 윗동네와 아랫동네 사이에 담을 쌓았다.
② 윗동네와 아랫동네는 서로를 믿기 시작했다.
③ 보초를 세우고 담을 넘는 사람이 있는지 감시했다.
④ 윗동네에 비가 많이 와서 아랫동네 사람들이 도왔다.
⑤ 꼬마 아이가 공놀이를 하다가 건너편 쪽으로 가게 되었다.

3 글 ㉰에서 꼬마 아이가 겪은 일로 알맞지 <u>않은</u> 것은 어느 것입니까? ( )

① 공놀이를 하다가 공을 놓쳤다.
② 몸이 오싹거려서 작은 문 근처에 가지 못했다.
③ 희미한 빛이 새어 나오는 열쇠 구멍 속을 들여다보았다.
④ 공을 찾으러 아무도 살지 않는 으스스한 곳으로 걸어갔다.
⑤ 담 너머에 사는 자기하고 비슷한 또래 친구들에게 인사했다.

4 이 글에서 일어난 일을 정리하려고 합니다. 가장 마지막에 일어난 일을 찾아 기호를 쓰시오.

> ㉮ 두 동네 가운데에 있는 사과나무에 황금 사과가 열림.
> ㉯ 한 꼬마 아이가 담에 있는 문을 열고 그곳에 있는 아이들에게 인사함.
> ㉰ 두 동네 사람들은 황금 사과를 서로 가지겠다고 땅바닥에 금을 긋고 담을 높게 쌓으며 서로를 미워함.

( )

5 이 글의 주제는 무엇이겠는지 쓰시오.

( )

[6~12] 다음 글을 읽고, 물음에 답하시오.

㉮ 영암 원님이 죽어서 염라대왕 앞으로 끌려갔다.
"염라대왕님, 소인은 아직 할 일이 많습니다. 그런데 벌써 저를 데려오셨습니까? 이승에서 좀 더 살게 해 주십시오."
원님은 머리를 조아리며 간청했다. 그러자 염라대왕은 수명을 적어 놓은 책을 들여다보고는 아직 원님이 나이가 젊어 딱하다는 생각이 들었다.
"좋다, 내 마음이 변하기 전에 얼른 사라져라."
염라대왕은 원님을 저승사자에게 돌려보냈다.
"이승으로 나가려는데 어떻게 가면 될까요?"
"여기까지 데려왔는데 그냥 보내 줄 수는 없다. 너 때문에 헛걸음을 했으니 수고비를 내놓아라."
"어떡하지요? 지금 저는 빈털터리인데……."
"그러면 저승에 있는 네 곳간에서라도 내놓아라."
㉯ 원님은 그렇게 하기로 하고 자기 곳간으로 갔다. 그런데 그 곳간에는 특별한 재물이랄 게 없었다. 고작 볏짚 한 단만이 있을 뿐이었다.
"이 사람, 남에게 덕을 베푼 일이라곤 없는 모양이네!"
옆에 서 있던 저승사자가 코웃음을 치며 말했다.
"어찌해 제 곳간에는 볏짚 한 단밖에 없습니까?"
"너는 이승에 있을 때 남에게 덕을 베푼 일이 없지 않느냐?"
원님은 순간, 쥐구멍에라도 숨고 싶을 만큼 부끄러웠다. 생각해 보니 자신은 남에게 좋은 일 한 번 변변히 한 적이 없었다.
단 한 번, 몹시 가난한 아낙이 아기를 낳을 때 짚이 없어서 쩔쩔매는 것을 우연히 보고 볏짚 한 단을 구해다 준 게 전부였다. 저승 곳간에 볏짚이나마 있는 것은 그 때문이었다.
㉰ "덕진이라는 아가씨의 곳간에는 쌀이 수백 석이나 있으니, 일단 거기서 쌀을 꾸어 계산하고 이승에 나가서 갚도록 해라."
저승사자가 원님에게 제안했다. 결국 원님은 덕진의 곳간에서 쌀 삼백 석을 꾸어 셈을 치를 수 있었다.
㉱ 사실을 확인하고 싶은 원님은 허름한 선비 모습으로 변장하고, 밤에 덕진의 주막을 찾아갔다.
덕진은 따뜻하게 원님을 맞이했다. 술을 달라는 원님에게 덕진은 술상을 정성스럽게 차려서 가지고 왔다.
"한 잔에 두 푼씩 여섯 푼만 주십시오."
"술값이 무척 싼 편이로군. 무슨 까닭이라도 있소?"

"다른 집에서 두 푼을 받으면 저희 집은 한 푼을 받고, 다른 집에서 서 푼을 받으면 저희 집에서는 두 푼을 받아 왔습니다."
㉲ "너에게 빚진 쌀 삼백 석을 갚으러 왔느니라."
그러자 덕진은 어리둥절해하며 원님을 쳐다보았다.
"하여튼 받아 두어라. 먼 훗날, 너도 알게 될 것이니라."
덕진이 받을 수 없다고 하자 원님은 강제로 쌀을 떠맡겼다.
㉳ 그날 밤, 덕진은 이리저리 몸을 뒤척이며 고민하다가 결론을 내렸다.
'어차피 내 쌀이 아니니 좋은 일에 쓰도록 하자.'
그리하여 덕진은 쌀을 팔아서 마을 앞을 가로지르는 강가에 다리를 놓기로 했다. 마을 사람들 모두가 그곳에 다리가 없어서 불편을 겪던 참이었다. 이렇게 해서 돌다리를 놓자, 사람들은 그 다리를 '덕진 다리'라고 했다.

6 염라대왕이 원님을 저승사자에게 돌려보낸 까닭은 무엇입니까? (   )

① 원님의 부탁을 들어주기 싫어서
② 아직 젊은 나이인 원님이 딱하여서
③ 저승사자가 실수로 원님을 데려와서
④ 원님이 저승사자를 만나고 싶어 해서
⑤ 원님에게 좋은 일을 할 기회를 주기 위해서

7 원님이 저승사자와 함께 곳간에 간 까닭을 쓰시오.
(   )

8 원님의 저승 곳간에 볏짚 한 단이 있었던 까닭은 무엇입니까? (   )

① 밥을 많이 먹었기 때문에
② 농사를 짓지 않았기 때문에
③ 항상 남에게 덕을 베풀었기 때문에
④ 곳간에 직접 볏짚을 가져다 두었기 때문에
⑤ 몹시 가난한 아낙이 아기를 낳을 때 볏짚 한 단을 구해다 주었기 때문에

9 저승에 있는 덕진의 곳간으로 보아 덕진은 어떤 삶을 살고 있겠습니까? (   )

① 남에게 베푸는 삶
② 검소하게 지내는 삶
③ 재산을 많이 모으는 삶
④ 남에게 도움을 받는 삶
⑤ 다른 사람을 괴롭히는 삶

10 이 이야기의 '전개' 부분에서 일어난 일을 찾아 기호를 쓰시오.

> ㉠ 영암 원님이 죽어 염라대왕을 만남.
> ㉡ 염라대왕은 원님을 저승사자에게 돌려보냄.
> ㉢ 원님 곳간에는 고작 볏짚 한 단만이 있었음.
> ㉣ 원님이 염라대왕에게 이승에서 좀 더 살게 해 달라고 간청함.

(   )

11 이 이야기에서 긴장감이 가장 높아지는 부분에 ○표 하시오.

⑴ 영암 원님이 죽어 염라대왕을 만나는 부분
(   )

⑵ 원님이 허름한 선비로 변장해 덕진을 만나는 부분
(   )

⑶ 덕진이 원님에게 받은 쌀로 강가에 다리를 놓기로 하는 부분
(   )

서술형

12 이 이야기의 결말 부분 내용을 요약해 쓰시오.

_____

_____

[13~15] 다음 글을 읽고, 물음에 답하시오.

㉮ 할머니는 이리저리 땅을 살폈어. 종이를 찾는 거야. 무게가 조금도 나가지 않을 것 같은 작은 종이라도, 할머니의 눈에는 무게가 있어 보였거든. 그래서 점점 더 등을 납작하게 구부리고 땅을 뚫어져라 살피게 되었어. 그럴수록 할머니는 하늘을 쳐다보는 일이 줄어들었지. 어느 날부터인가 하늘이 어떻게 생겼는지, 구름이 어떻게 흘러가는지도 까맣게 잊게 되었단다.

그런 할머니를 사람들은 '종이 할머니'라고 불렀어.

㉯ 그런데 그 가게 앞에 칠이 벗겨진 낡은 유모차가 서 있었어. 그리고 작고 뚱뚱한 할머니가 가게 앞에 쌓인 빈 상자를 유모차에 싣고 있는 게 아니겠어! ㉠종이 할머니는 깜짝 놀랐어. 자기 상자를 처음 보는 노인이 가져가니 놀랄 수밖에. 종이 할머니는 잰걸음으로 다가가 작고 뚱뚱한 할머니의 뒤통수에 대고 소리쳤어.

"이 상자는 내 것이여! 이 가게 주인이 나더러 가져가라고 내놓은 거여."

작고 뚱뚱한 할머니는 흠칫 놀라 뒤돌아보았어.

그런데 정작 놀란 건 종이 할머니였어. 작고 뚱뚱한 할머니의 한쪽 눈두덩에 불룩한 혹이 나 있었기 때문이야. 눈동자는 아예 보이지도 않았지. 게다가 다른 한쪽 눈에서 흘러나오는 눈빛은 뿌유스레한 안개 같았어.

13 할머니가 '종이 할머니'라고 불린 까닭은 무엇입니까? (   )

① 종이로 작품을 만들기 때문에
② 종이를 무척 아껴 쓰기 때문에
③ 종이로 만든 집에 살기 때문에
④ 땅만 살피며 종이를 줍기 때문에
⑤ 종이처럼 날씬하고 가볍기 때문에

14 ㉠의 까닭은 무엇인지 쓰시오.
(   )

서술형

15 글 ㉮와 ㉯ 중에서 사건이 본격적으로 발생하는 부분의 기호를 쓰시오.

글 (   )

[16~20] 다음 글을 읽고, 물음에 답하시오.

"이 강낭콩, 얼마유?"

강낭콩이 그릇마다 수북하게 담겨 있었어.

"천 원만 주소."

눈에 혹이 난 할머니가 힘없이 말했어. 얼마 전, 자신과 다투었던 것도 모르는 눈치였어. 잘 볼 수 없으니 자신이 누구인지 알 리가 없겠지. 종이 할머니는 시치미를 떼며 말했어.

"너무 싸게 파는구먼." / 종이 할머니가 한마디 던지자, 눈에 혹이 난 할머니가 씁쓸하게 말했단다.

"그래도 잘 안 팔려라."

그때 동네 꼬마들이 지나가며 소리쳤어.

"눈에 혹이 났어!" / "㉠외계인이다! 도망가자."

종이 할머니는 외계인이라는 소리에 깜짝 놀라서 눈에 혹이 난 할머니의 얼굴을 찬찬히 살펴보았지. 그러고 보니 메이가 그린 초록색 외계인 친구하고 닮은 것도 같았어. / "이 동네로 이사 왔수?"

종이 할머니가 넌지시 물었어.

"한 달 조금 됐는디 말 상대가 없어라. 생긴 게 이래서……." / "……."

종이 할머니는 강낭콩을 받아 들고 돈을 내밀었어.

"심심하면…… 놀러 오우. 우리 집은 도서관 뒷골목 세 번째 집이라오. 참, 대문 안쪽에 폐지들이 쌓여 있어서 금방 찾을 수 있다우."

종이 할머니는 손수레를 끌며 고물상으로 향했어. 그리고 이제는 허리를 구부리지 않았어. 더 이상 고개도 수그리지 않았지.

여러 계절이 왔다가 가고, 다시 왔다가 갔단다. 종이 할머니는 여전히 폐지를 모았어. 그렇지만 이제는 혼자가 아니야. 눈에 혹이 난 할머니와 같이 주웠어. 그리고 저녁이 되면 따뜻한 밥도 같이 먹고 생강차도 나누어 마셨지.

종이 할머니는 벽에 붙여 놓은 우주 그림을 보며 잠깐잠깐 이런 생각에 빠졌단다.

'여기가 우주 호텔이 아닌가? 여행을 하다가 잠시 이렇게 쉬어 가는 곳이니……, 여기가 바로 우주의 한가운데지.'

16 ㉠'외계인'은 누구를 가리키는지 쓰시오.

(   )

17 종이 할머니는 눈에 혹이 난 할머니를 다시 만났을 때 어떻게 대했습니까? (   )

① 상자를 내놓으라고 화를 냈다.
② 외계인이라고 놀리고 도망갔다.
③ 다가가서 집에 놀러 오라고 했다.
④ 강낭콩을 팔지 못하게 훼방을 놓았다.
⑤ 눈에 혹이 난 할머니의 인사를 무시했다.

18 종이 할머니가 자신이 사는 곳을 우주 호텔이라고 생각하게 된 까닭은 무엇입니까? (   )

① 우주 모양의 방이 있기 때문에
② 우주에 대한 책이 많기 때문에
③ 돈을 많이 벌어 집이 커졌기 때문에
④ 인생이라는 여행에서 잠시 쉬어 가며 친구를 만나는 곳이기 때문에
⑤ 눈에 혹이 난 할머니와 함께 폐지를 모아서 폐지가 많이 쌓였기 때문에

19 종이 할머니의 변화된 모습으로 알맞지 <u>않은</u> 것은 무엇입니까? (   )

① 고개를 숙이지 않는다.
② 폐지를 모으지 않는다.
③ 허리를 구부리지 않는다.
④ 눈에 혹이 난 할머니와 가까워졌다.
⑤ 자신이 사는 집이 우주 호텔이라고 생각한다.

서술형
20 이 이야기의 결말에서 일어난 사건의 중심 내용을 간추려 쓰시오.

_____

_____

평가 주제	이야기 속 사건의 흐름 살펴보기
평가 목표	사건의 흐름을 생각하며 이야기를 읽고 자신의 생각이나 느낌을 정리할 수 있다.

> ㉮ 나무는 두 동네를 정확하게 반으로 가르는 곳에 있었지.
> 하지만 아무도 그 나무를 눈여겨보지 않았어.
> 그 나무에 황금 사과가 열린다는 걸 누군가 알아채기 전까지는 말이야.
> ㉯ 두 동네 사이에는 툭하면 싸움이 벌어졌어. / 다들 황금 사과를 갖겠다고 아우성이었지.
> 할 수 없이 사람들은 모여서 의논을 했어.
> "이 나무는 우리 두 동네의 한가운데에 있습니다. 그러니 잘 나누기 위해 땅바닥에 금을 그읍시다. 금 오른쪽에 열리는 사과는 윗동네, 금 왼쪽에 열리는 사과는 아랫동네에서 갖도록 말입니다."
> 그렇게 해서 땅바닥에 금이 생겼지.
> ㉰ 사람들은 이제 담을 쌓기 시작했어. / 사방이 꽉 막힌 높고 단단한 담을.
> 그런 다음 양쪽에 보초를 세우고 담을 넘는 사람이 있나 잘 감시했지.
> 윗동네도 아랫동네도 서로를 의심하는 마음이 차츰차츰 쌓여 갔어.

1 두 동네 사람들 사이에 어떤 일이 일어났는지 빈칸에 알맞게 정리하여 쓰시오.

> 두 동네 가운데에 있는 사과나무에 황금 사과가 열렸다.

⬇

>

2 인물의 말과 행동에 대한 자신의 생각이나 느낌을 쓰시오.

인물	인물의 말과 행동	자신의 생각이나 느낌
두 동네 사람들	황금 사과를 서로 가지겠다고 땅바닥에 금을 긋고 담을 높게 쌓았다.	

3 두 동네가 황금 사과를 사이좋게 나누려면 어떻게 하는 것이 좋을지 자신의 생각을 쓰시오.

>

1 공식적인 말하기 상황으로 알맞지 <u>않은</u> 것은 무엇입니까? (   )

① 수업 시간에 발표하기
② 학급 회의에서 말하기
③ 국어 시간에 토론하기
④ 방송에서 뉴스 진행하기
⑤ 짝에게 전화로 준비물 알려 주기

[2~5] 다음 글을 읽고, 물음에 답하시오.

나성실: 안녕하세요? 저는 전교 학생회 회장단 선거에 입후보한 나성실입니다. 저는 가고 싶은 학교, 즐거운 학교를 만들고 싶어서 이 자리에 섰습니다. 우리 학교에서는 지난해에 학생들이 학교에 바라는 점을 설문 조사 했습니다. 학생들이 학교에 바라는 점 가운데에서 가장 많이 나온 의견은 바로 "깨끗한 화장실을 만들어 주세요."라는 의견으로 47퍼센트가 나왔습니다.

학생들이 학교에 바라는 점

깨끗한 화장실을
만들어 주세요.

47퍼센트

학생들: 맞아요. 좋아요.

나성실: 저는 이러한 여러분의 의견을 교장 선생님께 적극적으로 말씀드리고 전교 학생회에서도 의견을 모아 꼭 깨끗한 화장실을 만들겠습니다.

2 어떤 공식적인 말하기 상황인지 쓰시오.

(   )

3 후보자가 발표한 공약은 무엇입니까? (   )

① 수업 시간을 줄이겠다.
② 깨끗한 화장실을 만들겠다.
③ 화단에 다양한 꽃을 가꾸겠다.
④ 학생 만족도 설문 조사를 자주 하겠다.
⑤ 전교 학생회 회장단 선거의 투표 방식을 바꾸겠다.

4 후보자가 의견을 발표할 때 활용한 자료로 알맞은 것에 ○표 하시오.

(1) 뉴스 동영상   (   )
(2) 설문 조사 결과 도표   (   )
(3) 우리 학교 누리집 사진   (   )

5 후보자가 연설을 할 때의 태도로 알맞지 <u>않은</u> 것은 무엇입니까? (   )

① 항상 길게 말한다.
② 높임 표현을 쓴다.
③ 또박또박 바르게 말한다.
④ 바른 자세와 태도로 말한다.
⑤ 듣는 사람이 알기 쉽게 말한다.

[6~7] 다음 그림을 보고, 물음에 답하시오.

6 그림 ㉮와 ㉯의 말하기 상황을 각각 쓰시오.

그림 ㉮	그림 ㉯
(1)	(2)

7 그림 ㉮와 ㉯의 말하기 상황에서 비슷한 점은 무엇입니까? ( )

① 기록하는 사람이 있다.
② 실내에서 말하고 있다.
③ 듣는 사람이 부모님이다.
④ 자료를 보여 주며 말하고 있다.
⑤ 말하는 사람과 듣는 사람이 있다.

8 공식적인 말하기 상황에서 자료를 활용하지 않고 발표할 때 듣는 사람이 느낄 수 있는 반응으로 알맞은 것을 찾아 기호를 쓰시오.

> ㉮ 설명하는 내용을 더 흥미롭게 들을 수 있다.
> ㉯ 설명하는 내용이 잘 전달되지 않아서 이해되지 않는 부분이 있다.

( )

9 공식적인 말하기 상황의 특성으로 알맞지 않은 것은 무엇입니까? ( )

① 높임 표현을 사용해야 한다.
② 큰 소리로 또박또박 말해야 한다.
③ 듣는 사람은 집중해서 들어야 한다.
④ 중요하지 않은 부분도 기록하며 들어야 한다.
⑤ 듣는 사람이 이해하기 쉽게 자료를 활용하면 좋다.

10 다음 빈칸에 들어갈 말하기 상황으로 알맞은 것은 무엇입니까? ( )

공식적인 말하기 상황	활용한 자료	그 자료를 활용한 까닭
	• 축제 사진 • 축제 안내 자료	축제 사진이 우리 지역 축제 모습을 잘 보여 줄 수 있고, 축제 안내 자료에 여러 가지 행사가 잘 나와 있기 때문입니다.

① 자신이 잘하는 것을 발표하는 상황
② 우리 학교 운동회 모습을 발표하는 상황
③ 우리나라 전통 놀이 문화를 소개하는 상황
④ 우리 지역 문화재에 대해 조사한 내용을 발표하는 상황
⑤ 우리 지역 축제를 조사해 친구들 앞에서 발표하는 상황

서술형

11 옛사람의 생활 모습을 발표하는 상황에서 활용할 수 있는 자료를 쓰고, 그 자료를 활용한 까닭을 쓰시오.

_____

_____

[12~13] 다음 자료를 보고, 물음에 답하시오.

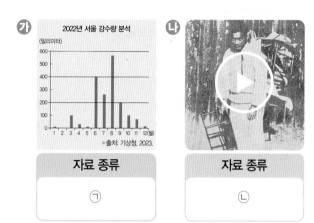

가	2022년 서울 강수량 분석		나	

자료 종류
㉠

자료 종류
㉡

자료 종류
㉢

라	우리 반 친구들이 좋아하는 운동			
종목	축구	배드민턴	줄넘기	합계
인원(명)	10	5	8	23

자료 종류
㉣

12 ㉠~㉣에 들어갈 자료 종류는 각각 무엇인지 보기에서 찾아 쓰시오.

> **보기**
>
> 표   사진   도표   동영상

(1) ㉠: (   )

(2) ㉡: (   )

(3) ㉢: (   )

(4) ㉣: (   )

13 자료 가~라 중에서 다음 특성에 가장 알맞은 자료는 무엇인지 기호를 쓰시오.

> • 설명하는 대상을 한눈에 보여 줄 수 있다.
> • 설명하는 대상의 정확한 모습을 보여 줄 수 있다.
> • 설명하는 대상의 모습을 사실대로 보여 줄 수 있다.

자료 (   )

[14~15] 다음 그림을 보고, 물음에 답하시오.

14 학생들이 무엇을 발표하는지 알맞은 것을 찾아 ○표 하시오.

(1) 과거의 직업   (   )

(2) 발표를 잘하는 방법   (   )

(3) 동영상을 활용해 발표하면 좋은 점   (   )

15 그림 나에서 남자아이가 동영상을 활용한 까닭을 알맞게 말한 친구의 이름을 쓰시오.

> 호경: 지금은 사라진 직업인 보부상의 모습을 생생히 보여 주기에 동영상이 알맞기 때문이야.
> 소희: 사라진 직업의 종류와 그 까닭을 직업별로 정리해서 보여 주기에 동영상이 알맞기 때문이야.
> 선주: 과거와 비교해서 현재 활동 중인 보부상의 수가 얼마나 줄었는지 파악하기에 동영상이 효과적이기 때문이야.

(   )

16 자료를 활용해서 말하면 좋은 점을 모두 고르시오.
(   )

① 듣는 사람이 더 잘 이해할 수 있다.
② 정보를 효과적으로 전달할 수 있다.
③ 듣는 사람이 흥미를 느끼게 할 수 있다.
④ 다른 사람의 자료를 그대로 베껴 쓸 수 있다.
⑤ 말할 내용에 상관없이 내가 좋아하는 동영상을 보여 줄 수 있다.

[17~19] 다음 글을 읽고, 물음에 답하시오.

| 제목 | 미래의 인재 |

시작하는 말

안녕하세요? 1모둠 발표를 맡은 김대한입니다. 우리의 미래를 생각하면서 우리 모둠은 '미래에는 어떤 인재가 필요할까'라는 주제로 발표를 준비했습니다. 우리 모둠이 준비한 자료는 표와 동영상입니다. 자료를 보면서 발표를 들어 주십시오.

자료 1 100대 기업의 인재상 변화

	2008년	2013년	2018년
1순위	창의성	도전 정신	소통과 협력
2순위	전문성	주인 의식	전문성
3순위	도전 정신	전문성	원칙과 신뢰
4순위	원칙과 신뢰	창의성	도전 정신
5순위	소통과 협력	원칙과 신뢰	주인 의식

• 출처: 대한상공회의소, 2018.

설명하는 말

미래에는 어떤 인재가 필요할까요? 대한상공회의소에서 조사한 '100대 기업의 인재상 변화'에 따르면 2008년에는 창의성이 1순위였는데 2013년에는 도전 정신이, 2018년에는 소통과 협력이 1순위입니다. 이처럼 시대에 따라 필요한 인재상은 달라지고 있습니다.

우리가 어른이 되는 미래에는 어떤 인재가 필요할까요? 우리 모둠은 인공 지능, 사물 인터넷 같은 4차 산업 혁명으로 이전과는 다른 산업 형태가 나타나면서 필요한 인재상도 달라질 것이라고 예상했습니다. 미래에는 변화가 굉장히 빠른 속도로 일어나기 때문에 미래의 인재에게 가장 중요한 것은 계속 배우려는 의지라고 생각합니다.

17 발표 주제는 무엇입니까? ( )

① 미래에는 어떤 인재가 필요할까
② 미래에 꼭 필요한 직업은 무엇일까
③ 100대 기업에는 어떤 기업이 있을까
④ 현재 가장 인기 있는 직업은 무엇일까
⑤ 공식적인 말하기 상황에서 지켜야 할 예의는 무엇일까

18 활용한 자료에 대한 설명으로 알맞지 않은 것은 무엇입니까? ( )

① 100대 기업의 인재상 변화 표이다.
② 대한상공회의소에서 조사한 자료이다.
③ 2008년에 인재상 1순위는 도전 정신이다.
④ 시대에 따라 필요한 인재상이 달라지고 있음을 알 수 있다.
⑤ 2008년과 2013년, 2018년에 1순위인 인재상이 서로 다르다.

19 이 발표 내용에서 미래의 인재에게 가장 중요한 것은 무엇이라고 했는지 쓰시오.

( )

20 '우리의 미래'를 주제로 발표하려고 합니다. 다음 발표 상황을 살펴보고 주의할 점을 두 가지 고르시오.

( )

| 발표 상황의 특성 | • 발표 장소가 넓다.
• 여러 사람 앞에서 발표한다. |

① 큰 자료를 활용한다.
② 작은 도표를 여러 개 활용한다.
③ 멀리까지 잘 들리도록 또박또박 큰 목소리로 말한다.
④ 중요한 이야기이므로 앞사람만 들을 수 있도록 작게 말한다.
⑤ 자료를 보여 줄 때에는 친구들이 집중할 수 있도록 대강 소개한다.

평가 주제	다양한 자료의 특성 알기
평가 목표	다양한 자료의 특성을 알고 말할 내용에 따라 적절한 자료를 활용할 수 있다.

1 자료 ㉮와 ㉰의 특성을 비교하여 쓰시오.

2 자료 ㉮~㉰ 중 여행지의 자연환경을 소개할 때 활용할 수 있는 자료를 찾아 기호를 쓰고, 그 자료를 활용한 까닭을 쓰시오.

말할 내용	여행지의 자연환경
활용할 수 있는 자료	(1)
그 자료를 활용한 까닭	(2)

3 자료를 활용해서 말하면 좋은 점을 한 가지 쓰시오.

[1~4] 다음 글을 읽고, 물음에 답하시오.

㉮ 지훈 저는 동물원이 있어야 한다고 생각합니다. 그 까닭은 첫째, 동물원은 우리에게 큰 즐거움을 줍니다. 3000년 전에 이미 동물원을 만들었을 만큼 사람은 동물을 좋아하고 가까이해 왔습니다. 동물원에서는 쉽게 만날 수 없는 동물을 가까이에서 볼 수 있는데, 열대 지역에 사는 사자나 극지방에 사는 북극곰도 쉽게 만날 수 있습니다. 서울 동물원에만 한 해 평균 350만 명이 방문한다고 합니다. 이렇게 많은 사람이 동물원을 좋아하고 동물원에서 즐거움을 느낍니다. 둘째, 동물원은 동물을 보호해 줍니다. 야생에서는 약한 동물이 더 강한 동물에게 공격당하거나 먹이가 없어 굶어 죽기도 합니다.

㉯ 미진 동물원은 없애야 합니다. 첫째, 동물원은 동물의 자유를 구속하고, 동물에게 사람의 구경거리가 되는 고통을 줍니다. 동물원에서 동물은 제한된 공간에 갇혀 수많은 관람객과 마주해야 합니다. 이러한 상황에서 동물은 극심한 스트레스를 받습니다. 동물은 사람의 눈요깃거리가 아니라 그 자체로 존중받아야 하는 소중한 생명체입니다. 둘째, 동물원은 인공적인 환경이기 때문에 자연을 대신할 수 없습니다. 동물원의 우리는 동물의 행동반경에 비해 턱없이 좁습니다. 친환경 동물원이 생기고 있지만 동물이 원래 살던 환경을  그대로 동물원으로 옮기는 것은 불가능합니다. 동물은 인위적으로 만든 동물원보다 생태계가 어우러진 광활한 자연에서 살아야 합니다.

1 지훈이와 미진이는 어떤 주제에 대해 자신의 생각을 말했습니까? (　　　)

① 동물원은 필요한가
② 동물원을 어디에 지어야 하는가
③ 동물원의 관람객을 줄여야 하는가
④ 동물원에 얼마나 자주 가야 하는가
⑤ 멸종 위기의 동물을 어떻게 보호해야 하는가

2 지훈이와 미진이의 주장이 무엇인지 알맞게 선으로 이으시오.

(1) 지훈 ・　・㉮ 동물원은 없애야 한다.

(2) 미진 ・　・㉯ 동물원이 있어야 한다.

3 지훈이가 근거로 제시한 내용을 두 가지 고르시오.
(　　　)

① 동물의 자유를 구속한다.
② 동물원은 동물을 보호해 준다.
③ 친환경 동물원이 많이 생기고 있다.
④ 사람과 동물이 서로 의지할 수 있다.
⑤ 동물원은 우리에게 큰 즐거움을 준다.

서술형
4 지훈이와 미진이의 주장이 서로 다른 까닭을 생각해 한 가지를 더 쓰시오.

• 겪은 일이 서로 다르기 때문입니다.

•＿＿＿＿＿＿＿＿＿＿＿＿＿＿＿＿＿＿
＿＿＿＿＿＿＿＿＿＿＿＿＿＿＿＿＿＿＿

5 자기 생각과 다른 주장에 어떤 마음을 가져야 할지 알맞게 말한 친구의 이름을 쓰시오.

> 지율: 자기 생각과 다른 주장은 열심히 들을 필요가 없어.
> 환일: 근거가 타당하더라도 내 마음에 들지 않으면 무조건 반박해야 해.
> 윤희: 주장을 뒷받침하는 근거가 타당하다면 내 생각과 다른 주장이라도 존중해야 해.

(　　　　　　　)

[6~14] 다음 글을 읽고, 물음에 답하시오.

㉮ 요즘에 우리 전통 음식보다 외국에서 유래한 햄버거나 피자와 같은 음식을 더 좋아하는 어린이를 쉽게 볼 수 있습니다. 이러한 음식은 지나치게 많이 먹으면 건강이 나빠지기도 합니다. 그에 비해 우리 전통 음식은 오랜 세월에 걸쳐 전해 오면서 우리 입맛과 체질에 맞게 발전해 왔기 때문에 여러 가지 면에서 우수합니다. 우리 전통 음식을 사랑합시다. 왜 우리 전통 음식을 사랑해야 할까요?

㉯ 첫째, 우리 전통 음식은 건강에 이롭습니다. 우리가 날마다 먹는 밥은 담백해 쉽게 싫증이 나지 않으며 어떤 반찬과도 잘 어우러져 균형  잡힌 영양분을 섭취하기 좋습니다. 또 된장, 간장, 고추장과 같은 발효 식품에는 무기질과 비타민이 풍부하게 들어 있어 몸을 건강하게 해 줍니다. 특히 청국장은 항암 효과는 물론 해독 작용까지 뛰어나다고 합니다. 된장도 건강에 이로운 식품으로 알려져 있습니다.

㉰ 둘째, 우리 전통 음식을 가까이하면 계절과 지역에 따라 다양한 맛을 즐길 수 있습니다. 우리 조상은 생활 주변에서 나는 여러 가지 재료를 이용해 계절에 맞는 다양한 음식을 만들어 왔습니다. 주변 바다와 산천에서 나는 풍부하고 다양한 해산물과 갖은 나물이나 채소와 같은 재료에는 각각 고유한 맛이 있습니다. 이러한 재료를 이용해 만든 여러 가지 음식은 지역 특색을 살린 독특한 맛을 냅니다. 비빔밥의 경우, 콩나물을 비롯한 여러 가지 나물에 육회를 얹은 전주비빔밥, 기름에 볶은 밥에 고사리와 가늘게 찢은 닭고기, 각종 나물과 황해도 특산물인 김을 얹은 해주비빔밥, 멍게를 넣은 통영비빔밥과 같이 그 지역 특산물에 따라 다양하게 만들었습니다. 김치 또한 시원하고 톡 쏘는 맛이 강하거나 맵고 진한 감칠맛이 나는 등 지역에 따라 다양한 맛으로 만든 것을 볼 수 있습니다.

㉱ 우리나라 전통 음식은 세계 여러 나라 사람에게 주목받고 있습니다. 우리 조상의 넉넉한 마음과 삶에서 배어 나온 지혜가 담긴 우리 전통 음식은 그 맛과 멋과 영양의 삼박자를 모두 갖추고 있습니다. 우리는 우리 전통 음식의 과학성과 우수성을 알고 우리 전통 음식에 관심을 가지고 우리 전통 음식을 사랑해야겠습니다.

6 이 글을 쓴 목적은 무엇이겠습니까? (   )

① 우리 전통 음식을 사랑하자고 주장하기 위해서
② 음식을 골고루 먹어야 한다고 주장하기 위해서
③ 외국에서 유래한 음식의 종류를 소개하기 위해서
④ 우리 전통 음식의 가격을 낮춰야 한다고 주장하기 위해서
⑤ 우리 전통 음식을 소개하는 영상을 만들자고 설득하기 위해서

7 문단 ㉮~㉱가 무엇에 해당하는지 논설문의 짜임에 맞게 기호를 쓰시오.

(1) 서론: 문단 (   )
(2) 본론: 문단 (   )
(3) 결론: 문단 (   )

서술형

8 이 글의 서론에서 제시한 문제 상황은 무엇인지 쓰시오.

_____

_____

_____

9 발효 식품이 몸을 건강하게 해 주는 까닭은 무엇입니까? (   )

① 외국에서 유래했기 때문에
② 지역 특색을 살린 독특한 맛을 내기 때문에
③ 무기질과 비타민이 풍부하게 들어 있기 때문에
④ 계절에 따라 다양한 맛을 즐길 수 있기 때문에
⑤ 세계 여러 나라 사람에게 주목받고 있기 때문에

10 지역 특색을 살린 독특한 맛을 내는 음식의 예로 알맞지 <u>않은</u> 것은 무엇입니까? (   )

① 멍게를 넣은 통영비빔밥
② 날마다 먹지만 담백해 쉽게 싫증이 나지 않는 밥
③ 콩나물을 비롯한 여러 가지 나물에 육회를 얹은 전주비빔밥
④ 시원하고 톡 쏘는 맛이 강한 김치와 맵고 진한 감칠맛이 나는 김치
⑤ 기름에 볶은 밥에 고사리와 가늘게 찢은 닭고기, 각종 나물과 김을 얹은 해주비빔밥

11 이 글에서 주장을 뒷받침하는 근거를 두 가지 고르시오. (   )

① 우리 전통 음식은 건강에 이롭다.
② 된장, 간장, 고추장은 발효 식품이다.
③ 우리나라 전통 음식은 세계 여러 나라 사람에게 주목받고 있다.
④ 우리 전통 음식을 가까이하면 계절과 지역에 따라 다양한 맛을 즐길 수 있다.
⑤ 요즘에 우리 전통 음식보다 외국에서 유래한 음식을 더 좋아하는 아이가 많다.

12 문단 ㉣에서 말한, 우리나라 전통 음식이 갖추고 있는 삼박자를 모두 찾아 쓰시오.

(   )

13 문단 ㉣의 중심 문장을 찾아 쓰시오.

_____

_____

14 이와 같은 글에서 결론의 역할로 알맞은 것을 두 가지 고르시오. (   )

① 글 내용을 요약하기도 한다.
② 글을 쓴 문제 상황을 밝힌다.
③ 글을 쓰게 된 동기를 알린다.
④ 근거를 뒷받침하는 예나 자료를 제시한다.
⑤ 글쓴이의 주장을 다시 한번 강조할 수도 있다.

15 논설문의 특성으로 알맞지 <u>않은</u> 것은 무엇입니까?

(   )

① 서론, 본론, 결론으로 짜여 있다.
② 주장과 이를 뒷받침하는 근거로 되어 있다.
③ 객관적인 정보를 읽는 이에게 전달하고 이해시킨다.
④ 서론에서는 글을 쓴 문제 상황과 글쓴이의 주장을 밝힌다.
⑤ 근거를 뒷받침하는 내용에는 구체적인 예나 다양한 자료를 포함한다.

◉ 정답 및 풀이 34쪽

[16~20] 다음 글을 읽고, 물음에 답하시오.

우리나라뿐만 아니라 세계 곳곳에서 벌어지는 자연 개발은 우리 삶을 위협한다. 이러한 무분별한 개발로 우리 삶의 터전인 자연은 몸살을 앓고, 이제 인류의 생존까지 위협하는 상황에 이르렀다. 우리는 자연의 목소리에 귀를 기울이고 자연을 보호해야 한다. 왜 자연을 보호해야 할까?

첫째, 자연은 한번 파괴되면 복원되기가 어렵다. 어린나무 한 그루가 아름드리나무로 성장하는 데 약 30년에서 50년이 걸린다고 한다. 우유 한 컵(150밀리리터)으로 오염된 물을 물고기가 살 수 있는 깨끗한 물로 만들려면 우유 한 컵의 약 2만 배의 물이 필요하다. 이처럼 환경을 오염시키는 것은 순식간이지만 오염된 환경을 되살리는 데는 수십, 수백 배의 시간과 노력이 든다. 자연의 힘이 아무리 위대해도 자정 능력을 넘어서는 오염을 감당하기는 어렵다.

둘째, 무리한 자연 개발은 생태계를 파괴한다. 생물은 서로 유기적인 생태계로 얽혀 있으며 주변 환경과 영향을 주고받으면서 살아간다. 자연 개발로 생태계를 파괴하면 결국 사람의 생활 환경을 악화시키는 결과를 초래한다. 예를 들어 사람의 편의를 돕는 시설을 만들면서 무분별하게 산을 파헤치면 동식물은 삶의 터전을 잃는다. 무리한 자연 개발의 결과로 기후 변화 현상까지 나타나 동물이 멸종 위기에 처하고, 지구 환경이 위협을 받기도 한다.

16 이 글의 주장은 무엇입니까? (　　　)

① 자연을 보호해야 한다.
② 자연의 자정 능력을 연구하자.
③ 사람의 편의를 위한 시설을 만들자.
④ 자연은 한번 파괴되면 복원시키기 어렵다.
⑤ 동식물에게 삶의 터전을 새롭게 만들어 주자.

17 본론에서 제시한 근거를 두 가지 찾아 쓰시오.

⑴ (　　　　　　　　　　　　　　　)

⑵ (　　　　　　　　　　　　　　　)

18 자연이 한번 파괴되면 복원되기 어려운 까닭으로 알맞은 것에 ○표 하시오.

⑴ 자연이 복원되는 속도가 매우 빠르기 때문에
(　　　)

⑵ 자연의 자정 능력을 넘어서는 오염은 자연이 감당하기 어렵기 때문에 (　　　)

⑶ 자연의 목소리에 귀를 기울이고 자연을 보호하려는 사람이 많기 때문에 (　　　)

19 무리한 자연 개발로 생기는 문제를 모두 고르시오.
(　　　　　　　)

① 생물의 종류가 다양해진다.
② 지구 환경이 위협을 받는다.
③ 동식물이 삶의 터전을 잃는다.
④ 사람의 편의를 돕는 시설이 늘어난다.
⑤ 기후 변화 현상까지 나타나 동물이 멸종 위기에 처한다.

20 이 글의 내용이 타당한지 판단할 때 생각할 내용으로 알맞지 <u>않은</u> 것을 찾아 기호를 쓰시오.

⑦ 주장을 많이 썼는가?
⑭ 근거가 주장과 관련 있는가?
⑮ 주장이 가치 있고 중요한가?
⑯ 근거가 주장을 뒷받침하는가?

(　　　　　　　)

평가 주제	논설문의 특성을 생각하며 글 읽기
평가 목표	논설문의 특성을 생각하며 글을 읽고 타당한 근거를 들어 글을 쓸 수 있다.

㉮ 요즘에 우리 전통 음식보다 외국에서 유래한 햄버거나 피자와 같은 음식을 더 좋아하는 어린이를 쉽게 볼 수 있습니다. 이러한 음식은 지나치게 많이 먹으면 건강이 나빠지기도 합니다. 그에 비해 우리 전통 음식은 오랜 세월에 걸쳐 전해 오면서 우리 입맛과 체질에 맞게 발전해 왔기 때문에 여러 가지 면에서 우수합니다. 우리 전통 음식을 사랑합시다. 왜 우리 전통 음식을 사랑해야 할까요?

㉯ 우리 전통 음식에서 우리 조상의 슬기와 문화를 경험할 수 있습니다. 우리 조상은 겨울을 나려고 김장을 하고, 저장 온도와 저장 기간을 조절해 겨울철에도 신선하게 채소를 먹을 수 있도록 했습니다. 삼국 시대부터 발달한 염장 기술로 고기류와 어패류를 오랫동안 보관해 맛있게 먹을 수 있도록 했습니다. 또 농경 생활을 하면서 설이나 추석과 같은 명절에 가족이나 이웃과 함께 세시 음식을 만들어 먹으며 정답게 어울려 지냈습니다.

㉰

1 글쓴이가 이 글을 쓴 목적은 무엇일지 쓰시오.

2 글 ㉯는 이 글의 본론에 해당합니다. 글 ㉯에서 글쓴이의 주장에 대한 근거를 찾아 쓰고, 이를 통해 알 수 있는 본론의 역할을 쓰시오.

주장에 대한 근거	(1)
본론의 역할	(2)

3 전통 음식의 장점을 떠올려 글 ㉰에 들어갈 내용을 쓰시오.

> **조건**
> 1. 글 ㉰는 이 글의 본론으로, 주장에 어울리는 타당한 내용의 근거를 제시한다.
> 2. 글 ㉯와 같이 근거를 뒷받침하는 내용도 함께 쓴다.

[1~2] 다음 그림을 보고, 물음에 답하시오.

❶ 와, 교실이 깨끗하게 정리 정돈되었네요.

❷ 선생님, 우리나라 속담에 ㉠"백지장도 맞들면 낫다."라는 말이 있는데, 친구들과 함께 청소하니 쉬웠어요.

그랬군요! 여러분이 협동의 힘을 알았군요.

1 ㉠의 뜻은 무엇입니까? ( )

① 어렵거나 나쁜 일이 겹치어 일어나다.
② 쉬운 일이라도 협력해서 하면 훨씬 쉽다.
③ 가까이에 있는 것을 도리어 알아보지 못한다.
④ 모든 일은 근본에 따라 거기에 걸맞은 결과가 나타난다.
⑤ 힘을 다하고 정성을 다하여 한 일은 그 결과가 반드시 헛되지 아니하다.

2 ㉠과 바꾸어 쓸 수 있는 속담을 찾아 기호를 쓰시오.

> ㉮ "소 잃고 외양간 고친다."
> ㉯ "손이 많으면 일도 쉽다."
> ㉰ "가는 말이 고와야 오는 말이 곱다."

( )

[3~5] 다음을 보고, 물음에 답하시오.

㉮ 글을 쓸 때

영주네 가족은 이삿짐 싸는 차례를 서로 다르게 생각했어요.

할머니와 이모께서는 깨지기 쉬운 항아리나 유리그릇부터 싸라고 하셨고, 삼촌께서는 텔레비전이나 컴퓨터부터 옮기라고 하셨어요. ㉠"사공이 많으면 배가 산으로 간다."라는 속담처럼 서로 의견을 굽히지 않아 시간만 흘러갔어요.

㉯ 서로 말을 주고받을 때

윤경아, 내가 청소 도와줄게.

우진아, 괜찮아. 혼자서도 할 수 있어.

"바늘 가는 데 실 간다."라고 했어. 우리는 짝이니까 함께하자.

재미있는 말이네. 고마워!

㉰ 자신의 의견을 제시할 때

친구들이 바른 몸가짐으로 항상 웃으며 인사하면 좋겠어. " ㉡ "라는 말이 있듯이 작은 행동 하나에 그 사람의 많은 것이 드러나게 돼.

친구의 의견이 옳은 것 같아.

3 ㉠의 뜻으로 알맞은 것에 ○표 하시오.

(1) 사람의 긴밀한 관계를 이르는 말. ( )

(2) 일부만 보고 전체를 미루어 안다는 말. ( )

(3) 주관하는 사람이 없이 여러 사람이 자기주장만 내세우면 일이 제대로 되기 어렵다는 말.

( )

4 ㉡에 들어갈 속담으로 알맞은 것을 다음에서 찾아 기호를 쓰시오.

> ㉮ 하나를 보면 열을 안다.
> ㉯ 천 리 길도 한 걸음부터
> ㉰ 돌다리도 두들겨 보고 건너라.

( )

5 ㉮~㉣에서 속담을 사용한 까닭을 모두 고르시오.

(   )

① 듣는 사람이 흥미를 느낄 수 있기 때문에
② 문장에 꾸며 주는 말을 많이 쓸 수 있기 때문에
③ 자신의 생각을 효과적으로 드러낼 수 있기 때문에
④ 주장의 논리를 뒷받침해 상대를 쉽게 설득할 수 있기 때문에
⑤ 흉내 내는 말이 많이 쓰여 듣는 사람이 재미있다고 생각하기 때문에

6 속담을 사용해 자신의 생각을 말하거나 누군가에게 속담을 들은 경험을 알맞게 말한 친구의 이름을 모두 쓰시오.

> 선우: 감기에 걸린 동생이 찬 음식을 먹고 배탈이 난 것을 보고 "엎친 데 덮친다."라고 말했어.
> 아연: 책을 읽다 속담의 뜻을 몰라서 궁금해하는 친구에게 속담 사전을 찾아보라고 알려 주었어.
> 유진: 고운 말을 쓰자고 주장하는 글을 시작할 때 관심을 끌려고 "가는 말이 고와야 오는 말이 곱다."라는 속담을 쓴 적이 있어.
> 민경: 이 단 줄넘기를 못해서 힘들어할 때 친구가 "천 리 길도 한 걸음부터"라고 말하며 쉬운 동작부터 단계별로 연습하라고 충고해 준 적이 있어.

(   )

7 속담을 사용하면 좋은 점으로 알맞지 <u>않은</u> 것은 무엇입니까? (   )

① 듣는 사람이 흥미를 느낄 수 있다.
② 조상의 지혜와 슬기를 알 수 있다.
③ 듣는 사람의 관심을 불러일으킬 수 있다.
④ 자신의 의견을 쉽고 효과적으로 전달할 수 있다.
⑤ 지금 사람들이 많이 쓰고 있는 유행어가 무엇인지 쉽게 알 수 있다.

[8~9] 다음 그림을 보고, 물음에 답하시오.

8 다음 속담과 그 뜻을 알맞게 선으로 이으시오.

(1) 소 잃고 외양간 고친다 · · ㉮ 철없이 함부로 덤빈다.

(2) 티끌 모아 태산 · · ㉯ 어떤 일이든 한 가지 일을 끝까지 해야 성공할 수 있다.

(3) 우물을 파도 한 우물을 파라 · · ㉰ 아무리 작은 것이라도 모이면 나중에 큰 덩어리가 된다.

(4) 하룻강아지 범 무서운 줄 모른다 · · ㉱ 일이 이미 잘못된 뒤에는 손을 써도 소용이 없다.

서술형

9 "티끌 모아 태산"을 사용할 수 있는 다른 상황을 떠올려 쓰시오.

_____

_____

10 다음 상황에서 사용할 수 있는 속담을 두 가지 고르시오. (   )

> 사랑하는 영주야!
> 처음에는 어렵다고 느껴지는 책도 두세 번씩 읽다 보면 어느덧 담긴 뜻을 생각하며 쉽게 읽을 수 있단다. 그러니 힘든 일이 있더라도 꿋꿋하게 견디며 희망을 가졌으면 좋겠다.

① 바람 가는 데 구름 간다
② 쥐구멍에도 볕 들 날 있다
③ 말이 많으면 쓸 말이 적다
④ 원숭이도 나무에서 떨어진다
⑤ 응달에도 햇빛 드는 날이 있다

11 다음 뜻에 어울리는 속담을 쓰시오.

> 상황이 이치에 맞지 않는다는 뜻으로, 중심이 되는 것보다 부분적인 것이 더 크거나 많은 것처럼 마땅히 작아야 할 것이 크고 커야 할 것이 작다는 말.

(   )

12 '행복한 학교생활을 하려면 우리가 지켜야 할 일'이 무엇인지 생각해 보고, 속담으로 나타낸 것으로 알맞지 <u>않은</u> 것은 무엇입니까? (   )

① 등잔 밑이 어둡다
② 천 리 길도 한 걸음부터
③ 발 없는 말이 천 리 간다
④ 세 살 적 버릇이 여든까지 간다
⑤ 가는 말이 고와야 오는 말이 곱다

[13~16] 다음 글을 읽고, 물음에 답하시오.

㉮ 옛날 어느 마을에 독을 만들어 파는 독장수가 있었습니다. 옛날에는 간장이나 된장을 담거나 곡식을 보관할 때 또는 술을 담글 때 독을 사서 썼습니다. 어느 마을에서는 독을 무덤으로 쓰기도 했습니다.

독은 잘만 팔면 큰 부자가 될 수 있었지만 워낙 크고 무거워서 많이 가지고 다니지 못했습니다.

㉯ 독장수는 지게 옆에 벌렁 누웠습니다.

"야, 정말 시원하구나. 저 독 둘은 팔아 빚을 갚는 데 쓰고, 나머지 독을 팔면 다른 독 두 개는 살 수 있겠지? 그 독 둘을 다시 팔면 독 네 개를 살 수 있고, 넷을 팔면 가만있자, 이 이는 사, 이 사 팔. 그래 여덟 개를 살 수 있구나. 그다음에 여덟 개를 팔면, 가만있자……."

㉰ 독장수는 너무 기쁜 나머지 팔을 번쩍 들었습니다. 그러다가 팔로, 지게를 받치던 지겟작대기를 밀어 버렸습니다. 지게는 기우뚱하더니 옆으로 팍 쓰러졌습니다. 지게에 있던 독들도 와장창 깨지고 말았습니다.

"아이고, 망했다. 이걸 어쩐다?"

㉠독장수는 눈물을 뚝뚝 흘리며 박살 난 독 조각들을 쓰다듬었습니다.

이와 같이 허황된 것을 궁리하고 미리 셈하는 것을 '독장수구구'라고 하고, 실현성이 없는 허황된 계산은 도리어 손해만 가져온다는 뜻으로 ㉡"독장수구구는 독만 깨뜨린다."라는 속담이 쓰입니다.

13 독장수가 하는 일은 무엇입니까? (   )

① 큰 독에 술을 담아 팔았다.
② 고추장과 된장을 만들어 팔았다.
③ 곡식을 보관하는 곳간을 만들었다.
④ 박살 난 독의 조각들을 이어 붙여 팔았다.
⑤ 오늘날의 항아리와 같은 독을 만들어 팔았다.

서술형

14 독장수는 어떻게 하다가 독을 깨뜨렸는지 쓰시오.

_____

_____

15 ㉠에서 독장수의 마음으로 알맞은 것을 두 가지 고르시오. (   )

① 의심하는 마음
② 후회하는 마음
③ 질투하는 마음
④ 속상해하는 마음
⑤ 고마워하는 마음

16 ㉡을 사용할 수 있는 상황으로 알맞은 것에 ○표 하시오.

⑴ 여러 가지 일을 하다 보니 아무것도 이룬 것이 없는 상황 (   )

⑵ 친구가 노력은 하지 않고 욕심만으로 헛된 장래 희망을 꿈꾸는 상황 (   )

⑶ 친구들과 놀이터에서 시간 가는 줄 모르고 놀다가 늦게 집에 들어간 상황 (   )

[17~19] 다음 글을 읽고, 물음에 답하시오.

까마귀 고기를 먹었나

㉮ 까마귀가 말고기를 먹으려고 입을 벌리는 순간, 입에 문 편지가 바람에 날려 어디론가 사라졌습니다. 그래도 까마귀는 정신없이 말고기를 먹었습니다.

"후유, 정말 잘 먹었다. 인간 세상은 참 좋아. 나도 여기서 살았으면 좋겠다. 배불리 먹고 나니 부러울 게 하나도 없구나."

까마귀는 좀 쉬고 난 뒤 편지를 찾았습니다. 그러나 편지는 온데간데없었습니다.

"아니, 편지가 없어졌네. 이거 큰일 났다."

까마귀는 높이 날아올라 이리저리 편지를 찾았습니다. 지나가는 새들을 붙잡고 물어보았지만 편지를 본 새가 아무도 없었습니다.

"하는 수 없다. 아무렇게나 꾸며 댈 수밖에!"

㉯ "어휴, 간이 콩알만 해졌네. 이럴 줄 알았으면 편지 내용을 한번 보는 건데. 그러나저러나 큰일이네. 하늘에 올라가면 분명 염라대왕께서 이 사실을 알고 호통을 치실 텐데. 할 수 없지, 인간 세상에 눌러앉는 수밖에. 여기서는 누가 뭐라는 사람도 없겠지."

까마귀는 하늘로 올라가는 것을 포기하고 말고기가 있는 자리로 갔습니다.

17 까마귀는 무엇을 먹다가 편지를 잃어버렸는지 쓰시오.

(   )

18 이 글로 보아 "까마귀 고기를 먹었나."라는 속담의 뜻은 무엇일지 알맞은 것의 기호를 쓰시오.

㉮ 성격이 급한 사람을 가리키는 말
㉯ 화를 잘 내는 사람을 가리키는 말
㉰ 얼굴빛이 까만 사람을 가리키는 말
㉱ 무엇인가를 잘 잊어버리는 사람을 가리키는 말

(   )

19 이 글에서 글쓴이가 말하고자 하는 주제는 무엇입니까? (   )

① 쉬운 일이라도 협력하면 더 쉽다.
② 내가 남에게 잘해야 남도 나에게 잘한다.
③ 중요한 일은 잊어버리지 않도록 노력하자.
④ 부모님 말씀을 잘 들으면 좋은 일이 생긴다.
⑤ 어릴 때부터 나쁜 버릇이 들지 않도록 노력하자.

20 우리가 사용하는 '말(언어)'과 관련된 속담으로 알맞지 않은 것은 무엇입니까? (   )

① 말 갈 데 소 간다
② 발 없는 말이 천 리 간다
③ 말 한마디에 천 냥 빚도 갚는다
④ 입은 비뚤어져도 말은 바로 해라
⑤ 낮말은 새가 듣고 밤말은 쥐가 듣는다

평가 주제	주제를 생각하며 글 읽기
평가 목표	글의 주제와 인물의 마음을 생각하며 인물에게 해 주고 싶은 말을 쓸 수 있다.

㉮ 독장수는 지게 옆에 벌렁 누웠습니다.

"야, 정말 시원하구나. 저 독 둘은 팔아 빚을 갚는 데 쓰고, 나머지 독을 팔면 다른 독 두 개는 살 수 있겠지? 그 독 둘을 다시 팔면 독 네 개를 살 수 있고, 넷을 팔면 가만있자, 이 이는 사, 이 사 팔. 그래 여덟 개를 살 수 있구나. 그다음에 여덟 개를 팔면, 가만있자……."

㉯ "야, 이렇게 계산해 보니 며칠 안 가 독이 천만 개나 되겠는걸. 그럼 그 돈으로 논과 밭을 사는 거야. 그리고 남는 돈으로는 고래 등 같은 기와집을 짓는 거야."

독장수는 너무 기쁜 나머지 팔을 번쩍 들었습니다. 그러다가 팔로, 지게를 받치던 지겟작대기를 밀어 버렸습니다. 지게는 기우뚱하더니 옆으로 팍 쓰러졌습니다. 지게에 있던 독들도 와장창 깨지고 말았습니다.

"아이고, 망했다. 이걸 어쩐다?"

독장수는 눈물을 뚝뚝 흘리며 박살 난 독 조각들을 쓰다듬었습니다.

이와 같이 허황된 것을 궁리하고 미리 셈하는 것을 '독장수구구'라고 하고, 실현성이 없는 허황된 계산은 도리어 손해만 가져온다는 뜻으로 "   ㉠   "라는 속담이 쓰입니다.

1 ㉠에 들어갈 알맞은 속담을 쓰시오.

2 이 글에 나오는 독장수의 행동을 통해서 알 수 있는 글의 주제를 쓰시오.

3 인물의 마음을 생각하며 독장수에게 해 주고 싶은 말을 간단하게 쓰시오.

조건
편지 형식으로 높임말을 사용하여 쓴다.

1 다음에서 설명하는 것은 무엇입니까? (   )

> 이미 아는 정보를 근거로 삼아 다른 판단을 이끌어 내는 것을 말한다.

① 추론
② 비유
③ 예시
④ 대조
⑤ 비교

[2~3] 다음 그림을 보고, 물음에 답하시오.

2 이 그림을 보고 알 수 있는 내용이 <u>아닌</u> 것을 두 가지 고르시오. (   )

① 큰 개가 고양이를 쫓고 있다.
② 어미 닭은 병이 들어 누워 있다.
③ 고양이가 입에 병아리를 물고 있다.
④ 고양이가 남자 쪽을 보며 반대쪽으로 가고 있다.
⑤ 남자가 담뱃대를 뻗으며 마루에서 뛰쳐나가고 있다.

서술형

3 이 그림을 보고 자신이 추론한 내용을 쓰시오.

_____

_____

[4~5] 다음 글을 읽고, 물음에 답하시오.

『화성성역의궤』는 수원 화성에 성을 ⊙쌓는 과정을 기록한 책인 의궤야. 수원 화성은 일제 강점기를 거치면서 성곽 일대가 훼손되기 시작하고 6.25 전쟁 때 크게 파괴되었는데, 『화성성역의궤』를 보고 원래의 모습대로 다시 만들어졌단다. 덕분에 수원 화성이 1997년에 유네스코 세계 문화유산으로 등록될 수 있었어.

『화성성역의궤』는 정조 임금이 갑자기 세상을 떠나는 바람에 다음 임금인 순조 때 만들어졌는데, 건축과 관련된 의궤 가운데에서도 가장 내용이 많아. 수원 화성 공사와 관련된 공식 문서는 물론, 참여 인원, 사용된 물품, 설계 등의 기록이 그림과 함께 실려 있는 일종의 보고서인 셈이야. 내용이 아주 세세하고 치밀해서 공사에 참여한 기술자 1800여 명의 이름과 주소, 일한 날수와 받은 임금까지 적혀 있어. 공사에 사용된 모든 물건의 크기와 값은 또 얼마나 상세히 적었는지 입이 떡 벌어질 정도라니까. 당시에 이렇게 자세한 공사 보고서를 남긴 나라는 우리나라밖에 없다고 해.

6 **단원**

4 『화성성역의궤』에 있는 기록으로 알맞지 <u>않은</u> 것은 무엇입니까? (   )

① 참여 인원
② 사용된 물품
③ 설계 등의 기록
④ 정조 임금의 초상화
⑤ 수원 화성 공사와 관련된 공식 문서

5 ⊙'쌓다'의 뜻으로 알맞은 것의 기호를 쓰시오.

> ㉮ 여러 개의 물건을 겹겹이 포개어 얹어 놓다.
> ㉯ 물건을 차곡차곡 포개어 얹어서 구조물을 이루다.
> ㉰ 재산, 명예 또는 불명예, 신뢰 또는 불신 따위를 많이 얻거나 가지다.

(   )

[6~9] 다음 글을 읽고, 물음에 답하시오.

수원 화성은 정조 임금의 원대한 꿈이 담긴 곳으로 볼거리가 많아. 건물 하나만 보는 것보다는 주변 경치를 함께 ㉠감상하는 것이 더 좋아. ㉡정조 임금이 엄격하게 고른 좋은 자리에 지었으니까. 수원 화성은 규모가 커서 다 돌아보려면 꽤 시간이 걸려. 다리가 아프면 화성 열차를 타는 것도 좋겠지. 화성 열차는 수원 화성 구경을 하러 온 사람들을 위해 마련한 열차야.

더 둘러보고 싶은 친구가 있다면 근처에 있는 융건릉과 용주사에 가 볼 것을 추천할게. 융건릉은 사도 세자의 무덤인 융릉과 정조 임금의 무덤인 건릉을 합쳐서 부르는 이름이고, 용주사는 사도 세자의 명복을 빌려고 지은 절이야.

6 수원 화성 근처에 있는 다른 문화유산을 쓰시오.

( )

7 ㉠'감상'과 같은 뜻으로 쓰인 것을 두 가지 고르시오.

( )

① 떨어지는 낙엽을 보며 감상에 잠겼다.
② 슬픈 영화를 보고 감상적인 기분이 들었다.
③ 비가 내리면 영선이는 감상에 빠지곤 한다.
④ 박물관에서 조상의 뛰어난 작품을 감상했다.
⑤ 우리 모두 혜윤이가 그린 작품을 감상해 보자.

8 이 글을 읽고 다음과 같이 추론했다면 내용을 짐작한 방법은 무엇일지 보기 에서 골라 쓰시오.

> **보기**
> • 자신의 경험 떠올리기
> • 이야기에서 찾을 수 있는 단서 확인하기

	추론한 내용
수원 화성은 볼거리가 많다. 수원 화성은 규모가 커서 다 돌아보려면 꽤 시간이 걸린다. 경주 여행을 갔을 때 편한 신발을 신지 않아서 힘들었던 적이 있다.	수원 화성에 직접 가 보려면 운동화를 신는 것이 좋겠다.

( )

9 ㉡을 바탕으로 하여 추론할 수 있는 사실은 무엇입니까? ( )

① 수원 화성은 규모가 작다.
② 조선 시대는 건축 기술이 뛰어났다.
③ 수원 화성은 주변에 볼거리가 별로 없다.
④ 수원 화성 근처에 정조 임금의 무덤인 건릉이 있다.
⑤ 정조 임금은 수원 화성을 건축하는 데 많은 관심을 가졌다.

[10~12] 다음 글을 읽고, 물음에 답하시오.

현재 서울에 남아 있는 조선 시대의 궁궐은 모두 다섯 곳으로 경복궁, 창덕궁, 창경궁, 경희궁, 경운궁이다.

궁궐의 건물

궁궐에는 왕과 왕비뿐만 아니라 왕실의 가족과 관리, 군인, 내시, 나인 등 많은 사람이 살았다. 이 사람들은 각자 자신의 신분에 알맞은 건물에서 생활했고, 건물의 명칭 또한 주인의 신분에 따라 달랐다. 예컨대 궁궐에는 강녕전이나 교태전과 같이 '전' 자가 붙는 건물이 있는데, 이러한 건물에는 궁궐에서 가장 신분이 높은 왕과 왕비만 살 수 있었다. 왕실 가족이나 후궁들은 주로 '전'보다 한 단계 격이 낮은 '당' 자가 붙는 건물을 사용했다. 그 밖의 궁궐 사람들은 주로 '각', '재', '헌'이 붙는 건물에서 생활했다. 그러나 경우에 따라서는 왕도 '전'이 아닌 다른 건물을 사용했다.

10 현재 서울에 남아 있는 조선 시대의 궁궐은 무엇무엇인지 모두 쓰시오.

( )

11 궁궐의 건물을 바르게 설명한 것에 ○표 하시오.

(1) '전' 자가 붙는 건물은 왕과 왕비만 살 수 있다.

( )

(2) 왕은 '전'이 아닌 다른 건물은 사용하지 않았다.

( )

(3) '당' 자가 붙는 건물은 '전'보다 한 단계 격이 높다.

( )

12 왕실에서 각자 신분에 따라 다른 건물에서 생활한 까닭을 알맞게 추론한 친구의 이름을 쓰시오.

> 설희: 궁궐에는 왕과 왕비만이 지낼 수 있었기 때문이야.
> 경진: 조선 시대에는 신분에 따른 차이가 매우 명확했기 때문이야.
> 윤재: 사람들이 각자 좋아하는 건물을 자유롭게 선택할 수 있었기 때문이야.

( )

[13~16] 다음 글을 읽고, 물음에 답하시오.

㉮ 경복궁에서 가장 웅장한 건물은 '부지런히 나라를 다스리라'는 뜻을 지닌 근정전이다. 근정전은 왕의 ㉠즉위식, 왕실의 혼례식, 외국 사신과의 만남과 같은 나라의 중요한 행사를 치르던 곳이다.

경복궁에서 안쪽에 자리 잡은 교태전은 왕비가 생활하던 곳이다. 교태전은 중앙에 대청마루를 두고 왼쪽과 오른쪽에 온돌방을 놓은 구조로 되어 있다. 교태전 뒤쪽으로는 아미산이라는 작고 아름다운 후원이 있다.

'경사스러운 연회'라는 뜻의 경회루는 커다란 연못 중앙에 섬을 만들고 그 위에 지은, 우리나라에서 가장 큰 누각이다. 이곳은 왕이 외국 사신을 접대하거나 신하들에게 연회를 베풀던 장소이다.

㉯ 창경궁은 성종이 할머니들을 모시려고 지은 궁궐로, 효자로 유명한 정조가 태어난 곳이기도 하여 효와 인연이 깊다. 창경궁은 임진왜란 때 불탔다가 광해군 때 제 모습을 찾았으나, 그 뒤로도 큰 화재를 겪는 수난을 당했다. 문정전 앞뜰은 사도 세자가 목숨을 잃은 비극이 일어난 곳으로 유명하다. 왕비가 생활하던 통명전 서쪽에는 아름다운 연못이 있고, 뒤쪽에는 '열천'이라는 우물이 남아 있다.

㉡한편 일제 강점기에는 일본 사람들이 창경궁에 동물원과 식물원을 만들면서 많은 건물을 헐고, 이름도 '창경원'으로 바꾸었다. 1983년에 동물원과 식물원 일부를 옮기고 창경궁이라는 이름을 되찾았다.

13 다음에서 설명하는 건물의 이름을 쓰시오.

> • 경복궁에서 안쪽에 자리 잡은 곳으로 왕비가 생활하던 곳임.
> • 중앙에 대청마루를 두고 왼쪽과 오른쪽에 온돌방을 놓은 구조로 되어 있음.
> • 뒤쪽에 아미산이라는 후원이 있음.

( )

14 창경궁에 대한 설명으로 알맞지 <u>않은</u> 것은 무엇입니까? ( )

① 통명전 서쪽에 아름다운 연못이 있다.
② 성종이 할머니들을 모시려고 지은 궁궐이다.
③ 문정전 앞뜰에서 사도 세자가 목숨을 잃었다.
④ 일제 강점기 때 궁에 동물원과 식물원이 생겼다.
⑤ 임진왜란 때 불탔다가 성종 때 제 모습을 찾았다.

6단원

서술형

15 ㉠'즉위식'의 뜻을 다음 방법으로 추론해 쓰시오.

> 앞뒤 문장에서 알 수 있는 사실을 바탕으로 하여 그 뜻을 추론할 수 있다.

_____

_____

16 ㉡에서 추론할 수 있는 내용으로 알맞은 것의 기호를 쓰시오.

> ㉮ 일제 강점기에 조선 왕실은 힘을 잃었다.
> ㉯ 일제 강점기에 동물원과 식물원이 없어졌다.
> ㉰ 일제 강점기에 일본 사람들은 창경원을 창경궁으로 바꾸었다.

( )

[17~19] 다음 글을 읽고, 물음에 답하시오.

㉮ 경희궁의 처음 이름은 경덕궁이었으나, 영조 때 경희궁으로 고쳐 불렸다. 인조 이후 철종에 이르기까지 10대에 걸쳐 왕들이 머물렀다. 특히 영조는 25년 동안이나 이곳에 머물렀다고 한다. 경희궁은 경복궁 서쪽에 있다고 하여 '서궐'로도 불렸다. 궁궐의 원래 규모는 1500칸에 이르렀으나, 일제 강점기에 강제로 헐려 터만 남아 있다가 최근에 옛 모습의 일부를 되찾았다.

이 궁궐 안에는 왕이 신하들과 나랏일을 논의하거나 사신을 접대하는 등의 행사를 치르던 숭정전과 영조의 어진을 모신 태령전이 있다.

㉯ 지금의 덕수궁은 원래 경운궁이라고 불렸는데, 성종의 형인 월산 대군의 집이었다. 선조가 임진왜란이 끝난 뒤에 서울로 돌아오니 궁궐이 모두 불타 버려서 이곳을 넓혀 행궁으로 만들었다고 한다. 선조가 죽고 광해군이 왕위에 오른 뒤에 이 행궁을 경운궁이라고 했다. 그러다가 조선 왕조 말기에 고종이 강한 나라들의 정치적 소용돌이에 휘말리면서 거처를 경운궁으로 옮긴 뒤, 비로소 궁궐다운 모습을 갖추었다.

경운궁 안에는 중화전과 같은 전통적 건물, 석조전이나 정관헌과 같은 서양식 건물이 함께 들어서 있다. 중화전은 국가적 의식을 치르던 곳이고, 석조전은 왕이 일상생활을 하던 곳이다. 정관헌은 고종 황제가 커피를 마시며 여가를 즐기거나 손님을 맞이하던 곳이다.

▲경운궁의 중화전　　　▲경운궁의 석조전

17 경희궁의 규모가 1500칸에 이르렀다는 것으로 알 수 있는 것은 무엇입니까? (　　　)

① 궁궐을 끝까지 짓지 못했다.
② 본래 왕이 살던 곳이 아니었다.
③ 궁궐에서 행사를 치르지 못했다.
④ 궁궐의 규모가 매우 크고 화려했다.
⑤ 궁궐이 모두 불타 버려서 서양식 건물로 새롭게 지었다.

18 글 ㉯의 내용을 정리하려고 합니다. 다음 빈칸에 들어갈 알맞은 말을 쓰시오.

> 경운궁은 선조 때 행궁으로 만들었으며 ☐☐☐ 건물과 서양식 건물이 함께 들어서 있다.

(　　　　　　　　　　　)

서술형

19 이 글을 읽고 새롭게 안 점은 무엇인지 쓰시오.

_____

_____

20 모둠별로 전통문화에 대한 영상 광고를 만들려고 합니다. 영상 광고 만드는 차례대로 기호를 쓰시오.

> ㉮ 역할 나누기
> ㉯ 장면 촬영하기
> ㉰ 편집 도구로 자막 넣기
> ㉱ 촬영 도구와 편집 도구 준비하기
> ㉲ 영상 광고 주제, 내용과 분량 정하기
> ㉳ 완성한 영상 광고를 함께 보며 고치기

㉲ → (　　) → (　　) → (　　) → (　　) → (　　)

평가 주제	내용을 추론하며 글 읽기
평가 목표	글을 읽고 다양한 방법으로 글쓴이의 생각을 추론할 수 있다.

㉮ 현재 서울에 남아 있는 조선 시대의 궁궐은 모두 다섯 곳으로 경복궁, 창덕궁, 창경궁, 경희궁, 경운궁이다.

㉯ 창덕궁은 경복궁 동쪽에 있다고 하여 창경궁과 함께 '동궐'로도 불렸다. 건물과 후원이 잘 어우러져 아름다우며 유네스코 세계 문화유산으로 기록되었다. 산이 많은 우리나라답게 산자락에 자연스럽게 배치한 건물이 인상적이다. 넓은 후원의 정자와 연못들은 우리나라 전통 정원의 모습을 잘 보여 주고 있다.

특히 부용지는 '하늘은 둥글고 땅은 네모나다'는 전통적 사상을 반영하여, 땅을 나타내는 네모난 연못 가운데 하늘을 뜻하는 둥근 섬을 띄어 놓은 형태이다.

㉰ 지금의 덕수궁은 원래 경운궁이라고 불렸는데, 성종의 형인 월산 대군의 집이었다. 선조가 임진왜란이 끝난 뒤에 서울로 돌아오니 궁궐이 모두 불타 버려서 이곳을 넓혀 행궁으로 만들었다고 한다. 선조가 죽고 광해군이 왕위에 오른 뒤에 이 행궁을 경운궁이라고 했다. 그러다가 조선 왕조 말기에 고종이 강한 나라들의 정치적 ㉠소용돌이에 휘말리면서 거처를 경운궁으로 옮긴 뒤, 비로소 궁궐다운 모습을 갖추었다.

경운궁 안에는 중화전과 같은 전통적 건물, 석조전이나 정관헌과 같은 서양식 건물이 함께 들어서 있다.

1 글 ㉯와 ㉰의 중심 내용을 정리해 쓰시오.

글 ㉯	(1)
글 ㉰	(2)

2 ㉠'소용돌이'의 뜻을 추론해 쓰고, 그렇게 생각한 까닭을 쓰시오.

추론한 뜻	(1)
그렇게 생각한 까닭	(2)

3 글쓴이가 이 글을 쓴 까닭은 무엇일지 짐작해 쓰시오.

[1~3] 다음 그림을 보고, 물음에 답하시오.

1 그림 ❶~❸에서 아빠가 이해하지 못한 말을 모두 쓰시오.

( )

2 여자아이가 ㉠과 같이 말한 까닭은 무엇이겠는지 두 가지를 고르시오. ( )

① 줄임 말이 재미있어서
② 순우리말이 사용하기 쉬워서
③ 줄임 말을 평소에 즐겨 사용해서
④ 우리말을 바르게 사용하고 싶어서
⑤ 부모님도 줄임 말을 자주 사용하셔서

3 아빠와 여자아이가 말이 통하지 않은 까닭은 무엇인지 다음 빈칸에 알맞은 말을 써넣으시오.

> 여자아이가 줄임 말과 신조어, 비속어를 사용해서 아버지와 [ ] 이/가 안 되고 있기 때문이다.

[4~5] 다음 그림을 보고, 물음에 답하시오.

4 그림 ❷와 ❸ 중에서 친구를 비아냥거리며 비꼬는 말로 부정적으로 말한 그림의 번호를 쓰시오.

그림 ( )

서술형

5 그림 ❷와 ❸에서 솔연이와 강민이의 마음은 각각 어떠할지 쓰시오.

솔연이의 마음	(1)
강민이의 마음	(2)

[6~10] 다음 글을 읽고, 물음에 답하시오.

사례 1 텔레비전 프로그램

평범한 중고등학생 네 명을 대상으로 욕 사용 실태를 관찰했더니 네 시간 동안 평균 500여 번의 욕설이 쏟아졌습니다.

충격적인 것은 이 학생들이 문제아나 불량 청소년이 아니라는 것입니다. 이제 욕은 많은 학생들의 입에서 거침없이 터져 나오는 일상어가 되어 버렸습니다.

그렇다면 아이들이 최초로 욕을 대하는 때는 언제일까요?

대중 매체 환경이 빠르게 바뀌면서 욕설이나 비속어를 대하는 나이가 더욱 어려지는 지금, 초등학교 교실을 찾아 그들이 아는 욕설을 적어 보도록 했습니다.

그 결과, 절반 가까운 학생이 욕을 열 개 이상 버릇처럼 사용하고, 서른 개 이상 사용하는 아이도 있었습니다.

사례 2 교실에서 일어난 일

며칠 전 우리 반 교실에서 일어난 일입니다. 준형이와 수진이가 교실 뒤쪽을 걷다가 뜻하

야, 넌 눈도 없냐? 똑바로 보고 다녀야지!

뭐라고? 재수 없어. 네가 날 쳤잖아.

지 않게 서로 부딪혔습니다. 준형이와 수진이는 서로 노려보면서 눈살을 찌푸렸습니다.

6 [사례 1]에서 중고등학생 네 명을 대상으로 관찰한 것은 무엇인지 쓰시오.

(   )

7 [사례 1]에서 알 수 있는 문제점을 찾아 기호를 쓰시오.

> ㉮ 청소년 범죄가 증가한다는 것
> ㉯ 순우리말이 점점 사라져 간다는 것
> ㉰ 학생들이 욕을 너무 많이 사용한다는 것
> ㉱ 학생들이 외래어를 너무 많이 사용한다는 것

(   )

8 [사례 2]에서 다툼이 일어난 까닭을 두 가지 고르시오. (   )

① 배려하는 말을 하지 않았기 때문에
② 비속어를 사용하며 비난했기 때문에
③ 준형이가 수진이의 발을 밟았기 때문에
④ 친구의 말을 끝까지 듣지 않았기 때문에
⑤ 서로 먼저 교실에 들어가려고 했기 때문에

서술형

9 다음 두 친구는 [사례 2]의 준형이와 수진이의 대화를 올바르게 고쳐 말하려고 합니다. 수진이가 할 말을 바르게 고쳐 빈칸에 쓰시오.

부딪혀서 미안해. 다치지 않았니?

10 [사례 1]과 [사례 2]에서 알 수 있는 우리말 사용 실태는 무엇입니까? (   )

① 욕설이나 비속어를 사용하는 학생들이 많다.
② 줄임 말 때문에 세대 간의 의사소통이 어렵다.
③ 뜻이 불분명한 외국어를 사용하는 학생들이 많다.
④ 긍정적인 태도로 친구를 대하는 학생들이 늘고 있다.
⑤ 텔레비전 프로그램에서 유행어를 무분별하게 사용하고 있다.

7
단원

[11~15] 다음 글을 읽고, 물음에 답하시오.

지원: 나는 텔레비전 뉴스 기사를 인터넷에서 찾았어. 「초등학생 줄임 말, 신조어 '심각'」이라는 뉴스야.

초등학생이 가장 많이 사용하는 신조어와 줄임 말	
핵노잼	23퍼센트
생선	22퍼센트
노답	18퍼센트
○○	18퍼센트
멘붕	16퍼센트
⋮	⋮

중화: 지원아, 조사를 참 잘했구나. 나는 선생님과 학생, 학생과 학생끼리도 서로 높임말을 사용하는 언어문화를 조사했어.

지원: 그랬구나. 중화야, 그 사례를 좀 더 자세히 이야기해 주겠니?

중화: ○○초등학교에서는 선생님과 학생, 학생과 학생끼리 공부 시간은 물론이고 학교에서 지내는 동안 높임말을 사용한대. 학생들이 서로 "진수 님, 창문 좀 닫아 줄 수 있을까요?"라고 존칭과 높임말을 쓰고, 선생님께서도 "연화 님, 연화 님은 배려심이 참 많아 칭찬해 주고 싶어요."처럼 존칭과 높임말을 사용하는 문화가 자리 잡았다고 해. 그래서 존중하고 배려하는 생활 공동체를 만들어 나가고 있대.

지원: 와, 그런 학교도 있구나. 우리 반에서도 하루 정도 날을 정해 선생님과 아이들, 친구들 사이에 높임말을 쓰거나 올바른 우리말을 사용해 보면 어떨까? 그러고 난 뒤에 어떤 마음이 들었는지 이야기도 나눠 보고 말이야.

11 지원이와 중화가 조사한 우리말 사용 실태 내용에 알맞게 선으로 이으시오.

(1) [지원] •   • ㉮ [좋은 언어문화]

(2) [중화] •   • ㉯ [잘못된 우리말 사용 실태]

12 초등학생이 가장 많이 사용하는 신조어와 줄임 말은 무엇입니까? (   )

① ○○   ② 노답   ③ 생선
④ 멘붕   ⑤ 핵노잼

13 중화가 소개한 학교의 언어생활에서 좋은 점은 무엇입니까? (   )

① 교실이 깨끗해진다.
② 수업 시간에 집중이 잘된다.
③ 줄임 말과 신조어를 잘 알게 된다.
④ 다양한 체험활동을 경험할 수 있다.
⑤ 존중하고 배려하는 생활 공동체를 만들 수 있다.

14 지원이는 중화가 소개한 학교의 언어생활 문화를 듣고 무엇을 제안했는지 알맞은 것을 찾아 기호를 쓰시오.

㉮ 국립국어원 누리집에서 올바른 우리말을 조사해 보면 어떨까?
㉯ 중화가 소개한 초등학교를 찾아가서 올바른 언어문화를 직접 경험해 보면 어떨까?
㉰ 우리 반도 날을 정해 선생님과 아이들, 친구들 사이에 높임말을 쓰거나 올바른 우리말을 사용하면 어떨까?

(   )

15 이와 같이 조사한 우리말 사용 실태를 보고 어떤 생각이 들었는지 알맞게 말한 친구의 이름을 쓰시오.

현정: 신조어를 많이 사용해서 친구들과 재미있게 대화하고 싶어.
진호: 좋은 언어문화를 경험하고 싶고 우리말을 올바르게 사용해야겠어.
명서: 동영상을 통해 우리말을 익히면 더 친근하고 쉽게 배울 수 있을 것 같아.

(   )

[16~18] 다음 글을 읽고, 물음에 답하시오.

긍정하는 말을 하면 말하는 사람은 물론 듣는 사람도 마음이 편안해집니다. 예를 들면 "안 돼."보다는 "할 수 있어.", "짜증 나."보다는 "괜찮아.", "이상해 보여."보다는 "멋있어 보여.", "힘들어."보다는 "힘내자."와 같이 부정하는 말을 긍정하는 말로 고쳐 사용 하면, 말하는 사람과 듣는 사람 모두 기분도 좋아지고 자신감도 생긴다는 것입니다.

또 비속어나 욕설 같은 거친 말보다는 고운 우리말 사용이 자신과 상대의 마음을 아름답게 해 준다는 결과도 있습니다. 상대의 실수에는 너그러운 말을 하고, 내 잘못에는 미안하다는 말을 하며, 상대의 배려에는 고마운 말을 하는 것입니다. 비속어나 욕설을 사용하면 추한 마음이 생길 것인데 고운 우리말을 사용하면 너그러운 마음이 생기고, 미안한 마음이 생기며, 고마운 마음이 생기므로 아름다운 사람이 된다는 것입니다.

긍정하는 표현은 자신은 물론 주변 사람들 마음에 긍정하는 힘을 줍니다. 그리고 고운 우리말 사용이 아름다운 소통을 이루고, 진정한 말맛을 느끼게 합니다. 그러므로 긍정하는 말과 고운 우리말을 사용해야 합니다.

16 부정하는 말을 긍정하는 말로 알맞게 고쳐 짝 지은 것은 무엇입니까? (   )

	부정하는 말	긍정하는 말
①	안 돼.	힘들어.
②	망했어.	열 받아.
③	짜증 나.	그만둬.
④	이상해 보여.	하기 싫어.
⑤	어쩔 수 없어.	가능한 일이야.

17 글쓴이가 이 글을 쓴 까닭은 무엇이겠는지 다음 빈칸에 알맞은 말을 쓰시오.

☐☐☐ 하는 말과 고운 우리말을 사용하자고 주장하기 위해서이다.

18 글쓴이의 생각을 뒷받침하는 근거를 쓰시오.

근거	(1)
	(2)

[19~20] 다음 글을 읽고, 물음에 답하시오.

＊ 다음은 성우네 반 모둠 친구들이 만든 올바른 우리말 사례집입니다.

다듬은 우리말 신문

20○○년 ○○월 호

우리말로 다듬어 새로운 낱말 탄생!

국립국어원 우리말 다듬기 누리집에서는 들어온 지 얼마 안 된 어려운 외국어를 쉬운 우리말로 바꾼 사례를 볼 수 있다.

우리말 다듬기 누리집에 올라온 다듬은 말을 오른쪽 표와 같이 사례집으로 엮어 보았다.

앞으로 외국어를 우리말로 다듬은 낱말을 자주 사용해 올바른 우리말 사용의 터전을 닦아 나가야겠다.

다듬을 말	다듬은 말
포스트잇	붙임쪽지
이모티콘	그림말
버킷 리스트	소망 목록
타임캡슐	기억상자
무빙워크	자동길

19 어려운 외국어를 쉬운 우리말로 바꾼 말을 무엇이라고 하는지 쓰시오.

(   )

20 이 사례집에 대한 설명으로 알맞지 않은 것에 ×표 하시오.

⑴ 신문 형식으로 만들었다. (   )

⑵ 국립국어원 우리말 다듬기 누리집에서 자료를 수집했다. (   )

⑶ 뜻을 쉽게 이해할 수 없는 줄임 말을 조사해서 바른 우리말로 고쳤다. (   )

평가 주제	우리말 사용 실태를 조사하고 발표하기
평가 목표	우리말 사용 실태를 살펴보고 올바른 우리말 사용에 대한 자신의 생각을 정리할 수 있다.

지원: 나는 텔레비전 뉴스 기사를 인터넷에서 찾았어. 「초등학생 줄임 말, 신조어 '심 각'」이라는 뉴스야.

중화: 지원아, 조사를 참 잘했구나. 나는 선생님과 학생, 학생과 학생끼리도 서로 높 임말을 사용하는 언어문화를 조사했어.

지원: 그랬구나. 중화야, 그 사례를 좀 더 자세히 이야기해 주겠니?

중화: ○○초등학교에서는 선생님과 학생, 학생과 학생끼리 공부 시간은 물론이고 학 교에서 지내는 동안 높임말을 사용한대. 학생들이 서로 "진수 님, 창문 좀 닫아 줄 수 있을까요?"라고 존칭과 높임말을 쓰고, 선생님께서도 "연화 님, 연화 님은 배려심이 참 많아 칭찬해 주고 싶어요."처럼 존칭과 높임말을 사용하는 문화가 자리 잡았다고 해. 그래서 존중하고 배려하는 생활 공동체를 만들 어 나가고 있대.

초등학생이 가장 많이 사용하는 신조어와 줄임 말	
핵노잼	23퍼센트
생선	22퍼센트
노답	18퍼센트
○○	18퍼센트
멘붕	16퍼센트
⋮	⋮

---

1 지원이와 중화가 조사한 내용은 무엇인지 쓰시오.

지원이가 조사한 내용	(1)
중화가 조사한 내용	(2)

2 이와 같은 우리말 사용 실태를 보고 어떤 생각이 들었는지 쓰시오.

3 지원이와 중화가 조사한 내용을 바탕으로 하여 올바른 우리말 사용에 대한 글을 쓰려고 합니다. 자신의 주장을 정하고 근거를 한 가지 쓰시오.

주장	(1)
근거	(2)

[1~5] 다음 글을 읽고, 물음에 답하시오.

　나는 책을 많이 읽었어. 누구보다 빅토르 위고 작품을 좋아했는데, 『레 미제라블』은 여러 번 읽었단다. 자신이 받은 도움을 생각하며 어려운 사람들을 돕는 인물 모습이 내 마음을 울렸거든. 이렇듯 빅토르 위고는 현실에서 소외된 사람들의 이야기에도 관심이 있었는데 빈민 구제를 주장하며 정치가로도 활동했어. 어니스트 헤밍웨이가 쓴 『노인과 바다』에서는 온갖 어려움에도 의지를 굽히지 않는 늙은 어부의 용기와 도전을 만날 수 있었어. 『갈매기의 꿈』은 『꿀벌 마야의 모험』만큼 내게 특별한 책이었지. 단지 먹으려고 날았던 다른 갈매기와는 달리 자신만의 꿈을 이루려고 끊임없이 나는 법을 연습했던 특별한 갈매기 이야기였거든. 그 책은 내게 꿈을 이루려면 어떻게 해야 하는지 가르쳐 줬어. 그래서 작가라는 꿈을 이루려고 더 많은 책을 읽었단다.

　책 속에는 많은 이야기가 숨어 있어. 그리고 이야기 속 인물들은 우리를 다양한 경험 세계로 데려다주지. 꿈과 희망, 소외된 사람들에 대한 관심, 용기와 도전 같이 작가가 말하고자 하는 생각도 든단다. 그 많은 이야기에 공감하며 이야기 속 인물의 삶에서 내 삶을 돌아보는 기회가 되는 것도 책이 주는 선물이야. 그래서 책을 읽는 사람은 지혜롭게 세상을 살 수 있다고 해. 나는 책에서 꿈을 찾았고 꿈을 이루는 방법까지 배웠으니 책이 주는 더 특별한 선물을 받은 거지.

　책이 주는 선물을 받고 싶니? 너희도 책을 읽어 봐.

1 글쓴이가 이 글에서 소개한 것은 무엇입니까?
(　　)

① 여행의 소중함
② 작가가 되면 좋은 점
③ 다양한 경험의 중요성
④ 글쓴이가 기억하는 책들
⑤ 독서 감상문을 잘 쓰는 방법

서술형
2 글쓴이가 『레 미제라블』을 여러 번 읽은 까닭은 무엇인지 쓰시오.

_____

_____

3 글쓴이에게 『갈매기의 꿈』이 특별한 책인 까닭은 무엇입니까? (　　)

① 갈매기의 삶이 불쌍해 보여서
② 『꿀벌 마야의 모험』만큼 재미있어서
③ 꿈을 이루려면 어떻게 해야 하는지 가르쳐 주어서
④ 단지 먹으려고 날았던 갈매기가 자신의 이야기인 것 같아서
⑤ 온갖 어려움에도 의지를 굽히지 않는 늙은 어부의 용기와 도전을 만날 수 있어서

4 글쓴이가 책을 읽는 사람이 지혜롭게 세상을 살 수 있다고 한 까닭을 모두 고르시오. (　　　)

① 다양한 경험을 할 수 있어서
② 작가처럼 글을 쓸 수 있어서
③ 내 삶을 돌아보는 기회가 되어서
④ 작가가 말하고자 하는 생각을 들을 수 있어서
⑤ 책 속 인물의 행동을 그대로 따라 할 수 있어서

8 단원

5 이 글에서 글쓴이가 말하고자 하는 생각은 무엇인지 쓰시오.

(　　　　　　　　　　　　　　　　)

6 다음 빈칸에 공통으로 들어갈 알맞은 말을 쓰시오.

글쓴이가 말하고자 하는 생각을 글의 ☐☐☐ (이)라고 한다. 글의 제목, 중요한 낱말, 중심 문장을 살펴보면 글의 ☐☐☐을/를 파악할 수 있다.

( )

7 글쓴이가 말하고자 하는 생각을 찾으며 글을 읽으면 얻을 수 있는 점이 <u>아닌</u> 것은 무엇입니까? ( )

① 자신의 삶을 돌아볼 수 있다.
② 글을 쓴 의도나 목적을 알 수 있다.
③ 글 내용을 더 깊이 이해할 수 있다.
④ 글의 주제를 여러 개 찾을 수 있다.
⑤ 대상에 대한 자신의 생각을 다시 점검할 수 있다.

[8~10] 다음 글을 읽고, 물음에 답하시오.

㉮ 고려 말 상황

고려 말에 새로 등장한 정치 세력과 무인들은 고려 사회를 개혁하려고 했다. 그러나 그들 가운데에서 정몽주와 이성계가 생각하는 개혁 방법은 서로 달랐다. 정몽주는 고려를 유지하면서 개혁해야 한다고 생각했고, 이성계는 고려를 무너뜨리고 새로운 왕조를 세우고자 했다. 이러한 상황에서 이성계의 아들 이방원은 「하여가」를 썼고, 정몽주는 「단심가」를 썼다.

㉯ 하여가

이방원

이런들 어떠하며 저런들 어떠하리
만수산 드렁칡이 얽혀진들 어떠하리
우리도 이같이 얽혀져 백 년까지 누리리

8 고려 말 상황으로 알맞은 것은 무엇입니까? ( )

① 오랫동안 전쟁이 없어 매우 평화로웠다.
② 민화와 판소리 같은 새로운 문화가 발달했다.
③ 정몽주와 이성계가 서로 같은 방법으로 개혁을 하려고 했다.
④ 새로 등장한 정치 세력과 무인들이 고려 사회를 개혁하려고 했다.
⑤ 정몽주는 중국의 발달된 문화를 적극적으로 받아들여야 한다고 주장했다.

9 「하여가」에 대해 바르게 말한 친구의 이름을 쓰시오.

현수: 이방원은 소설을 써서 자신의 생각을 전했어.
한성: 초장, 중장, 종장에 드러난 인물의 생각이 모두 달라.
주현: 이방원은 변함없이 고려에 충성을 다하자는 생각을 드러냈어.
지원: 이방원의 생각이 잘 드러난 낱말은 '얽혀진들'과 '우리'야.

( )

10 「하여가」에서 인상에 남는 표현을 찾아 쓰고, 그 표현이 인상 깊은 까닭을 함께 쓰시오.

_____

_____

_____

[11~13] 다음 글을 읽고, 물음에 답하시오.

"지난 5, 6년 동안 일본이 충청도와 전라도 쪽으로 공격해 오지 못한 것은 수군이 그 길목을 막고 있었기 때문입니다. 이제 제게 12척의 배가 있으니 죽을 힘을 다해 싸운다면 이길 수 있을 것입니다."

이순신은 오랜 고민 끝에 '울돌목(명량 해협)'을 싸움터로 정했습니다. 울돌목은 육지와 육지 사이에 낀 아주 좁은 바다였습니다. 그 사이를 흐르는 물살이 어찌나 빠른지, 물 흘러가는 소리가 꼭 흐느껴 우는 소리 같다고 해서 그런 이름이 붙은 곳입니다. 또 물살 방향도 하루에 네 번씩이나 바뀌는 특이한 곳이었습니다.

이순신은 작전을 짰습니다.

"우리는 모든 것이 적다. 무기도 적고, 군사도 적고, 배도 적다. 적은 것을 갑자기 늘릴 방법은 없다. 그러나 많아 보이게 할 수는 있을 것이다."

이순신은 우선 고기잡이배와 피난 가는 배들을 판옥선처럼 꾸미게 했습니다. 비록 실제로 싸울 수 있는 배는 먼저 구한 12척과 나중에 구한 1척, 이렇게 총 13척밖에 안 되었지만, 멀리서 보면 수십 척의 판옥선이 갖추어진 것처럼 보이게 한 것입니다. 백성들에게는 바다가 보이는 육지의 산봉우리에서 계속 돌아다니게 했습니다. 마치 우리 군사의 수가 많은 것처럼 보이도록 한 것입니다.

11 이순신은 어떤 상황에 처해 있습니까? (   )

① 중국과 한양에서 싸우게 되었다.
② 왕에게 배를 보내 달라고 요청했다.
③ 일본에서 많은 무기와 배를 사 왔다.
④ 적은 수의 군사와 배를 가지고 울돌목에서 일본군과 싸우기로 했다.
⑤ 일본 수군의 힘이 너무 세서 바다를 포기하고 육지에서 싸우기로 했다.

12 이순신이 세운 작전으로 알맞은 것에 ○표 하시오.

(1) 적은 것을 많아 보이게 했다.   (   )
(2) 조선 배를 일본 배로 보이게 했다.   (   )
(3) 중국에 배를 보내 달라고 요청했다.   (   )

13 이순신이 추구하는 가치를 모두 고르시오.
(   )

① 용기를 추구한다.
② 자신감을 추구한다.
③ 자신의 안전을 추구한다.
④ 부족함 없는 생활을 추구한다.
⑤ 어떤 고난도 포기하지 않고 극복하려는 의지를 추구한다.

[14~15] 다음 글을 읽고, 물음에 답하시오.

"버들이가 이번에는 샘을 기와집 뒤란으로 옮겨 달라고 하잖아. 그러면 집에서 샘물을 긷게 될 거라고."

"이제 보니 버들이는 욕심쟁이구나. 샘을 옮기다니! 그러면 다른 동물들은 샘물을 못 마시잖아?"

"파랑이도 그렇게 말했어. 하지만 나도 그걸 원했으니까 버들이를 탓하지는 마. 나도 어느새 버들이랑 똑같은 생각을 하게 되었던 거야."

"그래서 샘을 옮겨 주었니?"

"㉠땅속의 샘물줄기를 기와집 뒤란으로 흐르도록 해 주겠다고 약속했어. 그때 버들이가 기뻐하던 모습이라니, 지금도 잊을 수가 없어."

미미는 허공을 향해 빙그레 웃는 몽당깨비가 못마땅해서 고개를 저었습니다.

14 이 글에서 몽당깨비가 처한 상황으로 알맞은 것의 기호를 쓰시오.

⑦ 부모님께 혼이 났다.
⑭ 미미와 함께 샘을 옮기기로 했다.
⑮ 버들이가 샘을 기와집 뒤란으로 옮겨 달라고 했다.

(   )

서술형

15 몽당깨비가 ㉠과 같이 약속한 까닭은 무엇인지 쓰시오.

_____

_____

[16~17] 다음 글을 읽고, 물음에 답하시오.

파괴된 환경이 그녀와 그녀의 아이들 그리고 케냐의 모든 이에게 고통을 주고 있다는 것을 깨달은 왕가리 마타이는 자신이 할 수 있는 일이 무엇인지 생각해 보았다.

'나무를 심는 거야.'

왕가리 마타이는 나무를 심기로 마음먹고, 방법을 고민한 끝에 나무를 심어 주는 회사를 세웠다. 그녀는 이 회사가 헐벗고 삭막한 도시를 풍요롭게 만들 뿐만 아니라, 가난한 사람들에게 나무를 심고 관리하는 일자리를 제공할 것이라고 생각했다. 그러나 사업은 적자를 면하기 어려웠고, 누구도 그녀를 도와주지 않았다.

회사 운영이 어려워지자 왕가리 마타이는 묘목 장사를 해서 회사를 살리기로 하고, 1975년 나이로비에서 열린 국제 전람회에 참석해 묘목을 전시했다. 그러나 묘목을 사는 사람은 아무도 없었다. 실망스러웠지만 왕가리 마타이는 포기하지 않았다.

16 왕가리 마타이가 나무를 심겠다고 생각한 까닭으로 알맞은 것에 ○표 하시오.

(1) 외국에서 값싼 묘목을 많이 사 두어서 ( )

(2) 나무를 심어 주는 회사를 차리고 싶어서 ( )

(3) 파괴된 환경이 사람들에게 고통을 준다는 것을 깨달아서 ( )

17 이 글에서 왕가리 마타이가 추구하는 가치를 모두 고르시오. ( )

① 최선을 추구한다.
② 끈기를 추구한다.
③ 쉬운 일을 추구한다.
④ 부유한 삶을 추구한다.
⑤ 모두의 이익과 행복을 추구한다.

[18~20] 다음 글을 읽고, 물음에 답하시오.

1989년, 케냐 정부는 나이로비 시내 한복판에 있는 우후루 공원에 복합 빌딩을 건설하려고 했다. 우후루 공원은 대도시 나이로비에 남아 있는 유일한 녹지 공간으로, 콘크리트 건물 사이에서 시민들의 쉼터 역할을 하고 있었다. 왕가리 마타이는 도심 속 녹지대와 시민들의 쉼터가 계속 보전되어야 한다고 생각했다. 그녀는 관련 회사와 정부에 편지를 쓰고 언론에 자신의 주장을 알리며 우후루 공원을 지키려고 애썼다. 친구들은 힘들어하는 왕가리 마타이를 걱정했다.

"왜 이렇게까지 하는 거야? 그건 네가 간섭할 일은 아니잖아?"

"우후루 공원은 모든 사람의 것이야. 그러니까 누군가는 그 잘못을 말해야 해."

왕가리 마타이는 포기하지 않고 ⟨   ㉠   ⟩고 목소리를 높이면서 정부가 생각을 바꾸도록 노력했다.

18 ㉠에 들어갈 내용으로 알맞은 것에 ○표 하시오.

(1) 우후루 공원을 지켜야 한다 ( )

(2) 우후루 공원을 개발해야 한다 ( )

(3) 우후루 공원에 빌딩을 건설해야 한다 ( )

19 왕가리 마타이가 우후루 공원을 지키기 위해 노력한 방법을 두 가지 고르시오. ( )

① 시민들과 모금 운동을 했다.
② 언론에 자신의 주장을 알렸다.
③ 관련 회사와 정부에 편지를 썼다.
④ 관련 자료를 모은 책을 출판했다.
⑤ 우후루 공원의 모습을 사진으로 남겼다.

서술형
20 이 글에서 왕가리 마타이가 추구하는 가치를 자신의 삶과 관련지어 쓰시오.

_____

_____

_____

평가 주제	인물이 추구하는 다양한 가치 비교하기
평가 목표	글을 읽고 인물이 추구하는 가치를 파악할 수 있다.

㉮ "파랑이와 의논했어. 파랑이는 펄쩍 뛰더군. 사람이 샘가에서 살기 시작하면 결국 도깨비들은 샘을 뺏기고 떠나야 한다고 했어. 버들이는 착한 여자라 그럴 리가 없다고 했지만 소용없었어. 버들이가 나를 꾐에 빠뜨리고 있다고 파랑이는 걱정만 했지. 대왕님이 알기 전에 버들이를 모른 체하라고 야단쳤어. 정말 화가 났단다."

몽당깨비 몸이 부르르 떨렸습니다. 온몸의 털이 부스스 일어서는 걸 보면서 미미는 조용히 고개를 끄덕거렸습니다.

㉯ "버들이가 이번에는 ㉠샘을 기와집 뒤란으로 옮겨 달라고 하잖아. 그러면 집에서 샘물을 긷게 될 거라고."

"이제 보니 버들이는 욕심쟁이구나. 샘을 옮기다니! 그러면 다른 동물들은 샘물을 못 마시잖아?"

"파랑이도 그렇게 말했어. 하지만 나도 그걸 원했으니까 버들이를 탓하지는 마. 나도 어느새 버들이랑 똑같은 생각을 하게 되었던 거야."

"그래서 샘을 옮겨 주었니?"

"땅속의 샘물줄기를 기와집 뒤란으로 흐르도록 해 주겠다고 약속했어. 그때 버들이가 기뻐하던 모습이라니, 지금도 잊을 수가 없어."

1 글 ㉮에서 파랑이가 몽당깨비와 의논한 뒤 펄쩍 뛴 까닭은 무엇인지 쓰시오.

2 자신이 몽당깨비였다면 ㉠을 듣고 어떤 말이나 행동을 했을지 쓰시오.

3 이 글에서 몽당깨비와 버들이가 추구하는 가치를 파악해 쓰시오.

몽당깨비	(1)
버들이	(2)

1 마음을 나누는 글을 쓰는 상황으로 알맞지 <u>않은</u> 것은 무엇입니까? ( )

① 부모님께 고마운 마음을 편지로 쓰는 상황

② 친구에게 사과하는 마음을 글로 쓰는 상황

③ 전학을 가는 친한 친구에게 슬픈 마음을 글로 쓰는 상황

④ 국어사전에서 모르는 낱말의 뜻을 찾아서 정리하는 상황

⑤ 반 대항 피구 시합에서 이겨 기쁜 마음을 반 친구들에게 글로 쓰는 상황

[2~5] 다음 그림을 보고, 물음에 답하시오.

2 그림 ❶에서 서연이는 무엇을 보며 자원을 아껴 써야 겠다고 생각했는지 쓰시오.

( )

3 학용품을 소중히 다루어야 하는 까닭을 두 가지 고르시오. ( )

① 학용품을 외국에서 만들기 때문에

② 학용품은 자연 자원으로 만들기 때문에

③ 학용품을 만드는 공장이 많이 생겼기 때문에

④ 학용품을 잃어버리면 다시 살 수 없기 때문에

⑤ 학용품을 아껴서 사용하면 자원을 절약할 수 있기 때문에

4 서연이가 나누려는 마음은 무엇입니까? ( )

① 좋은 학용품을 사고 싶은 마음

② 교실을 깨끗하게 정리하고 싶은 마음

③ 새로 산 지우개를 자랑하고 싶은 마음

④ 주인을 찾지 못한 연필을 버리고 싶은 마음

⑤ 친구들이 학용품을 소중히 다루지 않아 안타까운 마음

서술형

5 만약 서연이가 마음을 나누는 글을 쓴다면 어디에 글을 실으면 좋을지 쓰시오.

_____

_____

6 다음 빈칸에 들어갈 알맞은 마음을 쓰시오.

마음을 나누는 글을 쓰는 상황		
선생님께서 국어 공부를 재미있게 하는 방법을 알려 주심.		
나누려는 마음	읽을 사람	글을 전하는 방법
	선생님	편지 쓰기

( )

7 마음을 나누는 글을 쓰면 좋은 점을 알맞게 말하지 못한 친구의 이름을 쓰시오.

> 수희: 학급 누리집에 글을 써서 여러 친구들과 마음을 나눌 수 있어서 좋았어.
>
> 교진: 직접 말로 하면 쑥스러울 때가 있는데 글로 쓰면 내 마음을 더 잘 전할 수 있어.
>
> 지유: 일기장에 속상하고 슬픈 일을 자세히 썼는데 쓰고 나니 위로받는 느낌이 들었어.

( )

[8~10] 다음 글을 읽고, 물음에 답하시오.

선생님께

선생님, 안녕하세요? 저는 최연아입니다.

올해 선생님을 만난 건 저에게 큰 행운입니다. 저는 이상하게 국어 공부가 싫었습니다. 책은 만화책 말고는 모두 재미가 없고, 글쓰기도 팔만 아픈 것 같았습니다. 그런데 선생님과 함께 국어를 공부하고 나서는 조금씩 달라지기 시작했습니다.

선생님께서는 읽기와 쓰기를 할 때 도움이 되는 여러 가지 재미있는 방법을 알려 주셨습니다. 그리고 이해가 되지 않는 부분은 없는지, 더 알고 싶은 것이 있는지를 물어봐 주시고 진지하게 들어 주셨습니다. 그래서 저는 용기를 내어 궁금한 점이나 더 알고 싶은 것을 여쭈어보았고, 새로운 내용을 알면서 국어 공부가 점점 더 좋아지기 시작했습니다.

국어 공부를 좋아하게 되니 다른 과목 공부도 재미있었습니다. 모두 선생님 덕분입니다. 선생님께서 수업 시간에 늘 말씀하신 것처럼 몸과 마음이 건강한 사람이 되도록 노력하겠습니다. 선생님, 정말 고맙습니다.

20○○년 ○○월 ○○일

최연아 올림

8 이 글에 대한 설명으로 알맞은 것을 두 가지 고르시오. ( )

① 공손한 말을 사용했다.

② 선생님께 쓴 편지이다.

③ 줄임 말과 귀여운 그림말을 썼다.

④ 한 달에 한 번씩 자리를 바꾸자고 제안했다.

⑤ 글의 마지막에 읽는 사람의 안부를 물어보았다.

9 연아가 글에서 나누려는 마음은 무엇입니까? ( )

① 서운한 마음

② 죄송한 마음

③ 감사한 마음

④ 안타까운 마음

⑤ 후회하는 마음

10 이 글처럼 나누려는 마음을 편지로 쓰면 좋은 점으로 가장 알맞은 것은 무엇입니까? ( )

① 하고 싶은 말을 자세히 표현할 수 있다.

② 유행어나 줄임 말을 자유롭게 쓸 수 있다.

③ 서론 – 본론 – 결론의 구조로 글을 쓰기 쉽다.

④ 댓글을 통해 상대방의 반응을 빠르게 파악할 수 있다.

⑤ 표정이나 몸짓을 통해 효과적으로 마음을 전달할 수 있다.

[11~12] 다음 글을 읽고, 물음에 답하시오.

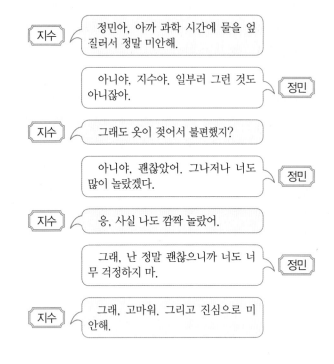

지수: 정민아, 아까 과학 시간에 물을 엎질러서 정말 미안해.

정민: 아니야, 지수야. 일부러 그런 것도 아니잖아.

지수: 그래도 옷이 젖어서 불편했지?

정민: 아니야, 괜찮았어. 그나저나 너도 많이 놀랐겠다.

지수: 응, 사실 나도 깜짝 놀랐어.

정민: 그래, 난 정말 괜찮으니까 너도 너무 걱정하지 마.

지수: 그래, 고마워. 그리고 진심으로 미안해.

11 지수가 쓴 글의 형식은 무엇입니까? (　　　)

① 동시
② 일기
③ 편지
④ 문자 메시지
⑤ 독서 감상문

12 지수가 이 글을 쓴 목적으로 알맞은 것에 ○표 하시오.

(1) 미안한 마음을 친구에게 표현하기 위해서
(　　　)

(2) 도움을 주신 선생님께 감사한 마음을 전하기 위해서
(　　　)

(3) 과학 시간에 필요한 준비물을 친구에게 물어보기 위해서
(　　　)

13 마음을 나누는 글을 쓸 계획을 세울 때 고려할 점이 아닌 것은 무엇입니까? (　　　)

① 상황을 파악한다.
② 일어난 사건을 떠올린다.
③ 나누려는 마음을 생각한다.
④ 항상 친근한 말을 사용한다.
⑤ 읽을 사람을 생각해서 표현한다.

[14~15] 다음 글을 읽고, 물음에 답하시오.

『지효에게
　지효야, 안녕? 나 신우야.
　지효야, 아까 내가 네 책상 옆에서 미역국을 엎질렀지? 너는 네 가방이 더러워져서 많이 속상했을 텐데 나에게 "괜찮아?" 하면서 걱정을 해 주었어. 그리고 미역국 치우는 것을 도와주었어.』
　나는 미역국을 엎지르고 너에게 미안하다는 말도 못 하고 멍하니 서 있었어. 너무 당황스러워서 어떻게 해야 할지 생각이 나지 않았어. 그런데 네가 오히려 나를 걱정해 주고 같이 치워 주어서 감동했단다.
　지효야, 아까는 당황스러워서 너에게 고맙다는 말을 제대로 못 했어. 정말 고마워! 네 따뜻한 마음을 잊지 않을게.
　앞으로 내가 도와줄 일이 있으면 꼭 도와줄게. 그리고 우리 앞으로도 친하게 지내자.
　안녕.

친구 신우가

14 신우가 글을 쓰게 된 사건은 무엇입니까? (　　　)

① 친구와 말다툼을 했다.
② 가장 친한 친구가 전학을 갔다.
③ 미역국을 남겨서 선생님께 혼이 났다.
④ 미역국을 엎질러서 지효 가방이 더러워졌다.
⑤ 가을 운동회에서 반 대표 이어달리기 선수가 되었다.

15 『　』 부분에 들어 있는 내용으로 알맞은 것을 모두 찾아 기호를 쓰시오.

| ㉮ 첫인사 |
| ㉯ 끝인사 |
| ㉰ 일어난 사건 |
| ㉱ 글을 쓴 사람 |
| ㉲ 마음을 나누려는 사람 |

(　　　　　　　　　)

[16~18] 다음 정약용이 두 아들에게 보낸 편지를 읽고, 물음에 답하시오.

㉮ 너희는 항상 버릇처럼 말하기를 "일가친척 중에 한 사람도 불쌍히 여겨 돌보아 주는 사람이 없다."라고 개탄하였다. 더러는 험난한 물길 같다느니, 꼬불꼬불 길고 긴 험악한 길을 살아간다느니 하며 한탄하고 있다. 하지만 이는 모두 하늘을 원망하고 사람을 미워하는 말투로, 큰 병이다.

너희가 아픈 데가 있으면 다른 사람들이 돌보아 주기 마련이었다. 날마다 어떠냐는 안부를 전해 오고, 안아서 부축해 주는 사람도 있었다. 약을 먹여 주고 양식까지 대 주는 사람도 있었다. 이런 일에 너희가 너무 익숙해져 항상 은혜를 베풀어 주기만 바라고 있구나. 너희가 사람의 본분을 망각하지는 않았는지 걱정이다. 그래서 내가 이 편지를 보낸다.

㉯ 남이 어려울 때 자기는 은혜를 베풀지 않으면서 남이 먼저 은혜를 베풀어 주기만 바라는 것은 너희가 지닌 그 오기 근성이 없어지지 않았기 때문이다. 이후로는 평상시 일이 없을 때라도 항상 공손하고 화목하며, 조심하고 자기 정성을 다해 다른 사람의 환심을 얻는 일에 힘쓸 것이지, 마음속에 보답받을 생각은 가지지 않도록 해라.

다른 사람을 위해 먼저 베풀어라. 그러나 뒷날 너희가 근심 걱정 할 일이 있을 때 다른 사람이 보답해 주지 않더라도 부디 원망하지 마라.

16 정약용이 걱정하고 있는 두 아들의 말버릇은 무엇인지 쓰시오.

(   )

17 정약용이 두 아들에게 당부한 내용이 <u>아닌</u> 것은 무엇입니까? (   )

① 항상 공손하고 화목해라.
② 다른 사람을 위해 먼저 베풀어라.
③ 마음속에 보답받을 생각은 하지 마라.
④ 남이 먼저 은혜를 베풀어 주기만 바라지 마라.
⑤ 돌보아 주는 사람이 없을 때 친척에게 연락해라.

18 정약용이 두 아들과 나누고 싶은 마음으로 알맞지 <u>않</u>은 것은 무엇입니까? (   )

① 다른 사람을 아끼는 마음
② 다른 사람에게 베푸는 마음
③ 다른 사람을 걱정하는 마음
④ 다른 사람을 배려하는 마음
⑤ 다른 사람을 이용하는 마음

19 마음을 나누는 글을 쓰는 방법으로 알맞은 것을 모두 고르시오. (   )

① 내용과 짜임에 맞게 글을 쓴다.
② 글을 쓰는 상황과 목적을 파악한다.
③ 나누려는 마음이 잘 드러나게 쓴다.
④ 글쓰기 계획을 세우는 일은 생략한다.
⑤ 읽을 사람과의 관계를 고려해서 항상 짧고 간단하게 쓴다.

20 자신이 인상 깊었다고 생각한 일을 주제로 학급 신문을 만들려고 합니다. 신문을 만드는 차례에 맞게 기호를 쓰시오.

㉮ 쓸 내용을 정리한다.
㉯ 인상 깊었던 일을 정한다.
㉰ 인상 깊었던 일을 글로 쓴다.
㉱ 신문 기사를 모아 학급 신문을 만든다.
㉲ 쓴 글과 그림이나 사진 자료로 신문 기사를 완성한다.

(   ) → (   ) → (   ) → (   ) → (   )

9
단원

평가 주제	글로 쓸 내용 계획하기
평가 목표	마음을 나누는 글을 쓰는 상황과 목적을 생각하여 글로 쓸 내용을 계획할 수 있다.

㉮ 국어 공부를 좋아하게 되니 다른 과목 공부도 재미있었습니다. 모두 선생님 덕분입니다. 선생님께서 수업 시간에 늘 말씀하신 것처럼 몸과 마음이 건강한 사람이 되도록 노력하겠습니다. 선생님, 정말 고맙습니다.

20○○년 ○○월 ○○일 / 최연아 올림

㉯

지수 : 정민아, 아까 과학 시간에 물을 엎질러서 정말 미안해.

정민 : 아니야, 지수야. 일부러 그런 것도 아니잖아.

지수 : 그래도 옷이 젖어서 불편했지?

정민 : 아니야, 괜찮았어. 그나저나 너도 많이 놀랐겠다.

지수 : 응, 사실 나도 깜짝 놀랐어.

정민 : 그래, 난 정말 괜찮으니까 너도 너무 걱정하지 마.

지수 : 그래, 고마워. 그리고 진심으로 미안해.

1 글 ㉮의 연아와 글 ㉯의 지수가 글을 쓴 목적은 각각 무엇인지 쓰시오.

연아	(1)
지수	(2)

2 연아와 지수는 글을 읽을 사람에 따라 어떤 말로 표현했는지 비교해 쓰시오.

3 연아와 지수처럼 마음을 나누는 글을 쓰려고 합니다. 글 ㉮와 ㉯ 중 어떤 형식으로 글을 쓸지 정하고, 그 까닭도 함께 쓰시오.

[1~2] 다음 시를 읽고, 물음에 답하시오.

풀잎과 바람

나는 풀잎이 좋아, 풀잎 같은 친구 좋아
바람하고 엉켰다가 풀 줄 아는 풀잎처럼
헤질 때 또 만나자고 손 흔드는 친구 좋아.

나는 바람이 좋아, 바람 같은 친구 좋아
풀잎하고 헤졌다가 되찾아 온 바람처럼
만나면 얼싸안는 바람, 바람 같은 친구 좋아.

1. 비유하는 표현

1 이 시에 나타난 친구와 바람의 공통점을 두 가지 고르시오. (   )

① 다시 만난다는 점
② 자주 싸운다는 점
③ 다시 찾아온다는 점
④ 높은 곳에서 옮겨 다닌다는 점
⑤ 항상 딱딱하게 굳어 있다는 점

서술형

1. 비유하는 표현

2 자신은 친구를 무엇에 비유하여 표현하고 싶은지 까닭과 함께 쓰시오.

비유하는 표현	그 까닭
(1)	(2)

3. 짜임새 있게 구성해요

3 교실에서 학급 친구들에게 발표하는 상황의 특성으로 알맞은 것을 두 가지 고르시오. (   )

① 발표 장소가 넓다.
② 듣는 사람이 없다.
③ 여러 사람 앞에서 발표한다.
④ 작은 크기의 자료만 여러 개 활용한다.
⑤ 개인적으로 말하는 것이므로 조용히 말한다.

[4~5] 다음 글을 읽고, 물음에 답하시오.

㉮ 우리나라뿐만 아니라 세계 곳곳에서 벌어지는 자연 개발은 우리 삶을 위협한다. 이러한 무분별한 개발로 우리 삶의 터전인 자연은 몸살을 앓고, 이제 인류의 생존까지 위협하는 상황에 이르렀다. 우리는 자연의 목소리에 귀를 기울이고 자연을 보호해야 한다.

㉯ 자연은 한번 파괴되면 복원되기가 어렵다. 어린나무 한 그루가 아름드리나무로 성장하는 데 약 30년에서 50년이 걸린다고 한다. 우유 한 컵(150밀리리터)으로 오염된 물을 물고기가 살 수 있는 깨끗한 물로 만들려면 우유 한 컵의 약 2만 배의 물이 필요하다. 이처럼 환경을 오염시키는 것은 순식간이지만 오염된 환경을 되살리는 데는 수십, 수백 배의 시간과 노력이 든다. 자연의 힘이 아무리 위대해도 자정 능력을 넘어서는 오염을 감당하기는 어렵다.

㉰ 자연 개발로 사라져 가는 동식물을 다시 이 땅으로 돌아오게 하여 더불어 살아야 한다. 지나친 개발 때문에 나타나는 지구 온난화와 이상 기후 현상이 더 이상 심해지지 않도록 노력하는 일도 우리 모두에게 남겨진 과제이다.

4. 주장과 근거를 판단해요

4 글쓴이가 제시한 문제 상황을 생각하여 (   ) 안에 알맞은 말을 쓰시오.

• (   )은/는 우리 삶을 위협한다.

4. 주장과 근거를 판단해요

5 다음 중 이 글의 주장이 가치 있고 중요한지에 대해 판단한 친구의 이름을 쓰시오.

> 광현: 근거에 포함된 다양한 예가 글쓴이의 주장을 뒷받침하고 있어.
> 승우: 이상 기후 현상이 점점 심각해지는 지금 상황에서 이 주장은 중요해.
> 혜진: 자연은 한번 파괴되면 복원되기가 어렵다는 근거는 주장과 연결될 수 있어.

(   )

서술형

6 글쓴이가 다음 글을 쓸 때 속담을 사용한 까닭을 생각해 쓰시오.

> 영주네 가족은 이삿짐 싸는 차례를 서로 다르게 생각했어요.
> 할머니와 이모께서는 깨지기 쉬운 항아리나 유리그릇부터 싸라고 하셨고, 삼촌께서는 텔레비전이나 컴퓨터부터 옮기라고 하셨어요. "사공이 많으면 배가 산으로 간다."라는 속담처럼 서로 의견을 굽히지 않아 시간만 흘러갔어요.

_____

_____

[7~8] 다음 글을 읽고, 물음에 답하시오.

> 『화성성역의궤』는 수원 화성에 성을 쌓는 과정을 기록한 책인 의궤야. 수원 화성은 일제 강점기를 거치면서 성곽 일대가 훼손되기 시작하고 6.25 전쟁 때 크게 파괴되었는데, 『화성성역의궤』를 보고 원래의 모습대로 다시 만들어졌단다. 덕분에 수원 화성이 1997년에 유네스코 세계 문화유산으로 등록될 수 있었어.
> 『화성성역의궤』는 정조 임금이 갑자기 세상을 떠나는 바람에 다음 임금인 순조 때 만들어졌는데, 건축과 관련된 의궤 가운데에서도 가장 내용이 많아. ㉠수원 화성 공사와 관련된 공식 문서는 물론, 참여 인원, 사용된 물품, 설계 등의 기록이 그림과 함께 실려 있는 일종의 보고서인 셈이야. 내용이 아주 세세하고 치밀해서 공사에 참여한 기술자 1800여 명의 이름과 주소, 일한 날수와 받은 임금까지 적혀 있어.

7 『화성성역의궤』에 담겨 있는 기록을 모두 고르시오.

( )

① 설계
② 참여 인원
③ 사용된 물품
④ 우리나라 지도
⑤ 정조가 쓴 편지

8 ㉠을 바탕으로 하여 추론할 수 있는 내용에 ◯표 하시오.

⑴ 수원 화성은 최근에 다시 지어졌다. ( )

⑵ 우리나라에는 수많은 세계 문화유산이 있다.
( )

⑶ 『화성성역의궤』가 자세해서 수원 화성을 원래 모습대로 다시 만들 수 있었다. ( )

서술형

9 보기 에서 우리 반 친구들이 가장 많이 쓰는 말을 고르고, 바람직한 우리말 사용에 대한 자신의 생각을 쓰시오.

> **보기**
>
> | 외국어 | 줄임말 |
> |---|---|
> | 욕설이나 비속어 | 배려하는 말 |
> | 긍정하는 말 | 올바른 우리말 |

친구들이 가장 많이 쓰는 말	⑴
자신의 생각	⑵

10 이야기에서 인물이 추구하는 가치를 자신의 삶과 관련짓는 방법으로 알맞은 것의 기호를 두 가지 쓰시오.

> ㉠ 이야기와 관련한 자신의 경험을 생각해 본다.
> ㉡ 인물이 앞으로 할 일은 무엇일지 상상해 본다.
> ㉢ 인물과 자신의 삶을 비교해 보고 느낀 점을 생각해 본다.

( )

동아출판

초고필로 중학교 성적이 바뀐다!

초등 고학년을 위한 중학교 필수 영역 초고필

국어

비문학 독해 1·2 / 문학 독해 1·2 / 국어 어휘 / 국어 문법

수학

유리수의 사칙연산 / 방정식 / 도형의 각도

 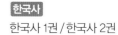

한국사

한국사 1권 / 한국사 2권

평가북

초등학교   학년   반   번   이름

강의가 더해진, 교과서 맞춤 학습

백점

국어 6·1

친절한 해설북

- 한눈에 보이는 **정확한 답**
- 한번에 이해되는 **자세한 풀이**

동아출판

차례

백점 국어 빠른 정답

QR코드를 찍으면 **정답**을
쉽고 빠르게 확인할 수 있습니다.

모바일
빠른 정답

1. 비유하는 표현

1 직유법 **2** ㉯, ㉰ **3** (2) ○ (3) ○

1 은유법은 '~은/는 ~이다'로 빗대어 표현하는 방법이고, 직유법은 '~같이', '~처럼', '~듯이'와 같은 말을 써서 표현하는 방법입니다.

2 시로 쓰고 싶은 대상의 특징과 비유하는 표현의 공통점을 생각해 비유하는 표현을 살려 시를 써야 합니다.

3 시 낭송을 잘하려면 시에서 떠오르는 장면을 상상하면서 읽어야 합니다.

1 빗대어 **2** (1) 흩날려 (2) 얼싸안고 (3) 나부끼게
3 함박눈 **4** 직업

1 '비유'는 어떤 현상이나 사물을 직접 설명하지 않고 다른 비슷한 현상이나 사물에 빗대어 설명하는 일입니다.

2 (1)은 '흩날려', (2)는 '얼싸안고', (3)은 '나부끼게'가 알맞습니다.

3 '잘게 조금씩 오는 눈.'을 '가랑눈', '바람에 불리어 휘몰아쳐 날리는 눈.'을 '눈보라'라고 합니다.

4 '작가', '농부', '가수', '의사'를 모두 포함하는 낱말은 '직업'입니다.

뻥튀기|10쪽| **작품 정리** ❶ 꽃잎 ❷ 나비 ❸ 냄새

1 ㉰ **2** ② **3** 우영, 서윤 **4** (1) 예 벚꽃 (2) 예 흐드러지게 날리는 모습이 뻥튀기가 사방으로 날리는 모양과 비슷하기 때문입니다.

봄비|11쪽| **작품 정리** ❶ 교향악 ❷ 지붕

5 예 큰 은혜로 내리는 교향악 **6** ①, ⑤ **7** ④ **8** ②

풀잎과 바람|12쪽| **작품 정리** ❶ 풀잎 ❷ 바람

9 ④ **10** ⑤ **11** 풀잎, 바람 **12** 예 풀잎하고 헤어졌다가 되찾아 온 바람의 모습이 만나면 얼싸안는

친구 같기 때문입니다. **13** ③

비유하는 표현을 사용해 나타내기 |13쪽| **활동 정리** ❶ 대상 ❷ 비유

14 (1) 꽃 (2) 사람 (3) 책상 (4) 날씨 **15** (1) 예 날씨 (2) 예 따뜻함과 포근함을 표현하고 싶습니다.
16 ② **17** ①, ②, ③

1 이 글에서는 뻥튀기가 사방으로 날리는 모양을 봄날 꽃잎, 나비, 함박눈, 폭죽에 빗대어 표현했습니다.

2 뻥튀기 냄새와 옥수수 냄새는 '달콤하고 고소하다.'는 공통점이 있습니다.

3 비유하는 표현을 사용하면 글쓴이의 의도를 쉽게 파악할 수 있고 상황이 실감 나게 느껴지며, 장면이 쉽게 떠오르므로 혁이는 알맞게 말하지 못했습니다.

4 채점 tip (1)에 뻥튀기와 공통점이 있는 사물을 찾아 쓰고, (2)에 뻥튀기와 어떤 점이 닮았는지 알맞게 썼으면 정답으로 합니다.

5 봄비를 '큰 은혜로 내리는 교향악'으로 표현했습니다.

6 ㉠~㉣은 소리가 비슷한 글자나 일정한 글자 수가 반복될 때 생기는 '운율'이 잘 느껴지는 부분입니다.

7 세숫대야 바닥과 작은북의 공통점은 작은 소리가 나고 크기가 작다는 것입니다.

8 머리카락이 바람을 받아서 가볍게 흔들린다는 뜻의 '나부끼고'는 '나풀대고'로 바꾸어 쓸 수 있습니다.

9 이 시는 친구 간의 우정을 주제로 한 시로, 친구들이 모여 선생님을 찾아가는 장면은 어울리지 않습니다.

10 풀잎이 바람에 흔들리는 모습과 친구가 헤어질 때 또 만나자고 손 흔드는 모습이 닮았다고 했습니다.

11 '풀잎 같은 친구', '바람 같은 친구'가 좋다고 했습니다.

12 채점 tip 시의 내용과 관련지어 '바람 같은 친구'가 좋다고 한 까닭을 정리해 썼으면 정답으로 합니다.

13 ㉠과 ㉡은 '~같이', '~처럼', '~듯이'와 같은 말을 써서 두 대상을 직접 견주어 표현하는 직유법을 사용한 것입니다. ③은 은유법을 사용한 것입니다.

14 봄이 되면 만날 수 있는 것을 여러 항목으로 나누어 쓸 수 있습니다.

15 봄이 되어 새롭게 만난 대상을 정하고, 표현하고 싶은 생각이나 마음을 자유롭게 떠올려 씁니다.

16 '친구'와 '놀부'의 공통점으로 '착하고 순박하다.'는 알맞지 않습니다.

17 비유하는 표현을 사용하면 시가 실감 나고, 쉽게 이해되며 시 속 상황을 잘 파악할 수 있습니다.

14~15쪽 단원 평가 ❶회

1 ④ 2 뺑튀기 3 (1) ○ (2) ○ 4 (1) ㉣ (2) ㉮
(3) ㉰ (4) ㉯ 5 ① 6 ② 7 ②, ⑤ 8 ⑤ 9 (1)
과일 (2) 감, 사과, 포도 10 ②

---

1 뺑튀기가 사방으로 날리는 모습을 봄날 꽃잎, 나비, 함박눈, 폭죽으로 표현했습니다.

2 메밀꽃 냄새, 새우 냄새, 멍멍이 냄새, 옥수수 냄새는 뺑튀기 냄새를 비유하여 표현한 것입니다.

3 뺑튀기하는 상황을 훨씬 실감 나고 생생하게 전달하기 위해 다른 사물에 빗대어 표현한 것입니다.

4 각 대상과 비유하는 표현을 알맞게 연결합니다.

5 '이 세상 모든 것'을 '악기'로 표현한 까닭은 소리가 나는 것이 비슷하기 때문입니다.

6 봄비가 내리는 장면을 두고, '봄의 왈츠 / 하루 종일 연주한다.'라고 표현한 것입니다.

7 헤어질 때 또 만나자고 손 흔드는 풀잎 같은 친구, 만나면 얼싸안는 바람 같은 친구가 좋다고 했습니다.

8 이 시는 은유법을 알맞게 사용해서 내 친구의 특징을 실감 나게 표현하였습니다.

9 포함하는 낱말은 과일이고, 포함되는 낱말은 감, 사과, 포도입니다.

문법 문제 tip 포함하는 낱말은 그 뜻의 범위가 넓고, 포함되는 낱말은 그 뜻의 범위가 좁습니다.

10 피아노, 바이올린, 첼로는 '악기'에 포함됩니다.

16~18쪽 단원 평가 ❷회

1 ⑤ 2 ① 3 ㉣ 4 ⑩ 꽃처럼 아름다운 우리 가족은 언제나 밝게 웃어요. 5 (1) ○ (4) ○ 6 ②
7 (1) 큰북 (2) 작은북 8 ⑩ 앞마을 냇가와 뒷마을 연못에 봄비가 경쾌하게 내리는 장면을 표현한 것입니다. 9 ㉣ 10 ③ 11 ⑩ 바람하고 엉겼다가 풀줄 아는 풀잎의 모습이 헤어질 때 또 만나자고 손 흔드는 친구 같기 때문입니다. 12 ① 13 ①, ③, ⑤
14 ⑤ 15 ②, ④

---

1 글의 전체적인 분위기로 보아, 즐겁고 신난 마음으로 뺑튀기를 보고 있는 인물의 모습이 어울립니다.

2 둘 다 하늘에 흩날립니다.

3 ㉠~㉢은 뺑튀기가 사방으로 날리는 모양을 비유하는 표현입니다.

4
이런 답도 가능해!
우리 가족은 이불입니다. 언제나 포근하게 나를 안아 줍니다.

5 비유하는 표현이란 어떤 현상이나 사물을 비슷한 현상이나 사물에 빗대어 표현하는 것입니다.

6 '봄비 내리는 소리'와 '교향악'은 여러 가지 소리가 섞여 있는 점이 닮았습니다.

7 달빛 내리던 지붕은 큰북이 되고, 아기 손 씻던 세숫대야 바닥은 작은북이 된다고 했습니다.

8 6연은 앞마을 냇가와 뒷마을 연못에 봄비가 내리는 장면을 표현하였습니다.

9 시에서 말하는 대상과 비유하는 표현 사이에는 공통점이 있습니다. 봄비 내리는 모습과 왈츠는 경쾌하고 가볍게 움직이는 것이 비슷합니다.

10 이 시는 '~같이', '~처럼', '~듯이'와 같은 말을 써서 친구를 풀잎과 바람에 비유하였습니다.

11 **채점 tip** 풀잎의 모습이 헤어질 때 또 만나자고 손 흔드는 친구 같기 때문이라는 내용을 포함하여 썼으면 정답으로 합니다.

12 풀잎하고 헤어졌다가 되찾아 온 바람 같은 친구가 좋다고 했으므로, ㉠에는 '만나면 얼싸안는 바람'이라는 말이 가장 잘 어울립니다.

13 이 시의 내용과 표현상의 특징을 생각하여 느낀 점을 말한 친구를 찾습니다.

14 아기와 거북의 느리고 기어 다니는 공통점을 이용해 '~처럼', '~같이', '~은/는 ~이다' 등의 형태로 표현한 문장을 찾습니다.

15 노래하듯이 부드럽고 자연스럽게 읽고, 배경 음악에 맞추어 낭송할 수도 있습니다.

19쪽 수행 평가

1 ⑩ 친구하고 헤어질 때 다시 만나자고 약속하는 장면이 떠오릅니다. 2 ⑩ 늘 곁에 있어서 잘 몰랐던 친구를 새롭게 생각해 보았습니다. 3 ⑩ 나는 꽃잎

이 좋아, 꽃잎 같은 친구 좋아 / 언제나 아름답고 예쁜 꽃을 피우는 꽃잎처럼 / 향기 가득하고 예쁜 친구 좋아. // 나는 바다가 좋아, 바다 같은 친구 좋아 / 세상에 있는 모든 물을 넉넉하게 보듬어 주는 바다처럼 / 넓고 푸른 바다, 바다 같은 친구 좋아.

1 이 시를 읽으면 친구하고 다시 만나는 장면이나 친구를 오랜만에 만나 서로 기쁘게 얼싸안는 장면이 떠오릅니다.

2 친구를 풀잎과 바람으로 비유하여 표현한 이 시를 읽고 생각하거나 느낀 점을 씁니다.

3 친구를 무엇에 비유할 수 있을지 생각해 보고, 자신만의 개성적인 표현으로 바꾸어 씁니다.

채점 기준	잘함	친구의 의미를 다른 대상에 비유하여 시의 형식에 맞게 짧은 말로 잘 표현했습니다.
	보통	친구의 의미를 다른 대상에 비유하여 썼지만 시의 형식에 맞지 않거나 설명하듯이 길게 썼습니다.
	노력 요함	친구의 의미를 다른 대상에 비유하지 못하고 시의 형식에도 맞지 않게 썼습니다.

[채점 키워드] 친구의 의미를 다른 대상에 비유: 꽃잎, 바다, 하늘, 발전소 등 어울리는 대상에 직접 견주어 표현하기

20쪽 쉬어가기

출발   도착

2. 이야기를 간추려요

22쪽   개념 확인 문제

1 ㉮, ㉯   2 (1) 결말 (2) 전개   3 (1) ○ (4) ○

1 글의 내용을 파악하면서 인물에게 일어난 일을 차례대로 정리해야 이야기 속 사건의 흐름을 바르게 파악할 수 있습니다.

2 이야기 구조 중 '전개'가 사건이 본격적으로 발생하고 갈등이 일어나는 부분입니다.

3 이야기를 요약할 때에는 이야기 흐름에서 중요하지 않은 내용은 삭제하거나 간단히 쓰고, 이야기 구조를 생각하며 각 부분에서 중요한 사건이 무엇인지를 찾아야 합니다.

23쪽   어휘·문법 확인 문제

1 (1) 전체 (2) 요점   2 (1) ㉰ (2) ㉯ (3) ㉮   3 (1) 울뚝 (2) 적선하였다   4 수사

1 '구조'는 부분이나 요소가 어떤 전체를 짜 이룬다는 뜻이고, '요약'은 말이나 글의 요점을 잡아서 간추린다는 뜻입니다.

2 '이승'은 ㉰, '변변히'는 ㉯, '아우성'은 ㉮입니다.

3 (1)에는 '울뚝', (2)에는 '적선하였다'가 알맞습니다.

4 '둘'은 사물의 수량을 나타내는 말이므로 '수사'입니다.

24~35쪽   교과서 독해

황금 사과 24~25쪽 작품 정리 ❶ 사과 ❷ 담 ❸ 아이들

1 ⑤   2 (2) ○   3 예 서로 소통해 황금 사과를 나누어 가졌다면 두 동네가 사이좋게 살았을 텐데 그러지 못해 아쉬운 마음이 듭니다.   4 ②   5 (1) 공 (2) 문   6 유진   7 예 문을 연 꼬마 아이와 담 너머의 아이들이 서로 친해지고 두 동네 사람들도 서로 오해를 풀어 사이좋게 지내게 될 것입니다.   8 ②, ④

저승에 있는 곳간 26~28쪽 작품 정리 ❶ 저승 ❷ 곳간 ❸ 다리

9 ③   10 변변히   11 (원님의) 곳간   12 ⑤   13 ⑤

14 예 저승사자는 원님에게 덕진이라는 아가씨의 곳간에서 쌀을 꾸어 계산하게 하고 원님을 이승으로 보냈습니다. **15** 절정 **16** (2) ○ **17** 멍하게 **18** ① **19** 예 마을 앞을 가로지르는 강가에 다리를 놓았습니다. **20** ③

우주 호텔 29~35쪽 작품 정리 ❶ 종이 할머니 ❷ 메이 ❸ 우주 호텔

21 ② **22** ② **23** ⑤ **24** ⊕ **25** 예 한번 포기하면 다른 곳의 상자나 폐지도 빼앗길지도 모르기 때문입니다. **26** ⊕ **27** ② **28** ② **29** ④ **30** ② **31** ②, ④ **32** (2) ○ **33** 예 찌그러진 파란 지구 맞은편 위에 포도 모양의 성이 떠 있고, 성 맨 꼭대기에는 두 아이가 앉아서 차를 마시고 있었습니다. **34** ② **35** (1) 아늑하게 (2) 불룩하게 (3) 희한하게 **36** ④ **37** ②, ③ **38** ① **39** ④ **40** (1) 예 폐지(종이) (2) 예 "메이를 만나고 궁금한 것이 생기고 무기력했던 내 삶에 조금씩 애착이 생기기 시작했지. 이제 하늘을 보며 살 거야." **41** 강낭콩 **42** ⊕ **43** 외계인 **44** (3) ○ **45** ③ **46** (2) ○ **47** 예 인생이라는 여행을 하다가 잠시 쉬어 가는 곳이라고 생각했기 때문입니다. **48** 우주 호텔 **49** ①

1 황금 사과를 가지겠다고 싸우던 두 동네 사람들은 땅바닥에 금을 긋고 담을 쌓았습니다.

2 '아우성'은 '떠들썩하게 기세를 올려 지르는 소리.'를 뜻합니다.

3
> 이런 답도 가능해!
>
> 서로 욕심만 부리는 모습이 실망스럽습니다. 대화와 협력의 태도로 문제를 해결하였다면 금을 긋고 담을 높게 쌓을 필요가 없었을 것입니다.

4 아이가 어른이 되어 다시 딸을 낳았을 때, 딸에게 담 너머에 무시무시한 괴물들이 산다고 했습니다.

5 꼬마 아이는 공을 주우려고 담에 있는 문을 열었고, 그곳에는 아이들이 즐겁게 놀고 있었습니다.

6 두 동네가 대화와 소통이 필요하기 때문에 화해를 의미하는 사과일 것입니다.

7 아이가 용기를 내어 문을 연 뒤 두 동네 사람들의 관계가 어떻게 달라질지 상상하여 씁니다.

8 황금 사과를 가지고 다투었던 마을 사람들을 통해

욕심을 부리지 말고 서로 대화하고 소통하자는 주제를 생각할 수 있습니다.

9 영암 원님은 죽은 뒤 염라대왕 앞으로 끌려갔고, 염라대왕에게 살려 달라고 간청했습니다.

10 '제대로 갖추어져 충분하게.'는 '변변히'의 뜻입니다.

> 왜 답이 아닐까?
>
> • 고작: 기껏 따져 보거나 헤아려 보아야 겨우.
> • 우연히: 어떤 일이 어쩌다가 저절로 이루어진 면이 있게.

11 저승사자는 원님에게 저승에 있는 곳간에서라도 수고비를 내놓으라고 했습니다.

12 원님은 이승에 있을 때 남에게 덕을 베푼 일이 거의 없어서 저승 곳간에 볏짚이 한 단밖에 없었습니다.

13 원님은 저승에 있는 덕진의 곳간에서 쌀 삼백 석을 꾸어 저승사자에게 줄 수고비를 마련했습니다.

14 채점 tip 원님이 덕진의 곳간에서 쌀을 꾸어 계산하고 이승으로 가게 된 내용으로 간추려 썼으면 정답으로 합니다.

15 원님이 허름한 선비 모습으로 변장해 덕진을 만나는 부분은 긴장감이 가장 높아지는 '절정' 부분입니다.

16 덕진은 수많은 사람들을 도와주고 사람들에게 돈을 나누어 주어 저승 곳간에 곡식이 가득 차 있습니다.

17 '어리둥절하다'는 '무슨 영문인지 잘 몰라서 얼떨떨하다.'의 뜻이므로 '멍하다'와 뜻이 비슷합니다.

18 글 ❻은 사건이 해결되는 '결말' 부분에 해당합니다.

19 덕진은 원님에게 받은 쌀을 좋은 일에 쓰도록 하고 돌다리를 놓았습니다.

20 ①은 이야기를 요약하는 방법과 관련이 없습니다. 이야기를 요약할 때에는 이야기 구조를 생각하며 각 부분에서 중요한 사건이 무엇인지 찾는 일부터 해야 합니다.

21 종이 할머니는 자신의 나이만큼 늙지 않은 건 눈뿐이라고 생각했습니다.

22 종이 할머니는 종이를 찾느라 땅만 살피게 되어 하늘을 쳐다보는 일이 줄어들었다고 하였습니다.

23 종이 할머니는 채소 가게에서 나오는 상자를 차지하기 위해 일부러 채소 가게에서 반찬거리를 사곤 한 것입니다.

24 ⑦는 발단 부분이고, ⊕는 전개 부분입니다. 질문에서 묻는 것은 '전개'이므로 답은 ⊕입니다.

25 종이 할머니는 빈 상자를 한번 포기하면 다른 곳의 상자나 폐지도 흉측하게 생긴 눈에 혹이 난 할머니에게 빼앗길지도 모른다는 생각을 했습니다.

26 전개에 해당하는 글 ❸의 내용을 알맞게 간추린 것은 ㉯입니다.

27 제시된 내용은 '울뚝'의 뜻으로, '우뚝'과 헷갈리지 않도록 주의합니다. '우뚝'은 '두드러지게 높이 솟아 있는 모양.'을 뜻합니다.

28 아이는 할머니가 종이를 모으신다는 것을 알고, 즐거운 놀이를 하듯 계속 할머니를 찾아가 다 쓴 종이를 드렸습니다.

29 이 이야기에서 가장 긴장되는 부분은 종이 할머니가 메이가 그린 우주 그림을 보고 탄성을 지르는 부분입니다.

30 아이의 스케치북에 가족과 여행을 떠나는 아이의 모습은 그려져 있지 않았습니다.

31 종이 할머니는 아이의 우주 그림을 보고 '하늘을 본지 오래됐다.'고 생각했고, '꼭 한 번 달에 가고 싶다.'고 꿈꿨던 어릴 적 기억을 떠올렸습니다.

32 종이 할머니는 아이가 그린 우주 그림을 보고 어릴 적 꿈을 떠올렸기 때문에 감동적인 마음이 들었을 것이라 짐작할 수 있습니다.

33 **채점 tip** 포도 모양의 성과 성 꼭대기에 있는 두 아이에 대해 썼으면 정답으로 합니다.

34 종이 할머니는 아이의 우주 그림 속에서 눈이 불룩하게 튀어나오고 입은 개구리처럼 커다랗고, 팔다리는 길고 머리부터 발끝까지 초록빛을 한 아이가 누구인지 궁금해하였습니다.

35 낱말의 뜻을 생각하며 빈칸에 들어갈 알맞은 말을 찾아봅니다.

36 아이는 포도 모양의 성이 무엇이냐는 종이 할머니의 질문에 우주 호텔이라고 대답하였습니다.

37 아이는 우주 호텔에 대해 우주를 여행하다가 들러 잠깐 쉬는 곳이고, 외계인 친구를 만나서 차도 마시는 곳이라고 말했습니다.

38 종이 할머니는 외계인 친구를 만난다는 말을 듣고 깜짝 놀라 눈이 커진 것입니다.

39 종이 할머니는 쉽게 허리를 구부리면 다시는 우주 호텔을 보지 못할 것 같았기 때문에 쉽게 허리를 구

부리지 않기로 결심했습니다.

40 종이 할머니는 메이가 그린 우주 그림을 보고 삶에 대한 애착이 생겼습니다.
채점 tip 아이의 그림을 보기 전과 본 뒤 종이 할머니의 변화에 맞게 종이 할머니가 할 말을 상상하여 썼으면 정답으로 합니다.

41 눈에 혹이 난 할머니는 전봇대 앞에 고개를 숙이고 강낭콩을 팔고 있었습니다.

42 ㉮는 '어깨가 무겁다', ㉯는 '오지랖이 넓다', ㉰는 '손발이 맞다', ㉱는 '시치미를 떼다'라는 관용 표현의 뜻입니다.

43 동네 꼬마들은 눈에 혹이 난 할머니를 보고 "외계인이다! 도망가자."라고 소리쳤습니다.

44 종이 할머니는 눈에 혹이 난 할머니를 보고 메이가 그린 초록색 외계인 친구와 닮았다고 생각했습니다.

45 종이 할머니는 눈에 혹이 난 할머니를 처음 만났을 때에는 화를 냈지만, 우주 호텔 그림을 보고 나서 다시 만났을 때에는 다정하게 대했습니다.

46 종이 할머니는 눈에 혹이 난 할머니와 함께 밥을 먹고 차를 마시며 행복했을 것입니다.

47 할머니는 '여행을 하다가 잠시 쉬어 가는 곳이니, 여기가 바로 우주의 한가운데지.'라는 생각을 했습니다.

48 종이 할머니는 눈에 혹이 난 할머니와 친구처럼 지내며 자신이 사는 곳이 바로 우주 호텔이라고 생각했다는 내용이 결말입니다.

49 행복은 마음먹기에 달려 있고, 우리 가까이에 있다는 것을 전하는 이야기입니다.

36~37쪽 단원 평가 ❶회

1 ② 2 미워하는 마음 3 ③ 4 덕진 다리 5 (3) ○ 6 ⑤ 7 꿈 8 ①, ②, ⑤ 9 ①, ②, ④ 10 (3) ○

---

1 사람들이 약속을 어기고 사과를 따려고 금을 넘어가기 시작하면서 다시 싸움이 일어났습니다.

2 사람들은 서로 약속을 어기고 싸움이 일어나서 담을 쌓았는데, 어느 때부터인가 담을 세운 까닭을 잊고 서로 미워하는 마음만 남았습니다.

3 원님은 덕진에게 빚진 쌀 삼백 석을 갚으러 왔다고 말했습니다.

4 사람들은 덕진이 쌀을 팔아서 마을 사람들을 위해 놓은 돌다리의 이름을 '덕진 다리'라고 했습니다.

5 덕진이 원님에게 받은 쌀로 강가에 다리를 놓았다는 것이 가장 중요한 내용이므로 (3)이 알맞습니다.

6 종이 할머니가 우주 그림을 그렸다는 내용은 나와 있지 않습니다.

7 종이 할머니는 아이가 그린 마지막 장의 우주 그림을 보며 어릴 적 꿈을 떠올렸습니다.

8 우주 호텔은 우주 속에 떠 있는 포도 모양의 성으로, 우주를 여행하다가 쉬면서 외계인 친구와 차를 마실 수 있는 곳입니다.

9 사람, 사물, 개념 등 대상의 이름을 나타내는 말을 명사라고 합니다. 파란색 낱말 중 명사는 '덕진', '마을', '다리'가 있습니다.

10 '웃었단다'의 기본형은 '웃다'로, '웃다'는 사람의 움직임이나 작용을 나타내는 동사입니다.

문법 문제 tip '형용사'는 '높다', '빠르다'와 같은 사물의 상태나 성질을 나타내는 말이고, '동사'는 '굴러가다', '달리다'와 같은 사람이나 사물의 움직임이나 작용을 나타내는 말입니다.

38~40쪽 단원 평가 2회

1 황금 사과 2 ⑤ 3 **예** 서로 소통해 황금 사과를 나누어 가졌다면 두 동네 사람들이 사이좋게 살았을 텐데 그러지 못해 아쉬운 마음이 듭니다. 4 (3) ○ 5 (1) 사건 (2) 간단히 (3) 원인 (4) 관련 있는 6 ① 7 ③, ⑤ 8 ⑤ 9 **예** 원님의 저승 곳간에는 왜 볏짚 한 단만이 있었나요? 10 (1) 원님 (2) 쌀 11 ③ 12 ② 13 **㉯**, **㉰** 14 **예** 종이 할머니는 눈에 혹이 난 할머니와 친구처럼 지내며 자신이 사는 곳이 바로 우주 호텔이라고 생각했습니다. 15 (1) 발단 (2) 전개 (3) 절정 (4) 결말

---

1 두 동네 가운데에 있는 사과나무에서 황금 사과가 열렸습니다.

2 두 동네 사람들이 황금 사과를 서로 가지겠다고 싸우다가 땅바닥에 금을 그은 것입니다.

3 황금 사과를 두고 땅바닥에 금을 그은 두 동네 사람들의 말과 행동을 보고 어떤 생각이나 느낌이 들었는지 씁니다.

4 두 동네 사람들이 땅바닥에 금을 그은 다음에 일어난 일이므로, 글 **㉯**의 뒷부분에 들어갈 내용입니다.

5 이야기를 요약할 때에는 이야기 구조를 생각하며 각 부분에서 중요한 사건을 찾아야 하고, 중요하지 않은 내용은 삭제하거나 간단히 씁니다.

6 원님의 저승 곳간에 볏짚이 한 단만 있는 것으로 보아, 이승에서 원님은 남에게 덕을 잘 베풀지 않았음을 알 수 있습니다.

7 원님 곳간에 볏짚 한 단이 있었고, 곳간이 비어 원님이 이승으로 갈 수 없다고 생각하여 걱정한 것이 중심 내용입니다.

8 저승사자는 덕진이라는 아가씨의 곳간에서 쌀을 꾸어 계산하고 이승에 나가서 갚으라고 하였습니다.

9 이야기를 읽고 난 다음 일어난 사실에 대한 질문이나 추론하는 질문, 평가하는 질문을 만들 수 있습니다.

채점 tip 사실 질문, 추론 질문, 평가 질문 중 한 가지 질문을 이야기의 내용에 맞게 지어 썼으면 정답으로 합니다.

10 글 **㉮**와 **㉯**는 「저승에 있는 곳간」 이야기 중 '전개' 부분에 해당합니다. 저승사자가 한 일이 무엇인지를 중심으로 사건의 중심 내용을 간추릴 수 있습니다.

11 종이 할머니는 아주 멀리 있는 것을 볼 수 있기 때문에 자신의 눈은 아직 늙지 않았다고 생각했습니다.

12 동네 꼬마들이 눈에 혹이 난 할머니를 외계인이라고 놀리는 것을 보고 안쓰럽다는 생각이 들었을 것입니다.

13 주어진 이야기의 내용에 맞게 친구들 생각을 알고 싶은 질문을 만들어야 합니다. **㉮**는 일어난 사실에 대한 질문을 만든 것입니다.

14 종이 할머니가 눈에 혹이 난 할머니와 어떻게 지내는지, 종이 할머니의 생각이 어떠한지를 중심으로 간추릴 수 있습니다.

15 이야기 구조는 '발단, 전개, 절정, 결말'의 차례입니다.

41쪽 수행 평가

1 **예** 염라대왕이 있는 저승입니다. 2 **예** 자신이 헛걸음을 했으니 저승에 있는 곳간에서라도 수고비를 내놓으라고 했습니다. 3 **예** 저승에 간 원님이 염라대왕에게 이승에서 좀 더 살게 해 달라고 간청하자

염라대왕은 원님을 저승사자에게 돌려보냈고, 저승사자는 원님에게 수고비를 내놓으라고 하였습니다.

1 사건은 영암 원님이 죽어서 염라대왕이 있는 저승에 끌려가면서 시작됩니다.

2 저승사자는 원님 때문에 헛걸음을 했다며 수고비를 내놓으라고 했습니다. 원님이 자신은 빈털터리라고 하자 저승에 있는 곳간에서라도 내놓으라고 하였습니다.

3 원님이 염라대왕을 만나 이승에서 좀 더 살게 해 달라고 간청하고, 저승사자는 원님에게 수고비를 내놓으라고 한 중요한 사건을 중심으로 내용을 간추립니다.

채점 기준	잘함	중요하지 않은 내용은 삭제하고, 중요한 사건이 일어난 원인과 결과를 찾아 잘 요약해 썼습니다.
	보통	중요한 사건이 일어난 원인과 결과를 찾아 요약했지만 한 문장으로 쓰지 못했거나 문장의 호응이 어색합니다.
	노력 요함	글에서 중요한 사건의 내용을 간추려 쓰지 못했습니다.

[채점 키워드] 중요한 사건의 원인과 결과 찾기: 이승에서 더 살게 해 달라 간청함. → 저승사자에게 돌려보냄. → 저승사자가 수고비를 달라고 함.

42쪽 **쉬어가기**

말풍선 안의 장식품을 찾아 줘.

3. 짜임새 있게 구성해요

44쪽 개념 확인 문제

1 ㉯, ㉣   2 (2) ○ (3) ○   3 자료, 이해   4 시작하는 말

1 공식적인 말하기 상황에서는 여러 사람 앞에서 말하므로 높임 표현을 사용하고 바른 자세로 말합니다.

2 음악이나 자막을 넣어 분위기를 잘 전달할 수 있는 것은 동영상의 특성입니다.

3 자료를 활용해서 말하면 듣는 사람이 흥미를 느끼게 할 수 있고, 정보를 효과적으로 전달할 수 있으며 듣는 사람이 더 잘 이해할 수 있습니다.

4 '시작하는 말, 자료를 설명하는 말, 끝맺는 말'로 발표할 내용을 정리합니다.

45쪽 어휘·문법 확인 문제

1 (1) 사실 (2) 재료   2 (1) 출처 (2) 협력   3 주인 의식   4 (2) ○

1 '발표'는 어떤 사실이나 결과, 작품 따위를 세상에 널리 드러내어 알리는 것, '자료'는 연구나 조사 따위의 바탕이 되는 재료를 뜻합니다.

2 (1)은 '사물이나 말 따위가 생기거나 나온 근거.'를 뜻하는 '출처', (2)는 '힘을 합하여 서로 도움.'을 뜻하는 '협력'이 들어가는 것이 알맞습니다.

3 '일이나 단체 따위에 대하여 주체로서 책임감을 가지고 이끌어 가야 한다는 의식.'은 '주인 의식'을 뜻합니다.

4 한자를 바탕으로 만들어진 '한자어'입니다.

46~51쪽 교과서 독해

전교 학생회 회장단 선거 후보의 연설 46쪽

활동 정리 ❶ 학생들 **❷** 화장실

1 (1) ○ (2) ○   2 ⑤   3 ⑤   4 ⑩ 깨끗한 화장실을 만들어 달라는 것입니다.   5 높임

공식적인 말하기 상황 47쪽 **활동 정리 ❶** 교실 **❷** 음식

6 (1) ㉠, ㉢ (2) ㉡, ㉣   7 ㉣   8 ⑩ 친구가 소개하

BOOK ❶ 개념북

3 단원

는 음식이 무엇인지 한눈에 쉽게 알아보았습니다.

9 ②

다양한 자료의 특성 |48쪽| **활동 정리** ❶ 수량 ❷ 변화
❸ 음악

10 (1) 라 (2) 가 (3) 다 (4) 나 **11** (1) ○ (3) ○

12 라 **13** ③, ④, ⑤

발표할 내용 준비 |49쪽| **활동 정리** ❶ 주제 ❷ 자료

14 ⑤ **15** 인재 **16** (1) 표 (2) 설문 (3) 누리집

17 ⓔ 자료를 가져온 곳을 밝힙니다. / 너무 길거나
복잡하지 않아야 합니다.

미래의 인재 |50~51쪽| **글의 구조** ❶ 제목 ❷ 느낀 점

18 ② **19** ② **20** ⓔ 발표 주제와 관련이 있으
며 듣는 사람의 흥미를 끌 수 있는 자료이므로 알맞
습니다. **21** ④ **22** 다 **23** (1) 다르게 (2) 핵심

24 ⓔ 미래에 훌륭한 사람이 되려면 어떻게 준비해
야 할지 친구들과 생각해 볼 수 있었습니다. **25** ②

---

1 전교 학생회 회장단 선거 후보인 나성실이 강당에
서 학생들에게 자료를 활용해 공약을 발표하고 있습
니다.

2 '소견'은 '어떤 일이나 사물을 살펴보고 가지게 되는
생각이나 의견.'을 뜻하므로 의견, 생각, 주장, 견해
와 같은 말로 바꾸어 쓸 수 있습니다.

3 글과 그림의 내용으로 보아, 후보자는 의견을 발표
할 때 설문 조사 결과 도표를 활용했습니다.

4 설문 조사 결과 "깨끗한 화장실을 만들어 주세요."라
는 의견이 47퍼센트가 나왔다고 했습니다.

5 여러 사람 앞에서 말하므로 높임 표현을 사용합니다.

6 그림 가는 친구들과 교실 밖에서 개인적으로 이야기
하고 있는 모습, 그림 나는 교실에서 친구들에게 공
식적으로 말하고 있는 모습입니다.

7 그림 라는 자료를 활용해 친구들에게 음식을 소개하
고 있습니다.

8 그림 라에서 말하는 사람이 자료를 활용해 발표하여
듣는 사람이 소개하는 음식이 무엇인지 잘 이해하고
있습니다.

채점 tip 듣는 사람이 소개하는 음식을 잘 이해하였다는 내용으
로 썼으면 정답으로 합니다.

9 공식적인 말하기 상황에서는 높임 표현을 사용해 큰
소리로 또박또박 바른 자세로 말해야 하고, 듣는 사

람이 이해하기 쉽게 자료를 활용하는 것이 좋습니다.

10 공식적인 말하기 상황에서 활용하는 표, 사진, 도표,
동영상입니다.

11 표는 여러 가지 자료의 수량을 비교하기 쉽고 많은
양의 자료를 간단하게 나타낼 수 있습니다.

12 동영상은 대상이 움직이는 모습을 생생하게 전달할
수 있고, 음악이나 자막을 넣을 수 있습니다.

13 자료를 활용해 말하면 정보를 효과적으로 전달할 수
있고, 듣는 사람이 흥미를 느끼고 더 잘 이해할 수
있도록 합니다.

14 ⑤는 '우리의 미래'와 관련없는 내용입니다.

15 '인재'는 '어떤 일을 할 수 있는 학식이나 능력을 갖
춘 사람.'이라는 뜻입니다.

16 친구들의 장래 희망을 정리한 표는 설문으로 조사해
정리할 수 있고, 직업 관련 누리집에서 직업을 검색
해 그림으로 표현할 수 있습니다.

17 자료는 너무 길거나 복잡하지 않게 활용하고 출처를
꼭 밝혀야 합니다.

18 미래의 인재에 대해 발표하는 글입니다.

19 시작하는 말은 듣는 사람의 주의를 집중시키는 역할
을 합니다.

20 **채점 tip** 자료가 발표 주제와 관련이 있는지, 흥미를 끌 수 있는
지 등을 판단하여 썼으면 정답으로 합니다.

21 '신뢰'는 '굳게 믿고 의지함.'이라는 뜻입니다.

22 이 글에서 마지막에 구성한 자료는 일자리의 미래에
대한 동영상으로, 친구들이 마지막까지 집중해서 발
표를 들을 수 있도록 하기 위해서 제시한 것입니다.

23 준비한 자료를 설명할 때에는 자료의 종류에 따라
방법을 다르게 설명하고, 자료에 담긴 핵심 내용을
포함합니다.

24 끝맺는 말에서 글쓴이는 친구들과 발표를 준비하며
느낀 점을 전하고 있습니다.

25 자료를 가져온 곳인 출처를 반드시 밝혀야 합니다.

52~53쪽	단원 평가 ❶회

1 ② **2** ⑤ **3** ① **4** (1) 표 (2) 동영상 **5** 윤아
6 ③, ⑤ **7** 인재 **8** (1) 다 (2) 나 (3) 가 **9** (2) ○
10 ④

1 나성실 학생은 깨끗한 화장실을 만들겠다는 공약을 발표했습니다.

2 여러 사람 앞에서 말하는 공식적인 말하기 상황으로, 높임 표현을 사용하여 말하고 있으며 설문 조사 결과 도표를 활용하여 말하고 있습니다.

3 ㉮는 과거에는 있었지만 지금은 사라진 직업의 종류를, ㉯는 과거 직업인 보부상을 발표하고 있습니다.

4 그림 ㉮의 친구는 표를, 그림 ㉯의 친구는 동영상을 활용하여 발표하고 있습니다.

5 사라진 직업의 종류를 표를 활용하여 정리하였습니다.

6 자료를 활용할 때에는 자료가 너무 길거나 복잡하지 않아야 하고, 자료를 가져온 곳을 꼭 밝혀야 합니다.

7 시작하는 말과 끝맺는 말을 통해 '미래에는 어떤 인재가 필요할까'라는 주제를 알 수 있습니다.

8 글 ㉮는 시작하는 말로 듣는 사람의 주의를 집중시키는 내용을 넣고, 글 ㉯는 자료에 담긴 핵심 내용을 넣습니다. 글 ㉰는 발표한 내용을 간단하게 정리하는 '끝맺는 말'입니다.

9 '텔레비전, 라디오, 버스'는 다른 나라의 말이 들어와 우리말처럼 쓰이는 '외래어'입니다.

   문법 문제 tip '고유어'는 우리말에 본디부터 있던 낱말이나 그것을 바탕으로 하여 새로 만들어진 낱말이고, '한자어'는 한자를 바탕으로 만들어진 낱말입니다.

10 '학교'는 한자어이고, 나머지는 고유어입니다.

54~56쪽 **단원 평가 ❷회**

1 ①   2 ②, ④   3 ⓓ 수업 시간에 발표하기, 국어 시간에 토론하기   4 ⑤   5 ①, ⑤   6 ①, ②   7 ⑴ ⓓ 듣는 사람은 친구가 소개하는 음식이 무엇인지 잘 이해하지 못했습니다.   ⑵ ⓓ 듣는 사람은 친구가 소개하는 음식이 무엇인지 한눈에 쉽게 알아보았습니다.   8 도표   9 ㉯   10 ㉰   11 ⓓ 자료를 가져온 곳을 꼭 밝혀야 합니다. / 자료가 너무 길거나 복잡하지 않아야 합니다.   12 ①   13 ⑤   14 민재, 서희   15 ⑶ ○

1 그림 ㉮와 ㉯는 다른 사람 앞에서 공식적으로 말하고 있는 상황입니다.

2 공식적인 말하기 상황의 특성으로 알맞은 것을 고릅니다.

3 이 외에 학급 회의에서 발표하기, 선거 후보로 연설하기 등 공식적인 말하기 상황은 다양하게 있습니다.

4 후보자인 나성실은 『오늘의 순위』라는 책 내용을 활용하며 공약을 발표하고 있습니다.

5 후보자는 '직업 체험학습을 가도록 노력하겠다.', '꿈 찾기 기획을 진행하겠다.'고 했습니다.

6 두 그림은 말하는 사람과 듣는 사람이 있고, 듣는 사람이 친구들이라는 점이 비슷합니다.

7 두 번째 그림을 통해 자료를 활용해 발표할 때의 좋은 점을 알 수 있습니다.

   ┌─ 이런 답도 가능해! ─┐
   ⑴ 듣는 사람은 말하는 사람이 무엇을 설명하려 하는지 몰라서 궁금해합니다.
   ⑵ 듣는 사람은 말하는 사람이 설명하는 내용을 쉽게 이해하고 있습니다.

8 수량의 변화 정도를 한눈에 알 수 있고, 정확한 수치를 나타낼 수 있는 것에는 도표가 있습니다.

9 그림 ㉮의 친구는 과거에는 있었지만 지금은 사라진 직업의 종류를, 그림 ㉯의 친구는 과거에 있던 직업인 보부상의 모습을 발표하고 있습니다.

10 그림 ㉮의 친구는 사라진 직업의 종류에 대해 표를 활용해 발표하고 있습니다.

11 자료를 활용할 때에는 자료의 출처를 반드시 밝혀야 합니다. 또, 친구들에게 발표하는 것이므로 너무 길거나 복잡하지 않은 자료를 활용해야 합니다.

12 제목은 글의 내용을 대표할 수 있는 것으로 붙여야 합니다. 이 글은 미래에 어떤 인재가 필요할지에 대해 발표하는 글입니다.

13 미래에는 변화가 굉장히 빠른 속도로 일어나기 때문에 미래의 인재에게 가장 중요한 것은 계속 배우려는 의지라고 생각한다고 발표했습니다.

14 1모둠은 '미래에는 어떤 인재가 필요할까'라는 주제로 발표를 준비했고, 준비한 자료는 표와 동영상이라고 밝혔습니다.

15 발표문의 끝맺는 말에는 이 외에 모둠이 발표를 준비하며 느낀 점을 넣기도 합니다.

1 예 여행지의 자연환경은 있는 그대로의 모습을 보여 줄 때 더 이해하기 쉽기 때문입니다. 2 예 자료를 활용해서 말하면 듣는 사람이 흥미를 느끼게 할 수 있습니다. 3 예 가족과 얼마 전에 다녀온 제주도를 소개하고 싶습니다. 저는 제주도에서 다녀온 곳을 말하기 위해 지도 자료를 활용하겠습니다. 지도를 통해 제가 다녀온 곳을 한눈에 보여 줄 수 있기 때문입니다. 그리고 제주도의 자연환경을 한눈에 보여 주기 위한 사진 자료도 활용하겠습니다.

1 사진 자료는 설명하는 대상의 정확한 모습, 생생한 모습을 보여 줄 수 있고, 대상을 한눈에 보여 줄 수 있습니다.

2 자료를 활용해서 말하면 듣는 사람이 흥미를 느끼게 할 수 있고, 정보를 효과적으로 전달할 수 있으며, 듣는 사람이 더 잘 이해할 수 있습니다.

3 말할 내용의 특성에 따라 말하는 내용을 잘 전달할 수 있는 자료가 다르므로 말할 내용에 따라 어떤 자료를 활용하면 좋을지 씁니다.

채점 기준	잘함	말할 내용을 잘 전달할 수 있는 자료와 그 까닭을 알맞게 썼습니다.
	보통	말할 내용에 알맞은 자료를 잘 선택했지만 그 까닭을 알맞게 쓰지 못했습니다.
	노력 요함	말할 내용을 잘 전달할 수 있는 자료를 쓰지 못했습니다.

[채점 키워드] 말할 내용의 특성에 알맞은 자료: 여행지 소개의 경우 보통 지도나 사진, 동영상 등 자연환경을 한눈에 보여 주기나 생생하게 전할 수 있는 자료를 많이 활용함.

4. 주장과 근거를 판단해요

1 ㉠ 2 (2) ○ (4) ○ 3 지수

1 사람마다 겪은 일과 처한 상황이 서로 다르기 때문에 같은 문제 상황에 대해 다양한 주장이 나옵니다.

2 논설문의 서론에서는 글을 쓴 문제 상황과 주장을 밝히고, 본론에서는 주장을 뒷받침하는 근거를 제시합니다. 이때 하나의 주장에 근거가 여러 개 제시되기도 합니다.

3 근거의 타당성을 판단할 때는 근거가 주장과 관련 있는지, 근거가 주장을 뒷받침하는지 살펴봅니다.

1 논설문 2 (1) 생태 (2) 염장 (3) 복원 3 사람
4 ㉱

1 어떤 주제에 대하여 자신의 생각이나 주장을 체계적으로 밝혀 쓴 글을 논설문이라고 합니다.

2 (1)은 '생태', (2)는 '염장', (3)은 '복원'이 들어가는 것이 알맞습니다.

3 '인위적'은 '자연의 힘이 아닌 사람의 힘으로 이루어지는 것.'을 뜻합니다.

4 ㉮~㉰는 반의 관계이고, ㉱는 유의 관계입니다.

동물원은 필요한가 | 62~63쪽 | 글의 구조 ❶ 즐거움 ❷ 자유

1 ⑤ 2 예 동물원이 있어야 합니다. 3 ①, ③
4 이로운 5 (2) ○ 6 (1) 자유 (2) 구경거리 (3) 인공적인 7 예 지훈이와 미진이가 처한 상황이 서로 다르기 때문입니다. 8 시후

우리 전통 음식의 우수성 | 64~65쪽 | 글의 구조 ❶ 건강 ❷ 문화 ❸ 과학성

9 (3) ○ 10 ⑤ 11 (1) 생활 주변 (2) 계절 12 ㉰
13 ② 14 ② 15 예 우리 전통 음식의 우수성을 소개하는 글을 써서 학교 누리집에 올립니다. 16 ①, ⑤

자연 보호는 우리가 꼭 해야 할 일 │66~67쪽

글의 구조 ❶ 생태계 **❷** 후손

17 ㉔ 우리는 자연의 목소리에 귀를 기울이고 자연을 보호해야 한다. **18** (3) ○ **19** ① **20** ①, ⑤ **21** ②, ③ **22** (2) ○ **23** 유연 **24** ③, ④, ⑤

1 시은이는 동물원은 동물의 생태와 습성, 자연환경의 소중함을 배울 수 있는 교육 장소이지만 좁은 우리에 갇혀 살아가는 동물들은 스트레스를 많이 받는다는 문제 상황을 제시했습니다.

2 지훈이는 동물원이 있어야 한다고 주장합니다.

3 지훈이는 동물원은 우리에게 큰 즐거움을 주고, 동물을 보호해 준다는 근거를 말했습니다.

4 '이익이 있는.'은 '이로운'의 뜻입니다.

> **왜 답이 아닐까?**
> • 사나운: 성질이나 행동이 모질고 억센.
> • 해로운: 해가 되는 점이 있는.

5 미진이는 동물원은 없애야 한다고 주장합니다.

6 미진이는 두 가지 근거를 들어 동물원은 없애야 한다는 주장을 하고 있습니다.

7 사람마다 겪은 일과 처한 상황이 다르기 때문에 같은 문제 상황에 대해 서로 다른 주장을 할 수 있습니다.

8 나래와 혜영이는 동물원은 있어야 한다는 주장에 대한 근거를 말했고, 시후는 동물원을 없애야 한다는 주장에 대한 근거를 말했습니다.

9 서론에서 우리 전통 음식보다 외국에서 유래한 햄버거나 피자와 같은 음식을 더 좋아하는 어린이를 쉽게 볼 수 있는 상황을 제시했습니다.

10 된장, 간장, 고추장과 같은 발효 식품에는 무기질과 비타민이 풍부하게 들어 있어 몸을 건강하게 해 준다고 했습니다.

11 우리 조상은 생활 주변에서 나는 여러 가지 재료로 계절에 맞는 다양한 음식을 만들어 왔습니다. 따라서 전통 음식을 먹으면 계절과 지역에 따라 다양한 맛을 즐길 수 있습니다.

12 글 **❸**은 본론이며, 논설문의 본론에서는 글쓴이의 주장에 적절한 근거를 제시합니다.

13 '염장'은 '소금에 절여 저장함.'을 뜻하는 낱말입니다.

14 글쓴이는 우리 전통 음식의 과학성과 우수성을 알고 우리 전통 음식에 관심을 가지고 우리 전통 음식을 사랑해야겠다고 하였습니다.

15 **채점 tip** 우리 전통 음식의 우수성을 널리 알릴 수 있는 방법을 썼으면 정답으로 합니다.

16 논설문의 결론에서는 글 내용을 요약하기도 하고 글쓴이의 주장을 다시 한번 강조할 수도 있습니다.

17 서론에 해당하는 첫 문단의 중심 문장을 찾아 씁니다.

18 오염된 환경을 되살리는 데는 수십, 수백 배의 시간과 노력이 들며, 자연의 자정 능력을 넘어서는 오염은 자연이 감당하기 어렵기 때문에 자연은 한번 파괴되면 복원되기가 어렵다고 했습니다.

19 인구가 증가한 것은 무리한 자연 개발로 인한 피해가 아닙니다.

20 '초래하다'는 '일의 결과로서 어떤 현상을 생겨나게 하다.'는 뜻이므로 '일으키다', '가져오다'와 같은 말과 바꾸어 쓸 수 있습니다.

21 자연은 조상이 남긴 소중한 환경 유산이자 후손이 앞으로 살아갈 삶의 터전임을 기억해야 한다고 했습니다.

22 글쓴이는 자연 보호를 실천해야 한다고 하였습니다.

23 이 글의 근거에 포함된 다양한 예들은 글쓴이의 주장을 뒷받침하고 있습니다.

24 표현의 적절성을 판단할 때는 주관적인 표현, 모호한 표현, 단정하는 표현을 쓰지 않는지 살펴봅니다.

68~69쪽 단원 평가 ❶회

1 생명체 **2** ④ **3** ①, ③ **4** ④ **5** ⑤ **6** ①, ② **7** (2) ○ **8** ㉮ **9** ④ **10** (1) 동무 (2) 얼굴 (3) 동네

1 동물은 사람의 눈요깃거리가 아니라 그 자체로 존중받아야 하는 소중한 생명체라고 생각합니다.

2 동물원을 없애야 한다는 미진이의 주장에 대한 근거로 알맞지 않은 것은 ④입니다. 동물원의 우리는 동물의 행동반경에 비해 턱없이 좁다고 했습니다.

3 글 **㉮**의 중심 문장은 ㉠, 글 **㉯**의 중심 문장은 ㉢입니다.

4 된장, 간장, 고추장 같은 발효 식품에는 무기질과 비타민이 풍부하게 들어 있어 몸을 건강하게 합니다.

5 논설문에서 본론은 글쓴이가 제시한 주장의 근거와 그 근거를 뒷받침하는 내용이 제시됩니다.

6 글쓴이는 자연을 보호해야 한다는 주장을 하기 위해 자연은 한번 파괴되면 복원되기가 어렵고, 무리한 자연 개발은 생태계를 파괴한다는 근거를 말했습니다.

7 호진이는 주장이 가치 있고 중요한지 판단하였고, 은희는 근거가 주장을 뒷받침하는지 판단하였습니다.

8 제시된 표현은 자신만의 생각이나 감정에 치우치는 주관적인 표현입니다. 논설문에서는 사실을 있는 그대로 드러내는 객관적인 표현을 써야 합니다.

9 '뛰다'와 '달리다'는 반의 관계가 아닌 유의 관계입니다.

문법 문제 tip • 유의 관계: 서로 같거나 비슷한 의미를 가짐.
• 반의 관계: 서로 반대의 의미를 가짐.
• 상하 관계: 한 단어가 다른 단어를 포함함.

10 제시된 낱말의 유의어를 찾아보면 '친구'는 '동무', '낯'은 '얼굴', '마을'은 '동네'입니다.

70~72쪽   단원 평가 ②회

1 (1) ⓝ (2) ㉮   **2** (1) 예 동물원은 우리에게 큰 즐거움을 줍니다. (2) 예 동물원은 동물을 보호해 줍니다.
3 소은   **4** (2) ○ (3) ○   **5** ⓝ   **6** (1) 전통 (2) 어린이   **7** ②, ⑤   **8** ⓝ, ⓓ   **9** 예 우리 전통 음식을 사랑하자.   **10** (1) ⓝ (2) ㉮ (3) ⓓ   **11** (3) ○
12 ④   **13** ⑤   **14** 예 일회용 젓가락이나 컵 등을 사용하지 않습니다.   **15** (2) ×

1 지훈이는 '동물원이 있어야 한다.'는 주장을, 미진이는 '동물원은 없애야 한다.'는 주장을 하고 있습니다.

2 **채점 tip** 동물원이 우리에게 즐거움을 준다는 내용과 동물을 보호해 준다는 내용으로 썼으면 정답으로 합니다.

3 미진이와 소은이는 '동물원은 없애야 한다.'는 주장을, 주현이는 '동물원이 있어야 한다.'는 주장을 하고 있습니다.

4 겪은 일과 처한 상황이 다르기 때문에 같은 문제 상황에 대해 사람마다 서로 다른 주장을 할 수 있습니다.

5 주장을 뒷받침하는 근거가 타당하다면 자신의 생각과 다른 주장이라도 존중해야 합니다.

6 전통 음식보다 햄버거나 피자와 같은 음식을 더 좋아하는 어린이를 쉽게 볼 수 있다고 하였습니다.

7 글쓴이가 근거로 말한 내용을 찾아봅니다.

8 본론에 글쓴이의 주장에 대한 근거가 제시되어 있습니다. 이 글에서 본론은 글 ⓝ와 글 ⓓ입니다.

9 글의 서론 (글 ㉮)과 결론 (글 ㉺)에서 글쓴이의 주장을 확인할 수 있습니다.

10 논설문의 서론과 본론, 결론은 어떤 차이가 있는지 떠올려 알맞은 기호를 씁니다.

11 '우리는 자연의 목소리에 귀를 기울이고 자연을 보호해야 한다.'는 글쓴이의 주장을 생각하며 제목으로 알맞은 것을 찾습니다.

12 서론 부분 (글 ㉮)에서 글쓴이가 문제 상황으로 생각하는 것을 제시하고 있습니다.

13 글쓴이는 어린나무 한 그루가 아름드리나무로 자라는 시간과 우유로 오염된 물을 깨끗한 물로 만들기 위해 필요한 물의 양을 예로 들었습니다.

14 자연 보호를 실천할 수 있는 방법을 생각해 씁니다.

15 논설문의 내용이 타당한지 판단할 때는 주장이 가치 있고 중요한지, 근거가 주장과 관련 있는지, 근거가 주장을 뒷받침하는지 생각해 봅니다.

73쪽   수행 평가

1 예 몸에 건강한 음식을 먹자.   **2** (1) 예 건강한 음식을 먹읍시다.   (2) 예 • 건강한 음식에는 우리 몸에 필요한 영양소가 들어 있습니다. • 건강한 음식을 먹으면 체력이 좋아집니다.   (3) 예 건강한 음식이 무엇인지 알고, 우리의 영양과 성장을 위해 건강한 음식을 먹어야겠습니다.   **3** 예 건강한 음식을 먹읍시다 / 요즘 햄버거나 피자와 같은 즉석 음식을 즐겨 먹는 친구들이 많습니다. 빨리 먹을 수 있고, 간단하게 먹을 수 있는 음식이기 때문입니다. 하지만 이러한 즉석 음식은 건강에 좋지 않습니다. 우리는 건강한 음식을 먹어야 합니다. / 첫째, 건강한 음식에는 우리 몸에 필요한 영양소가 들어 있습니다. 이러한 영양소는 우리가 건강하게 자라도록 도와줍니다. 특히 우리는 성장하고 있는 어린이이기 때문에 균형 잡힌 영양분을 섭취해야 합니다. / 둘째, 건강한 음식을 먹으면 체력이 좋아집니다. 체력이 있어야 공부를 하는 힘이 생겨 공부도 잘할 수 있습니다. 또한 체력이 있어야 운동도 힘차게 할 수 있습니다. 이렇게 건강한 음식

은 우리의 생활을 활기차게 돕습니다. / 건강한 음식에는 부모님께서 집에서 해 주신 음식이나 전통 음식 등이 있습니다. 이러한 음식에는 우리 몸에 필요한 영양소가 많이 들어 있고, 먹었을 때 체력이 좋아집니다. 우리의 영양과 성장을 위해 건강한 음식을 먹어야겠습니다.

1 스마트폰 중독 문제, 즉석 음식을 즐겨 먹는 문제, 한 가지 갈래의 책만 읽는 문제 중 한 가지를 선택해 자신의 주장을 씁니다.

2 서론, 본론, 결론에 들어갈 내용을 생각하며 씁니다.

3 자신의 주장과 주장을 뒷받침하는 근거로 이루어진 논설문을 씁니다.

채점 기준	잘함	글의 짜임이 잘 드러나도록 주장과 이를 뒷받침하는 근거로 이루어진 논설문을 썼습니다.
	보통	근거를 들어 주장하는 글을 썼지만, 내용의 타당성이나 표현의 적절성이 부족합니다.
	노력 요함	내용이 타당하지 않고, 논설문의 짜임에 맞게 글을 쓰지 못했습니다.

[채점 키워드] 글의 짜임: 서론에는 문제 상황과 주장을, 본론에는 적절한 근거를, 결론에서는 내용 요약 및 주장 한번 더 강조하기

74쪽 쉬어가기

5. 속담을 활용해요

76쪽 개념 확인 문제

1 ㉡   2 ⑶ ○   3 ㉖ 인물의 마음

1 서로 말을 주고받을 때 속담을 사용하면 듣는 사람이 흥미를 느낄 수 있습니다.

2 '어떤 일이든 한 가지 일을 끝까지 해야 성공할 수 있다.'는 뜻의 속담인 "우물을 파도 한 우물을 파라."를 사용할 수 있습니다.

3 인물의 마음과 이야기에서 사용된 속담의 뜻 등을 살펴보면 글의 주제를 찾을 수 있습니다.

77쪽 어휘·문법 확인 문제

1 교훈   2 ⑴ 협동 ⑵ 허황된   3 ⑶ ○   4 ⑴ ㉠
⑵ ㉡

1 '앞으로의 행동이나 생활에 지침이 될 만한 것을 가르침.'은 '교훈'의 뜻입니다.

2 ⑴은 '협동' ⑵는 '허황된'이 들어가야 합니다.

3 '아랫사람의 잘못을 꾸짖는 말.'인 '꾸지람'으로 바꾸어 쓸 수 있습니다.

4 ⑴은 "눈을 밝히다."라는 관용어, ⑵는 "가는 말이 고와야 오는 말이 곱다."는 속담의 뜻입니다.

78~85쪽 교과서 독해

속담을 사용하는 까닭 78쪽 **활동 정리 ❶** 백지장 **❷** 쉽다
1 ㉠   2 ②, ④   3 ⑶ ○   4 ㉖ 동생이 숙제가 많다고 투덜대며 시작하지 못하고 있는 모습을 보고 "천 리 길도 한 걸음부터"라고 말한 적이 있습니다.
다양한 상황에서 쓰이는 속담 79쪽 **활동 정리 ❶** 외양간 **❷** 태산 **❸** 하룻강아지
5 ㉡   6 ⑤   7 ⑵ ○   8 ③
다양한 상황에서 쓰이는 속담 80쪽 **활동 정리 ❶** 배꼽
❷ 실 **❸** 콩
9 ①   10 ③   11 ㉖ 아무리 어려운 일이 계속되어 고생이 심해도 언젠가는 좋은 날이 올 수 있다는 뜻으로, 희망을 가지라는 말입니다.   12 ⑵ ○ ⑶ ○

독장수구구 81~82쪽 작품 정리 ❶ 독 ❷ 독장수구구

13 ④ **14** 독이 워낙 크고 무거워서 많이 가지고 다니지 못했기 때문입니다. **15** ④ **16** ⑤ **17** 예 독장수는 즐거운 생각을 하다 보니 너무 기쁜 나머지 자신도 모르게 팔로 지겟작대기를 밀어 버려서 지게가 쓰러지며 독이 깨졌습니다. **18** ① **19** (1) ○ **20** 헛된 욕심은 손해를 가져옵니다.

까마귀 고기를 먹었나 83~84쪽 작품 정리 ❶ 까마귀 ❷ 잊어버리는

21 (1) 말고기 (2) 바람 **22** ⑤ **23** ⑤ **24** ② **25** ⑤ **26** 준혁 **27** ⑤ **28** 예 까마귀야, 네가 강 도령에게 편지를 전달하지 못해서 인간 세상의 모습이 많이 달라졌다고 해. 앞으로는 자신이 해야 할 중요한 일을 잊어버리지 않았으면 좋겠어.

속담 사전 85쪽 활동 정리 ❶ 행동 ❷ 성격

29 ④ **30** ④ **31** (1) ③ (2) ② (3) ① **32** (1) ○

1 "백지장도 맞들면 낫다."라는 속담은 쉬운 일이라도 협력해서 하면 훨씬 쉽다는 뜻입니다.

2 무슨 일이나 여러 사람이 같이 힘을 합하면 쉽게 잘 이룰 수 있다는 뜻의 속담을 생각해 봅니다.

3 글을 쓸 때 속담을 사용하면 자신의 생각을 효과적으로 드러낼 수 있습니다.

4 상황에 알맞게 속담을 사용했던 경험이나 속담을 들은 경험을 씁니다.

> 이런 답도 가능해!
>
> 고운 말을 쓰자고 주장하는 글을 시작할 때 관심을 끌려고 "가는 말이 고와야 오는 말이 곱다."라는 속담을 쓴 적이 있습니다.

5 두 친구는 뒤늦게 안전 관리 실태를 점검한 동물원의 문제를 안타까워하고 있습니다.

6 "티끌 모아 태산"은 아무리 작은 것이라도 모이고 모이면 나중에 큰 덩어리가 된다는 뜻입니다.

7 어떤 일이든 한 가지 일을 끝까지 해야 성공할 수 있다는 뜻의 속담인 "우물을 파도 한 우물을 파라."를 사용해 말할 수 있습니다.

8 "하룻강아지 범 무서운 줄 모른다."는 철없이 함부로 덤빈다는 말입니다.

9 장난감 가격보다 수리비가 더 비싼 상황에 어울리는 속담은 "배보다 배꼽이 더 크다."입니다.

10 ㉡에는 '실'이 들어가는 것이 알맞습니다.

11 "쥐구멍에도 볕 들 날 있다."는 언젠가는 좋은날이 올 수 있으므로 희망을 가지라는 뜻입니다.

12 모든 일은 자신이 뿌리고 노력한 만큼 거두게 된다는 뜻의 속담은 (2)와 (3)입니다.

13 글의 첫 부분을 잘 찾아봅니다.

14 독이 워낙 크고 무거워서 많이 가지고 다니지 못합니다.

15 '산산조각'은 아주 잘게 깨어진 여러 조각을 뜻합니다.

16 독장수는 큰독 세 개를 지게에 지고 독을 팔러 나섰지만 독을 사는 사람은 하나도 없었고, 고갯길을 힘겹게 올랐습니다.

17 독장수는 즐거운 생각을 하다 보니 너무 기쁜 나머지 자신도 모르게 지겟작대기를 밀어 버렸습니다.

18 '허황되다'는 '헛되고 황당하며 미덥지 못하다.'의 뜻으로, '헛되다', '터무니없다'와 뜻이 비슷합니다.

19 실속 없이 허황된 것을 궁리하고 미리 셈하는 상황을 찾아봅니다.

20 독장수는 실현성이 없는 허황된 계산을 하느라 독을 전부 깨뜨렸습니다. 이를 바탕으로 '헛된 욕심은 손해를 가져온다.' 등의 주제를 떠올릴 수 있습니다.

21 글 ❶의 내용을 잘 정리합니다.

22 까마귀는 정신없이 말고기를 먹느라 중요한 편지를 잃어버려서 걱정하는 마음이 들 것입니다.

23 까마귀는 염라대왕의 편지를 잃어버리고는 강 도령에게 아무나 빨리 끌어 올리라고 하였다며 거짓말을 했습니다.

24 "간이 콩알만 해지다."는 '몹시 두려워지거나 무서워지다.'의 뜻입니다.

25 어른, 아이 할 것 없이 아무나 먼저 죽게 되었습니다.

26 준혁이가 말한 내용은 까마귀가 강 도령에게 거짓으로 전한 것입니다.

27 까마귀가 강 도령에게 편지도 전하지 않고 말고기를 먹는 모습에서 '중요한 일은 잊어버리지 않도록 노력하자'가 글의 주제임을 알 수 있습니다.

28 이 글에 나오는 까마귀에게 해 주고 싶은 말을 씁니다.

29 일이 이미 잘못되어 손을 써도 소용이 없는 상황에 알맞은 속담은 "소 잃고 외양간 고친다."입니다.

30 "손을 쓰다."는 '어떠한 일에 필요한 조치를 취하다.'의 뜻입니다.

> **왜 답이 아닐까?**
> ① 손을 떼다 ② 손이 가다 ③ 손이 작다 ⑤ 손에 땀을 쥐다

31 "호랑이도 제 말 하면 온다.", "원숭이도 나무에서 떨어진다.", "닭 쫓던 개 지붕 쳐다보듯"이 알맞습니다.

32 "그물에 걸린 토끼 신세"라는 속담은 잡혀서 옴짝달싹 못하는 상황에서 쓰이는 말입니다.

1 (3) ○ **2** ③ **3** ④ **4** 쥐구멍 **5** ⑤ **6** ⓝ, ⓡ, ⓐ, ⓣ **7** ② **8** (1) ⓝ (2) ⓡ (3) ⓐ (4) ⓣ **9** (2) ○ **10** ②

1 남자아이는 바른 몸가짐으로 항상 웃으며 인사하자는 자신의 의견을 쉽고 효과적으로 전달하기 위해 속담을 사용했습니다.

2 소를 도둑맞은 다음에야 빈 외양간의 허물어진 데를 고치느라 수선을 떤다는 뜻으로, 일이 이미 잘못된 뒤에는 손을 써도 소용이 없다는 말입니다.

3 ⓛ에는 철없이 함부로 덤빈다는 뜻을 가진 "하룻강아지 범 무서운 줄 모른다."가 어울립니다.

4 아무리 어려운 일이 계속되어 고생이 심해도 언젠가는 좋은 날이 올 수 있다는 뜻으로 "쥐구멍에도 볕 들 날 있다."는 속담을 사용할 수 있습니다.

5 사용할 속담과 어울리는 생각을 찾아봅니다.

6 내용에 따라 일이 일어난 차례대로 정리합니다.

7 '헛된 욕심은 손해를 가져온다.'는 주제가 알맞습니다.

8 속담이 담고 있는 뜻을 생각해 봅니다.

9 (1)은 외국어, (2)는 속담, (3)은 비유하는 표현에 대한 설명입니다.

10 "간을 빼 먹다."는 '겉으로는 남의 기분을 맞추며 좋게 대하는 척하면서 중요한 것을 다 빼앗다.'의 뜻입니다.

> **문법 문제** tip 관용어를 사용하면 설명하기 복잡한 상황을 간결하게 표현할 수 있고, 내가 상대에게 말하고자 하는 바를 효과적으로 전달할 수 있습니다.

1 ③ **2** ③ **3** 일 년 **4** (1) ⓝ (2) ⓐ **5** 예 여러 가지 일을 하다 보니 아무것도 이룬 것이 없는 상황 **6** (1) 빚 (2) 기와집 **7** 예 독장수가 즐거운 상상을 하다 기쁜 나머지, 자신도 모르게 지겟작대기를 밀어 버려서 지게가 쓰러지며 지게에 있던 독들이 깨졌습니다. **8** ② **9** ⑤ **10** 지연 **11** 강 도령 **12** 예 까마귀가 말고기를 먹으려고 입을 벌리는 순간, 입에 문 편지가 바람에 날려 사라졌습니다. **13** ③ **14** ⑤ **15** (1) ⓛ, ⓡ (2) ⓖ, ⓔ

1 "백지장도 맞들면 낫다."라는 속담은 쉬운 일이라도 협력해서 하면 훨씬 쉽다는 뜻입니다.

2 "두 손뼉이 맞아야 소리가 난다."는 무슨 일이든지 두 편에서 서로 뜻이 맞아야 이루어질 수 있다는 말입니다.

3 그림 ❶은 여자아이가 일 년 동안 동전을 모아서 큰 돈이 되었다고 말하는 상황입니다.

4 각 속담에 알맞은 뜻을 찾아봅니다.

5 **채점** tip 어떤 일이든 한 가지 일을 끝까지 해야 성공할 수 있다는 뜻의 속담을 사용할 만한 상황을 알맞게 썼으면 정답으로 합니다.

6 독장수는 독을 팔아 빚을 갚고 논과 밭을 사고 남는 돈으로 고래 등 같은 기와집을 짓고 싶어 했습니다.

7 독장수는 즐거운 생각을 하다 자신도 모르게 지겟작대기를 밀어 버려서 지게가 쓰러졌습니다.

8 독장수는 즐거운 생각을 하며 기뻐했다가 독이 깨져서 속상했습니다.

9 "독장수구구는 독만 깨뜨린다."는 실현성 없는 허황된 계산은 도리어 손해만 가져온다는 뜻입니다.

10 독장수는 헛된 꿈을 꾸다 실수로 독을 깨뜨렸습니다.

11 까마귀는 강 도령에게 염라대왕의 편지를 전하기 위해 인간 세상에 왔습니다.

12 까마귀가 말고기를 먹으려고 입을 벌리는 순간, 입에 문 편지가 바람에 날려 사라졌습니다.

13 까마귀는 염라대왕께서 호통을 치실 테니 인간 세상에 눌러앉겠다고 했습니다.

14 해야 할 중요한 일을 잊어버린 상황을 찾아봅니다.

15 동물과 관련 있는 속담과 우리가 하는 말과 관련 있는 속담을 구분해 적어 봅니다.

1 예 호랑이에게 물려 가도 정신만 차리면 산다 → 아무리 위급한 경우를 당하더라도 정신만 똑똑히 차리면 위기를 벗어날 수가 있다는 말입니다.   2 예 동물의 행동이나 특징에 빗대어 어떤 사람의 성격이나 태도를 표현할 수 있기 때문입니다.   3 예 말 / 살은 쏘고 주워도 말은 하고 못 줍는다 / 가는 말이 고와야 오는 말이 곱다 / 말이 말을 만든다 / 입은 비뚤어져도 말은 바로 해라 / 낮말은 새가 듣고 밤말은 쥐가 듣는다 / 가루는 칠수록 고와지고 말은 할수록 거칠어진다

1 위에 제시한 속담 중 한 가지를 정해 그 뜻을 씁니다.

2 자신이 전하고 싶은 내용을 동물의 행동이나 특징에 빗대어 쉽게 말할 수 있기 때문입니다.

3 탐구 대상을 정해 관련 있는 속담을 씁니다.

채점 기준	잘함	알맞은 탐구 대상을 정해 관련 있는 속담을 4가지 이상 썼습니다.
	보통	탐구 대상을 정했지만 관련 있는 속담을 4가지 이상 쓰지 못했습니다.
	노력 요함	탐구 대상을 정하지 못하고 관련 있는 속담을 쓰지 못했습니다.

[채점 키워드] 알맞은 탐구 대상: 속담이 많은 동물(호랑이, 개, 소)이나 날씨, 계절, 사람 등이 탐구 대상으로 적절함.

나에게 어울리는 모자를 찾아 줘.

연극 단원. 함께 연극을 즐겨요

1 (1) ○ (2) × (3) ○ (4) ×   2 규현, 영민   3 ㉯

1 극본은 인물이나 사건을 해설, 지문, 대사로 표현합니다.

2 극본에서 무대가 바뀌는 장면은 해설로 설명하고, 때, 곳, 나오는 사람, 무대 시작은 연극의 앞부분에 해설로 표현합니다.

3 모든 대사를 일정하게 낭독하기보다는 인물에 어울리게 실감 나게 연기해야 합니다.

1 대사   2 (1) 효과 (2) 속속들이 (3) 끌끌   3 (3) ○
4 바나나를

1 연극이나 영화 등에서 배우가 하는 말은 '대사'입니다.

2 (1)은 '효과' (2)는 '속속들이', (3)은 '끌끌'이 들어가는 것이 알맞습니다.

3 '한심해서'는 '어이없어서' 또는 '기막혀서'와 같은 말로 바꾸어 쓸 수 있습니다.

4 목적어에 해당하는 부분은 '바나나를'입니다. '윤수는'은 주어, '먹었다'는 서술어입니다.

연극과 극본의 관계 96쪽 활동 정리 ❶ 공연 ❷ 무대 ❸ 장면
1 ③, ⑤   2 (1) ㉯ (2) ㉰ (3) ㉮   3 ③   4 진영

숲이 준 마법 초콜릿 97~99쪽 작품 정리 ❶ 고민 ❷ 예 답답했던 ❸ 예 천천히
5 숲의 마음 할아버지   6 예 숲은 조용하고, 천천히 느리게 걷고 생각해도 놀리는 아이들이 없기 때문입니다.   7 ③   8 ③, ⑤   9 ③   10 ②, ⑤   11 (1) 예 성민이의 상황을 듣고 안타까운 마음이 들었을 것입니다.   (2) 예 성민이를 자상하게 달래 주는 듯한 목소리로 말합니다.   12 ③   13 초콜릿   14 ③, ⑤   15 (3) ○   16 예 성민이가 친구들에게 마법의 무지갯빛 초콜릿을 먹게 해 친구들의 마음을 바꿨고,

성민이는 더 이상 놀림을 받지 않았습니다. **17** (1)
㉯ (2) ㉮ (3) ㉰

1 주인공이 '장영실'로 같고, 내용이 비슷합니다.

2 ㉮는 전기문, ㉯는 드라마, ㉰는 연극으로 표현한
것입니다.

3 연극은 인물이 무대에서 행동하며, 배우와 관객이
서로 만납니다.

4 연극을 하려면 잘 쓴 극본이 필요하고, 극본을 보고
연습하는 과정이 필요합니다.

5 성민이는 숲의 마음 할아버지를 만났습니다.

6 성민이는 숲이 조용하고, 천천히 느리게 걷고 생각해
도 놀리는 아이들이 없기 때문에 좋다고 하였습니다.

채점 tip 글 ❸에서 성민이가 숲이 좋다고 말한 까닭을 적었으면
정답으로 합니다.

7
왜 답이 아닐까?

① 속히: 꽤 빠르게.

② 속시원히: 뜻대로 이루어지거나 걱정이 사라져 후련하게.

④ 속절없이: 단념할 수밖에 달리 어찌할 도리가 없이.

⑤ 속삭이듯이: 남이 알아듣지 못하도록 나지막한 목소리로
가만가만 이야기하듯이.

8 숲의 마음 할아버지는 이 숲에서 벌어지는 모든 일
들을 속속들이 알고 있고, 성민이가 이 숲을 제일 사
랑하는 사람이라는 것도 잘 알고 있다고 했습니다.

9 성민이는 어깨가 축 처져서 한숨을 쉬고 있었습니
다. 무슨 일이 있었냐는 숲의 마음 할아버지의 질문
에 고개를 숙인 것으로 보아 마음속에 걱정이나 슬
픔이 있음을 알 수 있습니다.

10 성민이가 느리다고 친구들이 놀리고 별명을 지어 부
르는 것이 성민이의 마음속 걱정과 슬픔입니다.

11 숲의 마음 할아버지는 성민이의 고민을 듣고 안타까
운 마음이 들었을 것입니다. 그래서 성민이를 자상하
게 달래 주는 듯한 목소리로 말하는 것이 어울립니다.

12 '찬란하게'는 '빛이 번쩍거리거나 수많은 불빛이 빛나
게.'라는 뜻입니다.

13 숲의 마음 할아버지는 성민이에게 마법의 무지갯빛
초콜릿 일곱 개를 주었습니다.

14 숲의 마음 할아버지는 숲을 사랑하는 성민이에게 마
법의 힘을 주어 성민이를 놀리는 사람들을 혼내 주

기 위해서 마법의 무지갯빛 초콜릿을 주었습니다.

15 성민이는 숲의 마음 할아버지가 하는 말이 신기해서
궁금해하는 목소리로 말할 것입니다.

16 이 글 다음에 이어질 내용을 상상해 봅니다.

이런 답도 가능해!

마법의 무지갯빛 초콜릿을 먹은 친구들이 그동안 성민이를
놀린 것을 후회하고 성민이에게 사과를 하여 성민이와 친구
들은 사이좋게 지냈습니다.

17 때, 곳, 나오는 사람, 무대 시작은 연극의 앞부분에
해설로 표현하고, 대사는 말하는 사람을 쓰고 그 옆
에 할 말을 나타냅니다.

100~101쪽 **단원 평가 ❶회**

1 연극 **2** (2) ○ **3** ③ **4** ③ **5** ② **6** ③
7 (3) ○ **8** ㉰ **9** (1) 목 (2) 서 (3) 주 **10** (2) ○

1 연극을 공연하려고 쓴 글을 극본이라고 합니다.

2 ㉠과 같이 무대와 무대가 바뀜 따위를 설명하는 부
분을 해설이라고 합니다.

3 ㉡은 지문으로 괄호 안에 써서 인물의 행동이나 표
정을 나타냅니다.

4 숲의 마음 할아버지는 성민이가 숲에 관심을 갖고
지켜봐 주기 때문에 가장 숲을 사랑하는 사람이라고
생각합니다.

5 성민이는 숲의 마음 할아버지가 말한 아기 메꽃을
생각하며 웃음을 지었을 것입니다.

6 성민이는 초콜릿 향기를 맡아도 마법에 걸리지 않는
다고 하였습니다.

7 성민이는 숲의 마음 할아버지께 마법의 초콜릿을 받고
문제가 해결될 것 같아 기대하는 마음이 들 것입니다.

8 성민이에게 마법의 초콜릿을 주며 다른 사람에게 확
신을 줄 수 있는 자신감 넘치는 목소리로 말하는 것
이 어울립니다.

9 (1)은 목적어, (2)는 서술어, (3)은 주어입니다.

문법 문제 tip 주어는 문장에서 '누가/무엇이'에 해당하고, 목적어
는 '누구를/무엇을'에 해당하며 서술어는 '무엇이다/어떠하다/어
찌하다'에 해당합니다.

10 빈칸에는 '무엇을'에 해당하는 부분으로 목적어가 들
어가는 것이 알맞습니다.

BOOK ❶ 개념북

연극 단원

102~104쪽 단원 평가 ②회

1 (1) ㉠, ㉢ (2) ㉡ **2** 예 어린이날 가족과 함께 어린이 연극을 본 적이 있습니다. **3** (1) ○ (2) ○ (3) ○ (4) × **4** ③ **5** ④ **6** 영이, 할아버지, 복순 **7** (3) ○ **8** (1) ② (2) ③ (3) ① **9** 예 자신이 제일 좋아하는 혜지가 굼벵이라고 놀렸습니다. **10** ②, ⑤ **11** ④ **12** 예 궁금해하는 목소리로 고개를 갸우뚱거리며 천천히 말합니다. **13** ④ **14** ③, ⑤ **15** (2) ○

1 ㉮~㉲에 제시된 세 작품은 전기문, 드라마, 연극으로 표현하는 형식이 다릅니다.

2 채점 tip 자신이 연극을 보았거나 했던 경험을 썼으면 정답으로 합니다.

3 (4)는 '만화 영화'의 특징입니다.

4 연극을 위해 인물의 대사나 행동 등으로 구성한 글은 '극본'입니다.

5 연극 무대를 만든 사람들이 누구인지는 극본에 쓰지 않아도 됩니다.

6 극본의 처음 부분에 등장인물이 나타나 있습니다.

7 해설을 보고 복순이가 해야 할 동작을 생각해 봅니다.

8 인물이 직접 하는 말인 ㉮는 대사, 인물의 행동이나 표정을 나타내는 부분인 ㉯는 지문, 무대의 바뀜을 설명하는 부분인 ㉰는 해설입니다.

9 성민이는 자신이 제일 좋아하는 친구가 자신을 굼벵이라고 놀려서 상처받은 마음을 위로받기 위해 숲으로 갔습니다.

10 ㉠은 '지문'으로 괄호 안에 제시되며 인물의 행동이나 표정을 제시합니다.

11 마법의 무지갯빛 초콜릿을 보고 놀란 성민이의 표정이나 행동을 생각해 봅니다.

12 성민이는 마법의 무지갯빛 초콜릿이 무엇인지 궁금해하고 있으므로 궁금해하는 목소리로 고개를 갸우뚱거리며 천천히 말하는 것이 알맞습니다.

13 ④는 동화와 같은 이야기의 특성입니다.

14 극본을 쓸 때는 해설, 지문, 대사를 빠뜨리지 않고 극본의 특성이 잘 드러나게 써야 합니다.

15 낭독 공연을 관람할 때는 떠들지 않고 진지한 태도로 보아야 합니다.

105쪽 수행 평가

1 예 내가 실수로 물통을 떨어뜨려 연우의 그림이 망가졌고, 나는 미안한 마음에 연우가 그림 그리는 것을 도와주었습니다. **2** ❶ 예 미술 시간에 내가 실수로 연우의 물통을 떨어뜨림. ❷ 예 연우의 옷이 젖고, 연우의 그림이 망가짐. ❸ 예 연우는 화를 내고, 나는 미안해서 어쩔 줄 몰라 함. 담임 선생님께서도 놀라서 오심. ❹ 예 연우에게 내 실수를 사과함. 담임 선생님께서는 그림을 다시 그릴 시간을 주심. 내가 연우의 그림을 도와주기로 함. **3** 예 나오는 사람: 지훈, 연우, 담임 선생님 / 때: 5교시 미술 시간 / 곳: 교실 / 조용한 미술 시간이다. (스크린으로 교실의 모습을 보여 준다.) / 아이들은 열심히 그림을 그리고 있다. / 지훈이가 자리에서 일어난다. / 지훈: 앗! (발을 헛디뎌 넘어지면서 연우의 물통이 엎어진다.) / 연우: (화를 내며) 내 그림이 망가졌잖아! / 지훈: 미안해. 옷도 젖었네. 내가 닦을게. / 연우: (울먹이며) 내 그림 어떻게 해?

1 기억에 남는 일을 떠올려 간단히 정리합니다.

2 일이 발생한 사건의 차례를 떠올려 정리합니다.

3 해설, 지문, 대사를 넣어 극본의 앞부분을 씁니다.

채점 기준	잘함	해설, 지문, 대사의 특성에 맞게 연극을 하기 위한 극본을 썼습니다.
	보통	해설, 지문, 대사 중 한 가지를 빠뜨리고 썼습니다.
	노력 요함	해설, 지문, 대사 중 두 가지 이상을 빠뜨려 극본 형식에 맞게 쓰지 못했습니다.

[채점 키워드] 해설, 지문, 대사의 특성: 해설은 때와 곳, 등장인물 등을 설명하고, 지문으로 인물의 표정이나 행동을, 대사로 인물의 대사를 표현함.

106쪽 쉬어가기

6. 내용을 추론해요

108쪽 개념 확인 문제

1 추론 **2** ⓒ, ⓓ **3** (5) ◯

1 이미 아는 정보로 다른 판단을 이끌어 내는 것을 추론이라고 합니다.

2 이야기의 내용을 추론할 때에는 이야기에서 찾을 수 있는 단서를 확인하거나 모르는 낱말의 뜻은 국어사전에서 찾아 정확히 알아봅니다.

3 영상 광고를 만들 때에는 먼저 영상 광고 주제, 내용과 분량을 정해야 합니다.

109쪽 어휘·문법 확인 문제

1 단서 **2** (1) 치밀한 (2) 원대한 (3) 웅장한 **3** 거처 **4** 동형어

1 '어떤 문제를 해결하는 방향으로 이끌어 가는 일의 첫 부분.'은 '단서'의 뜻입니다.

2 (1)은 '치밀한' (2)는 '원대한', (3)은 '웅장한'이 들어가는 것이 알맞습니다.

3 '일정하게 자리를 잡고 사는 일.'은 '거처'의 뜻입니다.

4 '우리'는 형태는 같지만 뜻이 다른 동형어입니다.

110~115쪽 교과서 독해

우리는 이미 하나 110쪽 활동 정리 ❶ 경험 ❷ 단서

1 ②, ④, ⑤ **2** ① **3** ⓓ **4** 예 우리 주위에 북한 이탈 주민이 많이 있고, 북한 이탈 주민이 여러 가지 직업을 가지고 있다는 사실을 알 수 있습니다.

수원 화성을 어떻게 만들었을까 111~112쪽

글의 구조 ❶ 위기 ❷ 단서

5 ⓓ **6** ⑤ **7** ⑤ **8** (2) ◯ **9** (2) ◯ **10** ⑤ **11** ⓓ **12** 예 융건릉과 용주사에도 볼거리가 많다는 것입니다.

서울의 궁궐 113~115쪽 글의 구조 ❶ 임금(왕) ❷ 왕의

13 신분 **14** ①, ④ **15** 근정전 **16** 예 임금의 자리에 오르는 것을 백성과 조상에게 알리기 위해 치르는 식을 뜻하는 것 같습니다. **17** (3) ◯ **18** 은아 **19** ③, ④ **20** 사도 세자 **21** ③ **22** 예 조선 왕조 말기에 고종이 강한 나라들의 정치적 소용돌이에 휘말리면서 거처를 경운궁으로 옮긴 다음부터입니다. **23** 정관헌 **24** (3) ◯

1 이 영상 광고에 나오는 사람들의 직업은 초등학교 선생님, 봉사단 단원, 한의사입니다.

2 광고에 나온 사람들은 모두 북한을 이탈해 남한에서 살고 있는 '북한 이탈 주민'입니다.

3 북한 이탈 주민들도 평범하게 우리와 함께 살고 있는 모습을 통해 모두 같은 민족이자 하나의 겨레라는 뜻임을 짐작할 수 있습니다.

4 이 광고의 내용을 보고 추론할 수 있는 내용을 씁니다.

5 '쌓다'는 여러 가지 뜻이 있는 낱말인 다의어로, 이 글에 쓰인 '쌓다'는 '물건을 차곡차곡 포개어 얹어서 구조물을 이루다.'라는 뜻으로 쓰였습니다.

6 수원 화성이 유네스코 세계 문화유산으로 등록된 것을 통해 수원 화성이 세계적인 문화유산으로 인정받을 만큼 훌륭한 건축물이라는 것을 추론할 수 있습니다.

7 『화성성역의궤』에는 수원 화성 공사와 관련된 공식 문서는 물론, 참여 인원, 사용된 물품, 설계 등에 대한 기록이 그림과 함께 실려 있다고 했습니다.

8 이야기에서 찾은 단서로 내용을 짐작했습니다.

9 (1)에 쓰인 '감상'은 '하찮은 일에도 쓸쓸하고 슬퍼져서 마음이 상함. 또는 그런 마음.'을 뜻합니다.

10 수원 화성을 정조 임금이 엄격하게 고른 좋은 자리에 지었다는 내용으로 보아 정조 임금은 수원 화성을 건축하는 데 많은 관심을 가졌다는 것을 추론할 수 있습니다.

11 이 문장에서 '좋다'는 '대상의 성질이나 내용 따위가 보통 이상의 수준이어서 만족할 만하다.'라는 뜻으로 쓰였습니다.

12 수원 화성 근처의 융건릉과 용주사에 가 볼 것을 추천하다는 내용을 바탕으로 융건릉과 용주사에도 볼거리가 많다는 사실을 추론할 수 있습니다.

채점 tip 융건릉과 용주사에도 볼거리가 많다는 내용으로 썼으면 정답으로 합니다.

13 궁궐에 사는 사람들은 각자 자신의 신분에 알맞은 건물에서 생활했고, 건물의 명칭 또한 주인의 신분에 따라 달랐습니다.

14 '전' 자가 붙는 건물에는 궁궐에서 가장 신분이 높은 왕과 왕비만 살 수 있었다고 했습니다.

15 왕의 즉위식, 왕실의 혼례식, 외국 사신과의 만남과 같은 나라의 중요한 행사를 치르던 곳은 근정전입니다.

16 낱말 앞에 '왕의'라고 되어 있고, 낱말 뒤에 '왕실의 혼례식, 외국 사신과의 만남과 같은 나라의 중요한 행사'라고 했으므로 왕위에 오르는 식일 것이라고 뜻을 추론할 수 있습니다.

> **채점 tip** '즉위식'의 뜻을 추론하고 그렇게 생각한 까닭을 모두 알맞게 썼으면 정답으로 합니다.

17 창덕궁은 건물과 후원이 잘 어우러져 아름답다고 하였습니다.

18 '단청'이 화려하다고 했기 때문에 그림이나 무늬를 말하는 것으로 추론할 수 있습니다.

19 일제 강점기에 일본 사람들은 조선 왕실의 권위를 낮추기 위해 창경궁에 동물원과 식물원을 만들면서 많은 건물을 헐고, 이름도 '창경원'으로 바꾸었습니다.

20 창경궁은 화재가 여러 번 일어나고 사도 세자가 목숨을 잃은 곳입니다.

21 영조 때 '경희궁'으로 고쳐 불렀습니다.

22 고종이 거처를 경운궁으로 옮긴 다음부터 경운궁은 궁궐다운 모습을 갖추게 되었습니다.

23 고종 황제가 커피를 마시며 여가를 즐기거나 손님을 맞이하던 곳은 정관헌입니다.

24 낱말 뒤에 '휘말리면서'라는 말이 있고, 낱말에 '돌이'라는 표현이 있어 돌아가는 모습을 생각해 보니 혼란스러운 상태일 것이라고 추론할 수 있습니다.

116~117쪽 단원 평가 **1**회

1 ④ **2** 연아 **3** 유네스코 세계 문화유산 **4** ③
5 (1) ○ **6** ② **7** ② **8** ㉯ **9** (1) 동 (2) 다
10 ②

1 고양이는 병아리를 물고 달아나고 어미 닭은 그 고양이를 잡으려는 듯 기를 쓰고 쫓아가고 있습니다.

2 민호와 선우는 그림을 보고 알 수 있는 사실에 대해 말했습니다.

3 수원 화성은 원래의 모습대로 다시 만들어져서 1997년에 유네스코 세계 문화유산으로 등록되었습니다.

---

4 『화성성역의궤』는 건축과 관련된 의궤입니다.

5 『화성성역의궤』에는 수원 화성 공사에 사용된 물품, 설계 등의 기록이 실려 있습니다. 따라서 자세한 기록을 보고 수원 화성을 원래의 모습대로 다시 만들 수 있었다는 것을 추론할 수 있습니다.

6 경희궁은 경복궁의 서쪽에 있어 '서궐'로도 불렸습니다.

7 ②는 경희궁에 대한 설명입니다.

8 서울에 남아 있는 조선 시대 궁궐의 특징과 의미에 대해 알려 주기 위해 글을 썼다고 추론할 수 있습니다.

9 (1) '배'는 형태는 같지만 뜻이 다른 '동형어', (2) '머리'는 두 가지 이상의 뜻을 가진 '다의어'입니다.

> **문법 문제 tip** 형태가 같지만 뜻이 다른 낱말을 '동형어'(동음이의어)라고 하고, 하나의 낱말이 두 가지 이상의 뜻을 가지고 있는 낱말을 '다의어'라고 합니다.

10 빈칸에는 '손'이라는 다의어가 들어가야 합니다.

118~120쪽 단원 평가 **2**회

1 ④ **2** ⑤ **3** (3) ○ **4** 민율 **5** **예** 내용이나 상황을 좀 더 깊고 넓게 이해할 수 있습니다. **6** ⑤
7 (1) ○ **8** ㉮ **9** **예** 융건릉과 용주사에도 볼거리가 많습니다. **10** ② **11** ⑤ **12** (1) ㉯ (2) ㉮ (3) ㉰ **13** (1) **예** 성종이 할머니들을 모시려고 지은 궁궐이기 때문입니다. (2) **예** 효자로 유명한 정조가 태어난 곳이기 때문입니다. **14** (1) 동물원 (2) 창경원 **15** (1) ○

1 이미 아는 정보를 근거로 삼아 다른 판단을 이끌어 내는 것을 '추론'이라고 합니다.

2 그림에서 고양이가 남자 쪽을 보며 반대쪽으로 달려가는데 입에 병아리를 물고 있습니다.

3 그림 속 인물의 표정과 행동으로 보아, 남자가 고양이를 잡고 싶은 것 같다고 추론할 수 있습니다.

4 많은 사람이 씨름 경기를 구경하고 있는 그림으로, 보지 못하게 금지한 것을 몰래 보고 있는 것은 아닙니다.

5 추론하며 글을 읽으면 내용이나 상황을 좀 더 깊고 넓게 이해할 수 있습니다.

6 수원 화성이 유네스코 세계 문화유산으로 등록된 것으로 보아, 세계적인 문화유산으로 인정받을 만큼

훌륭한 건축물임을 추론할 수 있습니다.

7 ⓛ'감상'은 형태가 같지만 뜻이 다른 낱말인 동형어로, 이 글에서는 '주로 예술 작품을 이해하여 즐기고 평가함.'이라는 뜻으로 쓰였습니다.

8 정조 임금이 엄격하게 고른 좋은 자리에 수원 화성을 지은 것으로 보아, 정조 임금이 수원 화성을 건축하는 데 많은 관심을 가졌음을 추론할 수 있습니다.

9 글쓴이가 융건릉과 용주사에 가 볼 것을 추천한 까닭을 생각해 봅니다.

10 ②는 내용을 추론하며 읽는 것이 아니라 상상하며 읽는 것입니다.

11 경복궁은 '큰 복을 누리며 번성하라'는 뜻을 지녔습니다. '부지런히 나라를 다스리라'는 뜻을 지닌 것은 경복궁 안에 있는 근정전입니다.

12 근정전은 나라의 중요한 행사를 치르던 곳이고, 교태전은 왕비가 생활하던 곳이며 경회루는 우리나라에서 가장 큰 누각으로 왕이 외국 사신을 접대하거나 신하들에게 연회를 베풀던 곳입니다.

13 창경궁은 성종이 할머니들을 모시려고 지은 궁궐로, 효자로 유명한 정조가 태어난 곳이기도 하여 효와 인연이 깊다고 했습니다.

14 창경궁에 동물원과 식물원을 만들면서 많은 건물을 헐고, 이름도 '창경원'으로 바꾸었다고 하였습니다.

15 글에서 뜻을 알지 못하는 낱말이나 문장은 앞뒤 문장에서 알 수 있는 사실을 바탕으로 하여 그 뜻을 추론할 수 있습니다.

> **왜 답이 아닐까?**
> ⑵ '강점기'는 '남의 물건, 영토, 권리 따위를 강제로 차지한 시기.'라는 뜻입니다.

121쪽 수행 평가

1 〔예〕 정조 임금은 수원 화성을 건축하는 데 많은 관심을 가졌습니다. **2** 〔예〕 수원 화성을 완공한 것이 자랑스러웠을 것입니다. **3** 〔예〕 오늘은 수원 화성을 완공한 날이다. 그동안 수원 화성을 완공하기 위하여 나는 참 많은 노력을 했다. 주변의 경치도 함께 생각하고, 심사숙고하여 자리를 골랐다. 또한 건설을 할 때에도 정약용이 만든 거중기를 사용하여 적은 비용

으로 짧은 기간에 완성하였다. 수원 화성은 앞으로 외부의 침입을 막는 방어 역할도 훌륭하게 수행할 것이다. 나의 원대한 꿈이 담긴 수원 화성이 완성되어 나 정조는 오늘 무척 흐뭇하고 자랑스럽다.

1 정조 임금이 엄격하게 고른 좋은 자리에 수원 화성을 지었다는 내용을 통해 정조 임금이 수원 화성을 건축하는 데 많은 관심을 가졌다는 것을 추론할 수 있습니다.

2 정조는 수원 화성을 완공한 것이 흐뭇하고 자랑스러웠을 것입니다.

3 정조의 입장이 되어 수원 화성이 완공된 것에 대한 생각이나 느낌을 씁니다.

채점 기준		
	잘함	글에 제시된 내용을 바탕으로 수원 화성의 특징과 수원 화성을 완공하여 뿌듯하고 자랑스러운 정조의 마음을 잘 나타내었습니다.
	보통	수원 화성의 특징이나 완공된 사실은 쓰지 않고 정조의 마음만 나타내었습니다.
	노력 요함	수원 화성에 대해 새롭게 알게 된 내용을 넣지 않고 정조의 마음도 나타내지 못했습니다.

[채점 키워드] 정조의 마음 추론하기: 이야기에서 찾을 수 있는 단서를 바탕으로 뿌듯하고 자랑스러운 마음 추론하기

122쪽 쉬어가기

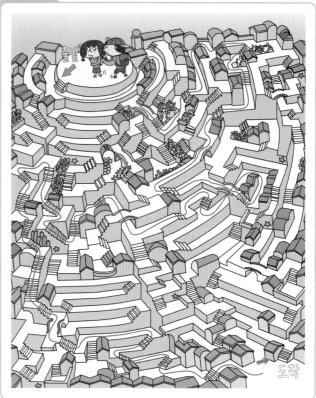

7. 우리말을 가꾸어요

1 우리말　**2** (1) ×　**3** 서론

1 올바른 우리말 사용과 관련 있는 질문을 만든 것입니다.

2 일정한 목소리보다는 중요한 부분은 강조하며 발표해야 합니다.

3 주장하는 글의 짜임 중 서론에서 글을 쓰게 된 문제 상황과 주장을 밝힙니다.

1 (3) ○　**2** (1) 소통　(2) 비속어　(3) 사례　**3** (2) ○
4 예 좋아요 '옷'

1 (1)은 '우리말', (2)는 '사용', (3)은 '실태'의 뜻입니다.

2 (1)에는 '소통', (2)에는 '비속어', (3)에는 '사례'가 들어가는 것이 알맞습니다.

3 '대상'은 어떤 일의 상대 또는 목표나 목적이 되는 것으로 '상대'와 바꾸어 쓸 수 있습니다.

4 '조아요'는 맞춤법에 어긋난 표기이므로 '좋아요'로 고치는 것이 알맞습니다.

자신의 언어생활 점검하기 | 126쪽 **활동 정리 ①** 줄임 말 **②** 격려
1 ③　**2** 예 여자아이가 줄임 말과 신조어, 비속어를 사용해서 아빠와 의사소통이 안 되고 있기 때문입니다.　**3** 민호　**4** ①, ⑤

우리말 사용 실태 사례 | 127쪽 **활동 정리 ①** 욕 **②** 배려
5 ②　**6** ⑤　**7** 예 부정하는 말보다는 긍정하는 말로 상대의 기분이 상하게 하지 말아야겠습니다.
8 (1) ㉮ (2) ㉯

긍정하는 말과 고운 우리말 | 128~129쪽 **작품 정리 ①** 고운 **②** 긍정
9 ④　**10** (3) ○　**11** ③　**12** ㉯　**13** ⑤　**14** 예 긍정하는 말과 고운 우리말　**15** ㉯　**16** (1) ×

1 여자아이는 자신의 생일 선물이 무엇인지 궁금했습니다.

2 아빠는 여자아이가 말한 '생선', '핵노잼', '헐'과 같은 말을 이해하지 못하셨습니다.

채점 tip 여자아이가 줄임 말, 신조어, 비속어 등을 사용했기 때문이라고 썼으면 정답으로 합니다.

3 민호는 비아냥거리며 비꼬는 말로 말했습니다. 반면에 지애는 힘과 긍정의 마음을 주도록 긍정적으로 말했습니다.

4 솔연이는 친구의 말을 듣고 무시당하는 기분이 들어 속상했을 것입니다.

5 학생들이 욕을 너무 많이 사용한다는 것이 글 ㉮에 나타난 문제점입니다.

6 준형이와 수진이는 배려하는 말을 하지 않고 비속어를 사용하며 비난해서 다투었습니다.

7 글 ㉯의 친구들은 배려하지 않고 서로 비난을 한 문제점이 있습니다.

채점 tip 친구들끼리는 부정하는 말이나 비속어를 사용하지 않고 긍정하는 말이나 배려하는 말을 써야 한다는 내용으로 썼으면 정답으로 합니다.

8 비속어는 격이 낮고 속된 말, 일상어는 평소에 늘 쓰는 언어를 뜻합니다. 따라서 (1)에는 ㉮가 들어가야 하고 ㉯가 들어가야 합니다.

9 우리 반 친구들이 대화할 때 짜증 난다는 말이나 비속어, 욕설 등의 부정하는 말을 사용하는 것이 이 글에 나타난 문제 상황입니다.

10 '꺼리다'는 '사물이나 일 따위가 자신에게 해가 될까 하여 피하거나 싫어하다.'는 뜻입니다.

11 '할 수 있어', '괜찮아', '멋있어 보여', '힘내자'와 같은 말이 긍정적인 말입니다.

12 긍정적인 말을 사용하면 말하는 사람과 듣는 사람이 마음이 편안해지고 기분이 좋아지며 자신감이 생깁니다.

13 긍정하는 말과 고운 우리말을 사용하자는 것입니다.

14 글쓴이의 주장에 알맞은 제목을 생각합니다.

채점 tip 긍정하는 말과 고운 우리말을 사용하자는 글쓴이의 주장이 드러나는 제목을 썼으면 정답으로 합니다.

15 글 ❺는 글의 결론 부분입니다.

16 (1)은 올바른 우리말 사용에 대해 글을 쓰기 위해 만든 물음으로 적절하지 않습니다.

130~131쪽 단원 평가 **1**회

1 ⑤ **2** (1) ○ **3** ④ **4** ② **5** ⑤ **6** ⑤ **7** ④
8 ⑤ **9** ⑤ **10** (3) ×

1 생일 선물을 '생선'으로 줄임 말을 사용했습니다.

2 여자아이가 줄임 말, 신조어, 비속어를 사용해서 아버지와 의사소통이 안 되고 있습니다.

3 남자아이는 비아냥거리며 비꼬는 말로 부정적으로 말해서 솔연이는 무시당하는 기분이 들어 속상했을 것입니다.

4 대중 매체 환경이 빠르게 바뀌면서 욕설이나 비속어를 대하는 나이가 어려지고 있다고 하였습니다.

5 욕설이나 비속어를 들으면 상처를 받고 기분이 상하며 씁쓸한 기분이 들 것입니다.

6 '이상해 보여.'는 부정하는 말입니다.

7 신조어와 외국어는 고운 우리말이 아니므로 고운 우리말을 사용하면 좋은 점으로 알맞지 않습니다.

8 모둠 구성원이 역할을 분담해서 진행해야 합니다.

9 '갑툭튀'는 '갑자기 툭 튀어나오다', '깜놀'은 '깜짝 놀랐다'의 줄임 말입니다. 친구들은 우리말을 지나치게 줄여서 사용했습니다.

10 어려운 외국어를 쉬운 우리말로 바꾸는 것은 우리말을 올바르게 사용하는 경우입니다.

> **문법 문제** tip 우리말을 지나치게 줄여서 사용하는 경우, 무분별한 한자어나 영어를 섞어 사용하는 경우, 맞춤법에 어긋난 표현을 사용하는 경우 등이 우리말을 잘못 사용한 예입니다.

132~134쪽 단원 평가 **2**회

1 ④ **2** ④, ⑤ **3** 남자아이는 친구를 비아냥거리며 비꼬는 말로 부정적으로 말했고, 여자아이는 친구에게 힘과 긍정의 마음을 주도록 긍정적으로 말했습니다.
4 ①, ②, ⑤ **5** 현정 **6** ⑤ **7 예** 선생님과 학생, 학생과 학생끼리도 서로 존칭과 높임말을 사용하는 문화 **8** ⑤ **9 예** 뉴스 동영상 **10** (1) 강조 (2) 목소리 (3) 자료 **11** 긍정하는 말 **12** ④ **13** 괜찮아, 힘내자, 다시 할 거야 **14** (1) **예** 친구에게 긍정하는 말을 해 주니 좋은 일이 생겼습니다. (2) **예** 긍정하는 말을 하면 말하는 사람은 물론 듣는 사람도 마음이 편안해집니다. **15** ①

1 남자아이는 경기에서 지는 모둠의 친구들을 무시하고 싶어서 비난의 말을 했습니다.

2 격려를 받으니 힘이 나고 기분이 좋았을 것입니다.

3 남자아이와 여자아이가 각각 어떻게 말했는지 비교하여 씁니다.

> **채점** tip 남자아이는 부정적으로 여자아이는 긍정적으로 말했다는 내용으로 썼으면 정답으로 합니다.

4 문제아나 불량 청소년들뿐만 아니라 많은 학생들이 욕을 일상적으로 사용한다고 했습니다. 또, 중고등학생보다 초등학생들이 욕을 더 많이 사용한다는 내용은 나타나 있지 않습니다.

5 욕설이나 비속어를 사용하는 언어생활이 지속될 경우 벌어질 수 있는 일을 알맞게 말한 친구는 현정입니다.

6 잘못된 우리말 사용 실태를 조사했습니다.

7 중화는 학교에서 서로 존칭과 높임말을 사용하는 언어문화를 조사했습니다.

> **채점** tip 학교에서 서로 존칭과 높임말을 사용하는 언어 문화를 조사했다고 썼으면 정답으로 합니다.

8 존칭과 높임말을 사용하는 언어문화가 자리 잡고 존중하고 배려하는 생활 공동체를 만들어 나가고 있다고 했습니다.

9 발표 내용을 전달하기에 가장 적절하다고 생각하는 자료를 써 봅니다.

10 중요한 부분은 강조하며 발표하고, 알맞은 목소리로 발표해야 하며, 발표 효과를 높이기 위해 자료를 사용할 수 있습니다.

11 부정하는 말보다 긍정하는 말이 듣기가 좋다는 실태를 바탕으로 하여 쓴 글입니다.

12 글쓴이는 긍정하는 말과 고운 우리말을 사용하자는 주장을 펴기 위해서 이 글을 썼습니다.

13 '괜찮아', '힘내자', '다시 할 거야'는 긍정하는 표현입니다.

14 긍정하는 말과 고운 우리말을 사용하자는 글쓴이의 주장을 뒷받침하는 근거 두 가지를 찾아 써 봅니다.

> **채점** tip 글에 나타난 근거 두 가지를 찾아 알맞게 썼으면 정답으로 합니다.

15 친구들은 우리말 사례집을 어떤 주제로 만들 것인지 의논하고 있습니다.

135쪽 수행 평가

1 예 '심각한 말 줄임, 올바른 우리말 사용', '우리말 바로 하기', '새로운 우리말'과 같은 주제를 말했습니다. 2 (1) 예 올바른 우리말 길라잡이 (2) 예 우리말을 학습하고 자료를 수집해 올바르게 고쳐 쓴 사례집을 만들겠습니다. (3) 예 신문 (4) 예 신문에서 조사하겠습니다. (5) 예 모둠 구성원이 원하는 역할을 분담할 수 있도록 하겠습니다.

1 친구들은 '심각한 말 줄임, 올바른 우리말 사용', '우리말 바로 하기', '새로운 우리말'을 주제로 만드는 것이 좋겠다고 말했습니다.

2 올바른 우리말 사례집을 만들기 위해 생각해야 할 내용들을 정리해 씁니다.

채점 기준		
	잘함	올바른 우리말 사용과 관련된 내용으로 계획을 자세하게 세웠습니다.
	보통	올바른 우리말 사용과 관련된 내용을 계획했지만 항목별로 쓰지 않은 내용이 있습니다.
	노력 요함	올바른 우리말 사용과 관련된 내용으로 계획을 전혀 세우지 못했습니다.

[채점 키워드] 올바른 우리말 사례집 만들기─올바른 우리말 사례집을 만드는 데 필요한 계획 세우기

136쪽 쉬어가기

8. 인물의 삶을 찾아서

138쪽 개념 확인 문제

1 (3) ○ (4) ○ 2 (1) 상황 (2) 행동 (3) 까닭 3 기훈

1 주제를 찾으며 글을 읽으면 글 내용을 더 깊이 이해할 수 있고, 자신의 삶을 되돌아볼 수도 있습니다.

2 인물이 처한 상황을 떠올리고, 인물이 처한 상황에서 한 말과 행동을 알아본 뒤, 그렇게 말하고 행동한 까닭을 생각해 봅니다.

3 자신이 처한 문제나 고민 해결에 도움을 준 인물의 말과 행동을 생각해 봐야 합니다.

139쪽 어휘·문법 확인 문제

1 가치 2 (1) 일편단심 (2) 효험 (3) 인내심 3 아수라장 4 (2) ○

1 '가치'는 '귀중하게 여길 만한 성질이나 중요한 것.'을 뜻합니다.

2 (1)은 '변치 않는 마음.'을 뜻하는 '일편단심', (2)는 '일에서 느끼는 좋은 보람. 또는 어떤 작용의 결과.'를 뜻하는 '효험', (3)은 '괴로움이나 어려움을 참고 견디는 마음.'을 뜻하는 '인내심'이 들어가는 것이 알맞습니다.

3 '아수라장'의 뜻입니다.

4 '밤나무의 열매.'는 긴소리 [밤:]으로 발음해야 합니다.

140~147쪽 교과서 독해

하여가, 단심가 140쪽 작품 정리 ❶ 나라 ❷ 고려

1 ⑤ 2 ④ 3 ⑤ 4 예 변함없이 고려에 충성을 다하겠다.

제게 12척의 배가 있으니 141쪽 작품 정리 ❶ 포기 ❷ 예 용기

5 (3) ○ 6 ⑤ 7 예 고기잡이배와 피난 가는 배들을 판옥선처럼 꾸미고, 백성들이 바다가 보이는 산봉우리에서 돌아다니게 하여 우리 배와 군사의 수가 많아 보이게 하는 방법을 썼습니다. 8 ①, ②, ⑤

버들이를 사랑한 죄 142~144쪽 **작품 정리 ①** 사랑 **②**
③ 이익
9 샘마을 **10** ① **11** ①, ⑤ **12** ①, ④ **13** ④
14 ⑤ **15** ⑩ 버들이의 진심을 믿었기 때문입니다. / 버들이를 사랑했기 때문에 무엇이든지 해 주고 싶은 마음이었기 때문입니다. **16** ⑤ **17** ⑤ **18** ①, ②
19 ④ **20** 예나 **21** ⑩ 천 년 동안 은행나무 뿌리에 얽매여 있어야 하는 벌을 받았습니다.

나무를 심는 사람 145~147쪽 **작품 정리 ①** 우후루 **②** 환경 **③** 행복
22 (1) ○ **23** ③ **24** ⑤ **25** ⑩ 도시를 풍요롭게 만들고, 가난한 사람들에게 일자리를 제공할 것이라고 생각했습니다. **26** ①, ④, ⑤ **27** ③ **28** 그린벨트 운동 **29** ⑤ **30** ⑤ **31** (3) ○ **32** (2) ×
33 ⑩ 왕가리 마타이처럼 나에게도 자신뿐 아니라 모두의 이익과 행복을 추구하는 부모님이 계셔서 감사하고, 그동안 나는 어떤 사람이었는지 되돌아보게 되었습니다.

---

1 고려 말에 새로 등장한 정치 세력과 무인들은 고려 사회를 개혁하려고 했습니다.

2 ㉣'우리'에서 친근함을 드러내며 새로운 왕조를 세우고자 하는 뜻을 같이하자는 이방원의 생각이 잘 드러나 있습니다.

3 '진심에서 우러나오는 변치 않는 마음'은 일편단심입니다.

4 '일편단심'이라는 말에서 변함없이 고려에 충성을 다하겠다는 정몽주의 생각이 드러나 있습니다.
채점 tip 변함없이 고려에 충성을 다하겠다는 것이라는 내용을 넣어 썼으면 정답으로 합니다.

5 이순신은 다시 삼도 수군통제사가 되었으나 수군을 포기하고 육군으로 싸우라는 나라의 명을 받았습니다.

6 이순신은 적은 수의 배와 군사를 가졌지만 쉽게 포기하지 않고 끝까지 싸우겠다는 의지를 보였습니다.

7 이순신은 적은 것을 많아 보이게 하는 방법을 썼습니다.
채점 tip 고기잡이배와 피난 가는 배들을 판옥선처럼 꾸미고, 백성들이 돌아다니게 하여 배와 군사를 많아 보이게 하는 방법을 사용했다는 내용을 넣어 썼으면 정답으로 합니다.

8 이순신이 처한 상황에서 한 말과 행동을 살펴보면, 이순신은 어떤 어려움도 극복할 수 있다고 생각하는 사람임을 알 수 있습니다.

9 몽당깨비는 버들이가 살고 있는 샘마을에 가야 한다고 했습니다.

10 버들이는 어머니의 병을 낫게 하려고 새벽마다 가장 먼저 도깨비 샘물을 뜨러 왔습니다.

11 '효험'은 '일에서 느끼는 좋은 보람. 또는 어떤 작용의 결과.'를 뜻하며 유의어에는 '효력', '효과'가 있습니다.

12 몽당깨비는 고생하는 버들이가 가엾어서 재주를 부려 가랑잎으로 돈을 만들어다 주고, 부잣집 돈을 훔쳐 내기도 했습니다.

13 버들이가 샘가에 오두막을 짓고 살겠다고 해서 몽당깨비가 도와주고 싶어 하는 상황이 나타나 있습니다.

14 파랑이는 사람이 샘가에서 살기 시작하면 결국 도깨비들은 샘을 뺏기고 떠나야 한다고 했습니다.

15 버들이가 샘가에 오두막을 짓고 싶어 하는 상황에서 몽당깨비는 버들이가 착한 여자임을 믿고 사랑하는 버들이를 도와주려고 했습니다.
채점 tip 몽당깨비는 버들의 진심을 믿었다거나 몽당깨비가 버들이를 진심으로 사랑했기 때문에 무엇이든지 해 주고 싶은 마음이었을 것이라는 내용으로 썼으면 정답으로 합니다.

16 몽당깨비는 어렵고 힘든 사람을 보면 안타까워하고 도움을 주고자 하며, 자신이 사랑하는 사람을 위해 진심을 다합니다.

17 버들이가 몽당깨비에게 샘을 기와집 뒤란으로 옮겨 달라고 했고, 몽당깨비는 그렇게 해 주겠다고 약속했습니다.

18 도깨비는 말 피와 말 머리를 제일 무서워한다고 했습니다.

19 버들이는 몽당깨비에게 도깨비들이 제일 무서워하는 것이 무엇이냐고 물은 뒤 기와집 담에 말 피를 뿌리고 대문에 말 머리를 올렸습니다.

20 몽당깨비가 처한 상황에서 한 말과 행동을 살펴보면 몽당깨비가 추구하는 가치를 파악할 수 있습니다.

21 몽당깨비는 천 년 동안 은행나무 뿌리에 얽매여 있어 버들이를 만날 수 없는 벌을 받아야만 했습니다.
채점 tip 천 년 동안 은행나무 뿌리에 얽매여 있어야 하는 벌을 받았다고 썼으면 정답으로 합니다.

22 '총명함'은 (1)의 뜻이 알맞습니다. (2)는 겸손함, (3)은

미련함의 뜻입니다.

23 외국에서 공부를 마치고 케냐로 돌아온 왕가리 마타이는 숲을 없애고 차나무와 커피나무를 심어 황폐해진 마을 풍경을 보고 깜짝 놀랐습니다.

24 왕가리 마타이는 파괴된 환경이 그녀와 그녀의 아이들 그리고 케냐의 모든 이에게 고통을 주고 있다는 것을 깨닫고 나무를 심기로 마음먹었습니다.

25 왕가리 마타이는 나무를 심어 주는 회사를 세워 삭막한 도시를 풍요롭게 만들고, 사람들에게 일자리를 제공하고 싶었습니다.

채점 tip 도시를 풍요롭게 만들고 가난한 사람들에게 일자리를 제공할 것이라고 기대했다는 내용으로 썼으면 정답으로 합니다.

26 나무 심기를 포기하지 않고 꾸준히 실천하는 것으로 보아 왕가리 마타이는 끈기와 책임을 추구하고, 모두의 이익과 행복을 추구한다는 것을 알 수 있습니다.

27 나무가 자라기를 기다리는 마음이 필요하다는 내용이므로 ㉮에는 '인내심'이 알맞습니다.

> **왜 답이 아닐까?**
> ① '안심'은 '모든 걱정을 떨쳐 버리고 마음을 편히 가짐.'을 뜻합니다.
> ② '애국심'은 '자기 나라를 사랑하는 마음.'을 뜻합니다.
> ④ '조바심'은 '조마조마하여 마음을 졸임. 또는 그렇게 졸이는 마음.'을 뜻합니다.
> ⑤ '경쟁심'은 '남과 겨루어 이기거나 앞서려는 마음.'을 뜻합니다.

28 묘목을 한꺼번에 약 1000그루씩 적당한 간격을 두고 심어 '벨트'를 만들도록 권장하면서 나무 심기 운동은 '그린벨트 운동'으로 불리게 되었습니다.

29 왕가리 마타이는 우리 아이들을 위해서, 미래의 케냐를 위해서 나무를 심어야 한다며 인내심을 가지고 나무를 심어 줄 것을 부탁했습니다.

30 1989년, 케냐 정부는 나이로비 시내 한복판에 있는 우후루 공원에 복합 빌딩을 건설하려고 했습니다.

31 왕가리 마타이는 도심 속 녹지대와 시민들의 쉼터가 계속 보전되어야 한다고 생각했기 때문에 우후루 공원을 지키려고 했습니다.

32 왕가리 마타이가 처한 상황에서 한 행동과 말을 통해 왕가리 마타이가 추구하는 가치를 알 수 있습니다.

33 왕가리 마타이가 추구하는 가치가 무엇인지 먼저 파악한 뒤 자신의 삶과 비교해 보고 느낀 점을 자유롭

게 써 봅니다.

채점 tip 자신만이 아니라 모두의 행복과 이익을 추구하고자 한 왕가리 마타이의 삶과 자신의 삶을 비교해 보고 느낀 점을 알맞게 썼으면 정답으로 합니다.

148~149쪽 단원 평가 ❶회

1 ①, ③, ⑤ **2** ⑤ **3** 울돌목(명량 해협) **4** (1) 판옥선 (2) 군사 **5** ④ **6** (2) ○ **7** ③ **8** (1) ㉰ (2) ㉯ **9** (1) 눈 (2) 눈: **10** (1) ㉯ (2) ㉮ (3) ㉰ (4) ㉯

1 글쓴이는 책 읽는 사람이 지혜롭게 세상을 살 수 있는 까닭으로 ①, ③, ⑤를 이야기하였습니다.

2 글에서 중요한 낱말, 중심 문장을 살펴보면 글쓴이가 말하고자 하는 생각을 알 수 있습니다. 글쓴이는 책을 읽자는 생각을 전하고 있습니다.

3 이순신은 '울돌목(명량 해협)'을 싸움터로 정했습니다.

4 이순신은 수십 척의 판옥선이 갖추어진 것처럼 보이도록 하고, 우리 군사의 수가 많은 것처럼 보이도록 백성들에게 산봉우리에서 계속 돌아다니게 했습니다.

5 이순신이 처한 상황, 이순신이 한 말과 행동, 이순신이 처한 상황에서 그렇게 말하고 행동한 까닭을 생각하면 추구하는 가치를 파악할 수 있습니다.

6 왕가리 마타이는 우후루 공원에 복합 빌딩이 건설되는 것을 반대하며 계속 보전되어야 한다고 생각했습니다.

7 왕가리 마타이는 다른 사람들이 은퇴를 하고 휴식을 취할 무렵인 노년에도 환경 보호 운동에 앞장섰습니다.

8 우후루 공원에 복합 빌딩을 건설하려는 케냐 정부는 현실적인 이익을 추구하고, 우후루 공원을 지키려고 애쓰는 왕가리 마타이는 자연환경 보호를 추구한다는 것을 알 수 있습니다.

9 [눈]은 빛의 자극을 받아 물체를 볼 수 있는 감각 기관, [눈:]은 대기 중의 수증기가 찬 기운을 만나 얼어서 땅 위로 떨어지는 얼음의 결정체입니다.

문법 문제 tip 짧게 내는 소리를 '짧은 소리(단음)', 길게 내는 소리를 '긴소리(장음)'라고 합니다. 표기는 같지만 발음의 길이가 다른 낱말을 구분해 봅니다.

10 표기는 같지만 발음의 길이가 달라서 뜻이 달라지는 낱말을 구분합니다.

---

1 ㉯ **2** ⑤ **3** 일편단심 **4** ⑤ **5** ㉓ 어떤 고난도 포기하지 않고 극복하려는 의지를 추구합니다. **6** ③ **7** ㉓ 사람이 되고 싶어 합니다. **8** ③ **9** ⑴ 샘물줄기 ⑵ ㉓ 얼씬거리지 **10** ⑴ ㉯ ⑵ ㉮ **11** ④ **12** ㉓ 나무와 숲이 있는 더 푸른 도시를 만들기로 결심했습니다. **13** ①, ⑤ **14** ①, ④ **15** ⑴ 경험 ⑵ 비교 ⑶ 말

1 중장은 비유하는 표현이고, 초장보다는 종장에서 더 직접적으로 이방원의 생각을 드러내고 있습니다.

2 이방원은 '우리'라는 표현을 사용해 새로운 왕조를 세울 뜻을 같이하자는 생각을 나타내었습니다.

3 '일편단심'에서 정몽주의 고려에 대한 변함없는 충성심을 느낄 수 있습니다.

4 이순신은 더는 일본군 때문에 죽는 사람들이 없도록 꼭 승리해서 이겨야겠다고 생각했을 것입니다.

5 이순신은 아들 면이 죽은 상황에서도 흔들리지 않고 자신과 나라가 처한 상황을 극복하려고 했습니다.
> **채점 tip** 어떤 고난에서도 포기하지 않고 극복하려고 하는 의지를 추구했다는 내용으로 썼으면 정답으로 합니다.

6 몽당깨비는 샘마을에 살고 있는 버들이를 보기 위해 샘마을에 가야 한다고 했습니다.

7 "너도 사람이 되고 싶었니?"라는 미미의 말에서 알 수 있습니다.
> **채점 tip** 사람이 되고 싶어 한다는 내용을 썼으면 정답으로 합니다.

8 버들이는 몽당깨비에게 샘을 기와집 뒤란으로 옮겨 달라고 했습니다.

9 버들이는 샘물줄기를 바꾸고 나면 틀림없이 도깨비들이 노여워하며 자신을 찾을 것이라고 생각하여 ㉠과 같이 물었습니다.

10 버들이는 현실적인 이익을 추구하고, 몽당깨비는 믿음과 사랑을 추구합니다.

11 케냐의 새로운 지도자들이 돈벌이를 위해 숲을 없애고 차나무와 커피나무를 심은 결과 케냐는 황폐해졌습니다.

12 왕가리 마타이는 국제연합 해비탯 회의에 참석하여 테레사 수녀와 마거릿 미드에게 큰 감명을 받고 나무와 숲이 있는 더 푸른 도시를 만들기로 결심했습니다.
> **채점 tip** 나무와 숲이 있는 더 푸른 도시를 만들기로 결심했다는 내용으로 썼으면 정답으로 합니다.

13 왕가리 마타이는 나무를 심어 주는 회사를 세웠고, 묘목들이 말라 죽은 상황에서도 포기하지 않고 나무 심기를 계속할 수 있는 방법을 찾아보았습니다.

14 왕가리 마타이는 나무 심기를 포기하지 않고 계속할 방법을 찾아 끊임없이 노력했습니다.

> **왜 답이 아닐까?**
> ② 왕가리 마타이는 모든 이에게 도움이 되는 일을 하기 위해 회사를 세웠으므로 물질적인 보상을 추구했다고 볼 수 없습니다.
> ③ 왕가리 마타이가 가족을 위해 희생했다는 이야기는 글에 나타나 있지 않습니다.
> ⑤ 왕가리 마타이가 눈으로 보이는 아름다움을 추구했다는 것은 글에 나타나 있지 않습니다.

15 인물이 추구하는 가치를 자신의 삶과 관련짓는 방법을 떠올려 빈칸을 채워 봅니다.

---

1 ⑴ ㉓ 『샘마을 몽당깨비』 ⑵ ㉓ 몽당깨비 **2** ⑴ ㉓ 버들이를 사랑하게 된 몽당깨비는 버들이의 부탁을 받고 도깨비 샘의 물길을 바꾼 벌로 천 년 동안 은행나무 뿌리에 갇히게 됩니다. ⑵ ㉓ •"그때 버들이가 기뻐하던 모습이라니, 지금도 잊을 수가 없어." • 땅속의 샘물줄기를 버들이네 기와집 뒤란으로 흐르도록 해 줌. **3** ㉓ 제가 소개하는 인물은 『샘마을 몽당깨비』에 나오는 '몽당깨비'입니다. 몽당깨비는 도깨비로, 새벽마다 도깨비 샘물을 뜨러 왔던 버들이를 사랑합니다. 그래서 버들이의 부탁을 받고 도깨비 샘의 물길을 바꿔 주기로 약속합니다. 버들이가 좋아하는 모습을 보고 "그때 버들이가 기뻐하던 모습이라니, 지금도 잊을 수가 없어."라고 말하기도 합니다. 그러고는 땅속의 샘물줄기를 버들이네 기와집 뒤란으로 흐르도록 해 줍니다. 몽당깨비는 진심을 담아 상대를 대하는 가치를 추구한다는 것을 알 수 있습니다. 하지만 그 벌로 천 년 동안 은행나무 뿌리에 갇히

게 됩니다. 저는 버들이에게 배신을 당한 몽당깨비를 보면서 무조건적인 사랑은 좋지 않다는 것을 깨달았습니다. 진정한 사랑은 상대방이 잘못한 일을 깨닫게 해 주는 것이라고 생각하기 때문입니다. 몽당깨비가 불쌍했고, 버들이가 잘못을 뉘우치면 좋겠습니다.

1 자신이 읽은 문학 작품 속에서 소개하고 싶은 인물을 떠올려 봅니다.

2 인물에게 일어난 일을 떠올려 보고, 기억나는 인물의 말과 행동에 대해 씁니다.

3 문학 작품 속 인물을 소개할 때 말해야 하는 내용을 넣어 인물 소개서를 씁니다. 인물이 추구하는 가치가 드러나도록 쓰고, 자신의 삶에 영향을 준 점도 함께 씁니다.

채점 기준	잘함	인물을 소개할 때 들어갈 내용과 인물이 자신의 삶에 준 영향을 알맞게 넣어 인물을 소개했습니다.
	보통	인물을 알맞게 소개했지만 자신의 삶에 준 영향을 빠뜨리고 썼습니다.
	노력 요함	인물을 지나치게 간단하게 소개했거나 인물이 추구하는 가치를 쓰지 못했습니다.

[채점 키워드] 문학 작품 속 인물–인물이 추구하는 가치를 자신의 삶과 관련지어 인물을 소개함.

154쪽 쉬어가기

9. 마음을 나누는 글을 써요

156쪽 개념 확인 문제

1 (2) ○   2 예 편지 쓰기, 문자 메시지 쓰기 등
3 (1) 사건 (2) 행동 (3) 마음   4 정훈

1 친구에게 미안한 마음이 들 것입니다.

2 편지나 문자 메시지, 학급 게시판, 누리집 등에 마음을 나누는 글을 써서 전할 수 있습니다.

3 글로 쓸 내용을 정하는 방법을 떠올려 봅니다.

4 읽는 사람을 고려해 정확하고 쉬운 표현을 사용해야 합니다.

157쪽 어휘·문법 확인 문제

1 목적   2 (2) ○   3 (1) 망각 (2) 환심 (3) 공덕
4 (2) ○

1 '목적'의 뜻입니다.

2 (1)은 '마음가짐', (3)은 '방법'의 뜻입니다.

3 문장의 내용에 알맞은 낱말을 찾아 씁니다.

4 'ㅜ'와 'ㅓ'가 축약되어 'ㅝ'가 되므로 '맞춰'가 바른 표현입니다.

158~161쪽 교과서 독해

마음을 나누는 글 158쪽 작품 정리 ❶ 고마운 ❷ 미안한
1 ④   2 ③, ④   3 예 글 ㉮는 선생님께 쓴 것으로 공손한 말로 표현했고, 글 ㉯는 친구에게 쓴 것으로 친근한 말로 표현했습니다.   4 (1) ㉯ (2) ㉮

마음을 나누는 글의 짜임과 내용 159쪽 작품 정리 ❶ 미안한 ❷ 편지
5 ①, ③   6 ㉰   7 ④   8 ⑤

주어라, 또 주어라 160~161쪽 작품 정리 ❶ 마음가짐 ❷ 베푸는
9 (1) 두 아들 (2) 예 걱정하는   10 ⑤   11 예 어려움에 처한 다른 사람을 먼저 돕는 일입니다.   12 ③
13 ⑤   14 (1) ㉯ (2) ㉰ (3) ㉮   15 예 지난날 쌓아 놓은 공덕이 하루아침에 사라져 버리기 때문입니다.
16 지안

1 글쓴이가 선생님 덕분에 국어 공부를 좋아하게 되어 감사해하는 상황입니다.

2 미안해하며 사과하고 싶은 마음을 전하고 있습니다.

3 마음을 나누는 글은 누가, 어떤 사람에게 썼는지에 따라 표현하는 방법이 달라집니다.

   채점 tip 글 ㉮는 선생님께 공손한 말로, 글 ㉯는 친구에게 친근한 말로 표현했다고 썼으면 정답으로 합니다.

4 글 ㉮는 편지로 하고 싶은 말을 자세히 표현할 수 있고, 글 ㉯는 문자 메시지로 읽을 사람의 반응을 바로 확인할 수 있습니다.

5 신우는 지효 가방이 더러워져서 미안한 마음과 이해해 줘서 고마운 마음을 나누려고 합니다.

6 일어난 사건이 무엇인지 자세히 밝히고 있습니다.

7 '당황스럽다'는 '놀라거나 다급하여 어찌할 바를 몰라 하는 데가 있다.'는 뜻으로, '당혹스럽다'와 뜻이 비슷합니다.

8 일어난 사건에 대한 자신의 생각이나 행동을 떠올려야 합니다.

9 이 글은 정약용이 유배지에서 두 아들에게 당부하고 싶은 말을 편지로 쓴 것입니다.

10 글쓴이는 두 아들이 보살핌을 받는 것에 익숙해져서 다른 사람이 은혜를 베풀어 주기만 바라는 것을 걱정했습니다.

11 두 아들에게 항상 은혜를 베풀어 주기만 바라면 안 된다고 하면서 사람의 본분을 잊어서는 안 된다고 하였으므로 다른 사람을 먼저 도와주는 일을 뜻합니다.

12 ③은 글에 나타나 있지 않습니다.

13 두 아들에게 다른 사람을 자랑스러워하는 마음을 가지라는 내용은 이 글에 나타나 있지 않습니다.

14 '환심'은 '기뻐하고 즐거워하는 마음.', '공덕'은 '착한 일을 하여 쌓은 업적과 어진 덕.', '근성'은 '뿌리가 깊게 박힌 성질.'을 뜻합니다.

15 먼저 베풀고 보답이 돌아오지 않는다고 원망하면 지난날 쌓아 놓은 공덕이 하루아침에 사라져 버리고 말 것이라 했습니다.

   채점 tip 지난날 쌓아 놓은 공덕이 사라져 버릴 수 있기 때문이라는 내용을 썼으면 정답으로 합니다.

16 글쓴이는 두 아들이 다른 사람의 도움을 바라지만 말고 먼저 베풀면서 살기를 바라고 있습니다.

---

1 효진   **2** ④, ⑤   **3** ④   **4** (1) 신우   (2) 지효
5 (2) ○   **6** ⑤   **7** ④   **8** (5) ×   **9** ㉯   **10** (1) 줘라   (2) 띄는

1 효진이는 경찰관분들께 고마운 마음을 전하는 글을 쓴 경험을 말했습니다.

2 선생님께서는 ④, ⑤의 방법으로 글쓴이가 국어 공부를 재미있게 할 수 있도록 도와주셨습니다.

3 선생님께 감사한 마음을 표현하기 위해서입니다.

4 이 편지는 신우가 지효에게 쓴 편지입니다.

5 지효에게 고마운 마음을 표현한 부분입니다.

6 글쓴이는 두 아들의 마음가짐을 걱정하는 마음을 전하려고 글을 썼습니다.

7 남의 은혜를 받고자 하는 마음을 버리면 남의 도움을 받고 싶은 마음도 커지지 않을 것입니다.

8 다른 사람의 도움을 바라는 마음을 나누고 싶어 하지는 않았습니다.

9 ㉮는 '완성됐다', ㉯는 '남겨', ㉰는 '띈다'라고 써야 합니다.

10 '주어라'는 '줘라', '뜨이는'은 '띄는'으로 축약해서 쓸 수 있습니다.

   문법 문제 tip 모음이 하나로 줄어드는 축약 현상은 발음을 좀 더 쉽고 편리하게 하기 위해서 일어나는 현상입니다.

---

1 예 슬픈 마음   **2** ③, ⑤   **3** 예 친구들이 학용품을 소중히 다루지 않아 안타까운 마음입니다.   **4** ②
5 국어 공부   **6** ③   **7** ②   **8** 예 자신의 생각이나 느낌을 바로 전할 수 있습니다. / 읽을 사람의 반응을 바로 확인할 수 있습니다.   **9** ②, ⑤   **10** (3) ○
11 ⑤   **12** ①   **13** 예 다른 사람의 도움을 바라지만 말고 먼저 베풀면서 살라는 말을 전하기 위해서입니다. / 다른 사람을 배려하는 마음을 나누기 위해서입니다.   **14** ④   **15** ㉯, ㉮, ㉰, ㉱, ㉲

1 슬픈 마음을 전하는 글을 쓸 수 있습니다.

2 서연이는 무분별한 벌목으로 자연이 파괴된다는 뉴스를 본 뒤, 학교에서 자연 자원으로 만든 학용품이

BOOK ❶ 개념북   **9** 단원

분실물 보관함에 쌓여 있는 것을 보았습니다.

3 서연이는 친구들이 학용품을 소중히 다루지 않아 안타까운 마음을 어떻게 전할지 고민하고 있습니다.

> **채점 tip** 안타까운 마음이라고 썼으면 정답으로 합니다.

4 친구의 글을 생각하는 것은 적절하지 않습니다.

5 연아는 이상하게 국어 공부가 싫었다고 했습니다.

6 연아는 고마운 마음을 나누려고 글을 썼습니다.

7 하고 싶은 말을 자세히 표현할 수 있습니다.

8 나누려는 마음을 문자 메시지로 쓰면 자신의 생각이나 느낌을 바로 전할 수 있고, 읽을 사람의 반응을 바로 확인할 수 있습니다.

> **채점 tip** 같이 나누려는 마음을 문자 메시지로 쓰면 좋은 점을 생각하여 알맞게 썼으면 정답으로 합니다.

9 신우는 친구 가방을 더럽히게 되어 미안한 마음, 이해하고 도와준 친구에게 고마운 마음을 나누기 위해 이 글을 썼습니다.

10 ㉠ 부분에서 일어난 사건에 대한 신우의 생각이나 행동을 표현하였습니다.

11 남의 도움을 바라는 말버릇을 가리킵니다.

12 글쓴이는 다른 사람을 위해 먼저 베풀고 보답해 주지 않더라도 원망하지 말라고 했습니다.

13 글쓴이가 이 글을 통해 나누려는 마음이 무엇인지 생각해 써 봅니다.

> **채점 tip** 다른 사람을 배려하고 베풀며 살라는 말을 전하기 위해서라는 내용을 넣어 썼으면 정답으로 합니다.

14 나누려는 마음을 자세하게 나타내야 합니다.

15 학급 신문을 만드는 과정을 생각하며 차례대로 기호를 써 봅니다.

167쪽 수행 평가

1 (1) **예** 텔레비전에서 화재 뉴스를 보았는데 소방관이 위험을 무릅쓰고 불을 끄는 상황 (2) **예** 걱정되는 마음과 감사한 마음을 전하기 위해서 (3) **예** 소방관 아저씨 **2** (1) **예** 소방관 아저씨께서 불이 난 건물에 뛰어 들어가 불을 끄셨다. (2) **예** 불이 난 건물에 뛰어 들어갔을 때 걱정되었고, 위험에 처한 사람들을 돕는 모습이 감동적이었다. (3) **예** 걱정되는 마음, 고마운 마음 **3** **예** 소방관 아저씨께 / 안녕하세요? 저는 ○○초등학교 ○○○입니다. / 얼마 전 텔레비전

뉴스에서 아저씨께서 불이 난 건물로 들어가 불을 끄는 것을 보았어요. / 연기가 가득한 불이 난 건물에 뛰어 들어갔을 때 걱정되었고, 위험에 처한 사람들을 돕는 모습이 정말 감동적이었어요. / 소방관 아저씨께서 계시기에 우리가 이렇게 안전하게 생활할 수 있어요. / 진심으로 감사드려요. 항상 건강하시길 바랄게요. / 20○○년 ○○월 ○○일 / ○○○ 올림

1 글을 쓰는 상황과 목적을 생각하여 읽을 사람을 정합니다.

2 일어난 사건을 떠올려 일어난 사건에 대한 생각이나 행동을 씁니다

3 일어난 사건을 떠올려 나누려는 마음을 자세히 씁니다.

채점 기준		
	잘함	편지 형식으로 일어난 사건과 나누려는 마음을 자세히 썼습니다.
	보통	일어난 사건을 자세히 밝혔지만 나누려는 마음을 자세히 나타내지 못했습니다.
	노력 요함	편지 형식으로 쓰지 못했고, 일어난 사건과 나누려는 마음을 표현하지 못했습니다.

[채점 키워드] 마음을 나누는 글 쓰기: 글을 쓰는 상황과 목적을 고려해 나누려는 마음을 나타냄.

168쪽 쉬어가기

1. 비유하는 표현

2~5쪽 단원 평가

1 ① **2** ②, ⑤ **3** ⑤ **4** ㉣ **5** 메밀꽃 냄새, 새우 냄새, 멍멍이 냄새, 옥수수 냄새 **6** (1) **예** 솜사탕 (2) **예** 작은 것이 큰 것으로 변하는 성질이 비슷하기 때문입니다. **7** ⑤ **8** 하연 **9** (1) ㉮ (2) ㉯ **10** ㉢, ㉤ **11** (1) ㉯ (2) ㉰ (3) ㉮ **12** **예** 앞마을 냇가와 뒷마을 연못에 봄비가 경쾌하게 내리는 장면을 표현한 것입니다. **13** ④ **14** ②, ④ **15** 민지 **16** 풀잎, 바람 **17** ④ **18** ②, ④ **19** ② **20** ②, ④, ⑤

1 '비유하는 표현'은 어떤 현상이나 사물을 비슷한 현상이나 사물에 빗대어 표현하는 것을 말합니다.

2 글의 앞부분에서는 뻥튀기가 튀겨질 때 사방으로 날리는 모양을, 뒷부분에서는 뻥튀기를 튀길 때 나오는 냄새를 표현했습니다.

3 ㉤'메밀꽃 냄새'는 뻥튀기 냄새를 비유하는 표현입니다. ㉠~㉣은 뻥튀기가 사방으로 날리는 모양을 비유했습니다.

4 '뻥튀기가 사방으로 날리는 모양'과 '나비'의 공통점은 다양한 방향으로 움직인다는 점입니다.

6 **채점 tip** 뻥튀기와 공통점이 있는 대상을 떠올려 쓰고, 비슷한 점을 까닭으로 썼으면 정답으로 합니다.

8 이 세상 모든 것과 악기는 소리가 나는 것이 비슷하다는 공통점이 있습니다.

10 '운율'은 시가 음악처럼 느껴지게 하는 요소로서, 소리가 비슷한 글자나 일정한 글자 수가 반복될 때 생깁니다. '두둑 두드둑', '도당도당 도당당'에서 운율이 가장 잘 느껴집니다.

11 앞마을 냇가에선 '풍퐁 포옹 퐁', 뒷마을 연못에선 '풍풍 푸웅 풍', 외양간 엄마 소는 '댕그랑댕그랑' 소리가 난다고 했습니다.

12 **채점 tip** '앞마을 냇가와 뒷마을 연못에 봄비가 내리는 모습을 재미있게 표현했다.' 등의 내용으로 썼으면 정답으로 합니다.

13 비유하는 표현은 대상 하나를 다른 대상에 빗대어 표현하기 때문에 두 대상 사이에는 공통점이 있습니다. '봄비 내리는 모습'과 '왈츠'는 경쾌하고 가볍게 움직인다는 공통점이 있습니다.

14 ㉠~㉢은 이 시에서 운율이 가장 잘 느껴지는 부분으로, 운율은 시가 음악처럼 느껴지게 하고, 소리가 비슷한 글자나 일정한 글자 수가 반복될 때 생깁니다.

15 비유하는 표현을 사용하면 시의 내용이 쉽게 이해되고 글쓴이의 의도와 시의 장면이 쉽게 파악되며 대상이 실감 나게 느껴집니다.

17 친구와 다시 만나는 장면이나 화해하는 장면, 다시 만나자고 약속하는 장면 등이 떠오릅니다. ④는 시의 내용과 관련이 없습니다.

18 직유법은 '~같이', '~처럼', '~듯이'와 같은 말을 써서 두 대상을 직접 견주어 표현하는 방법을 말합니다. ①에도 '같은'이라는 말이 들어가지만 비유하는 표현은 아닙니다.

20 시 낭송을 잘하려면 노래하듯이 부드럽고 자연스럽게 읽고, 시의 분위기와 느낌을 살리고, 시에서 떠오르는 장면을 상상하면서 읽어야 합니다.

6쪽 수행 평가 실전

1 **예** 여러 가지 소리가 섞여 있습니다. **2** **예** 새싹이 떠오릅니다. / 봄비를 맞고 서 있는 개나리나 진달래가 떠오릅니다. **3** (1) **예** 새싹 (2) **예** 클라리넷 (3) **예** 클라리넷의 여린 소리가 새싹의 여린 모습과 닮아서

1 봄비 내리는 소리를 여러 가지 악기로 연주하는 교향악에 빗대어 표현했습니다.

2 봄비 내리는 장면에 어울리는 대상을 떠올려 봅니다. 개구리나 봄꽃들, 가로수, 우산 등을 떠올릴 수 있습니다.

3 문제 **2**번에서 답한 대상의 특징을 떠올려 알맞은 악기에 비유하여 씁니다.

채점 기준	잘함	대상과 비유하는 표현, 비유한 까닭을 모두 알맞게 썼습니다.
	보통	대상과 비유하는 표현을 썼지만, 까닭을 알맞게 쓰지 못했습니다.
	노력 요함	대상을 썼지만 비유하는 표현과 까닭을 대상에 어울리게 쓰지 못했습니다.

[채점 키워드] 비유하는 표현: 대상과 비슷한 특성이 있는 악기를 떠올려 쓰기

2. 이야기를 간추려요

> 1 황금 사과 2 ①, ③ 3 ② 4 ④ 5 ⑩ 욕심을 부리지 말자. / 서로 대화하고 소통하자. 6 ② 7 ⑩ 저승사자에게 수고비를 주기 위해서입니다. 8 ⑤ 9 ① 10 ㉢ 11 (2) ○ 12 ⑩ 덕진은 원님이 갚은 쌀 삼백 석으로 마을 앞을 가로지르는 강가에 다리를 놓았습니다. 13 ④ 14 ⑩ 처음 보는 노인이 자신의 종이 상자를 가져가려고 해서 15 ㉯ 16 눈에 혹이 난 할머니 17 ③ 18 ④ 19 ② 20 ⑩ 종이 할머니는 눈에 혹이 난 할머니와 친구처럼 지내며 자신이 사는 곳이 바로 우주 호텔이라고 생각했습니다.

1 두 동네 사람들은 서로 황금 사과를 갖겠다고 툭하면 싸웠습니다.

3 아이는 몸이 오싹거렸지만 작은 문을 향해 계속 다가갔습니다.

4 두 동네 가운데에 있는 사과나무에 황금 사과가 열리자 사람들은 서로 가지겠다고 싸우며 담을 높게 쌓고 서로를 미워했습니다. 어느 날 공을 찾으러 간 꼬마 아이가 담 너머에 아이들이 즐겁게 놀고 있는 모습을 보았습니다.

5 황금 사과를 서로 갖겠다고 동네가 나뉘어 서로 미워하는 모습과 마지막에 사과가 아이들에게 다가가 말하는 모습 등을 바탕으로 하여 주제를 떠올려 씁니다.

6 염라대왕은 아직 원님이 나이가 젊어 딱하다는 생각이 들어 저승사자에게 돌려보냈습니다.

7 원님은 저승사자에게 수고비를 주기 위해 곳간에 갔습니다.

9 덕을 베풀지 않은 원님과는 달리 덕진의 곳간에는 쌀이 수백 석이나 있었습니다.

10 ㉠, ㉡, ㉢은 이야기의 발단에 해당합니다.

11 사건 속의 갈등이 커지면서 긴장감이 가장 높아지는 부분을 '절정'이라고 합니다. 이 이야기에서는 원님이 허름한 선비로 변장해 덕진을 만나는 부분이 절정에 해당합니다.

12 **채점 tip** 덕진이 마을 사람들을 위하여 쌀을 팔아 마을 앞을 가로지르는 강가에 다리를 놓았다고 썼으면 정답으로 합니다.

13 할머니는 땅만 살피며 종이를 줍기 때문에 사람들에게 '종이 할머니'라고 불렸습니다.

14 종이 할머니는 처음 보는 노인이 자기 상자를 가져가려고 해서 깜짝 놀랐습니다.

15 종이 할머니가 채소 가게 앞에서 자기 상자를 가져가는 작고 뚱뚱한 할머니를 만나는 부분에서 사건이 시작됩니다.

17 종이 할머니가 눈에 혹이 난 할머니를 처음 만났을 때에는 종이 상자를 빼앗기지 않으려고 소리를 질렀으나, 다시 만났을 때에는 다가가서 집에 놀러 오라고 했습니다.

18 종이 할머니의 집이 우주 호텔처럼 인생이라는 여행에서 잠시 쉬어 가며 친구를 만나는 곳이 되었기 때문입니다.

19 종이 할머니는 눈에 혹이 난 할머니와 같이 폐지를 모았습니다.

20 글의 마지막 부분에서 일어난 일을 간추려 씁니다.

> 1 ⑩ 두 동네 사람들은 황금 사과를 서로 가지겠다고 땅바닥에 금을 긋고 담을 높게 쌓았는데, 서로 의심하는 마음도 차츰 쌓여 갔다. 2 ⑩ 서로 소통해 황금 사과를 나누어 가졌다면 두 동네가 사이좋게 살았을 텐데 그러지 못해 아쉬운 마음이 듭니다. 3 ⑩ 황금 사과를 팔아서 그 돈으로 공원이나 도로를 만드는 등 두 동네에 필요한 일에 사용합니다. / 황금 사과를 판 돈을 두 동네가 똑같이 나누어 가집니다.

1 글 ㉯와 ㉰에서 일어난 일을 정리해 씁니다.

2 황금 사과를 서로 가지기 위해 싸우는 두 동네 사람들을 보고 어떤 생각이나 느낌이 들었는지 씁니다.

3 두 동네 사람들이 모두 만족할 만한 방법을 떠올려 씁니다.

채점 기준	잘함	두 동네 사람들에게 모두 이익이 되는 방법을 생각해 썼습니다.
	노력 요함	어느 한 동네만 이익이 되는 내용을 썼거나 황금 사과를 나누는 방법과 관련이 없는 내용을 썼습니다.

[채점 키워드] 모두에게 이익이 되는 방법: '사과를 판 돈을 똑같이 나누기', '두 동네에 도움이 되는 건물이나 공동의 시설 짓기' 등

3. 짜임새 있게 구성해요

12~15쪽 단원 평가

1 ⑤ **2** 예 전교 학생회 회장단 선거 후보자가 학생들에게 연설하고 있습니다. **3** ② **4** (2) ○ **5** ① **6** (1) 예 친구들이 교실 밖에서 대화를 하고 있습니다. (2) 예 한 친구가 교실에서 발표를 하고 있습니다. **7** ⑤ **8** ④ **9** ④ **10** ⑤ **11** 예 그림을 활용할 것입니다. 옛사람의 생활 모습을 그림으로 보여 주면 쉽게 설명할 수 있기 때문입니다. **12** (1) 도표 (2) 동영상 (3) 사진 (4) 표 **13** ㉰ **14** (1) ○ **15** 호경 **16** ①, ②, ③ **17** ① **18** ③ **19** 계속 배우려는 의지 **20** ①, ③

1 여러 사람 앞에서 발표하는 상황 등이 공식적인 말하기 상황입니다.

3 '공약'이란 입후보자들이 어떤 일에 대하여 듣는 이에게 실행할 것을 약속한다는 뜻입니다. 나성실 후보자는 깨끗한 화장실을 만들겠다고 했습니다.

4 지난해에 학생들에게 설문 조사를 실시했는데, 학생들이 학교에 바라는 점 가운데에서 가장 많이 나온 의견이 깨끗한 화장실을 만들어 달라는 의견이었다고 했습니다.

5 연설할 때에는 여러 사람 앞에서 말하므로 높임 표현을 써야 합니다. 또한 듣는 사람이 알기 쉽게 말하고, 듣는 사람의 특성과 연설 시간도 고려해야 합니다.

7 두 가지 말하기 상황의 비슷한 점으로는 말하는 사람과 듣는 사람이 있다는 점을 들 수 있습니다.

8 자료를 활용하지 않고 발표하면 듣는 사람은 말하는 사람이 설명하는 내용을 제대로 이해하지 못하는 경우가 생길 수 있습니다.

9 공식적인 말하기는 여러 사람 앞에서 발표하는 상황이기 때문에 큰 소리로 또박또박 말해야 하며 높임 표현을 사용합니다. 듣는 사람은 신중한 태도로 집중해서 듣습니다.

11 채점 tip 사진이나 그림, 동영상 등을 활용하겠다고 쓰고, 그 까닭을 알맞게 썼으면 정답으로 합니다.

12 ㉠은 도표, ㉡은 동영상, ㉢은 사진, ㉣은 표입니다. '도표'는 여러 가지 자료를 분석하여 그 관계를 일정한 양식의 그림으로 나타낸 표입니다.

15 소희가 말한 것은 동영상보다 표 자료가 더 알맞고, 선주가 말한 것은 도표가 더 효과적입니다.

16 자료를 활용해서 말하면 듣는 사람이 흥미를 느끼게 할 수 있고, 듣는 사람이 더 잘 이해할 수 있으며 정보를 효과적으로 전달할 수 있습니다.

18 2008년 100대 기업의 인재상 1순위는 창의성입니다.

19 미래에는 변화가 굉장히 빠른 속도로 일어나기 때문에 미래의 인재에게 가장 중요한 것은 계속 배우려는 의지라고 했습니다.

20 발표 장소가 넓고 여러 사람 앞에서 발표하므로 뒤쪽에서도 잘 보이도록 큰 자료를 활용하며 멀리까지 잘 들리도록 큰 목소리로 또박또박 말합니다. 또 자료를 보여 줄 때에는 친구들이 집중할 수 있도록 자세히 소개합니다.

16쪽 수행 평가 실전

1 예 자료 ㉮는 표로 많은 양의 자료를 간단하게 나타낼 수 있고, 자료 ㉰는 도표로 수량의 변화 정도를 쉽게 파악할 수 있습니다. **2** (1) 예 자료 ㉯ (2) 예 여행지의 자연환경을 한눈에 보여 줄 수 있기 때문입니다. **3** 예 자료를 활용해서 말하면 듣는 사람이 흥미를 느끼게 할 수 있습니다. / 정보를 효과적으로 전달할 수 있습니다. / 듣는 사람이 더 잘 이해할 수 있습니다.

1 자료 ㉮는 표, 자료 ㉰는 도표이므로 표와 도표의 특성을 비교하여 씁니다.

2 사진은 대상의 정확한 모습을 사실대로 보여 줄 수 있고, 설명하는 대상을 한눈에 보여 줄 수 있으므로 사진 자료를 활용하여 여행지의 자연환경을 보여 주는 것이 좋습니다. 사진 자료 외에 표와 도표 자료도 활용한 까닭을 들어 타당하게 썼으면 정답으로 합니다.

3 자료를 활용해서 말하면 듣는 사람이 흥미를 느낄 수 있으며 더 잘 이해할 수 있습니다.

채점 기준	잘함	자료를 활용하여 말하면 듣는 사람이 발표 내용에 흥미를 느끼거나 더 잘 이해할 수 있다는 점 등을 썼습니다.
	노력 요함	자료를 활용하여 말할 때의 좋은 점을 알맞게 쓰지 못했습니다.

[채점 키워드] 자료 활용 장점: '이해가 잘됨.', '흥미를 높임.', '효과적 전달 가능.' 등

4. 주장과 근거를 판단해요

1 ① **2** ⑴ ④ ⑵ ㉮ **3** ②, ⑤ **4 ⑩** 처한 상황이 서로 다르기 때문입니다. **5** 윤회 **6** ① **7** ⑴ ㉮ ⑵ ④, ㉰ ⑶ ㉲ **8 ⑩** 우리 전통 음식보다 외국에서 유래한 햄버거나 피자와 같은 음식을 더 좋아하는 어린이를 쉽게 볼 수 있는 상황을 제시했습니다. **9** ③ **10** ② **11** ①, ④ **12** 맛, 멋, 영양 **13** 우리는 우리 전통 음식의 과학성과 우수성을 알고 우리 전통 음식에 관심을 가지고 우리 전통 음식을 사랑해야겠습니다. **14** ①, ⑤ **15** ③ **16** ① **17** ⑴ 자연은 한번 파괴되면 복원되기가 어렵다. ⑵ 무리한 자연 개발은 생태계를 파괴한다. **18** ⑵ ○ **19** ②, ③, ⑤ **20** ㉮

1 지훈이와 미진이는 '동물원은 필요한가'라는 주제에 대해 각각 찬성과 반대 의견을 나타냈습니다.

3 지훈이는 동물원이 있어야 한다고 주장했고, 근거로 동물원은 우리에게 큰 즐거움을 주고 동물을 보호해 준다고 했습니다.

4 채점 tip 처한 상황이 서로 다르기 때문이라는 내용으로 썼으면 정답으로 합니다.

5 주장에 대한 근거가 적절하다면 다른 주장이라도 존중해야 합니다.

6 이 글의 서론인 문단 ㉮에 글을 쓴 목적이 나타나 있습니다. 글쓴이는 우리 전통 음식을 사랑하자고 했습니다.

9 글 ④에서 된장, 간장, 고추장과 같은 발효 식품에는 무기질과 비타민이 풍부하게 들어 있어 몸을 건강하게 해 준다고 했습니다.

11 문단 ④와 ㉰의 첫 번째 문장에 근거가 제시되어 있습니다.

12 문단 ㉲에서 우리 조상의 넉넉한 마음과 삶에서 배어 나온 지혜가 담긴 우리 전통 음식은 그 맛과 멋과 영양의 삼박자를 모두 갖추고 있다고 했습니다.

14 논설문의 결론에서는 글 내용을 요약하기도 하고 글쓴이의 주장을 다시 한번 강조할 수도 있습니다.

15 객관적인 정보를 읽는 이에게 전달하고 이해시키는 글은 설명문입니다.

16 서론에 글쓴이의 주장이 나타나 있습니다. 글쓴이는 자연을 보호해야 한다고 했습니다.

17 자연은 한번 파괴되면 복원되기 어렵다는 점, 무리한 자연 개발은 생태계를 파괴한다는 점을 들어 자연을 보호해야 한다고 주장하고 있습니다.

18 자연의 힘이 아무리 위대해도 자정 능력을 넘어서는 오염은 감당하기 어렵기 때문입니다.

19 무리한 자연 개발의 결과로 동식물이 삶의 터전을 잃고, 기후 변화 현상까지 나타나 동물이 멸종 위기에 처하고, 지구 환경이 위협을 받기도 합니다.

20 근거를 많이 쓰는 것은 내용의 타당성을 판단할 때 생각할 내용으로 알맞지 않습니다.

1 ⑩ 우리 전통 음식을 사랑하자고 주장하기 위해서입니다. **2** ⑴ **⑩** 우리 전통 음식에서 우리 조상의 슬기와 문화를 경험할 수 있습니다. ⑵ **⑩** 글쓴이의 주장에 대한 근거와 그 근거를 뒷받침하는 내용을 제시합니다. **3 ⑩** 우리 전통 음식은 우리 몸을 건강하게 합니다. 김치, 된장, 간장과 같은 발효 식품을 만들 때 발생하는 유산균은 우리 몸의 면역력을 높이고 독감 바이러스 등에 대한 저항력을 높이는 데 도움을 줍니다. 또한 아토피 피부염이나 알레르기를 억제하는 효과도 뛰어나다고 알려져 있습니다.

1 글 ㉮에 글쓴이의 주장이 나타나 있습니다. 글쓴이는 우리 전통 음식을 사랑하자고 했습니다.

2 글 ④의 첫 번째 문장에 주장의 근거가 제시되어 있고, 이어서 근거를 뒷받침하는 내용이 제시되어 있습니다.

3 전통 음식의 장점을 생각해 보고 뒷받침하는 내용과 함께 정리하여 씁니다.

채점 기준	잘함	주장에 어울리는 타당한 내용의 근거를 제시하고, 그 근거를 뒷받침하는 내용도 적절하게 썼습니다.
	보통	주장에 어울리는 근거를 썼지만, 그 근거를 뒷받침하는 내용이 적절하지 않습니다.
	노력 요함	주장에 어울리는 근거를 쓰지 못했습니다.

[채점 키워드] 주장에 어울리는 근거: '건강에 이롭다.', '계절과 지역에 따라 다양한 맛을 즐길 수 있다.' 등

5. 속담을 활용해요

1 ②　**2** ④　**3** (3) ○　**4** ㉮　**5** ①, ③, ④　**6** 선우, 유진, 민경　**7** ⑤　**8** (1) ㉱ (2) ㉲ (3) ㉯ (4) ㉮
9 ㉲ 용돈을 저축해 부모님께 선물을 사 드려서 자랑스러웠던 상황에서 사용할 수 있습니다.　**10** ②, ⑤　**11** ㉲ 배보다 배꼽이 더 크다　**12** ①　**13** ⑤
14 ㉲ 즐거운 생각을 하다 보니 너무 기쁜 나머지, 자신도 모르게 지겟작대기를 밀어 버려서 지게가 쓰러지며 지게에 있던 독들이 깨졌습니다.　**15** ②, ④
16 (2) ○　**17** 말고기　**18** ㉱　**19** ③　**20** ①

1 "백지장도 맞들면 낫다."는 쉬운 일이라도 협력해서 하면 훨씬 쉽다는 뜻입니다. ①은 "엎친 데 덮치다.", ③은 "등잔 밑이 어둡다.", ④는 "콩 심은 데 콩 나고 팥 심은 데 팥 난다.", ⑤는 "공든 탑이 무너지랴."입니다.

3 "사공이 많으면 배가 산으로 간다."는 여러 사람이 저마다 주장대로 배를 몰려고 하면 결국에는 배가 물로 못 가고 산으로 올라간다는 뜻으로, 주관하는 사람이 없이 여러 사람이 자기주장만 내세우면 일이 제대로 되기 어렵다는 말입니다.

4 작은 행동 하나에 그 사람의 많은 것이 드러나게 된다고 했으므로 "하나를 보면 열을 안다."가 알맞습니다.

5 ㉮에서는 속담을 사용하여 자신의 생각을 효과적으로 드러냈고, ㉯에서는 듣는 사람이 흥미를 느낄 수 있도록 했습니다. ㉰에서는 주장의 논리를 뒷받침해 상대를 쉽게 설득하기 위해 속담을 사용했습니다.

7 속담을 쓰면 조상의 지혜와 슬기를 알 수 있고, 자신의 의견을 쉽고 효과적으로 전달하며 듣는 사람의 관심을 불러일으킬 수 있습니다.

9 **채점 tip** "티끌 모아 태산"을 사용할 수 있는 상황을 알맞게 썼으면 정답으로 합니다.

10 희망을 가지라고 말하는 상황에 어울리는 속담은 ②, ⑤입니다.

12 "등잔 밑이 어둡다."는 가까이에 있는 것을 도리어 알아보지 못한다는 뜻으로 행복한 학교생활을 하려면 우리가 지켜야 할 일과 거리가 멉니다.

14 글 ㉯와 ㉰의 내용을 살펴보면서 독장수가 독을 깨뜨리게 된 일을 알아봅니다.

16 "독장수구구는 독만 깨뜨린다."라는 속담은 실속 없이 허황된 것을 궁리하고 미리 셈하는 것을 비유하는 말입니다.

18 "까마귀 고기를 먹었나."는 무엇인가를 잘 잊어버리는 사람을 가리키는 말입니다.

20 "말 갈 데 소 간다."는 남이 할 수 있는 일이면 나도 할 수 있다는 뜻으로, 동물 '말'과 관련된 속담입니다.

1 ㉲ 독장수구구는 독만 깨뜨린다.　**2** ㉲ 헛된 욕심은 손해를 가져옵니다.　**3** ㉲ 독장수 아저씨께 / 아저씨, 안녕하세요? 저는 동아 초등학교 6학년 김우진이라고 합니다. / 「독장수구구」를 읽고 독들이 깨지는 장면에서 너무 속상했어요. 제 마음도 이러한데 아저씨는 얼마나 상심하셨을까요? / 지금은 다시 독들을 팔며 잘 지내고 계시지요? / 앞으로는 실속 없는 헛된 꿈은 꾸지 마시고, 하루하루 노력하는 생활을 하시면 좋겠습니다. / 그러다 보면 빚도 갚고 큰 집도 갖게 되실 거라 믿어요. / 안녕히 계세요. / ○월 ○일 / 김우진 올림

1 독장수가 헛된 생각을 하다가 실수로 독들을 깨뜨린 상황으로, 알맞은 속담은 "독장수구구는 독만 깨뜨린다."입니다.

2 글을 읽고 글의 주제를 알맞게 파악하여 씁니다. 독장수는 헛된 욕심을 부리다가 가지고 있던 독을 모두 잃었습니다. 이러한 이야기를 통해 글쓴이가 말하고자 하는 것이 무엇일지 생각해 봅니다.

3 헛된 생각을 하다 실수로 독들을 깨뜨려 속상한 독장수에게 하고 싶은 말을 떠올려 편지 형식에 맞게 씁니다.

채점 기준	잘함	편지 형식에 맞춰 독장수에게 하고 싶은 말을 이야기에서 일어난 일에 어울리게 썼습니다.
	보통	독장수에게 하고 싶은 말을 이야기에 어울리게 썼지만, 편지 형식에 맞지 않습니다.
	노력 요함	독장수에게 하고 싶은 말을 썼지만, 이야기에서 일어난 일에 어울리지 않는 내용입니다.

[채점 키워드] 독장수에게 하고 싶은 말: '헛된 꿈은 그만 꾸고 노력하는 삶을 사세요.', '매일 노력하다 보면 원하는 바도 모두 이루게 될 거예요.' 등

6. 내용을 추론해요

27~30쪽 **단원 평가**

1 ① **2** ①, ② **3** 예 이 그림은 병아리를 물고 달아나는 고양이와 그 고양이를 잡으려는 사람과 어미 닭의 모습을 순간적으로 포착해 재미있게 나타냈습니다. **4** ④ **5** ㉯ **6** 융건릉, 용주사 **7** ④, ⑤ **8** 자신의 경험 떠올리기 **9** ⑤ **10** 경복궁, 창덕궁, 창경궁, 경희궁, 경운궁 **11** (1) ○ **12** 경진 **13** 교태전 **14** ⑤ **15** 예 임금의 자리에 오르는 것을 백성과 조상에게 알리기 위해 치르는 식을 뜻합니다. **16** ㉮ **17** ④ **18** 전통적 **19** 예 경운궁(덕수궁)처럼 처음에는 대군의 집이었으나 나중에 궁이 된 경우도 있음을 알게 되었습니다. **20** ㉮, ㉱, ㉯, ㉰, ㉲

2 그림에서 고양이는 병아리를 물고 남자 쪽을 보며 도망가고 있고 남자는 고양이를 잡으려고 담뱃대를 뻗으며 마루에서 뛰쳐나가고 있습니다.

3 채점 tip 그림을 보고 알 수 있는 사실을 바탕으로 하여 추론해 썼으면 정답으로 합니다.

5 '쌓다'는 비슷한 여러 가지 뜻이 있는 낱말인 다의어입니다. 이 글에서는 '물건을 차곡차곡 포개어 얹어서 구조물을 이루다.'의 뜻으로 쓰였습니다.

7 ㉠'감상'의 뜻은 '주로 예술 작품을 이해하여 즐기고 평가함.'이라는 뜻입니다. ①, ②, ③에서 쓰인 '감상'은 '하찮은 일에도 쓸쓸하고 슬퍼져서 마음이 상함. 또는 그런 마음.'을 뜻합니다.

9 수원 화성을 정조 임금이 엄격하게 고른 좋은 자리에 지었다는 내용으로 보아, 정조 임금은 수원 화성을 건축하는 데 많은 관심을 가졌다는 것을 알 수 있습니다.

12 조선 시대는 신분에 따른 차이가 매우 명확했기 때문에 신분에 따라 다른 건물에서 생활했음을 알 수 있습니다.

14 창경궁은 임진왜란 때 불탔다가 광해군 때 제 모습을 찾았으나 그 뒤로도 큰 화재를 겪는 수난을 당했다고 했습니다.

15 낱말 앞에 '왕의'라고 되어 있고, 낱말 뒤에 '왕실의 혼례식, 외국 사신과의 만남과 같은 나라의 중요한

행사'라고 했으므로 왕위에 오르는 식임을 알 수 있습니다.

16 왕권의 상징인 궁궐에 동물원과 식물원을 만들면서 건물을 헐고 이름도 '창경원'으로 바꿨다는 사실을 통해 일제 강점기에 왕실이 힘을 잃었음을 추론할 수 있습니다.

17 경희궁의 규모가 1500칸에 이르렀다는 것으로 당시 궁궐의 규모가 매우 크고 화려했음을 알 수 있습니다.

19 채점 tip 이 글을 읽고 조선 시대 궁궐에 대해 새롭게 알게 된 점을 정리해 썼으면 정답으로 합니다.

20 영상 광고는 주제와 내용, 분량을 먼저 정하고 역할을 나눈 뒤에 도구를 준비해서 촬영을 합니다. 뒤에 자막을 넣고 수정 작업을 합니다.

31쪽 **수행 평가 실전**

1 (1) 예 창덕궁은 건물과 후원이 잘 어우러져 있으며 연못에 섬을 띄운 부용지가 있습니다. (2) 예 경운궁은 선조 때 행궁으로 만들었으며 전통적 건물과 서양식 건물이 함께 들어서 있습니다. **2** (1) 예 서로 엉켜 혼란스러운 상태 (2) 예 낱말 뒤에 '휘말리면서'라는 말이 있고, 낱말에 '돌이'라는 표현이 있어 돌아가는 모습을 생각해 보니 혼란스러운 상태일 것 같습니다. **3** 예 서울의 궁궐에는 각각의 의미와 아름다움이 있음을 우리 모두가 알고 있어야 한다고 생각했기 때문입니다.

1 가장 중요하다고 생각하는 내용을 정리해 봅니다.

2 낱말의 앞뒤 내용에서 알 수 있는 사실을 바탕으로 하여 낱말의 뜻을 추론하여 씁니다.

3 글쓴이가 이 글을 통해 알려 주려는 내용을 생각하며 글을 쓴 목적을 추론해 봅니다.

채점 기준		
	잘함	글쓴이가 글을 쓴 까닭을 글의 내용과 관련지어 알맞게 추론하여 썼습니다.
	보통	글을 쓴 까닭을 글의 내용과 관련지어 썼지만, 궁궐 하나의 내용으로만 썼거나 너무 간단히 정리해 썼습니다.
	노력 요함	글쓴이가 글을 쓴 까닭을 글의 내용과 관련지어 쓰지 못하였습니다.

[채점 키워드] 글쓴이가 글을 쓴 까닭: '조선 시대 궁궐의 아름다움을 알려 주기 위해서', '조선 시대 궁궐에 무엇이 있는지 알려 주고 싶어서' 등

7. 우리말을 가꾸어요

32~35쪽 단원 평가

1 생선, 핵노잼 **2** ①, ③ **3 예** 의사소통 **4 ②**
5 (1) **예** 무시당하는 기분이 들어 속상했을 것입니다.
(2) **예** 격려해 주니 힘이 나고 기분이 좋았을 것입니다. **6** 욕 사용 실태 **7 ④** **8** ①, ② **9 예** 괜찮아. 너도 부딪혔는데, 뭘. 괜찮니? **10** ① **11** (1) ④ (2) ㉮ **12** ⑤ **13** ⑤ **14** ④ **15** 진호
16 ⑤ **17** 긍정 **18** (1) **예** 긍정하는 말을 하면 말하는 사람은 물론 듣는 사람도 마음이 편안해집니다.
(2) **예** 고운 우리말을 사용하면 말하는 사람과 듣는 사람의 마음을 아름답게 해 줍니다. **19** 다듬은 말
20 (3) ×

2 여자아이가 생일 선물을 생선이라고 줄여 말한 까닭은 줄임 말이 재미있고 평소에 친구들과도 즐겨 사용하기 때문입니다.

5 솔연이는 부정적인 말을 들어서 속상했을 것이고, 강민이는 긍정적인 말을 들어서 힘이 나고 기분이 좋았을 것입니다.

6 글의 처음에 평범한 중고등학생 네 명을 대상으로 욕 사용 실태를 관찰했다고 했습니다.

7 [사례 1]은 학생들이 욕을 너무 많이 사용한다는 점을 문제로 제시했습니다.

8 준형이와 수진이가 뜻하지 않게 서로 부딪힌 뒤에 둘은 배려하는 말을 하지 않고 비속어를 사용하며 서로를 비난했습니다.

9 채점 **tip** "나는 괜찮아. 너도 다치지 않았니?" 등과 같이 준형이를 배려하는 말을 썼으면 정답으로 합니다.

10 사례를 통해 욕설이나 비속어를 사용하는 학생들이 많음을 알 수 있습니다.

11 지원이는 「초등학생 줄임 말, 신조어 '심각'」이라는 뉴스를 찾았고, 중화는 한 초등학교에서 선생님과 학생, 학생과 학생끼리 높임말을 사용하는 언어문화를 조사했습니다.

14 지원이는 우리 반에서도 하루 정도 날을 정해 선생님과 아이들, 친구들 사이에 높임말을 쓰거나 올바른 우리말을 사용해 보자고 말했습니다.

16 "안 돼."는 "할 수 있어.", "망했어."는 "다시 할 거야.",

"짜증 나."는 "괜찮아.", "이상해 보여."는 "멋있어 보여."로 고쳐 사용하면 말하는 사람과 듣는 사람 모두 기분도 좋아지고 자신감도 생긴다고 했습니다.

18 긍정하는 말과 고운 우리말을 사용하자는 주장을 뒷받침해 주는 근거를 찾아봅니다.

19 '다듬은 말'은 어려운 외국어를 쉬운 우리말로 바꾼 말입니다.

20 국립국어원 우리말 다듬기 누리집에 올라온 다듬은 말을 조사해서 사례집으로 만들었습니다.

36쪽 수행 평가 실전

1 (1) **예** 초등학생의 심각한 줄임 말과 신조어 사용 실태 / 잘못된 우리말 사용 실태 (2) **예** 학교에서 선생님과 학생, 학생과 학생끼리도 서로 높임말을 사용하는 문화 / 좋은 언어문화 **2 예** 좋은 언어문화를 경험하고 싶습니다. / 우리말을 올바르게 사용해야겠습니다. **3** (1) **예** 줄임 말이나 신조어를 올바른 우리말로 바꾸어 사용하려고 노력합시다. (2) **예** 줄임 말이나 신조어 등을 지나치게 사용하면 고운 우리말이 점점 파괴되어 사라질 것입니다. / 줄임 말이나 신조어를 잘 모르는 사람은 알아듣지 못하여 대화가 잘 이루어지지 않습니다.

1 지원이가 찾은 뉴스 기사와 중화가 한 말을 바탕으로 두 친구가 조사한 내용을 파악할 수 있습니다.

2 지원이가 조사한 실태에 대해서는 아이들의 심각한 줄임 말과 신조어 사용에 대한 걱정 또는 우리말을 바르게 사용해야겠다는 다짐 등이 어울리고, 중화가 조사한 실태에 대해서는 좋은 언어문화를 자신도 경험하고 싶은 마음 등이 어울립니다.

3 올바른 우리말 사용에 대한 자신의 생각과 그 생각을 뒷받침할 수 있는 내용을 정리해 봅니다.

채점 기준	잘함	올바른 우리말 사용에 어울리는 주장과 타당한 근거를 썼습니다.
	보통	올바른 우리말 사용에 대한 주장과 근거를 썼으나 표현이 어색합니다.
	노력 요함	주장하는 내용이 올바른 우리말 사용과 관련이 없거나 근거가 타당하지 않습니다.

[채점 키워드] 타당한 주장과 근거: '좋은 언어문화를 만들자 – 만들었을 때의 좋은 점', '잘못된 언어 습관을 바로잡자 – 바로잡지 않았을 때의 문제점 또는 바로잡았을 때의 좋은 점' 등 제시

8. 인물의 삶을 찾아서

37~40쪽   단원 평가

1 ④   2 **예** 자신이 받은 도움을 생각하며 어려운 사람들을 돕는 인물 모습이 글쓴이의 마음을 울렸기 때문입니다.   3 ③   4 ①, ③, ④   5 **예** 책을 읽자.   6 주제   7 ④   8 ④   9 지원   10 **예** "이런들 어떠하며 저런들 어떠하리"라는 표현이 인상에 남습니다. 정몽주에게 자신과 뜻을 같이하는 일에 너무 큰 부담을 가지지 말라는 이방원의 생각이 특히 '–들'이라는 말에 잘 표현되었다고 생각합니다.   11 ④   12 (1) ○   13 ①, ②, ⑤   14 ㉯   15 **예** 버들이를 사랑해서 버들이를 위해 무엇이든지 해 주고 싶은 마음이었기 때문입니다.   16 (3) ○   17 ①, ②, ⑤   18 (1) ○   19 ②, ③   20 **예** 왕가리 마타이가 모두의 이익과 행복을 추구하는 것을 보며 지금까지 나는 어떤 사람이었는지 되돌아보았고, 앞으로 우리 모두를 위한 일을 찾아봐야겠다고 생각했습니다.

1 글쓴이는 자신이 기억하는 책들을 소개하고 있습니다.

2 글쓴이는 『레 미제라블』을 읽고 자신이 받은 도움을 생각하며 어려운 사람들을 돕는 인물 모습이 글쓴이의 마음을 울렸다고 했습니다.

3 『갈매기의 꿈』은 자신만의 꿈을 이루려고 끊임없이 나는 법을 연습했던 특별한 갈매기 이야기로, 글쓴이가 꿈을 이루려면 어떻게 해야 하는지 배울 수 있었던 책입니다.

4 이야기 속 인물들이 우리를 다양한 경험 세계로 데려다주며 작가가 말하고자 하는 생각도 듣게 된다고 했습니다. 또 내 삶을 돌아보는 기회도 책이 주는 선물이라고 했습니다.

5 글쓴이는 책을 읽으면 지혜롭게 살 수 있으니 책을 읽자고 말하고 있습니다.

6 글에서 글쓴이가 말하고자 하는 생각을 글의 주제라고 합니다. 글에서 제목이나 중요한 낱말, 중심 문장을 살펴보면 글의 주제를 파악할 수 있습니다.

7 글쓴이가 말하고자 하는 생각인 주제를 찾으며 글을 읽으면 좋은 점으로 알맞지 않은 것을 찾아봅니다.

8 고려 말에 새로 등장한 정치 세력과 무인들이 고려 사회를 개혁하려고 했고, 이성계는 새로운 왕조를 세우고자 했지만 정몽주는 고려를 유지하면서 개혁해야 한다고 생각했습니다.

9 「하여가」는 시조이며 이방원은 시조 전체에서 뜻을 함께 모아 새 나라를 세우자는 생각을 나타냈습니다.

10 시조를 읽고 인상 깊은 부분을 찾아보고 그 까닭도 함께 씁니다.

   채점 tip 글쓴이의 생각이나 마음이 잘 드러난 부분, 인상 깊은 표현 등을 쓰고 알맞은 까닭을 썼으면 정답으로 합니다.

11 이순신은 적은 수의 배와 군사를 많아 보이게 하는 작전을 세워서 울돌목에서 일본군과 싸우기로 했습니다.

12 이순신은 고기잡이배와 피난 가는 배들을 판옥선처럼 꾸미게 했고, 백성들에게 바다가 보이는 육지의 산봉우리에서 돌아다니게 해서 군사 수가 많은 것처럼 보이도록 했습니다.

13 이순신이 처한 상황에서 한 말과 행동을 살펴보면 이순신은 용기와 자신감, 어떤 고난도 포기하지 않고 극복하려는 의지를 추구한다는 것을 알 수 있습니다.

14 버들이가 몽당깨비에게 샘을 기와집 뒤란으로 옮겨 달라고 했고, 몽당깨비는 그렇게 해 주겠다고 약속했습니다.

15 몽당깨비는 사랑하는 버들이를 위해 땅속의 샘물줄기를 기와집 뒤란으로 흐르도록 해 주겠다고 약속했습니다.

   채점 tip '버들이를 사랑해서', '버들이의 진심을 믿어서' 등의 내용을 썼으면 정답으로 합니다.

16 왕가리 마타이는 파괴된 환경이 모든 이에게 고통을 주고 있다는 것을 깨닫고 나무를 심겠다고 생각했습니다.

17 케냐의 모든 이를 위해 나무를 심기로 마음먹고, 힘든 상황에서도 포기하지 않는 행동을 통해 왕가리 마타이가 모두의 이익과 행복, 끈기와 최선을 추구한다는 것을 알 수 있습니다.

18 왕가리 마타이는 우후루 공원을 지켜야 한다고 주장했습니다.

19 왕가리 마타이는 관련 회사와 정부에 편지를 쓰고 언론에 자신의 주장을 알리며 우후루 공원을 지키기 위해 애썼습니다.

20 왕가리 마타이가 추구하는 가치를 파악한 뒤 관련된 자신의 경험을 생각해 보거나, 인물과 자신의 삶을 비교해 보고 느낀 점을 생각해 보면서 자신의 삶과

관련지어 씁니다.

채점 tip 왕가리 마타이가 추구하는 가치를 알맞게 파악해서 자신의 삶과 관련지어 썼으면 정답으로 합니다.

41쪽 수행 평가 실전

1 예 버들이가 몽당깨비를 꾐에 빠뜨리고 있다고 생각했기 때문입니다. **2** 예 샘을 기와집 뒤란으로 옮기면 도깨비와 동물들이 샘을 이용하지 못하게 되므로 그 부탁만은 들어주지 않았을 것입니다. **3** (1) 예 믿음과 사랑을 추구합니다. / 진심을 담아 상대를 대하는 것을 추구합니다. (2) 예 현실적인 이익을 추구합니다.

---

1 글 ㉮에서 파랑이는 버들이가 몽당깨비를 꾐에 빠뜨리고 있다고 걱정했다는 것을 알 수 있습니다.

2 몽당깨비가 처한 상황과 다른 인물들이 한 말을 참고해 버들이의 부탁에 대한 자신의 생각을 씁니다.

3 몽당깨비와 버들이가 한 일을 통해 두 인물이 어떤 가치를 추구하는지 생각해 봅니다.

채점 기준	잘함	몽당깨비와 버들이가 추구하는 가치를 모두 알맞게 썼습니다.
	보통	두 인물 중 한 명이 추구하는 가치만 알맞게 썼습니다.
	노력 요함	몽당깨비와 버들이가 추구하는 가치를 모두 잘못 파악해서 썼습니다.

[채점 키워드] 추구하는 가치: 몽당깨비는 '진심, 사랑, 배려, 믿음'을, 버들이는 '현실적인 이익, 자신의 이익' 등을 추구함.

---

9. 마음을 나누는 글을 써요

42~45쪽 단원 평가

1 ④ **2** 예 텔레비전 뉴스 **3** ②, ⑤ **4** ⑤ **5** 예 학급 게시판에 씁니다. / 학급 누리집에 씁니다. / 문자 메시지로 보냅니다. **6** 예 감사한 마음 **7** 지유 **8** ①, ② **9** ③ **10** ① **11** ④ **12** (1) ◯ **13** ④ **14** ④ **15** ㉮, ㉢, ㉤ **16** 예 남의 도움을 바라는 말버릇 **17** ⑤ **18** ⑤ **19** ①, ②, ③ **20** ㉡, ㉮, ㉢, ㉤, ㉣

---

1 기쁜 마음이나 슬픈 마음, 고마운 마음, 미안한 마음 등을 나누는 글을 쓰는 상황이 아닌 것을 찾아봅니다.

2 서연이는 무분별한 벌목으로 자연이 파괴된다는 뉴스를 시청하면서 나무와 같은 자원을 아껴 써야겠다고 생각했습니다.

3 학용품은 자연 자원으로 만들기 때문에 학용품을 아껴서 사용하면 자원을 절약할 수 있습니다.

4 서연이는 분실물 보관함에 주인을 찾지 못한 연필과 지우개가 많은 것을 보면서 친구들이 학용품을 소중히 다루지 않아 안타까운 마음이 들었습니다.

5 서연이는 친구들이 학용품을 소중하게 생각하지 않는 모습을 보며 안타까운 마음을 전하고 싶어 하므로, 친구들이 볼 수 있는 곳에 글을 실어야 합니다.

채점 tip 친구들이 볼 수 있는 곳을 썼으면 정답으로 합니다.

6 국어 공부를 재미있게 하는 방법을 알려 주신 선생님께 감사한 마음을 전하는 것이 알맞습니다.

7 일기는 마음을 나누는 글이라고 할 수 없습니다.

8 연아는 선생님께 감사한 마음을 표현하기 위해 편지를 썼고, 편지의 마지막에서는 끝인사를 하고 글을 쓴 사람을 밝혔습니다.

9 연아는 선생님 덕분에 국어 공부가 점점 더 좋아지기 시작했다고 하면서 선생님께 감사한 마음을 전하고 있습니다.

10 나누려는 마음을 편지로 쓰면 글쓴이가 하고 싶은 말을 자세히 표현할 수 있습니다.

11 지수는 정민이에게 문자 메시지를 보냈습니다.

12 지수는 과학 시간에 물을 엎지른 일에 대해 미안한 마음을 정민이에게 전하고 있습니다.

13 읽을 사람을 생각해서 공손한 말이나 친근한 말을 사용합니다.

14 신우는 점심시간에 미역국을 엎질러서 지효 가방이 더러워진 일 때문에 마음을 나누는 글을 썼습니다.

15 『 』 부분에는 마음을 나누려는 사람에게 첫인사를 하고 일어난 사건을 자세히 썼습니다.

16 정약용은 두 아들이 항상 버릇처럼 남의 도움을 받지 못하는 현실을 한탄하는 것을 걱정했습니다.

17 정약용은 다른 사람을 위해 먼저 베풀고 뒷날 보답하지 않더라도 원망하지 말라고 했습니다.

18 정약용은 두 아들과 다른 사람을 배려하고 걱정하며 아끼는 마음을 나누고 싶어 합니다.

19 읽을 사람과의 관계를 고려해서 표현하고, 글을 쓰는 상황과 목적을 고려해서 글쓰기 계획을 세웁니다.

20 신문을 만들 때 인상 깊었던 일을 정해서 쓸 내용을 정리한 뒤 글로 씁니다. 쓴 글과 그림, 사진 자료 등으로 신문 기사를 완성합니다. 마지막으로 신문 기사를 모아 학급 신문을 만듭니다.

46쪽 수행 평가 실전

1 (1) 예 선생님께 감사한 마음을 표현하기 위해서입니다. (2) 예 정민이에게 미안한 마음을 표현하기 위해서입니다. **2** 예 연아는 선생님께 공손한 말로 표현했고, 지수는 친구에게 친근한 말로 표현했습니다. **3** 예 글 ⑦와 같이 편지 형식으로 마음을 전하는 글을 쓰겠습니다. 편지로 글을 쓰면 하고 싶은 말을 자세히 표현할 수 있기 때문입니다. / 글 ⑪와 같이 문자 메시지로 마음을 나누는 글을 쓰겠습니다. 문자 메시지로 쓰면 자신의 생각이나 느낌을 바로 전할 수 있고, 읽을 사람의 반응을 바로 확인할 수 있기 때문입니다.

1 글에서 연아와 지수의 마음이 직접 드러난 부분을 찾아봅니다.

2 마음을 나누는 글은 누가, 어떤 사람에게 썼는지에 따라 표현하는 방법이 달라집니다.

3 편지나 문자 메시지 중 한 가지 형식을 고르고, 그 형식으로 마음을 나누는 글을 쓰려는 까닭을 알맞게 정리합니다.

채점 기준	잘함	두 형식 중 한 가지를 고르고, 편지나 문자 메시지의 특성과 관련해 마음을 나누는 글을 쓸 때의 좋은 점을 구체적으로 썼습니다.
	보통	두 형식 중 한 가지를 골랐지만 까닭을 알맞게 쓰지 못했습니다.
	노력 요함	형식과 까닭을 모두 쓰지 못했습니다.

[채점 키워드] 마음을 나누는 글에 어울리는 편지와 문자 메시지의 특성: '편지-마음을 자세하게 표현', '문자 메시지-내 생각 즉시 전달, 상대 반응 바로 확인' 등

47~48쪽 1학기 총정리

1 ①, ③ **2** (1) 예 선물 (2) 예 친구를 보면 늘 선물을 받은 것처럼 설레기 때문입니다. **3** ①, ③ **4** 자연 개발 **5** 승우 **6** 예 자신의 생각을 효과적으로 드러낼 수 있기 때문입니다. **7** ①, ②, ③ **8** (3) ○ **9** (1) 예 욕설이나 비속어 (2) 예 친구들이 욕설이나 비속어 사용을 줄이고 올바른 우리말을 사용하면 좋겠습니다. **10** ㉠, ㉢

1 말하는 이는 풀잎하고 헤어졌다가 되찾아 와 다시 만난 바람의 모습이 친구와 같다고 생각했습니다.

2 친구를 무엇에 비유하여 표현하고 싶은지를 떠올려 보고, 공통점이 잘 드러나게 까닭을 써 봅니다.

채점 tip 친구와 비유하고 싶은 대상의 공통점을 잘 찾아 썼으면 정답으로 합니다.

3 교실에서 학급 친구들에게 발표하는 상황은 여러 사람 앞에서 발표한다는 특성과 발표 장소가 넓다는 특성이 있습니다.

4 글 ⑦에 세계 곳곳에서 벌어지는 자연 개발이 우리 삶을 위협하는 문제 상황이 나타나 있습니다.

5 광현이는 근거가 주장을 뒷받침하는지, 혜진이는 근거가 주장과 관련 있는지를 판단했습니다.

6 글쓴이는 가족들의 생각이 서로 다른 상황을 잘 드러내기 위해 "사공이 많으면 배가 산으로 간다."라는 속담을 사용했습니다.

채점 tip '자신의 생각을 잘 표현하기 위해서'라는 내용으로 썼으면 정답으로 합니다.

7 『화성성역의궤』에는 참여 인원, 사용된 물품, 설계 등의 기록이 그림과 함께 실려 있습니다.

8 『화성성역의궤』에 실려 있는 기록이 자세해서 수원 화성을 원래의 모습대로 다시 만들 수 있었음을 추론할 수 있습니다.

9 친구들이 가장 많이 쓰는 말을 떠올려 보고, 이와 관련하여 바람직한 우리말 사용에 대한 자신의 생각을 정리해 봅니다.

10 이야기와 관련한 자신의 경험을 생각해 보고, 인물과 자신의 삶을 비교하여 느낀 점을 생각해 봅니다. 또, 자신이 처한 문제나 고민을 해결하는 데 도움을 준 인물의 말과 행동을 생각해 봅니다.

독해의 핵심은 비문학

지문 분석으로 독해를 깊이 있게!
비문학 독해 | 1~6단계

올바른 문학 독서법

문학 갈래별 작품 이해를 풍성하게!
문학 독해 | 1~6단계

NEW

결국은 어휘력

비문학 독해로 어휘 이해부터 어휘 확장까지!
어휘 X 독해 | 1~6단계

초등 문해력의 빠른시작

동아출판

친절한 해설북

초등학교   학년   반   번   이름

믿고 보는 동아출판 초등 교재

기초학습서부터 교과서 개념 다지기, 과목별 전문서까지!
초등학교 입학 전부터, 예비 중등까지!
초등학생에게 꼭 필요한 영역을 빠짐없이! **동아출판 초등 교재 라인업**

초등 영역별 기초학습서
초능력 국어/수학/과학/한국사/한자

예비 중등
초고필 국어/수학/한국사
적중 반편성 배치고사 + 진단평가